KOMPAKT & VISUELL

Tauchen

MONTY HALLS &
MIRANDA KRESTOVNIKOFF

DORLING KINDERSLEY

»WIR VERGESSEN GERNE,
DASS DER KREISLAUF DES
WASSERS UND DER KREISLAUF
DES LEBENS EINS SIND.«

Jacques Cousteau

DORLING KINDERSLEY
London, New York, Melbourne, München und Delhi

Projektbetreuung Richard Gilbert
Bildbetreuung Mark Cavanagh

Cheflektorat Stephanie Farrow
Chefbildlektorat Lee Griffiths

Programmleitung Jonathan Metcalf
Grafik Bryn Walls

DTP-Design Vania Cunha
Herstellung Melanie Dowland

Produziert für Dorling Kindersley von

cobaltid

The Stables, Wood Farm, Deopham Road,
Attleborough, Norfolk NR17 1AJ
www.cobaltid.co.uk

Redaktion Marek Walisiewicz, Jamie Dickson, Maddy King, Kati Dye, Steve Setford

Bildbetreuung Paul Reid, Lloyd Tilbury, Claire Oldman, Darren Bland, Rebecca Johns

Mit Fotografien von Dan Burton

Für die deutsche Ausgabe:
Programmleitung Monika Schlitzer
Projektbetreuung Silke Körber
Herstellungsleitung Dorothee Whittaker
Herstellung Verena Salm

Bibliografische Information Der Deutschen Bibliothek
Die Deutsche Bibliothek verzeichnet diese Publikation in der Deutschen Nationalbibliografie; detaillierte bibliografische Daten sind im Internet über http://dnb.ddb.de abrufbar.

Titel der englischen Originalausgabe:
Scuba Diving

Übersetzung Michael Kokoscha;
Brigitte Rüßmann & Wolfgang Beuchelt, Scriptorium Köln
Redaktion Julia Niehaus, Berlin
Satz Michael Kokoscha

ISBN-13: 978-3-8310-1021-9

Colour reproduction by GRB, Italy
Printed and bound in China by Leo

Besuchen Sie uns im Internet
www.dk.com

INHALT

DIE VORSTELLUNG, MENSCHEN KÖNNTEN UNTER WASSER ATMEN, GALT EINST ALS PURE FANTASTEREI. HEUTE IST DAS TAUCHEN EINE SPORTART MIT MILLIONEN VON ANHÄNGERN IN ALLER WELT. WER SICH DARAUF EINLÄSST, ERLANGT ZUTRITT ZU EINER WUNDERSAMEN UND SCHÖNEN WELT, IN DER JEDER TAG EIN ABENTEUER IST.

Seit Urzeiten hat es den Menschen gereizt, die unbekannte Welt unter der Wasseroberfläche zu erkunden – sei es, um Nahrung zu finden, versunkene Schätze zu bergen oder um seine Neugier zu befriedigen. Erste Belege für das Muscheltauchen stammen aus der Zeit um 3000 v. Chr. *(siehe S. 22)*.

Trotz dieser langen Beziehung zur Meereswelt ist der menschliche Körper für längere Aufenthalte unter Wasser nicht geeignet. Erst vor relativ kurzer Zeit, etwa ab dem Mittelalter, ermöglichten primitive Tauchglocken und -helme ausgedehntere Tauchgänge. Im 18. und 19. Jh. machte die Tauchtechnologie bemerkenswerte Fortschritte wie z. B. Tauchanzüge, die von der Wasseroberfläche aus mit Luft bepumpt wurden. Diese oftmals durch den Traum von lukrativem Bergungsgut vorangetriebenen Entwicklungen erlaubten längere Tauchzeiten und gewährten Zugang zu größeren Tiefen.

BEGINN EINER NEUEN ÄRA
Tauchpionier Jacques Cousteau *(rechts)* zeigt eine alte Tauchausrüstung.

Die Erfindung des Lungenautomaten Mitte des 20. Jhs. ermöglichte erstmals die ungehinderte Erkundung der Weltmeere. Dank dieses Geräts können Taucher ihren eigenen Luftvorrat mit sich nehmen und benötigen keine feste Verbindung zur Oberfläche mehr. Die daraus entwickelte Technik wird heute von Sporttauchern und Profis gleichermaßen genutzt.

GLOBALER SPORT

Dank sinkender Kosten für die Ausrüstung wurde das Gerätetauchen zum Volkssport. Das einstige Privileg der Experten und Profitaucher entwickelte sich zu einem Sport, der weltweit Anhänger fand. Selbst in Ländern ohne eigene Küste gibt es Taucher, die in Seen und Flüssen tauchen oder ins Ausland

WRACKTAUCHEN
Taucher inspizieren ein Wrack. Solche Schiffstrümmer gewähren Einblick in die Geschichte. Meeresbewohnern bieten sie eine Heimat.

EINE NEUE GENERATION
Angehende Ausbilder beim Lehrgang in einem ägyptischen Tauchzentrum. Für viele ist der Job des Tauchlehrers ein Traumberuf.

reisen, um die Schönheit des Ozeans zu genießen. Nach einer Tauchausbildung kann man praktisch überall auf der Welt tauchen. Die Sprache ist unter Wasser kein Hindernis, da die Handzeichen, mit denen sich Taucher verständigen, international standardisiert sind.

Eine genaue Schätzung ist schwierig, aber jedes Jahr qualifizieren sich etwa eine Million Menschen fürs Tauchen. Seit seiner Gründung 1966 hat der US-amerikanische Tauchlehrerverband PADI (Professional Association of Diving Instructors) über 13 Millionen Taucher ausgebildet, und dabei ist PADI nur eine von vielen Ausbildungsorganisationen. Die Faszination ist ungebrochen. Tauchen ist eine Sportart mit enormen Wachstumsraten.

STILLE ODYSSEE
Clownfische suchen in einer Seeanemone Deckung vor einem Taucher. Die Unterwasserwelt ist eine Welt der Stille.

DIE WELTMEERE

Die Ozeane bedecken etwa 71 Prozent der Erdoberfläche, das sind 361 Millionen Quadratkilometer – eine kaum vorstellbare Größe. Das Gesamtvolumen des Meerwassers beträgt etwa 1 347 000 000 km³, das entspricht rund 97 Prozent allen Wassers auf der Erde; der Rest existiert in Form von Gletschereis, Flüssen, Seen, Grundwasser und Wasserdampf. Die durchschnittliche Meerestiefe liegt bei 3,8 km, wobei sich der tiefste Punkt im pazifischen Marianengraben befindet, wo der Meeresboden in nahezu 11 km Tiefe liegt. Bisher sind nur fünf Prozent des Meeresbodens detailliert kartografiert. Wir wissen mehr über die Mondoberfläche als über den Grund unserer Ozeane.

Das Meer wimmelt vor Leben, vom Riesenseetang und dem gewaltigen Blauwal (dem größten lebenden Tier) bis zum mikroskopisch kleinen Plankton, das die Grundlage der marinen Nahrungskette bildet. Wissenschaftler schätzen, dass es zwischen 500 000 und 10 Millionen bisher unentdeckte Arten in den Ozeanen gibt. Zwar konzentriert sich ein Großteil des biologischen Reichtums der Meere auf die Kontinentalschelfe und Küstenränder, aber auch die offene See ist voller Leben. Selbst der Schlamm am Grund des Marianengrabens ist von einzelligen Foraminiferen (Amöben) besiedelt.

WUNDER DER NATUR
Beim Tauchen trifft man auf so wundersame und schöne Meeresbewohner wie diesen faszinierenden Fetzenfisch.

VORBEREITUNGEN
Zweierteams bereiten einen strandnahen Tauchgang vor. Mit Partner fällt das Anlegen der schweren Ausrüstung leichter und ist sicherer.

ERFORSCHUNG DER MEERESWELT

Was werde ich zu sehen bekommen? Wie fühlt es sich an? Werde ich Beklemmungen bekommen? Dies alles sind Fragen, die sich der Tauchnovize vor seinem ersten Tauchgang stellt. Jeder fühlt sich unter Wasser anders. Einige Menschen sind sofort begeistert, andere hingegen brauchen etwas mehr Training und Erfahrung. Davon abgesehen ist es ein unvergleichliches Erlebnis, unter Wasser atmen und sich ungehindert in alle Richtungen bewegen zu können. Möglich wird das durch den Auftrieb, den der Körper im Wasser erfährt. Der Auftrieb bewirkt, dass die Schwerkraft, die den Menschen an Land fesselt, nahezu aufgehoben wird, sodass er sich entspannt und mühelos durch das Wasser bewegen kann. Manche Taucher sprechen von einer Geborgenheit »wie im Mutterleib«.

Dazu kommt die Aufregung, als Erster ein versunkenes Schiff oder ein Korallenriff zu entdecken, einem wilden Delfin zu begegnen oder unter Eis zu tauchen. Was immer man unter Wasser suchen mag, das Meer wird einen niemals enttäuschen.

ERINNERUNGSSTÜCKE
Die Unterwasserfotografie ist ein Fachgebiet. Mit speziellen Kameras lassen sich die eigenen Taucherlebnisse im Bild festhalten.

UMWELTSCHUTZ
Ein Taucher notiert seine Beobachtungen in einem Schutzgebiet. Taucher können sich aktiv am Schutz der Meere beteiligen.

WAS IST MIT DER SICHERHEIT?

Viele Neulinge haben Bedenken hinsichtlich der Sicherheit. Es stimmt, dass jedes Jahr ein kleine Anzahl an Tauchern umkommt. Die meisten dieser Unglücksfälle sind aber nicht auf ein Versagen der Ausrüstung zurückzuführen, sondern vielmehr auf schlechte Ausbildung, Tauchen in Extremsituationen oder das Überschreiten von Sicherheitsgrenzen.

Tauchen ist heute sicherer denn je. Mit dem richtigen Training und bei Beachtung der Vorschriften sollte es kaum zu Problemen kommen. Die Tauchausbildung ist gründlich und legt viel Wert auf die Vermittlung von Rettungstechniken und die Bedeutung des Tauchens in Zweierteams *(siehe S. 108)*. Zu zweit zu tauchen ist deshalb eine der wichtigsten Grundregeln, da sich die meisten kleineren Probleme mit Hilfe eines anderen Tauchers leicht lösen lassen.

NEUES KÖNNEN, NEUE UFER

Unter Umständen macht das Tauchen so viel Spaß, dass man über den Hobbybereich hinausgehen möchte. Manche Taucher setzen ihr Können ehrenamtlich oder auch beruflich ein. Die Möglichkeiten reichen von Umweltarbeit, Meeresarchäologie und Geschichtsforschung über die

ARTENBESTIMMUNG
Zwei Taucher suchen auf einer Bestimmungstafel nach einer Spezies. Das Wissen um das Meeresleben in all seiner Vielfalt ist Teil des Spaßes.

Arbeit mit behinderten Menschen bis hin zu Film- und Fotoarbeiten und zur Ausbildung anderer Taucher.

RESPEKT UND VERANTWORTUNG

Fragt man Taucher, was sie inspiriert, erhält man die unterschiedlichsten Antworten, von der Liebe zum Meer bis zum Verlangen, die eigenen Grenzen auszuloten. Allen gemeinsam ist aber, dass sie immer wieder zum Wasser zurückkehren – dieses magische Universum, das Jacques Cousteau *(siehe S. 27)* die »Welt der Stille« nannte. Taucher sollten Bewahrer der Meere sein und sie als Lebensraum respektieren: »Nimm nichts mit außer Fotos und hinterlasse nichts außer Luftblasen« heißt die Maxime.

Viele marine Ökosysteme sind heute bedroht. Hoffentlich können Aufklärung und Meeresschutz diesen Trend umkehren, damit die Taucher von morgen gesunde Ozeane erforschen können. Indem man die Umwelt aktiv schützt und verantwortungsbewusst taucht, kann man seinen Teil dazu beitragen, die Schätze der Meere zu bewahren.

BESPRECHUNG
Tauchen ist ein sozialer Sport und die Tauchgemeinde ist sehr hilfsbereit. Erfahrene Taucher stehen Neulingen gerne zur Seite.

LEBENSFORMEN
Ein Taucher untersucht eine zarte Seefeder, die in der Nähe des Great Barrier Reef aus dem weißen Sand wächst.

SCHWIMMENDER GIGANT
Die Vorfreude ist fast so schön wie der Tauchgang selbst. Die Sichtung großer Tiere wie dieses Rochens erhöht die Spannung.

UNTERWASSERGARTEN
Korallen gedeihen in klarem, flachem Wasser, da sie viel Licht brauchen. Solche Riffe sind ideale Schnorchelreviere.

RIFFSAFARI
Korallenriffe bieten vielen Meerestieren ein Heim, indem sie sesshaften Arten Schutz gewähren und Beutegreifer und Sammler mit Nahrung versorgen.

KRISTALLKLARES WASSER
Die Zeit zwischen zwei Tauchgängen kann man sich im Flachwasser über einem Riff vertreiben und das faszinierende Leben dort beobachten.

SCHWÄRME VON FISCHEN
Schwärme bunter Fische gehören einfach zu den Riffen des indopazifischen Raums. Sie bewegen sich wie eine Einheit, wenn man sie aufschreckt.

VOM WRACK ZUM RIFF
Dieses Wrack ist von Korallen bewachsen. Wracks werden schnell von Meerestieren besiedelt und entwickeln sich zu Riffs.

EINSAMER WANDERER
Schildkröten dulden die Nähe von Tauchern, wenn man sich ihnen vorsichtig nähert. Viele Arten wandern über Tausende von Kilometern.

Geschichte

Tauchen gestern und heute

Die ersten Hilfsmittel, die Taucher mit Luft versorgten, waren Schilfrohrschnorchel. Die nächsten Entwicklungsschritte waren Taucherglocken und -anzüge, aus denen sich das moderne Tauchgerät mit einem eigenen Luftvorrat entwickelte.

DIE ERSTEN TAUCHER UND GERÄTE

Die genauen Anfänge sind kaum mehr auszumachen, aber in Chile wurden über 5000 Jahre alte mumifizierte menschliche Überreste neben Fischgräten und Muschelschalen gefunden. In den Ohren entdeckte man kleine Wucherungen ähnlich dem »Surfer's Ear«. Möglicherweise ein Hinweis darauf, dass es sich um Taucher gehandelt haben könnte.

In der Antike behalfen sich Taucher mit hohlen Schilfrohren oder anderen Luftröhren, um länger unter Wasser bleiben zu können. Herodot berichtet, dass ein griechischer Taucher namens Scyllias 500 v. Chr. einen Schilfschnorchel nutzte, um unbemerkt an persische Schiffe heranzuschwimmen und ihre Ankertaue zu kappen. Bereits in der Antike wurde nach Wracks getaucht und es gab in Griechenland schon ab dem 1. Jh. n. Chr. Gesetze zur Bergung von Havariegut.

Ein Meilenstein in der Entwicklung der Tauchtechnik war die Erfindung eines Geräts zur Mitnahme von Luft unter Wasser. Bei der Belagerung von Tyros 332 v. Chr. verwendete Alexander der Große zu diesem Zweck angeblich eine Glasröhre. Im 4. Jh. v. Chr. beschreibt Aristoteles einen Taucher, der sich einen Topf über den Kopf gestülpt hatte und so Gegenstände vom Meeresboden emporholen konnte. Ab dem Mittelalter entwickelte sich die Tauchtechnik weiter. In der Renaissance wurden erste Tauchanzüge entwickelt, die aber

ALEXANDERS GLASRÖHRE
Anscheinend nutzte Alexander der Große seine Glasröhre vor allem zur Beobachtung von Fischen und nicht zu militärischen Zwecken.

CHRONIK

um 3000 v. Chr. Taucher sammeln Austern vom Meeresgrund und entwickeln durch dauernden Kontakt mit kaltem Wasser eine Erkrankung, die heute als »Surfer's Ear« bekannt ist.

um 2800 v. Chr. Das Gilgamesch-Epos erzählt, dass König Gilgamesch mit Gewichten an den Füßen den Meeresboden nach einem Kraut absuchte, das Unsterblichkeit verhieß.

9./8. Jh. v. Chr. Homer beschreibt in der *Ilias* den Einsatz von Tauchern im Trojanischen Krieg.

um 500 v. Chr. Herodot berichtet vom Taucher Scyllias, der die Ankertaue von Schiffen kappte.

4. Jh. v. Chr. Aristoteles beschreibt die erste Tauchglocke in Form eines über den Kopf gestülpten Kessels. Der Taucher konnte damit für kurze Zeit unter Wasser bleiben.

um 332 v. Chr. Alexander der Große steigt vor Tyros in einer Glasröhre zum Meeresboden hinab.

3000 V. CHR. — 1000 V. CHR. — 0

wohl alle nicht funktioniert haben. Der Spanier Diego Ufano beschrieb 1612 in seinem Werk über das Artilleriewesen die Verwendung von Tauchhelmen aus Leder.

In dieser Zeit wurde auch die Tauchglockentechnik verbessert. 1691 baute der englische Astronom Edmond Halley eine Glocke, die über einen Schlauch mit beschwerten Fässern voll Luft verbunden war, die regelmäßig an der Wasseroberfläche neu befüllt wurden. Die Abluft wurde aus der Glockenspitze abgeführt. Halleys Glocken kamen häufig bei Bergungsarbeiten zum Einsatz.

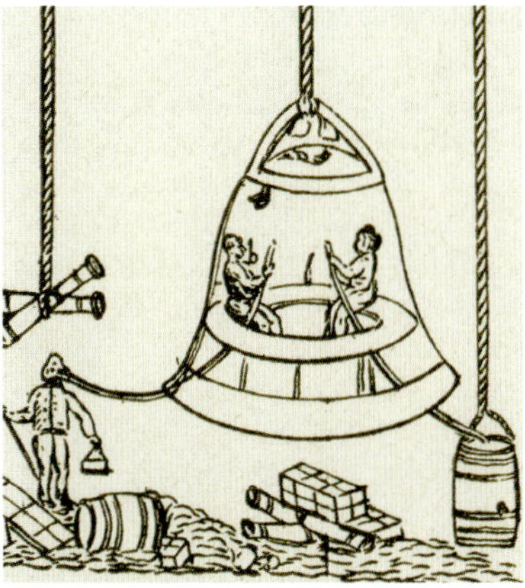

HALLEYS GLOCKE, 1691
Die Taucher konnten die luftgefüllte Glocke mit einem Atemschlauch und einer kleinen Glocke als Tauchhelm verlassen.

PERLENTAUCHER
Die ersten Taucher hielten schlicht die Luft an. Mit dieser Technik ernten Taucherinnen in Japan schon seit 4000 Jahren Perlen.

1500 Leonardo da Vinci entwirft eine Ausrüstung mit Schnorchelrohren und luftgefüllten Taschen.

1660 Robert Boyle beschreibt die Beziehung zwischen Wasserdruck und Gasvolumen und trägt damit zum besseren Verständnis des Auftriebs bei.

1691 Edmond Halley entwickelt eine Tauchglocke mit Glasdach als Lichtquelle und Luftvorrat in Fässern, die an der Wasseroberfläche befüllt werden. Mittels eines Atemschlauchs kann der Taucher die Glocke sogar verlassen.

1715 Der Erfinder John Lethbridge verwendet ein umgebautes Fass als Tauchglocke. Das Fass hat ein Glasfenster und Manschetten mit wasserdichten Lederärmeln für die Arbeit unter Wasser. Mit ihm kann man bis zu 18 m tief tauchen.

1500 1600 1700 1800

DIE ENTWICKLUNG DES TAUCHANZUGS

1715 entwickelte der Engländer John Lethbridge ein luftdichtes, hölzernes Tauchfass. Das mit Leder ausgekleidete Fass besaß ein gläsernes Bullauge und zwei Armlöcher mit wasserdichten Lederärmeln. Auf diese Weise konnte der Taucher sich über den Boden ziehen oder Gegenstände aufsammeln. Im Auftrag der Dutch East India Company barg Lethbridge Güter aus Schiffswracks in aller Welt.

Das Fass war der Vorläufer des gepanzerten Tauchanzugs. Sein Nutzen war allerdings dadurch begrenzt, dass man die verbrauchte Luft nicht austauschen konnte. Drei weitere Erfindungen waren nötig. Die erste machte 1779 der Engländer John Smeaton, der eine dampfgetriebene Pumpe zur Luftversorgung einer Tauchglocke einsetzte. Die

BERGUNG IN PANZERANZÜGEN, 1932
Lethbridges Fass war der Vorläufer der Panzeranzüge, die noch heute bei der Arbeit in großer Tiefe eingesetzt werden.

Pumpe ermöglichte einen sehr viel längeren Aufenthalt am Grund und sollte später die ersten Tauchanzüge belüften. Die nächste Entwicklung war 1818 ein gummibasierter, wasserdichter Überzug für Segeltuch des Schotten Charles Mackintosh, der sich als perfektes Material für einen Tauchanzug erwies. Die dritte Innovation war 1820 ein Patent der britischen Bergungsunternehmer John und Charles Dean: ein modifizierter Feuerwehrhelm, in den Luft gepumpt werden konnte. Der Helm ruhte dank seines Gewichts sicher auf den Schultern des Tauchers und die Luft wurde unter dem Rand hineingepumpt. Wenn der Taucher allerdings

CAISSONKRANKHEIT

Eine verbesserte Pumptechnik erlaubte Mitte des 19. Jhs. den Bau von Unterwasserkammern, in denen mehrere Männer in der Tiefe arbeiten konnten. Diese sogenannten Caissons waren perfekt für den Bau von Brückenfundamenten und Tunneln geeignet. Die Pumpen erzeugten genügend Überdruck, um die Kammern trocken zu halten. Allerdings fühlten die Arbeiter sich nach der Schicht oft unwohl. Sie litten an der Taucher- oder Caissonkrankheit.

Querschnitt eines Caissons

CHRONIK

1779 Der Engländer John Smeaton nutzt als erster eine Pumpanlage, um Tauchglocken unter Wasser mit Luft zu versorgen.

1788 In Anwesenheit des schwedischen Königs demonstriert der deutsche Taucher Peter Kreeft in der Ostsee den Gebrauch eines ledernen Tauchhelms.

1800

1818 Naphtalin wird entdeckt. Mit flüssigem Gummi gemischt, bildet es einen wasserdichten Überzug und wird bald zur Herstellung leichter Tauchanzüge verwendet.

1825

1829 Die Brüder Charles und John Dean verwenden bei Bergungsarbeiten in Großbritannien einen modifizierten Feuerwehrhelm, um Taucher mit Luft zu versorgen.

1839 Bei Bergungsarbeiten am Wrack der *Royal George* entwickeln britische Kampftaucher das Tauchen in Paaren.

stolperte, konnte der Helm schnell voll Wasser laufen.

In den 1840ern perfektionierte der deutschstämmige Erfinder Augustus Siebe eine Variante, bei der der Helm mit einem wasserdichten Segeltuchanzug verbunden wurde. Der Helm besaß ein Ventil, über das der Taucher durch eine Pumpe mit Luft versorgt wurde. Mit einigen Modifikationen – Gewichte an Hals und Füßen, die den Taucher aufrecht halten, und dicke wollene Unterwäsche zum Schutz gegen die Kälte – sollte dieses Modell für mehr als ein Jahrhundert der Standard bleiben.

TIEFSEEAUSRÜSTUNG
Helm und Anzug dieses Tauchers von 1954 haben große Ähnlichkeit mit Augustus Siebes Entwurf von 1840.

DEKOMPRESSIONSKRANKHEIT

Mitte des 19. Jhs. machten sich die Folgen stark komprimierter Atemluft bei Tauchern und Caisson-Arbeitern bemerkbar, die sogenannte Taucher- oder Dekompressionskrankheit. 1878 fand der französische Arzt Paul Bert heraus, dass die Symptome, die durch von Stickstoffbläschen verursachte Gewebeschäden hervorgerufen wurden, vor allem bei zu schneller Dekompression auftraten, und empfahl eine langsamere Druckreduzierung.

Fast 30 Jahre später entwickelte der schottische Arzt J. S. Haldane nach gründlicher Forschung die ersten Dekompressionstabellen. Mithilfe dieser Tabellen, die ein langsames Auftauchen mit Pausen vorschrieben, konnten Taucher 1906 bis zu 65 m tief tauchen.

1869 Jules Verne beschreibt in seinem Roman *20 000 Meilen unter dem Meer* Taucher, die mithilfe von Atemgeräten mit Druckluft den Meeresboden erkunden.

1878 Der französische Wissenschaftler Paul Bert veröffentlicht eine Arbeit, in der er die Ursachen der Caissonkrankheit (später Dekompressionskrankheit) beschreibt, die durch zu langes Einatmen komprimierter Luft entsteht.

1850 — 1875 — 1900

1865 Die französischen Erfinder Benoit Rouquayrol und August Denayrouze erfinden ein Druckluftgerät, das für kurze Zeit Unabhängigkeit von der externen Luftversorgung erlaubt.

1878 Der britische Schiffsoffizier Henry Fleuss entwirft das erste vollständig autonome Atemgerät. Der Apparat verwendet komprimierten Sauerstoff als Atemgas.

1893 Der französische Biologe Louis Boutan erfindet die erste Unterwasserkamera.

SPORTTAUCHEN IN DEN 1960er-JAHREN
Als auch andere Hersteller Lungenautomaten auf den Markt brachten, löste das in den 1960er-Jahren einen wahren Boom des Tauchsports aus.

AUTONOMES TAUCHEN

Im 19. Jh. arbeiteten Erfinder an einem geschlossenen Atemsystem, das autonomes Tauchen ohne Versorgung von der Oberfläche aus ermöglichen sollte. 1865 entwickelten die Franzosen Benoit Rouquayrol und Auguste Denayrouze einen Drucklufttank mit einem Regulator, der den Luftstrom an den Bedarf des Tauchers anpasste. Bei diesem offenen Kreislauftauchgerät wurde die Luft aus dem Tank eingeatmet und die Abluft ins Wasser abgegeben. Der Taucher war zwar immer noch über einen Versorgungsschlauch mit der Oberfläche verbunden, konnte diesen aber lösen und einige Minuten lang nur aus dem Tank atmen.

1878 entwickelte der Engländer Henry Fleuss das erste vollständig autonome System mit einem Atembeutel, der aus einem Kupfertank mit komprimiertem Sauerstoff gespeist wurde. Dies war ein geschlossenes Kreislaufsystem, auch Rebreather genannt, bei dem die verbrauchte Atemluft wiederverwendet wird. Das Kohlendioxid wurde aus der Abluft gefiltert und frischer Sauerstoff hinzugegeben, sodass der Taucher die Luft wieder atmen konnte.

1911 begann die deutsche Firma Draeger mit der Produktion von Sauerstoff-Rebreathern, die man bald für die Verwendung von angereicherter Luft (Druckluft mit zusätzlichem Sauerstoff) aufrüstete. Weil diese Kreislauftauchgeräte keine verräterischen Luftblasen abgaben, wurden sie in beiden Weltkriegen von Kampftauchern den offenen Systemen vorgezogen.

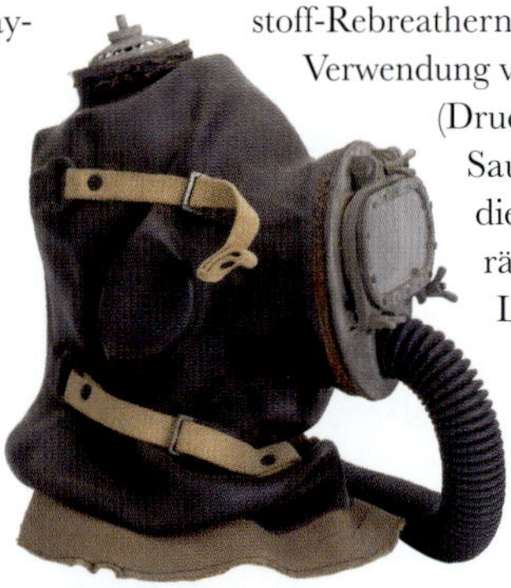

TAUCHERHAUBE
Luft aus einem Rebreather wurde über einen Schlauch in eine Gummihaube geleitet.

DRUCKLUFTTAUCHEN

Die Ausrüstung heutiger Taucher entstand in

CHRONIK

1908 John Scott Haldane, Arthur C. Boycott und Guybon Damant veröffentlichen eine Studie zur Druckluftkrankheit. Die ersten Dekompressionstabellen basieren auf dieser Arbeit.

1917 Das Linienschiff *Laurentic* läuft vor der irischen Küste auf eine Mine und sinkt mit 35 Tonnen Goldbarren an Bord. Britische Marinetaucher können über sieben Jahre hinweg 3189 Barren aus dem Wrack bergen.

1910

1920

1917 Die deutsche Firma Draeger baut ein Kreislauftauchgerät für angereicherte Luft, das Tauchtiefen von bis zu 40 m ermöglicht.

1925 Der französische Marineoffizier Yves Le Prieur entwickelt ein Pressluftatemgerät (ein offenes System) – ein Vorläufer der modernen SCUBA-Technik.

den 1930er- und 1940er-Jahren. Der Amerikaner Guy Gilpatric entwickelte in den frühen 1930er-Jahren die erste moderne Maske, und zur gleichen Zeit erfand der Engländer Steve Butler den ersten Schnorchel. Die Flossen ließ sich 1933 der Franzose Louis de Corlieu patentieren.

Pioniere des modernen Sporttauchens waren die Franzosen Emile Gagnan und Jacques Cousteau. 1943 kombinierten sie einen Drucklufttank mit einem zweistufigen Regulator. Der Regulator versorgte den Taucher beim Einatmen mit Luft. Andere geschlossene Systeme lieferten entweder einen konstanten Luftstrom oder mussten manuell bedient werden (der primitive Regulator von Rouquayrol und Denayrouze wurde nicht mehr benutzt). Der effiziente, verlässliche und relativ preiswerte Lungenautomat wurde ab 1946 in Frankreich vertrieben, seit den frühen 1950er-Jahren überall auf der Welt.

JACQUES COUSTEAU
Von den 1950ern bis in die 1970er hinein eröffneten Cousteaus bahnbrechende Dokumentarfilme einem weltweiten Publikum die Wunder der Tiefe und begeisterten viele für den Tauchsport.

Die erste Tauchweste, die eine Steuerung des Auftriebs erlaubte, meldete 1961 der Franzose Maurice Fenzy zum Patent an.

1930 Der Amerikaner William Beebe erreicht in einer Bathysphäre – einer von einem Schiff herabgelassenen Tauchkugel – eine Tiefe von 435 m.

1933 Der französische Erfinder Louis de Corlieu lässt sich Gummiflossen für das Schwimmen unter Wasser patentieren.

1938 Das Buch *The Complete Goggler* des Amerikaners Guy Gilpatric macht Speerfischen populär.

1941 Italienische Marinetaucher verwenden im Zweiten Weltkrieg Kreislauftauchgeräte, um ankernde Schiffe anzugreifen.

1943 Jacques Cousteau und Emile Gagnan entwickeln und testen den auf Druckluftatmung basierenden Lungenautomaten. Seine Einfachheit fördert die Entwicklung des Tauchsports.

1948 Erster Lungenautomat in den USA.

1930 1940 1950

TAUCHEN HEUTE

Der Lungenautomat revolutionierte das Tauchen und machte es erstmals einer breiten Öffentlichkeit zugänglich. 1950 gab es weltweit etwa 30 000 Sporttaucher. Zehn Jahre später waren es schon mehr als eine Million. Heute geht man von einer zweistelligen Millionenzahl aus.

Die moderne Tauchausrüstung scheint Welten von der Jacques Cousteaus entfernt zu sein, beruht aber auf den gleichen Grundlagen. Wie Cousteau tauchen wir mit einer Druckluftflasche und verwenden Maske, Schnorchel und Flossen. Allerdings ist mit der Zeit weiteres Equipment hinzugekommen, das das Tauchen sicherer und angenehmer macht. Technisches Tauchen mit Atemgasgemischen *(siehe S. 194/195)*, das tiefere und längere Tauchgänge erlaubt, wird immer beliebter, und und es gibt Computer, die uns mit Daten zu Tiefe, Wassertemperatur, Tauchzeiten und

TAUCHEN ZUM SPASS
Zwei Taucher bereiten sich auf die Erkundung einer tropischen Lagune vor. Die Rebreather ermöglichen sehr lange Tauchgänge.

CHRONIK

1951 Das *Skin-Diver*-Magazin erscheint erstmals in den USA und macht das Tauchen populär.

1953 Dr. Hugh Bradner entwickelt den Neopren-Nassanzug für die US Navy.

1956 Jacques Cousteaus Film *Die Schweigende Welt* (nach seinem Buch) gewinnt einen Oscar.

1959 Die Organisation YMCA organisiert das erste landesweite Programm zur Sporttaucher-Ausbildung in den Vereinigten Staaten.

1961 Der Franzose Maurice Fenzy lässt sich eine aufblasbare Schwimmweste für Taucher patentieren – es ist die erste Tauchweste zum Auftriebsausgleich.

1967 Der Amerikaner Bob Croft taucht als erster Freitaucher ohne Gerät auf unter 60 m.

1950

1960

MENSCHLICHER TORPEDO
Ein Taucher lässt sich von einem batteriebetriebenen Aquascooter ziehen, der seinen Aktionsradius stark erweitert.

Atemfrequenz versorgen. Einige Tauchcomputer bieten sogar Spiele an, mit denen man sich bei längeren Dekompressionspausen die Zeit vertreiben kann. Aquascooter sind bequeme Fortbewegungsmittel, und dank wasserdichter MP3-Player kann der Taucher unter Wasser Musik hören. Schon bald werden Taucher auch telefonieren und Nachrichten sowie Bilder vom Meeresgrund senden können.

DIE ZUKUNFT

Viele Taucher sehen in den Kreislauftauchgeräten *(siehe S. 82/83)* die Zukunft. Die einst nur Profis vorbehaltenen Rebreather sind heute auch für Sporttaucher erschwinglich und verbreiten sich zunehmend. Sie verlängern die Tauchzeit beträchtlich und erübrigen die Mitnahme mehrerer Gasflaschen. In fünfzig Jahren wird wahrscheinlich jeder mit hochentwickelten Kreislaufgeräten tauchen.

Es gibt ein wachsendes Interesse an Tauchfahrzeugen für den Privatgebrauch. Dieses »Spielzeug« könnte bald auch Hobbysportlern die Erforschung des Meeresbodens erleichtern. Die Grenzen des Tauchens werden Jahr um Jahr weiter verschoben. Beim Freitauchen, bei dem die Taucher ohne technische Ausrüstung tauchen *(siehe S. 190/191)*, liegt der Rekord inzwischen bei über 150 m. Gerätetaucher haben ähnliche Tiefen mit Pressluft erreicht und sind mit Gasgemischen bis in 330 m Tiefe vorgedrungen. Werden wir eines Tages auf den Boden des Pazifiks tauchen können? Wer weiß, aber es ist nicht unwahrscheinlich, dass technische Fortschritte und ein wachsendes Verständnis für den menschlichen Körper weitere Möglichkeiten eröffnen werden.

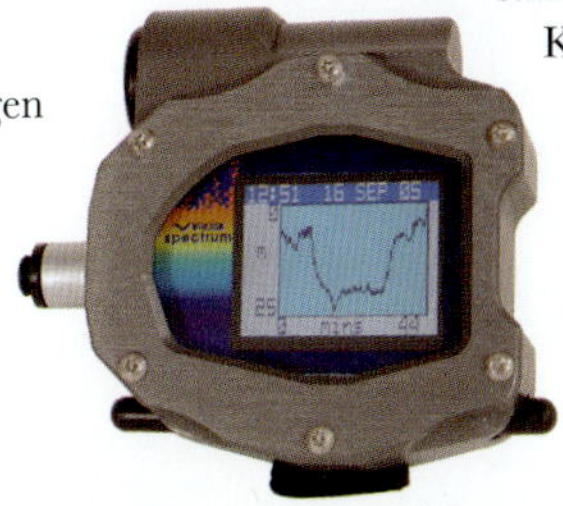

DIGITALE INFORMATION
Leistungsstarke Computer speichern und verarbeiten Tauchdaten.

1968 Die Amerikaner Neal Watson und John Gruener tauchen mit Pressluft auf 133 m Tiefe.

1970

1971 Scubapro vermarktet ein »stabilization jacket« für Taucher. Die Weste ist der Vorläufer moderner Tauchjackets.

1979 Sylvia Earl läuft in einem Druckanzug ohne Sicherung in 381 m Tiefe über den Meeresgrund.

1980

1980 Die nichtkommerzielle Tauchsicherheitsorganisation Divers Alert Network wird gegründet.

1983 Der Orca Edge kommt als erster serienreifer Tauchcomputer auf den Markt.

1990

1993 Der Freitaucher Umberto Pelizzari aus Italien stellt mit 123 m einen Tiefenrekord auf.

1999 Der Brite Mark Andrews taucht mit Pressluft auf 152 m Tiefe.

2000

2003 Der Brite Mark Ellyat taucht mit einem Trimix-Gemisch auf 313 m Tiefe.

Tauchen lernen

Einleitung

Schon das Tauchenlernen ist ein Abenteuer für sich. Tauchkurse für Anfänger werden in nahezu allen Ländern der Erde angeboten. Die Ausbildung kann zwar eine Herausforderung für Körper und Geist sein, die Mühe wird aber auch reich belohnt.

TAUCHEN LERNEN

Tauchen ist eine sichere Sportart, vorausgesetzt, man nimmt sich Zeit für eine ordentliche Schulung. Es wäre ausgesprochen tollkühn, unvorbereitet ins Wasser zu steigen, einmal abgesehen davon, dass kein Tauchzentrum oder Charterboot einen Taucher ohne anerkannte Qualifikation in seinem Revier tauchen lassen wird. Für eine fundierte Ausbildung gibt es keinen Ersatz. Nicht nur der Sicherheitsaspekt spielt eine Rolle, man ist entspannter, wenn man sich gut ausgebildet weiß. Eine Grundausbildung im »offenen Wasser« qualifiziert zum unüberwachten Tauchen. Man lernt dabei aber nichts über das Tauchen unter Eis, in einer Höhle oder in größeren Tiefen. Dafür sind weitere Qualifikationen und mehr Erfahrung notwendig.

WER IST GEEIGNET?

Solange bestimmte gesundheitliche Grundbedingungen erfüllt sind, kann jeder Tauchen lernen. So ist beispielsweise Asthma nicht prinzipiell ein Hinderungsgrund, aber man muss auf jeden Fall vorher mit seinem Arzt sprechen. Tauchen ist kein anstrengender Sport, dennoch sollte man einigermaßen fit sein, um z. B.

QUALIFIZIERTE ANLEITUNG
In der Grundausbildung erklärt der Tauchlehrer seinen Schülern Funktion, Wartung und Gebrauch der einzelnen Ausrüstungsgegenstände.

aus dem Wasser in ein Boot steigen zu können. In der Schwangerschaft ist Tauchen nicht empfehlenswert, aber man kann sich ohne Weiteres die Theorie und Schnorcheltechniken aneignen und die Schulung nach der Geburt fortsetzen.

Für Kinder unter 14 Jahren gibt es Juniorkurse und auch ein fortgeschrittenes Alter ist bei entsprechender Fitness und Gesundheit kein Hindernis. Viele Behinderte genießen den Tauchsport und es gibt spezielle Kurse, die auf die verschiedensten Behinderungen abgestimmt sind.

FITNESS
Man muss kein Leistungssportler sein, um zu tauchen, aber aus Sicherheitsgründen ist eine gewisse Fitness *(siehe S. 150)* nötig.

WIE VIEL KOSTET ES?

Jedes neue Hobby erfordert gewisse Investitionen, Tauchen ist hierbei keine Ausnahme. Eine neue Ausrüstung ist teuer, aber oft genügt auch eine gepflegte Ausstattung aus zweiter Hand. Außerdem kann man in fast allen Tauchzentren und -geschäften eine Ausrüstung mieten. Es lohnt sich, die verschiedenen Gegenstände auszuprobieren, bevor man sie anschafft.

Auch Tauchkurse sind relativ teuer, aber Tauchklubs haben oft günstige Angebote und die meisten Schulen bieten Schnupperkurse, bei denen man den Sport erst einmal kennenlernen kann, bevor man einen ganzen Kurs bucht.

NOVIZE IM FLACHWASSER
Ein Tauchlehrer führt einen Schüler durch seinen ersten Tauchgang und hält dabei die ganze Zeit beruhigenden Körperkontakt.

Tauchschulen

Es gibt weltweit zahlreiche Tauchverbände und -organisationen, die eine anerkannte Ausbildung anbieten. Ein guter Anhaltspunkt sind Empfehlungen anderer Taucher, darüber hinaus sollte man sich die Tauchschule jedoch genau ansehen, da jede ihre eigenen Methoden hat.

DER EINSTIEG

Die erste Frage ist, ob man in einer Schule oder in einem Klub lernen möchte. Eine Tauchschule (die mancherorts verwirrenderweise auch als Tauchklub bezeichnet wird) ist ein kommerzielles Unternehmen – man zahlt also für den Unterricht. Ein Tauchklub ist dagegen ein Verein, dessen Mitglieder bereit sind, anderen Mitgliedern das Tauchen beizubringen.

GRUNDLAGEN
Tauchlehrer im Ausland beherrschen die Sprache ihrer Schüler oftmals nur unzureichend.

die einer Schule, und der Umstand, dass sie ihre private Zeit investieren, sagt viel über ihre Liebe zum Tauchsport und den Wunsch aus, anderen ihr Wissen zu vermitteln. Außerdem bieten Klubs ein soziales Umfeld, organisieren Treffen und Tauchtrips vor Ort und im Ausland und bieten langfristige Möglichkeiten, Taucherfahrung zu sammeln.

Auf den ersten Blick scheint eine Schule die professionellere Lösung zu sein, aber in der Regel sind die Lehrer in den Klubs meist ebenso hoch qualifiziert wie

Andererseits findet der Unterricht oft nur einmal die Woche statt und so kann die Ausbildung durchaus ein paar Monate dauern.

Im Gegensatz dazu bieten Tauchschulen die Möglichkeit, die Grundlagen an einigen Wochenenden zu Hause zu erarbeiten und den Kurs dann in den Ferien in wärmeren Gefilden abzuschließen. Alternativ kann man die Ausbildung vollständig absolvieren und dann als voll qualifizierter Taucher in den Urlaub starten.

TAUCHVERBÄNDE

Der größte Tauchlehrerverband der Welt ist PADI (Professional Association of Diving Instructors). Er unterhält Vertretungen in aller Welt, und die meisten Tauchzentren rund um den Globus stehen mit ihm in Verbindung. Weitere große Organisationen sind unter anderem NAUI (National Association of Underwater Instructors) in den USA und SSI (Scuba Schools International).

In Deutschland kann man sich an den VDST (Verband Deutscher Sporttaucher) wenden. In Österreich ist der TSVÖ (Tauchsportverband Österreichs) aktiv. In der Schweiz und in Kontinentaleuropa ist der CMAS (Confédération Mondiale des Activités Subaquatiques) führend. Daneben finden sich zahlreiche, zum Teil hoch spezialisierte, weitere Verbände *(siehe S. 328/329)*.

KLUBEIGENES BOOT MIT TAUCHERN
Mitglieder von Tauchklubs legen zusammen, um Trips zu organisieren, die oft langjährige Tauchpartnerschaften und Freundschaften begründen.

DIE QUAL DER WAHL

Die Tauchverbände bieten Anfängerkurse an, die sich in Inhalt und Qualität kaum unterscheiden. Am besten lässt man sich von einem erfahrenen Taucher beraten. Man sollte sich immer die Qualifikationsnachweise des Tauchlehrers zeigen lassen und sich über den Ruf einer Schule oder eines Klubs erkundigen, bevor man sich festlegt.

TAUCHLEHRER MIT SCHÜLERN
Viele Menschen lernen im Urlaub tauchen. Es gibt Tausende Tauchschulen in aller Welt, die Kurse aller Stufen anbieten.

Grundkurse

Theoretisches Wissen und praktische Übungen gehören zu jedem Tauchtraining dazu. Die praktischen Fähigkeiten werden meist zunächst in einem Schwimmbecken trainiert, bevor es ins offene Wasser geht, können aber auch im Flachwasser vermittelt werden.

DIE THEORIE BEWÄLTIGEN

Der Unterricht sollte immer mit der Theorie beginnen. Zu den wichtigsten Inhalten gehören die Grundausrüstung, das Atmen unter Wasser, Sicherheitsmaßnahmen, Kommunikation unter Wasser, Navigation und vieles mehr. Ebenfalls wichtig sind einige einfache Berechnungen aus dem Bereich der Tauchphysik. Die Theorie ist nicht schwierig. Man muss sich nur ein wenig Zeit dafür nehmen.

Wie die Theorie in Tauchschulen vermittelt wird, ist ganz unterschiedlich. Einige setzen auf Unterricht im Klassenraum, andere geben DVDs und andere Materialien aus. Hier hat man die freie Wahl. In allen Fällen erhält man ein Theoriebuch, das alles erklärt, was man wissen muss.

TAUCHTHEORIE
Theorie ist ein wichtiger Bestandteil jeder Tauchausbildung. Sie kann sowohl im Gruppen- als auch im Einzelunterricht vermittelt werden.

AB INS WASSER

Das praktische Training wird normalerweise in »umfriedetem Wasser« durchgeführt – im Swimmingpool oder im Flachwasser. Zunächst muss ein einfacher Schwimmtest bestanden werden,

SPRUNG INS WASSER
Der Neuling lernt zunächst im sicheren Flachwasser und unter Anleitung eines Tauchlehrers.

damit der Tauchlehrer sieht, dass man sich im Wasser sicher bewegt. Dann geht es an die Vermittlung grundlegender Techniken. Es folgen ein paar Übungstauchgänge im offenen Wasser, damit sich die Schüler an die neue Umgebung gewöhnen.

RUNDUM AUSGESTATTET
Anfänger müssen sich keine komplette Ausstattung zulegen. Die meisten Schulen vermieten auch Equipment.

SICHERHEIT

Tauchen ist kein riskanter Sport, solange man eine solide Ausbildung erhält und im Training bleibt. Daher ist die Wahl der Schule, des Kurses und des Lehrers wichtig. Die meisten Tauchlehrer sind gut ausgebildet und leidenschaftlich bei der Sache. Aber natürlich gibt es immer schwarze Schafe. Daher sollte man sich zunächst im Freundes- oder Bekanntenkreis umhören und in einschlägigen Magazinen und im Internet recherchieren. Man sollte auch niemals zögern, während des Unterrichts Fragen zu stellen. Wenn man sich bei einem Tauchlehrer nicht wohlfühlt, muss es immer möglich sein, den Kurs zu wechseln.

Viele Menschen tauchen nur im Urlaub. Sie kommen also nur ein- oder zweimal im Jahr dazu, zu trainieren. Ist man aber einige Zeit nicht getaucht, ist ein Auffrischungskurs empfehlenswert. Außerdem ist ein Testtauchgang (mit einem Partner) gut, um die Ausrüstung zu checken und sich zu akklimatisieren.

SELBSTVERTRAUEN GEWINNEN

Grundlegende Fertigkeiten und Sicherheitsübungen werden in der sicheren Umgebung eines Schwimmbeckens oder im Flachwasser trainiert. Dazu zählen Tarierung und Flossentechniken, Vorgehensweise bei Luftmangel, Herausnehmen und Wiedereinsetzen des Atemreglers, Ohren und Maske unter Wasser frei machen *(rechts)* – alles Übungen, die Neulinge meist etwas nervös machen.

1 **Beim Tauchen kann sich** Wasser in der Maske sammeln. Mit etwas Übung kann auch eine komplett mit Wasser gefüllte Maske wieder frei gemacht werden.

2 **Den Kopf zurücklegen** und die Maske oben andrücken. Dann durch die Nase ausatmen. Die Luft sollte das Wasser aus der Maske drücken und sie so reinigen.

3 **Überprüfen, ob** die Maske frei ist. Sollte noch Wasser in der Maske sein, wiederholt man den Vorgang. Diese Übung ist nicht schwer und wird bald ganz nebenbei durchgeführt.

Spezialkurse

Tauchen ist ein für alle Menschen zugänglicher Sport und so gibt es auch viele Kursangebote für Kinder und für Behinderte. Bereits qualifizierte Taucher können sich fortbilden und es gibt zahlreiche Möglichkeiten, sein Können und Selbstvertrauen auszubauen.

MASSGESCHNEIDERTE KURSE

Für die Standardqualifikation für das Tauchen in offenem Wasser gibt es zwar ein Mindestalter (in der Regel 14 Jahre), aber auch Kinder können heute problemlos Tauchen lernen. Dadurch wird Tauchen zum Familiensport. Für jüngere Kinder gibt es Einführungskurse wie das Bubble-Maker-Programm der PADI und eigene Tauchklubs für Kinder wie die Scuba Rangers. Diese Programme sollen die notwendigen Grundfertigkeiten vermitteln, die zur vollen Qualifikation führen. Junior-Tauchscheine für Kinder der Altersstufen zwischen 10 und 14 Jahren entsprechen in etwa dem einfachen Tauchschein, beschränken aber die maximal erlaubte Tauchtiefe.

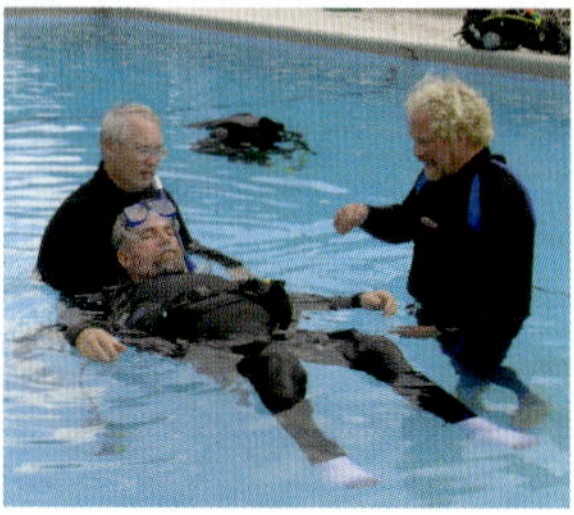

ERLEBTE FREIHEIT
Ein behinderter Taucher lernt unter Anleitung eines qualifizierten Lehrers im Swimmingpool.

Fortschrittliche Schulungsmethoden ermöglichen heutzutage auch immer mehr Menschen mit Behinderungen den Zugang zum Tauchsport. Beim Tauchen ist man praktisch

NACHWUCHSARBEIT
Die meisten Schulen bieten Tauchkurse für Kinder an. Auch Klubs kümmern sich gerne um ihren Nachwuchs.

GRÖSSERE UNABHÄNGIGKEIT
Erfahrung und Urteilsvermögen wachsen, während man sich weiterqualifiziert. Eine gute Ausbildung gibt Selbstvertrauen und Sicherheit.

schwerelos und die dadurch gewonnene Bewegungsfreiheit wird besonders von Menschen mit eingeschränkter Beweglichkeit sehr genossen. Absolut untauglich sind nur Menschen mit Epilepsie, weil bei dieser Krankheit die Gefahr eines Anfalls unter Wasser besteht. Für Behinderungen wie Blindheit, Querschnittslähmung, Zerebralparalyse und viele andere Erkrankungen gibt es hingegen spezielle Trainingsprogramme. Wichtig ist nur, dass ein auf Tauchmedizin spezialisierter Arzt seine Zustimmung gibt.

TIEFER EINTAUCHEN

Alle großen Ausbildungsorganisationen bieten Kurse an, die über den grundlegenden Tauchschein hinausführen. In diesen Kursen kann man seine Fertigkeiten verbessern und sich auf neue Herausforderungen wie das Tauchen in größerer Tiefe oder bei schlechter Sicht vorbereiten. Außerdem werden Rettungs- und Überlebenstechniken und eventuell sogar erste Schritte zur Qualifikation zum Tauchlehrer vermittelt. Daneben gibt es auch Spezialkurse, in denen man Theorie und Praxis solcher Aktivitäten wie Höhlen-, Wrack- oder technisches Tauchen erlernen kann. Hier wird das neu erworbene Wissen auch in der Praxis erprobt. Die Tauchschulen und -klubs vor Ort und die Webseiten der großen Tauchverbände und -schulen *(siehe S. 329/330)* bieten hierzu detaillierte Informationen.

HÖHLENTAUCHEN
Spezielle und schwierige Tauchtechniken wie beispielsweise Höhlen- oder Eistauchen erfordern eine gezielte Spezialausbildung.

Ausrüstung

Einleitung

Die Vielfalt des Tauchgeräts wirkt auf Einsteiger oft verwirrend. Manche Teile benötigt man auf jeden Fall, wohingegen andere für spezielle Zwecke vorgesehen sind. Je besser man sich vorher informiert, desto einfacher ist es, eine zuverlässige Ausrüstung zu erwerben.

KAUFEN ODER AUSLEIHEN?

Man kann die Tauchausbildung mit wenig mehr als einem Badeanzug oder einer Badehose beginnen, doch der Kauf einer guten ABC-Ausrüstung (Maske, Schnorchel, Flossen) ist zu empfehlen. Alles Übrige leihen sich viele Taucher vor Ort, bei Händlern oder ansässigen Tauchvereinen. Dieser Ansatz hat Vor- und Nachteile. Einerseits braucht man kein schweres Equipment zu transportieren, andererseits muss man sich gelegentlich mit einer schlecht passenden und verschlissenen Ausrüstung zufriedengeben, die bereits von vielen anderen Tauchern benutzt worden ist. Die Alternative ist der Kauf eines eigenen Equipments. Das ist vor allem dann sinnvoll, wenn man regelmäßig in der Nähe des Wohnorts taucht. Das eigene Equipment ist nicht so praktisch, wenn man in entfernte Länder reist, wenngleich Tauchgepäck von den meisten Fluggesellschaften nach Anmeldung kostenlos transportiert wird. Tank und Blei bekommt man an jeder Tauchbasis, sodass man diese Ausrüstungsteile nie mitnehmen muss.

Die beste Möglichkeit, Tauchgerät zu kaufen, bieten neben dem Fachhandel verschiedene Messen. Man kann auch gebrauchtes Zubehör erwerben, sollte es aber auf Verschleiß überprüfen und vor dem ersten Gebrauch gründlich warten lassen.

TAUCHER IM MEER
Sorgfältige Pflege der Ausrüstung ist notwendig, da von ihr das Überleben in der Unterwasserwelt abhängt.

GRUNDAUS-
STATTUNG

INFLATOR
Über den Inflator reguliert man die Luftfüllung des Jackets.

ZWEITE STUFE
Über die zweite Stufe des Atemreglers atmet man ein und aus.

TAUCHERMESSER
Mit einem Messer kann man sich aus einer Gefahrensituation befreien.

COMPUTER
Der Tauchcomputer zeigt Tiefe und zulässige Grundzeiten an.

ERSTE STUFE

TANK
Der Tank wird am Jacket befestigt. Er trägt die erste Stufe des Atemreglers.

GRUNDAUSSTATTUNG

Zusätzlich zur ABC-Ausrüstung werden weitere Gegenstände benötigt. Tauchanzug *(siehe S. 50–55)* und Füßlinge schützen den Körper. Welche Art von Anzug man braucht, hängt von der Wassertemperatur ab. Mithilfe des Jackets kann der Taucher den Auftrieb kontrollieren. An der Wasseroberfläche funktioniert das Jacket wie eine Schwimmweste. Jackets können integrierte Bleitaschen haben, welche Bleigurte überflüssig machen *(siehe S. 59)*. Außerdem wird am Jacket weiteres Zubehör befestigt.

Der Atemregler versorgt den Taucher mit Luft und sollte über eine alternative Luftversorgung (Oktopus) sowie über eine Konsole mit Finimeter und Tiefenmesser verfügen. Tauchcomputer erhöhen die Sicherheit. Mit einem Messer oder einer Schere kann man sich befreien, wenn man sich verfangen hat.

ZUBEHÖR

Für den spezialisierten Taucher gibt es eine Vielzahl weiterer Zubehörteile. Was man nur gelegentlich benötigt, sollte man sich ausleihen.

Schreibtafeln sind sehr nützlich, um dem Tauchpartner etwas mitzuteilen, sich unter Wasser Notizen zu den Tieren oder zur Umgebung zu machen oder eine Karte des Tauchplatzes anzulegen.

Lampen benötigt man für Nachttauchgänge, bei schlechter Sicht und vor allem in Wracks und Höhlen.

Bei Drifttauchgängen im offenen Meer sollte man eine Taucher- oder Signalboje mitführen, damit man vom Tauchboot gefunden und von anderen Booten nicht übersehen wird. Außerdem hilft die Bojenleine dabei, langsam und sicher aufzusteigen.

MASKE
Die Gläser müssen getempert sein und einen großen Blickwinkel ermöglichen.

KALTWASSER-AUSRÜSTUNG
Kaltes Wasser stellt besondere Ansprüche an das Equipment. Zusätzliche Ausrüstung kann nötig sein, wobei der Schutz gegen Auskühlung das Wichtigste ist.

INSTRUMENTE
Die Zifferblätter müssen groß, hell und gut lesbar sein.

LAMPE
Kühle Gewässer sind oft trüb, sodass eine Lampe nützlich ist.

BOJE UND REEL
Die Leine für die Boje wird auf einem Reel aufgewickelt.

HERAUSFORDERUNG
Das Tauchen in kaltem Wasser erfordert eine besondere Ausrüstung und ein spezielles Training. Zusätzliche Sicherheitsmaßnahmen sind wichtig.

Man kann seine Erlebnisse mit einer Kamera festhalten. Für Schnappschüsse genügen einfache Digitalkameras mit Unterwassergehäuse, die klein genug für die Jackettasche sind.

KALTWASSER-TAUCHGÄNGE

Wer regelmäßig in kaltem Wasser taucht, sollte sich einen Trockentauchanzug anschaffen *(siehe S. 54/55)*. Ein wärmender Unterziehanzug ist unbedingt notwendig, da Wärmeverlust zu Erschöpfung führen kann und die Auskühlung beschleunigt. Es gibt spezielle Unterzieher, die die Haut trocken halten. Für Tauchgänge in kaltem Wasser oder für das Eistauchen *(siehe S. 188/189)* sollte man sich ferner einen Atemregler mit Vereisungsschutz zulegen, wie er bei besseren Geräten inzwischen Standard ist.

In kaltem Wasser sind auch eine Kopfhaube und Handschuhe sinnvoll. Wie dick sie sein sollten, hängt von der Wassertemperatur ab. Je dicker das Neopren ist, desto besser wärmt es, schränkt aber auch die Bewegung ein. Dicke Handschuhe setzen die Geschicklichkeit deutlich herab, was den Umgang mit kleinen Geräten erschwert.

DIE RICHTIGE WAHL

Kaufen Sie nicht gleich das erstbeste Ausrüstungsteil. Prüfen Sie das Angebot und vergleichen Sie die Preise. Beachten Sie die Ratschläge anderer Taucher und der Verkäufer, bedenken Sie aber, dass jeder seine Lieblingsmarke hat. Besprechungen in Zeitschriften oder im Internet können ebenfalls bei der Entscheidungsfindung helfen.

Masken

Eine korrekt sitzende Maske ist möglicherweise der wichtigste Teil der Ausrüstung. Wählen Sie sie deshalb in Ruhe aus. Es gibt viele verschiedene Ausführungen, am wichtigsten sind jedoch die Passform und die Eignung für Ihre individuellen Ansprüche.

UNTER WASSER SEHEN

Menschliche Augen können im Wasser nicht scharf sehen, sodass man eine Tauchmaske tragen muss. Sie schließt Luft ein und ermöglicht den Augen eine normale Fokussierung. Eine Maske besteht aus einem einzelnen oder zwei getemperten Gläsern in einem Rahmen, der mit einem Silikonrand luftdicht am Gesicht abschließt. Das Maskenband hält die Maske am Kopf.

Wenn man seine Maske in einer stabilen Box aufbewahrt, hält sie viele Jahre lang. An den Gläsern neuer Masken setzen sich Silikonausdünstungen ab, die man mit einem weichen Tuch und Zahnpasta (kein Gel) wegpolieren kann, ohne die Gläser zu verkratzen. Ansonsten beschlagen die Gläser im Wasser sehr schnell. Danach sollte man die Maske gut ausspülen, trocknen lassen und an einem kühlen Ort lagern, an dem sie nicht dem direkten Sonnenlicht ausgesetzt ist.

PASSFORM TESTEN

Masken gibt es in verschiedenen Formen und Größen, die man anprobieren sollte, um die passende zu finden. Man kann die Passform testen, indem man die Maske ans Gesicht drückt und einatmet. Sie sollte an ihrem Platz bleiben, auch wenn man sich nach vorn beugt.

1 **Man hält** die Maske vor das Gesicht und lässt das Band herabhängen.

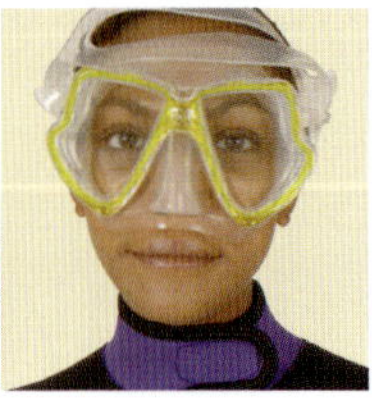

2 **Man setzt** die Maske auf und atmet ein. Die Maske darf nun nicht herabfallen.

AUSFÜHRUNGEN

KLASSISCH Diese Maske ist vor allem bei Fotografen beliebt, weil das Gesicht der fotografierten Person dahinter erkennbar ist. Das Gesichtsfeld unter dieser Maske ist groß. Wegen des hohen Innenvolumens lässt sie sich schwer ausblasen.

ERWEITERTER SICHTBEREICH Viele neue Masken bieten dem Taucher ein erweitertes Gesichtsfeld. Dieses Modell weist zusätzliche Sichtscheiben an den Seiten und unten auf. Es ist außerdem möglich, optische Gläser einzusetzen.

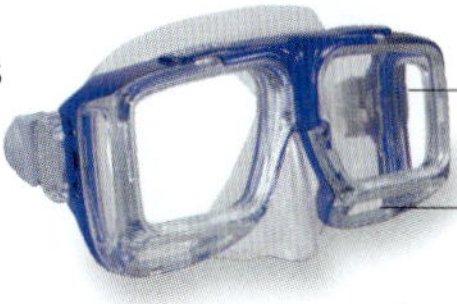

MATTSCHWARZ Manche Taucher bevorzugen Masken aus schwarzem Silikon, um Reflexionen in der Maske zu vermeiden. Das ist besonders für Unterwasserfotografen wichtig. Andererseits schränkt das Material die Randsicht ein wenig ein.

SEITENBLICK Manche Masken besitzen Seitengläser, die das Gesichtsfeld erweitern. Man sollte darauf achten, dass sie die Perspektive nicht verzerren. Das geringe Innenvolumen erleichtert das Ausblasen der Maske.

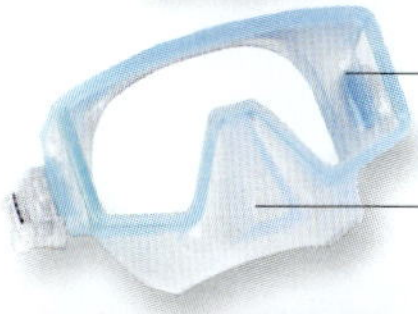

VOLLGESICHTSMASKE Die vor allem von Berufstauchern verwendeten Vollgesichtsmasken sind in sehr kaltem oder verschmutztem Wasser von Vorteil. Manche erlauben die Kommunikation über Funk.

AUGE IN AUGE
Die Evolution hat Fische mit Augen ausgestattet, die im Wasser scharf sehen können, Taucher benötigen dazu eine Maske.

OPTISCHE TAUCHMASKEN

Manche Masken können für Brillenträger mit optischen Gläsern ausgerüstet werden. Kontaktlinsen sind eine Alternative, können aber verloren gehen, wenn die Maske verrutscht.

Schnorchel und Flossen

Schnorchel und Flossen bilden mit der Maske die ABC-Ausrüstung. Schnorchel unterscheiden sich nicht sehr, doch bei den Flossen werden viele verschiedene Modelle angeboten. Auch hier sollte man sich nach seinem Budget und dem geplanten Einsatz richten.

WAHL DES SCHNORCHELS

Ein Schnorchel ist ein Rohr, durch das man an der Wasseroberfläche atmen kann, ohne den Kopf aus dem Wasser zu heben. Unter Wasser braucht man ihn nicht, doch kann er vor oder nach dem Abtauchen nützlich sein. Ein Schnorchel darf maximal 35 cm lang sein, da man sonst einen zu großen Teil der ausgeatmeten Luft beim nächsten Atemzug wieder einatmet. Man befestigt ihn an der linken Seite der Maske, damit man rechts Platz für den Atemregler hat *(siehe S. 60/61)*. Spülen Sie den Schnorchel immer gut aus und lassen Sie ihn nicht in der Sonne liegen.

BAUWEISEN

Einfache Schnorchel sind nicht viel mehr als ein gebogenes Rohr. Manche Modelle besitzen einen Spritzschutz am oberen und ein Ausblasventil am unteren Ende. Faltbare Schnorchel lassen sich leicht in der Jackettasche unterbringen.

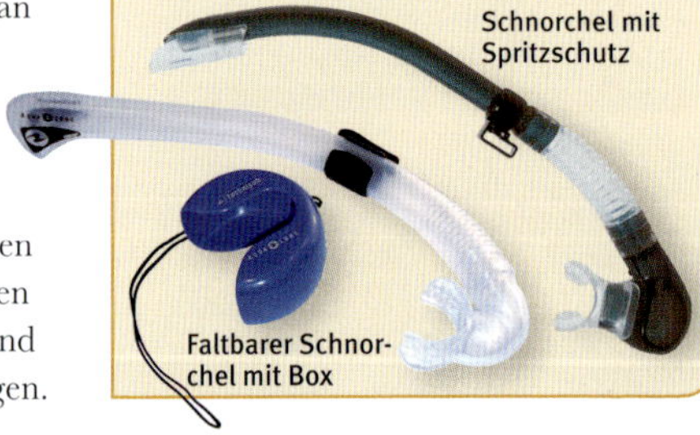

FLOSSEN

Flossen sorgen beim Tauchen für den Vortrieb. Eine Standardflosse besteht aus einem Fußteil und einem Flossenblatt, das oft Rippen und Öffnungen zur Steigerung der Effektivität besitzt. Schnorchelflossen umschließen den Fuß wie ein Schuh, wohingegen bei Geräteflossen die offene Ferse mit einem Fersenband gehalten wird. Sie werden mit Neopren-Füßlingen getragen. Um Geräteflossen anzuprobieren, sollte man die eigenen Füßlinge mitbringen, da ihre Dicke berücksichtigt werden muss.

DIE RICHTIGE AUSFÜHRUNG

Weiterentwicklungen in der Flossenherstellung haben zu einem breiten Angebot geführt. Split Fins (gespaltene Flossen) sollen die Beweglichkeit unter Wasser verbessern, doch viele Taucher sind der Ansicht, dass konventionelle Modelle mehr Vortrieb erzeugen können. Vor dem Kauf sollte man sich überlegen, wie und wo man die Flossen einsetzen will, und sich gut beraten lassen.

VORTRIEB
Ein Taucher führt mit konventionellen Flossen den Froschbeinschlag aus.

FLOSSENTYPEN

KONVENTIONELL Eine konventionelle Geräteflosse mit einem mittelharten Blatt ist für den Anfang das Richtige. Man wird mit der Zeit jedoch noch andere Bauarten ausprobieren wollen.

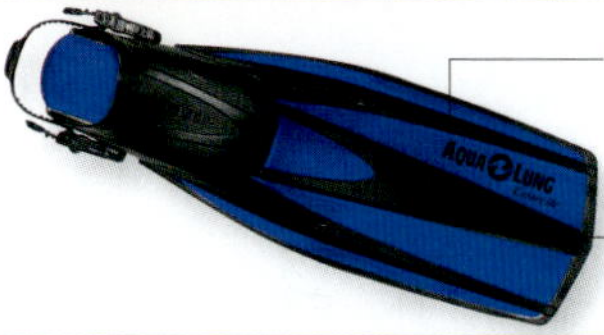

FORCE FIN Die von einem kalifornischen Hersteller angebotenen Flossen sollen die Wirbelbildung im Wasser sowie den Kraftaufwand des Tauchers verringern.

GELENKIG Diese Flossen weisen ein Gelenk im Flossenblatt auf, das beim Flossenschlag in allen Positionen für die optimale Ausrichtung des Blatts sorgen soll.

GESPALTEN Split Fins sollen die Wendigkeit des Tauchers im Wasser verbessern. Viele Taucher sind der Meinung, dass sie bei Strömung für einen weniger guten Vortrieb sorgen.

SCHNORCHELFLOSSEN Die für Schnorchler gebauten Flossen sind an der Ferse geschlossen, sodass man sie mit nackten Füßen tragen kann. Manche haben etwas kürzere Flossenblätter.

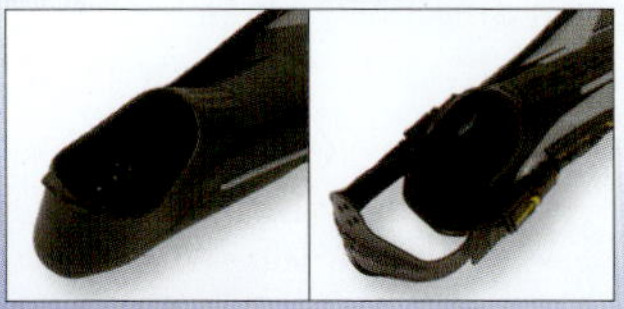

Schnorchelflosse Geräteflosse

BEFESTIGUNG
Flossen werden auf zwei Weisen am Fuß gehalten: mit einem geschlossenen Fußteil oder einem Fersenband.

Tauchanzüge

Außer in sehr warmen Gewässern muss man sich beim Tauchen vor Auskühlung schützen. Zusätzlich dient der Tauchanzug dem Schutz vor Verletzungen. Tauchanzüge gibt es in allen Preislagen. Man sollte vor allem auf die Passform und eine gute Verarbeitung achten.

WÄRMEISOLATION

Wasser leitet Wärme viel besser als Luft. Wenn das Wasser nicht die Temperatur der Haut aufweist (etwa 32 °C – mehr als die meisten Korallen vertragen können), verliert der Körper Wärme und man beginnt zu frieren. Deshalb ist in den meisten Tauchrevieren eine Wärmeisolierung nötig. Beim Tauchen in tropischen Gewässern reicht ein Nasstauchanzug aus. Nur in den wärmsten Gewässern genügt ein nicht isolierender Schnorchelanzug. Man sollte sich nie verleiten lassen, nur in Badekleidung zu tauchen, denn der Tauchanzug schützt nicht nur vor Wärmeverlust, sondern auch vor Vernesselungen und Abschürfungen. In kälteren Gewässern benötigt man einen halbtrockenen oder sogar einen Trockentauchanzug.

ZWEITE HAUT
Moderne Anzüge bestehen aus Materialien, die eine sehr gute Wärmeisolation aufweisen.

WAHL DES ANZUGS

Menschen frieren unterschiedlich schnell. Anzugkombinationen haben den Vorteil, dass man einzelne Teile ausziehen oder übereinander tragen kann. Im Wasser wird es selten zu warm, doch bei tropischen Temperaturen kann man sich überhitzen, bevor man ins Wasser gelangt. Um sich davor zu schützen, sollte man den Anzug vor dem Anziehen anfeuchten.

Die wenigsten Taucher können es sich leisten, für jeden Temperaturbereich einen eigenen Anzug zu kaufen. Die meisten Modelle sind jedoch für eine Vielzahl von Gewässern geeignet. Ein langer Nasstauchanzug ist für die Tropen, in denen ein Trockenanzug zu warm wäre, sehr gut geeignet und kann bei Bedarf mit Handschuhen, Füßlingen und einer Haube ergänzt werden.

SCHUTZ VOR AUSKÜHLUNG

Es gibt grobe Richtlinien für die Stärke von Anzügen. In den Tropen, wo das Wasser kaum kälter als 25 °C ist, kommt man mit einem 3-mm-Nasstauchanzug aus. Im Mittelmeer ist im Sommer ein halbtrockener Anzug von 5–7 mm Stärke angebracht, der in den kälteren Monaten durch eine Eisweste, Handschuhe und Kopfhaube ergänzt werden sollte. Eine ähnliche Ausrüstung ist auch für heimische Gewässer geeignet, wobei in den kalten Monaten ein Trockentauchanzug zu empfehlen ist.

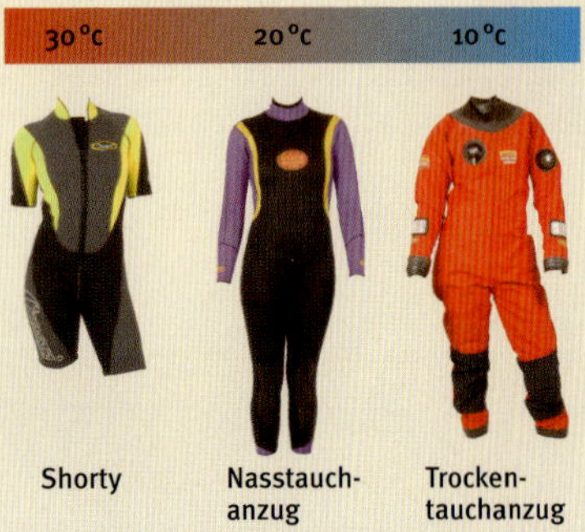

SCHICHTAUFBAU

Nass- und Trockentauchanzüge wärmen den Taucher auf verschiedene Weise. In den Nasstauchanzügen wirkt die dünne Wasserschicht isolierend. Trockentauchanzüge isolieren mit einer Luftschicht und erlauben das Tragen von wärmenden Unterziehanzügen.

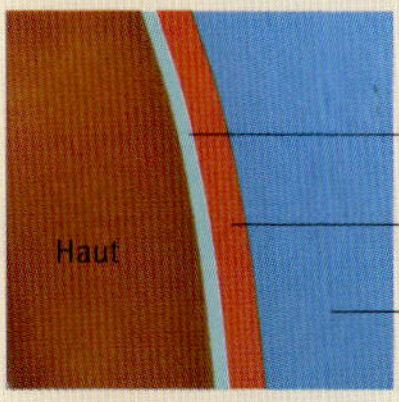

Nasstauchanzug

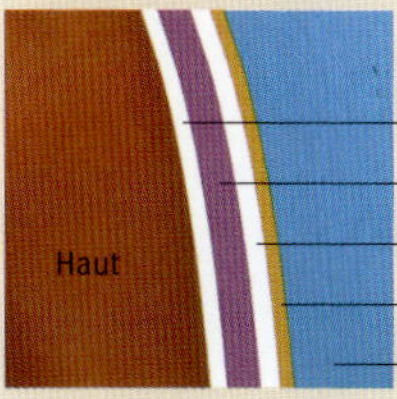

Trockentauchanzug

SCHNORCHELANZÜGE UND SHORTYS

In warmen tropischen Gewässern benötigt man nicht unbedingt Schutz vor Auskühlung, doch ein dünner Anzug verhindert, dass das Jacket die Haut aufscheuert. Außerdem schützt er vor Abschürfungen und Vernesselungen sowie vor und nach dem Tauchen vor Sonnenbrand.

Die dünnsten Schnorchelanzüge bestehen aus Lycra, es gibt aber auch Anzüge aus 0,5 mm starkem Neopren. Lycra-Anzüge kann man auch unter einem anderen Tauchanzug tragen, sodass sie eine gute Wahl darstellen, wenn man nicht weiß, wie warm oder kalt es am Tauchplatz sein wird.

Sogenannte Shortys schützen vor Auskühlung ein wenig mehr als Schnorchelanzüge. Meistens bestehen sie aus 3 mm starkem Neopren. Allerdings sind Arme und Beine vor Nesseltieren und Abschürfungen an Felsen oder Korallen nicht geschützt.

SHORTY
Ein Shorty ist in warmen Gewässern eine gute Wahl.

Handschuhe

Schnorchelhemd

TROPENTAUCHER
Auch in warmen Gewässern kann ein langer Anzug sinnvoll sein, da die Temperatur in größerer Tiefe oft absinkt.

LANGE NASSTAUCHANZÜGE

Nach den Schnorchelanzügen und Shortys bietet der einteilige Nasstauchanzug die nächstbessere Isolierung. Hier werden auch Arme und Beine geschützt. Die Anzüge werden meistens aus 2,5–7 mm starkem Neopren hergestellt. Doch nicht allein die Dicke ist entscheidend – nur ein eng anliegender Anzug isoliert gut. Der Anzug sollte deshalb den Konturen des Körpers so gut wie möglich folgen. Nasstauchanzüge schließen eine dünne Wasserschicht ein, die vom Körper erwärmt wird. Wenn der Anzug schlecht sitzt, fließt das Wasser zwischen Körper und Neopren hindurch und kühlt den Taucher auf diese Weise eher als dass es ihn wärmt.

PFLEGE DES NASSTAUCHANZUGS

Nach jedem Tauchgang spült man den Anzug mit Süßwasser aus, um Salz und Schmutz zu entfernen. Benutzt man ihn eine Zeitlang nicht, sollte man ihn mit einem Neopren-Waschmittel reinigen, damit er geschmeidig bleibt und nicht schimmelt. Wenn der Anzug vollkommen trocken ist, hängt man ihn an einem kühlen, trockenen Platz auf.

NASSTAUCHANZUG
Nasstauchanzüge werden in verschiedenen Ausführungen angeboten, die sich durch die Stärke des Neoprens unterscheiden.

Handschuhe

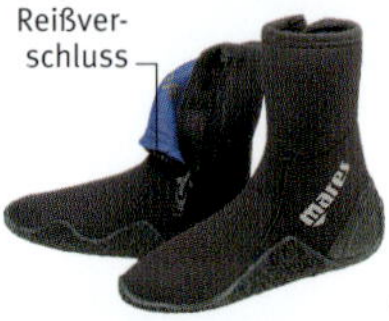

Füßlinge

HALBTROCKENE TAUCHANZÜGE

In kälterem Wasser trägt man halbtrockene Anzüge mit einer Kopfhaube und Handschuhen, eine Ausführung, die sich auch für die Temperaturen des Mittelmeers eignet. Wie die Nasstauchanzüge bestehen halbtrockene Anzüge aus Neopren und schließen eine isolierende Wasserschicht ein. Allerdings besitzen sie an den Hand- und Fußgelenken sowie am Hals oder im Haubenbereich Dichtungen, wodurch nur ein geringer Wasseraustausch stattfindet und das eingeschlossene Wasser besser erwärmt wird. Der halbtrockene Tauchanzug wird oft als Kombination, bestehend aus einer langen Trägerhose (Long John) und einer langärmeligen Jacke, angeboten, oder es wird eine Eisweste über einem Overall getragen.

Durch ihre Dicke schränken die Anzüge die Beweglichkeit an Land, nicht jedoch im Wasser ein. Es gibt auch neue flexible Materialien, die mehr Beweglichkeit ermöglichen. Obwohl der halbtrockene Anzug schon sehr gut isoliert, bevorzugen viele Taucher einen Trockentauchanzug *(siehe S. 54)*, da ein nasser Körper nach dem Tauchen unangenehm auskühlen kann.

HALBTROCKENER TAUCHANZUG
Halbtrockene Tauchanzüge eignen sich für eine Vielzahl von Umgebungen und ermöglichen auch Tauchgänge in größere Tiefen.

TAUCHCOMPUTER
Tauchcomputer sind kaum größer als eine Armbanduhr. Bei dicken Tauchanzügen benötigt man manchmal ein längeres Armband.

LAMPE
In kälteren und tieferen Gewässern ist die Sicht oft beeinträchtigt, sodass man immer eine Lampe mitführen sollte.

TROCKENTAUCHANZÜGE

Trockentauchanzüge sind die teuerste Variante, bieten dafür aber die beste Wärmedämmung. Sie nutzen die eingeschlossene Luft zur Isolation. Man kann sie von der Stange kaufen, doch eine Maßanfertigung lohnt sich, denn je besser der Anzug sitzt, desto bequemer ist er und desto geringer ist die Wahrscheinlichkeit, dass Tarierungsprobleme auftreten, die durch eine ungleichmäßige Luftverteilung hervorgerufen werden können.

Trockentauchanzüge werden aus verschiedenen Materialien hergestellt. Anzüge aus Neopren sind robust und isolieren sehr gut. Membrananzüge bestehen aus relativ dünnem Gewebe, isolieren selber kaum und werden mit einem Unterziehanzug getragen. Sie sind geschmeidiger als die Neoprenausführung, sodass man sich besser bewegen kann. Sie sitzen aber auch lockerer, sodass die Luft zirkuliert und im ungünstigen Fall dem Taucher zu einem unfreiwilligen Kopfstand verhelfen kann.

WARM BLEIBEN
Auch unter Extrembedingungen wie beim Eistauchen bieten Trockentauchanzüge eine zuverlässige Isolierung und verhindern ein Auskühlen des Tauchers.

ANZUG AUS CRUSH NEOPREN
Crush Neopren ist mit Hitze und Druck behandelt worden, um die Lufteinschlüsse im Material zu vermindern, sodass es in jeder Tiefe den gleichen Auftrieb aufweist.

EINLASSVENTIL
Das Ventil ist mit der ersten Stufe des Atemreglers verbunden *(siehe S. 61)* und dient dem Lufteinlass.

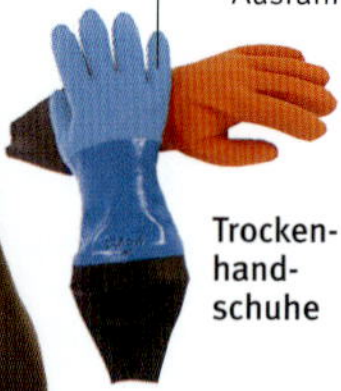

Trockenhandschuhe

verstärkter Kniebereich

integrierte Füßlinge

DEN AUFTRIEB KONTROLLIEREN

Anders als bei Nasstauchanzügen kann man bei Trockentauchanzügen über Luftventile den Auftrieb kontrollieren. Wenn man auf das Jacket verzichten möchte, sollte man jedoch zunächst einen Einführungskurs besuchen. Trockentauchanzüge sollten einmal im Jahr oder nach einer längeren Lagerung von einem geschulten Techniker überprüft werden.

VERSCHLÜSSE UND DICHTUNGEN

Trockentauchanzüge besitzen oft einen Schulterreißverschluss auf der Rückseite. Zum Öffnen benötigt man die Hilfe des Tauchpartners. Die Reißverschlüsse müssen regelmäßig mit einem Pflegemittel behandelt werden, damit sie gängig und vor Korrosion geschützt bleiben.

Um das Eindringen von Wasser zu verhindern, besitzen die Anzüge an den Handgelenken und am Hals Manschetten aus Glattneopren oder Latex. Latexmanschetten dichten besser als die Neoprenversion, isolieren aber nicht und können leichter einreißen. Neoprenmanschetten sind robust, leicht zu reparieren und warm, sitzen aber oft schlechter.

MIT LUFT GEFÜLLT

Trockentauchanzüge besitzen ein Lufteinlassventil auf der Brust, damit man sich durch den Wasserdruck nicht wie in Schrumpffolie eingewickelt fühlt. Beim Aufstieg dehnt sich die Luft aus und wird über ein an Schulter oder Oberarm befindliches Ventil manuell oder automatisch freigegeben. Es gibt Ventile, die überschüssige Luft beim Anheben des Arms abgeben.

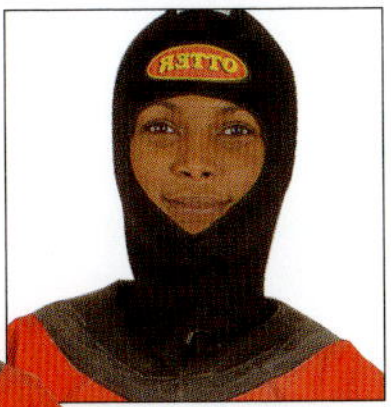

HAUBE
Eine Neopren-Kopfhaube schützt den Kopf im kalten Wasser.

UNTERZIEHANZUG
Unterzieher werden als zusätzlicher Kälteschutz unter dem Trockentauchanzug getragen.

dicke Nasshandschuhe

MEMBRANANZUG
Das leichte Gewebe des Membrananzugs ist flexibler als Neopren und ermöglicht mehr Bewegungsfreiheit.

Jackets

Anders als Fische haben Menschen keine natürliche Möglichkeit, ihren Auftrieb im Wasser zu regulieren. Taucher tragen deshalb ein Jacket, das mit Luft gefüllt werden kann. Durch das Ein- oder Ablassen von Luft kann der Auftrieb kontrolliert werden.

ARBEITSWEISE DES JACKETS

Das aufgeblasene Jacket dient vor und nach dem Tauchgang an der Wasseroberfläche als Schwimmweste und verhindert das Absinken. Im Wasser kann der Taucher seinen Auftrieb durch die Zugabe oder das Ablassen von Luft sehr genau erhöhen und senken (das bezeichnet man als Tarieren) und so in der gewünschten Wassertiefe schweben. Außerdem werden am Jacket verschiedene Ausrüstungsteile befestigt, vor allem natürlich die Druckluftflasche.

Jackets werden mithilfe eines Schlauchs mit der ersten Stufe des Atemreglers verbunden *(siehe S. 61)*, die die Luft zur Füllung liefert. Sie können auch über einen Faltenschlauch, der von der linken Schulter herabhängt, mit dem Mund aufgeblasen werden. Der Knopf für das Füllen mit Druckluft befindet sich am Ende des Faltenschlauchs.

Um den Auftrieb zu verringern, kann durch Drücken eines anderen Knopfs Luft über den Faltenschlauch abgegeben werden. Ein kurzes Ziehen am Faltenschlauch öffnet bei den meisten Jackets ein Schnellablassventil an seinem Ansatz. Weitere Schnellablassventile befinden sich meist auf der anderen Schulter und am unteren Rand der Jacketrückseite. Die Ventile werden mit Schnüren bedient und sollten vorsichtig eingesetzt werden, da sie den Auftrieb sofort deutlich herabsetzen.

STAURAUM
Jackets *(rechts)* sind mit D-Ringen und Taschen für nützliches Zubehör versehen.

SICHER AN DER OBERFLÄCHE
Die Jackets erlauben es, sicher an der Oberfläche zu treiben. Hier signalisieren die Taucher vor dem Abtauchen „OK".

RINGE UND BEFESTIGUNGEN

Die Druckluftflasche *(siehe S. 68)* wird am Jacket befestigt. Ein Gurt, der mit einem Schnellverschluss gestrafft wird, hält sie auf der Rückenplatte fest. Es ist wichtig, dass die Flasche korrekt angebracht ist und während des Tauchgangs nicht rutscht. Ein gutes Jacket besitzt mehrere Gurte im Bauch- und Schulterbereich, die für einen stabilen Sitz sorgen. Sie können unter Wasser leicht nachgezogen werden. D-Ringe aus Stahl oder Kunststoff *(siehe unten)* dienen zur Befestigung kleiner Ausrüsungsteile.

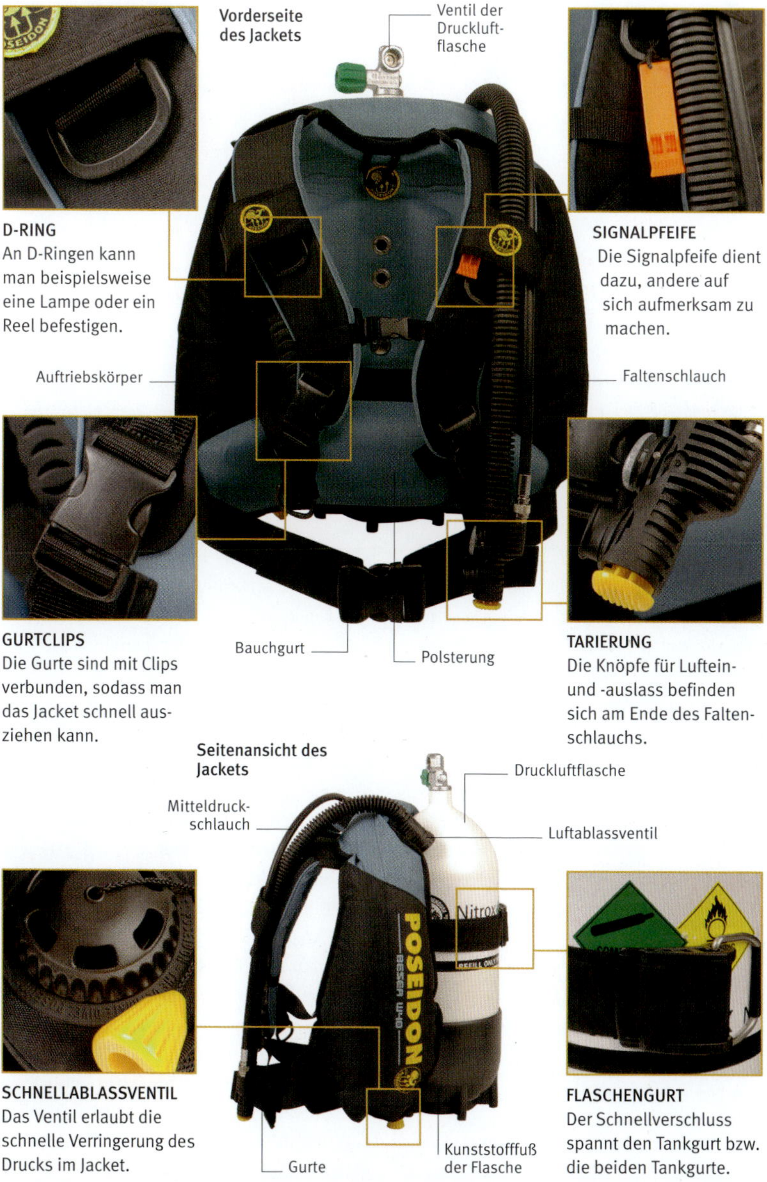

D-RING
An D-Ringen kann man beispielsweise eine Lampe oder ein Reel befestigen.

SIGNALPFEIFE
Die Signalpfeife dient dazu, andere auf sich aufmerksam zu machen.

GURTCLIPS
Die Gurte sind mit Clips verbunden, sodass man das Jacket schnell ausziehen kann.

TARIERUNG
Die Knöpfe für Luftein- und -auslass befinden sich am Ende des Faltenschlauchs.

SCHNELLABLASSVENTIL
Das Ventil erlaubt die schnelle Verringerung des Drucks im Jacket.

FLASCHENGURT
Der Schnellverschluss spannt den Tankgurt bzw. die beiden Tankgurte.

FÜR SPEZIALISTEN
Großvolumige Wing-Jackets *(oben)* werden vor allem von fortgeschrittenen Tauchern benutzt *(links)*. Das große Luftvolumen sorgt für zusätzlichen Auftrieb.

EIN JACKET AUSSUCHEN

Ein einfaches Jacket verfügt oft nur über einen Bauchgurt. Bessere Modelle besitzen verschiedene Gurte, mit denen man das Jacket an den Körper anpassen kann. Es muss gut sitzen und darf mit Druckluftflasche nicht von einer Seite auf die andere rutschen. Es sollte leicht an- und abzulegen sein. Wenn möglich, sollte man ein Jacket mit dem eigenen Tauchanzug anprobieren, um die Passform zu überprüfen und sicherzustellen, dass für den Fall eines Anzugwechsels oder einer Veränderung der Figur Reserven vorhanden sind. Neben den Standardmodellen gibt es spezielle Bauweisen wie solche mit integrierten Bleitaschen oder das Wing-Design, das die Lage des Tauchers im Wasser verbessert. Auch hier gilt: Die Eigenschaften des Jackets sollten den Anforderungen der Tauchgänge entsprechen. Vor dem Kauf sollte man verschiedene Modelle anprobieren.

WARTUNG DES JACKETS

Professionelle Wartung garantiert, dass das Jacket jahrelang problemlos funktioniert. Es sollte einmal pro Jahr oder nach einem halben Jahr Lagerung gewartet werden. Die Wartung sollte ein Fachmann übernehmen. Man sollte das Jacket nur selbst warten, wenn man die nötigen Kenntnisse besitzt. Niemals mit einem nicht gewarteten Jacket tauchen!

PFLEGE DES JACKETS

Wie alle Ausrüstungsteile muss auch das Jacket nach jedem Tauchgang von außen mit Süßwasser abgespült werden. Auch das Innere des Auftriebskörpers sollte durch den Faltenschlauch gespült werden. Anschließend leert man das Jacket über den Faltenschlauch, wobei man es auf den Kopf stellt. Zur Kontrolle bläst man es über das Mundstück des Faltenschlauchs auf und stellt durch Schütteln fest, ob sich noch Wasser darin befindet. Das Jacket wird halb aufgeblasen an einem kühlen und trockenen Platz gelagert.

AUSFÜHRUNGEN

INTEGRIERTES BLEI Manche Jackets besitzen integrierte Bleitaschen. Viele Taucher halten die Schnellabwurfbleitaschen für bequemer als konventionelle Bleigurte. Zum An- oder Ablegen des Jackets sollte man die Bleitaschen herausnehmen.

zusätzlicher Reserveatemregler am Faltenschlauch

INTEGRIERTER ATEMREGLER Das Mares HUB-System (Human Underwater Breathing) war das erste Jacket mit integriertem Atemregler. Ein Vorteil dieses Aufbaus gegenüber der herkömmlichen Lösung ist, dass der Wasserwiderstand herabgesetzt wird.

in das Jacket integrierter Atemregler

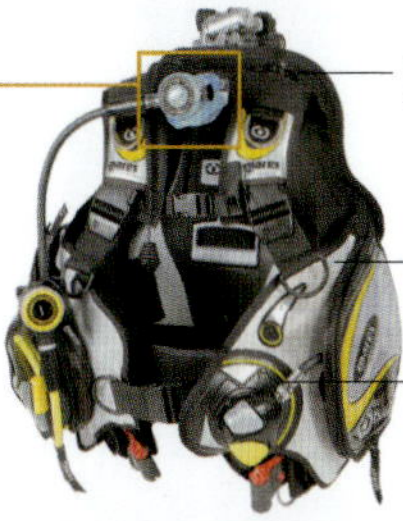

WING-/SEMIWING-JACKET Bei den von technischen Tauchern bevorzugten Wings befindet sich der große Auftriebskörper hinten. Die Lage im Wasser ist sehr gut, doch an der Oberfläche sind Semiwings im Vorteil, da Wings den Taucher nach vorn drücken.

Semiwing

Wing

DAMENJACKET Für Frauen werden immer häufiger Jackets mit einer speziellen Passform angeboten, die vor allem den Brustbereich entlasten. Viele dieser Modelle weisen weitere komfortable Einrichtungen wie integrierte Bleitaschen auf.

spezieller Gurtschnitt

REISEJACKET Wer viel reist, kann sich ein Jacket ohne feste Rückenplatte anschaffen, das sich zusammenrollen lässt. Das Auftriebsvolumen ist relativ klein, doch die Jackets werden meistens ohnehin im Warmwasser benutzt, wo man weniger Blei benötigt.

Griff der Schnellabwurfbleitasche

Atemregler

Eins der wichtigsten Ausrüstungsteile ist der Atemregler. Das zweistufige System liefert Luft aus dem Tank mit dem der jeweiligen Tiefe entsprechenden Druck. Da es sich um ein lebenswichtiges Gerät handelt, schaffen sich die meisten Taucher einen eigenen Atemregler an.

UNTER WASSER ATMEN

Die Druckluftflasche enthält große Mengen Luft, die zuvor stark komprimiert wurde *(siehe S. 68/69)*. Bevor man diese Luft veratmen kann, muss sie auf den richtigen Druck expandiert werden, der wiederum von der Wassertiefe abhängig ist. Je tiefer man taucht, desto größer wird der Druck, der auf den Brustkorb einwirkt *(siehe S. 94/95)*. Man bezeichnet ihn als Umgebungsdruck. Die Atemluft muss genau den gleichen Druck aufweisen, da sich die Lungen sonst nicht uneingeschränkt füllen können.

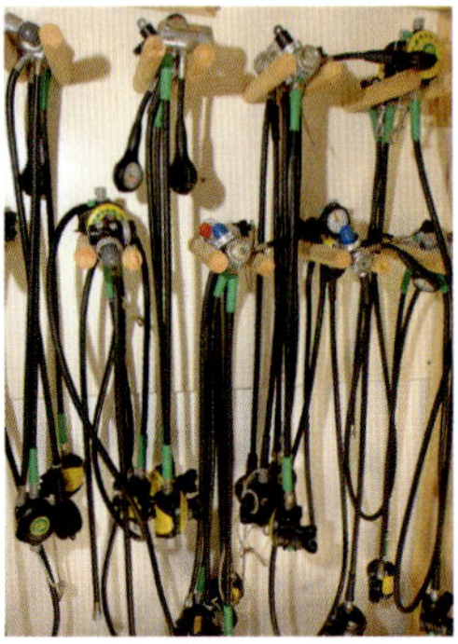

Atemregler lagern
Atemregler sind robust, müssen aber gepflegt werden. Man lagert sie trocken, kühl und ohne direkte Sonneneinstrahlung.

ATEMREGLERFUNKTION

Die Luft mit dem richtigen Druck zu liefern ist die Aufgabe des Atemreglers. Er besteht aus der ersten Stufe (sie sitzt unmittelbar am Tank) und der zweiten, an der sich das Mundstück befindet. Die erste Stufe reduziert den Luftdruck auf einen Mitteldruck von etwa 8–10 bar über dem Umgebungsdruck. Ein Ventil in der ersten Stufe gibt Luft frei, bis sich im Schlauch zur zweiten der Mitteldruck aufgebaut hat. Atmet der Taucher, registriert die erste Stufe den Druckabfall im Schlauch und gibt mehr Luft frei. Dabei

Aqualunge
Der Atemregler reduziert den hohen Druck der Luft aus dem Tank, sodass er dem Druck der Umgebung entspricht.

ändert sie den Druck automatisch, wenn der Umgebungsdruck sich abhängig von der Tauchtiefe verändert. Über separate Mitteldruckschläuche versorgt die erste Stufe auch das Jacket und den Trockentauchanzug mit Luft. Ein Hochdruckschlauch führt zum Finimeter.

Die zweite Stufe reduziert den Mitteldruck auf den Umgebungsdruck des Wassers und erlaubt so das Atmen. Dazu nutzt sie eine Membran, auf die auf einer Seite der Umgebungsdruck und auf der anderen der Mitteldruck der ersten Stufe einwirken. Beim Einatmen wölbt sich die Membran nach innen und öffnet ein Einlassventil, sodass Luft in den Mund gelangt. Beim Ausatmen wird die Membran nach außen gedrückt, wodurch sich ein Auslassventil öffnet und die verbrauchte Luft entweicht.

Wasser kann mithilfe der Luftdusche entfernt werden, die über einen Knopf auf der Vorderseite der zweiten Stufe ausgelöst wird.

ERSTE STUFE MIT INT-ANSCHLUSS
Der INT-Anschluss ist international bei Sporttauchern am weitesten verbreitet, jedoch nicht so sicher wie der DIN-Anschluss.

ERSTE STUFE MIT DIN-ANSCHLUSS
Eine Ausführung des sehr sicheren DIN-Anschlusses mit längerem Gewinde ist sogar für 300-bar-Flaschen zugelassen.

ZWEITE STUFE
Die zweite Stufe liefert Luft mit dem jeweiligen Umgebungsdruck. Das Mundstück sollte bequem zu tragen sein.

ZWEITE STUFE, OKTOPUS
Der Oktopus dient als Reserve, wenn die normale zweite Stufe versagt oder ein anderer Taucher Luft benötigt.

INSTRUMENTENKONSOLE
Ein Hochdruckschlauch führt von der ersten Stufe zum Finimeter, an dem man den Restdruck der Flasche ablesen kann.

JACKET
Ein Mitteldruckschlauch führt von der ersten Stufe zum Jacket; über ihn erfolgt die Luftzufuhr ins Jacket.

OKTOPUS

Die meisten Atemregler für Sporttaucher sind in Oktopus-Konfiguration bestückt (so genannt wegen der vielen von der ersten Stufe ausgehenden Schläuche). Dazu gehört eine zusätzliche zweite Stufe als Reserve, sollte die andere ausfallen oder der Tauchpartner Luft benötigen. Im Lauf der Zeit ist diese zweite Stufe dann selbst als Oktopus bezeichnet worden.

Der Oktopus und der zugehörige Schlauch sind meistens leuchtend gelb gefärbt, damit man sie im Notfall schnell findet und nicht mit der normalen zweiten Stufe verwechselt, die meistens einen schwarzen Schlauch besitzt. Der Oktopus hängt die meiste Zeit unbenutzt am Jacket und er ist oft etwas schwergängiger eingestellt als der Hauptregler, um zu vermeiden, dass er »abbläst«. Diese ungewollte Luftabgabe tritt häufiger auf, wenn die zweite Stufe ständig mit Wasser gefüllt ist.

Bei manchen Oktopus-Ausführungen lässt sich der Schlauch links oder rechts montieren, je nachdem, ob man den Oktopus eher einem neben einem schwimmenden oder einem sich gegenüber befindlichen Tauchpartner zugänglich machen will. Der Schlauch zum Oktopus sollte länger als der zur normalen zweiten Stufe sein, damit er einem Tauchpartner mühelos gereicht werden kann und ein gemeinsamer Aufstieg ohne Behinderungen möglich ist *(siehe S. 140)*. Man sollte diese Prozedur regelmäßig üben.

OKTOPUSHALTER

Der Oktopus sollte im Notfall vom Taucher selbst oder seinem Partner schnell gefunden werden können. Deshalb gibt es viele verschiedene Halterungen zur Anbringung am Jacket, die den Oktopus leicht freigeben, wenn er gebraucht wird, und ihn nachher unkompliziert wieder aufnehmen. Viele Taucher bringen den Oktopus in der Taillengegend an, andere im Brustbereich, sodass er ständig griffbereit ist. Neuerdings gibt es auch magnetische Oktopushalter. Aus ihnen kann der Oktopus durch leichten Zug einfach gelöst werden. Der Halter fügt sich selbsttätig wieder zusammen, wenn seine Teile einander angenähert werden.

SICHERE BEFESTIGUNG
Man sollte den Oktopus an einer Stelle des Jackets unterbringen, an der er leicht zugänglich und immer gut sichtbar ist.

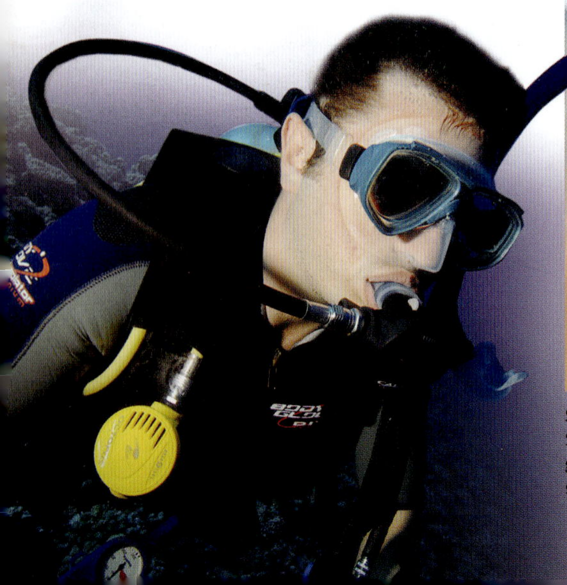

SCHNELLER ZUGANG
Spezielle Halterungen am Jacket geben den Oktopus im Notfall schnell frei.

AUSFÜHRUNGEN

BASISMODELL Einfache und preiswerte Atemregler können sehr zuverlässig und haltbar sein. Meistens sind sie jedoch nicht ganz so leichtgängig wie die teureren Modelle.

OKTOPUS Der Oktopus ist meistens eine normale zweite Stufe, die jedoch durch eine leuchtende Farbe markiert ist. Bei manchen Geräten kann der Schlauch an beiden Seiten montiert werden.

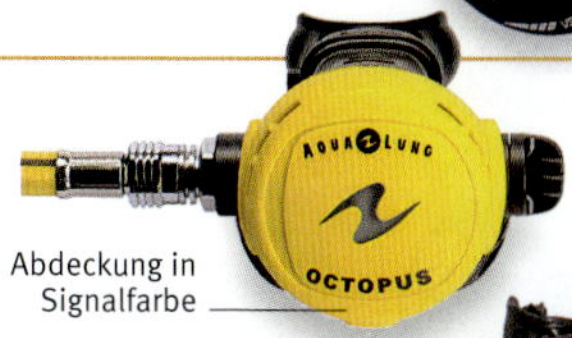

HOCHLEISTUNGS-ATEMREGLER Teure Regler zeichnen sich durch einen geringen Atemwiderstand und robuste Bauweise aus. Sie sind mit einem Vereisungschutz für das Tauchen in kaltem Wasser ausgerüstet.

NITROX-ATEMREGLER Zum Tauchen mit Nitroxgemischen *(siehe S. 194/195)*, die einen erhöhten Sauerstoffanteil aufweisen, muss der Atemregler besonders gut gegen Korrosion geschützt sein.

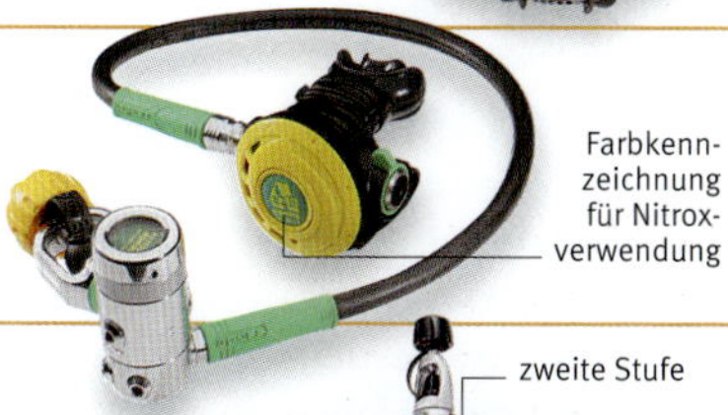

ATEMREGLER ALTER BAUWEISE Bei Zweischlauchgeräten ist die zweite Stufe vom Mundstück getrennt und befindet sich hinter dem Kopf, sodass die Luftblasen nicht im Gesichtsfeld aufsteigen.

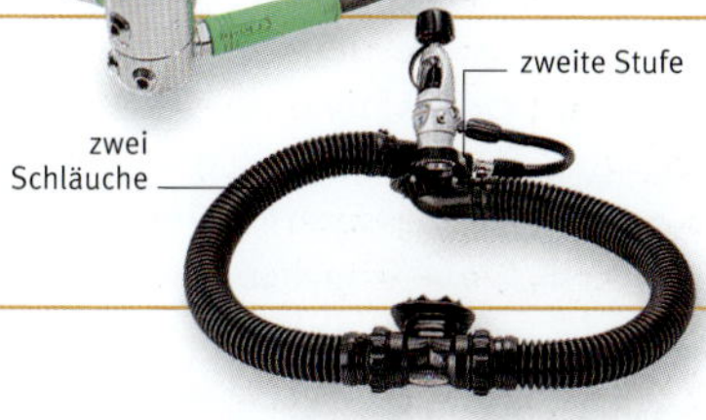

WAHL DES ATEMREGLERS

Wie bei allen Ausrüstungsteilen sind die Preisunterschiede zwischen den Modellen groß, doch gerade bei dem Atemregler sollte man nicht sparen. Preiswerte Geräte sind in der ersten Stufe meist mit Kolbensteuerung ausgerüstet und besitzen oft eine recht klobige zweite Stufe. Teurere Regler sind membrangesteuert und ihre zweiten Stufen oft kleiner. Die Spitzenmodelle sind häufig für Kaltwasser oder große Tiefen optimiert. Sie haben Regulationsmöglichkeiten für Atemwiderstand und Luftfluss, das heißt, sie können so eingestellt werden, dass sie weniger leicht abblasen oder dass man weniger Kraft zum Atmen aufwenden muss. Ein Atemregler muss nach jedem Tauchgang mit Süßwasser gespült (es darf dabei kein Wasser in die erste Stufe gelangen!) und jährlich von einem qualifizierten Techniker gewartet werden.

TIEF ATMEN
Atemregler sind sehr zuverlässig, wenn sie regelmäßig gewartet werden.

Konsolen und Finimeter

Um sichere Tauchzeiten und -tiefen einzuhalten und ausreichende Luftreserven zu haben, benötigt man Geräte, die Luftverbrauch, Tauchzeit und Tiefe anzeigen. Sie werden in verschiedenen Bauweisen von Zeigerinstrumenten bis zu digitalen Konsolen angeboten.

WICHTIGE INSTRUMENTE

Ein Taucher muss jederzeit die Tauchzeit, die verbliebene Luftmenge und die Tiefe messen können. Eine wasserdichte Uhr mit Lünette (ein drehbarer Ring, der auf das Gehäuse montiert ist) ermöglicht es, Zeiten zu markieren und so den verstrichenen Zeitraum zu kontrollieren.

Tiefenmesser liefern Informationen über die Tauchtiefe. Es handelt sich meistens um Zeigerinstrumente, obwohl auch digitale Ausführungen angeboten werden. Sie messen den Umgebungsdruck und rechnen ihn in eine Tiefenangabe um. Tiefenmesser sollten auch die maximale Tiefe eines Tauchgangs anzeigen (bei Analoginstrumenten geschieht das mit einem Schleppzeiger). Diese Angabe muss nach jedem Tauchgang zurückgesetzt werden.

100 BAR ANZEIGEN
Das Finimeter informiert über den verbleibenden Luftvorrat. Man teilt dem Partner mit *(siehe S. 145)*, wenn die Hälfte verbraucht ist.

Genauso wichtig ist ein Manometer, das den Flaschenrestdruck angibt und deshalb beim Tauchen als Finimeter bezeichnet wird. Es ist mit der ersten Stufe des Atemreglers über einen Hochdruckschlauch verbunden. Während des Tauchgangs sollte man alle paar Minuten einen Blick auf das Finimeter werfen, um den Luftverbrauch im Auge zu behalten.

KONSOLEN

Tiefenmesser und Finimeter werden oft als kombinierte Konsole angeboten, die an dem Hochdruckschlauch seitlich am Körper herabhängt, damit man die wichtigsten Informationen auf einen Blick erfassen kann. In der Konsole können auch andere Instrumente wie ein Kompass oder ein

WAHL DER KONSOLE

Die Konsole ist das Informationszentrum und muss gut abzulesen sein. Verschiedene Konsolen unterscheiden sich im Betrachtungswinkel. Man sollte sich mehrere Ausführungen ansehen und Instrumente mit großen, leicht zu erkennenden Ziffern bevorzugen. Manche Konsolen enthalten einen Kompass, der sich auch auf der Rückseite befinden kann.

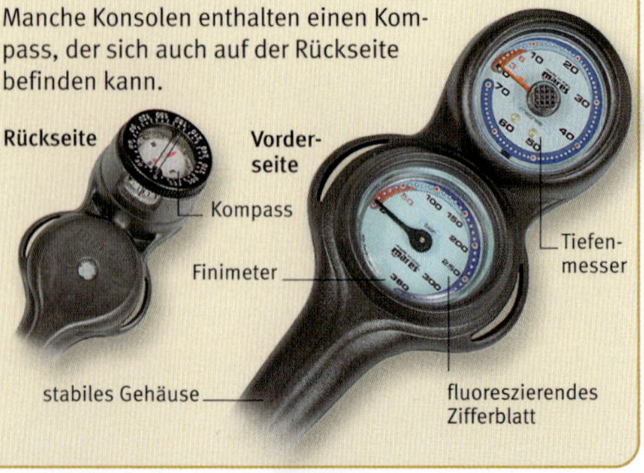

INSTRUMENTE UND KONSOLEN

TIEFENMESSER Tiefenmesser sind meist mit Öl gefüllt und messen den Umgebungsdruck. Die vor allem als Zeigerinstrument erhältlichen Geräte sind genau und robust.

FINIMETER Diese meist analogen Manometer enthalten ein Röhrchen, das sich abhängig vom Luftdruck im Tank ausdehnt oder zusammengedrückt wird.

KONSOLE MIT ANALOGINSTRUMENTEN Die Konsole erlaubt es, auf einen Blick Tiefe und Restdruck sowie die beim Tauchgang erreichte Maximaltiefe abzulesen.

KONSOLE MIT COMPUTER Der Computer zeigt den Luftverbrauch, die Temperatur, aktuelle und Maximaltiefe, Zeit, Restnullzeit und Aufstiegsgeschwindigkeit an.

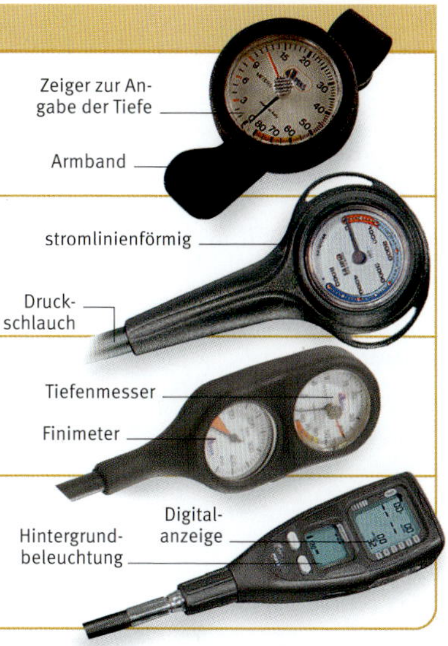

Thermometer untergebracht sein. Die Konsole wird nach dem Tauchgang gemeinsam mit dem Atemregler mit Süßwasser abgespült und sollte an einem trockenen Platz ohne direkte Sonneneinstrahlung gelagert werden.

FORTGESCHRITTENE MODELLE

Manche Hersteller bieten Konsolen mit einem eingebauten Tauchcomputer *(siehe S. 66/67)* an. Zusätzlich zu den üblichen Parametern wie Tauchzeit, Tiefe, Nullzeit und Dekoinformationen werden bei manchen dieser Computer auch der Luftverbrauch und der Flaschenrestdruck in die Berechnung einbezogen. Andere funktionieren wie ein einfacher Armbandcomputer. Hier zeigt ein zusätzliches (oft digitales) Finimeter den Flaschenrestdruck an. Besitzern von Armbandcomputern können Konsolen als Backup dienen.

ANALOG ODER DIGITAL?

Analoginstrumente sind auf einen Blick leichter abzulesen, da man nur die Zeigerstellung erfassen und keinen Ziffern erkennen muss.

Tauchcomputer

Um Dekoerkrankungen *(siehe S. 142/143)* zu vermeiden, ist es wichtig, Tiefe und Dauer eines Tauchgangs zu überwachen. Früher benutzte man dazu eine Uhr und einen Tiefenmesser, heute werden diese Funktionen und viele weitere von einem Computer übernommen.

FUNKTIONSWEISE EINES TAUCHCOMPUTERS

Die wichtigste Funktion des Computers ist es, Tauchzeit und -tiefe zu überwachen und daraus ein sicheres Tauchprofil zu erstellen. Der Computer berechnet anhand dieser Daten die Stickstoffanreicherung im Blut und mahnt gegebenenfalls Dekostopps an *(siehe S. 100/101)*. Fortgeschrittene Modelle können auch mit Nitrox und Gasgemischen rechnen, wie sie beim technischen Tauchen verwendet werden *(siehe S. 194/195)*, und manche beziehen sogar den Luftverbrauch des Tauchers ein, wenn sie per Sender oder Schlauch mit seiner ersten Stufe verbunden sind.

Computer sind flexibler als Tabellen *(siehe S. 100/101)*, die anzeigen, wie lange man auf einer bestimmten Tiefe bleiben darf, ohne dass ein Dekostopp nötig wird, denn sie können komplexe Berechnungen anstellen, die alle Tiefen einbeziehen, in denen der Taucher sich im Laufe des Tauchgangs aufgehalten hat. In der Ausbildung lernt man, nicht schneller aufzusteigen als die kleinsten Gasblasen, doch ein Computer liefert eine exakte Angabe. Bei zu schneller Aufstiegsgeschwindigkeit gibt er Warnsignale ab. Einige schlagen zusätzliche Sicherheitsstopps in größeren Tiefen vor, um die Gefahr der Mikroblasenbildung zu verringern.

AUSFÜHRUNGEN

MULTIGAS Dieser Computer kann Tauchgänge mit wechselnden Atemgasgemischen berechnen, von normaler Luft bis zu verschiedenen mit Sauerstoff angereicherten Nitroxgemischen.

LUFTINTEGRIERT Dieser Computer wird in die Konsole *(siehe S. 65)* eingebaut und ist mit dem Hochdruckschlauch der ersten Stufe verbunden. Daher kann er auch den Luftverbrauch berücksichtigen.

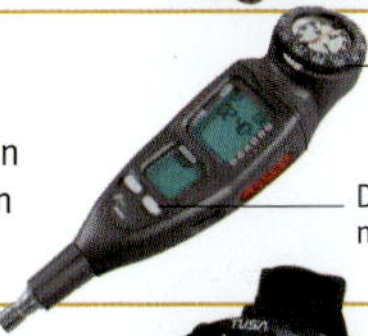

AM HANDGELENK Dieser für normale Luft vorgesehene Computer wird wie eine Uhr getragen und liefert Daten zur Tauchtiefe und -zeit, zur Aufstiegsgeschwindigkeit und verbleibenden Nullzeit.

SCHLAUCHLOS Dieser ebenfalls am Armband getragene Computer bezieht den Luftverbrauch in seine Berechnungen ein. Die Informationen bekommt er über einen Sender an der ersten Stufe *(siehe S. 60/61)*.

AUFSTIEGSWARNUNG
Beim Auftauchen sollte man auf die Warnungen achten, die der Tauchcomputer optisch und akustisch von sich gibt.

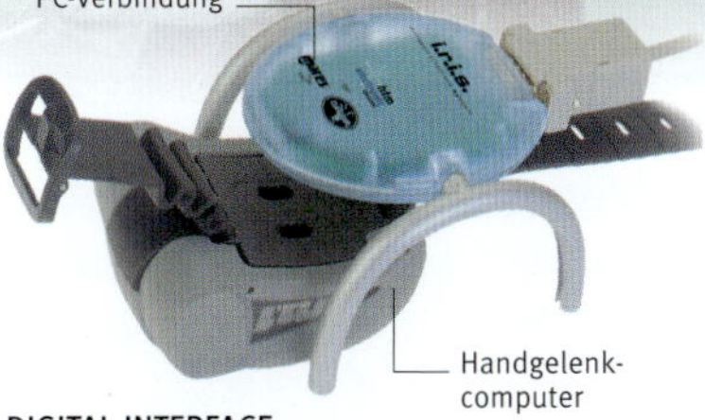

DIGITAL-INTERFACE
Mit entsprechendem Zubehör kann man den Tauchcomputer mit einem PC verbinden, der die Tauchprofile anzeigt.

Auch bei Wiederholungstauchgängen bietet der Computer durch seine genauen Berechnungsmöglichkeiten wesentlich mehr Sicherheit. Mehrere Tauchgänge an einem Tag kann man vor allem da unternehmen, wo man nicht durch die Gezeiten eingeschränkt ist.

KAUF EINES TAUCHCOMPUTERS

Alle Werte müssen gut abzulesen sein. Zu viele Daten auf einem kleinen Display sind nur schwer zu erkennen. Die Ziffern sollten groß genug sein und weniger wichtige Daten sollten nicht ständig angezeigt werden.

Computer sind eine sichere Möglichkeit, einen Tauchgang zu überwachen, schützen aber nicht mit absoluter Sicherheit vor einer Dekoerkrankung, denn kein Computer vermag die Körperfunktionen des Tauchers zu überprüfen. Trotz eingebauter Sicherheitsreserven sollte man daher kein Risiko eingehen und bei den Tauchtiefen und -zeiten nicht bis an die Grenze gehen.

VORSICHTSMASSNAHMEN

Man darf sich niemals nur auf den Computer verlassen. Zur Sicherheit sollte man regelmäßig üben, Tauchgänge anhand von Tabellen zu planen. Obwohl der Computer rechtzeitig vor einer zur Neige gehenden Batterie warnt, sollte man entweder eine Uhr und einen Tiefenmesser oder einen zweiten Computer dabeihaben.

Druckluftflaschen

Die auch als „Tanks“ oder nur als „Flaschen“ bezeichneten Druckluftflaschen enthalten komprimierte Luft, die durch ein Ventil in die erste Stufe des Atemreglers gelangt. Sie müssen regelmäßig überprüft werden und sind fast überall bei den Tauchbasen auszuleihen.

GRÖSSE UND MATERIAL

Druckluftflaschen gibt es in verschiedenen Größen, für gewöhnlich haben sie ein Volumen von 10, 12 oder 15 l. Es gibt Tanks, die für einen Druck von 300 bar zugelassen sind, üblich sind Flaschen mit einem Fülldruck von 200 bar. Zulässiger Druck, Hersteller und Herstellungsdatum sowie Informationen über die Inspektionen lassen sich auf der Flaschenschulter ablesen. Druckluftflaschen müssen in regelmäßigen Abständen einer Sicht- und Gewichtsprüfung sowie einer Festigkeitsprüfung unterzogen werden. Die Intervalle sind von Land zu Land unterschiedlich (meist zwischen ein und fünf Jahren). Ohne den entsprechenden Nachweis werden sich der Händler oder die Tauchbasis weigern, die Flasche zu füllen.

GUT GESICHERT
Flaschen müssen gegen Umfallen gesichert werden und dürfen nicht in der Sonne stehen.

Die meisten Taucher benutzen 10- oder 12-l-Flaschen, doch wenn man viel Luft verbraucht, kann man auch eine größere Flasche wählen. Berufstaucher verwenden auch Doppelflaschen. Kleine Pony-Flaschen können als Reserve mitgeführt werden. Sie verfügen über einen eigenen unabhängigen Atemregler.

BAUWEISEN

Flaschen können aus Aluminium oder Stahl bestehen. Stahl ist schwer und korrodiert in Salzwasser, ist bei guter Pflege jedoch langlebig. Aluminium ist leichter, aber nicht so stabil und empfindlicher. Dass die Wände deswegen dicker sein müssen, macht den Gewichtsvorteil weitgehend zunichte.

Gas für Trockentauchanzüge

3-l-Pony-Flasche

Nitrox-Flasche

12-l-Standardflasche

Üblicherweise werden Druckluftflaschen mit komprimierter Luft oder auch mit Nitrox gefüllt. Technische Taucher *(siehe S. 194/195)* verwenden auch andere Gasgemische. Zu ihrem Equipment gehören auch spezielle Flaschen, die mit dem Edelgas Argon gefüllt sind, das besser isoliert als Luft.

Weil die Luft im Verlauf des Tauchgangs verbraucht wird, wird der Tank immer leichter. Die meisten Leute vergessen, dass auch Luft ein Gewicht hat und dass der Tank durch die Kompression eine große Menge enthält. Aluminiumflaschen bekommen am Ende des Tauchgangs sogar meistens Auftrieb.

DAS SCHRAUBVENTIL

Am Ventil der Flasche wird entweder mit einem INT- oder einem DIN-Anschluss die erste Stufe des Atemreglers befestigt *(siehe S. 60–63)*. Mit dem Ventil kann man die Luftzufuhr öffnen oder schließen. Man sollte darauf achten, dass sich ein intakter O-Ring am Ventil (INT) oder an der ersten Stufe (DIN) befindet, da der Anschluss sonst nicht dicht ist.

PFLEGE UND WARTUNG

Man sollte seine Flasche nur in vertrauenswürdigen Tauchgeschäften oder -basen füllen und sie regelmäßig überprüfen lassen. An Bord eines Boots darf man die Flasche nur aufrecht lagern, wenn sie durch eine Halterung gesichert ist. Ansonsten legt man sie vorsichtig hin und verhindert, dass sie umherrollen kann. Insbesondere volle Flaschen dürfen nicht in der prallen Sonne gelagert werden, weil dadurch der Innendruck ansteigt. Wenn man den Tank über ein halbes Jahr nicht benutzt hat, sollte man ihn neu füllen lassen, da die Luft sonst schal schmeckt.

DOPPELTE MENGE
Doppelflaschen sind für Berufstaucher geeignet, die lange Dekotauchgänge durchführen.

Bleisysteme

Der Tauchanzug, das Jacket und der eigene Körper tragen zum Auftrieb im Wasser bei. Es gibt verschiedene Bleisysteme, die dem Auftrieb entgegenwirken und den Tauchbedingungen angepasst werden können. Wichtig ist vor allem der Tragekomfort.

UNTEN BLEIBEN

Wenn man einen Trockentauchanzug oder einen dicken Nasstauchanzug *(siehe S. 50–55)* trägt, benötigt man einiges an Blei, um dem Auftrieb entgegenzuwirken. Die preiswerteste Methode ist das Tragen eines Bleigurts mit Bleistücken. Taschengurte sind auch für die Aufnahme von Schrotblei geeignet, das bequemer zu tragen ist, weil es sich der Körperform anpasst. Besonders Frauen empfinden einen normalen Bleigurt oft als sehr unbequem an den Hüften. Viele Jackets besitzen integrierte Bleitaschen, mit denen eine bessere Gewichtsverteilung möglich ist. Der größere Teil des Bleis wird dabei in Schnellabwurftaschen untergebracht, doch meistens befinden sich im Rückenbereich Trimmbleitaschen, die während des Tauchgangs nicht zugänglich sind. Der Anteil des abwerfbaren Bleis sollte so hoch sein, dass man Auftrieb bekommt und ohne Hilfe zur Oberfläche aufsteigt, wenn man sich vom Blei trennt.

DEN BLEIGURT ANREICHEN
Wenn man den Gurt anhebt, muss sich die Schnalle unten befinden, damit die Bleistücke nicht abrutschen.

BLEISYSTEME

STANDARD-BLEIGURT Ein Nylongurt trägt Bleistücke, die mit zwei Schlitzen versehen sind, durch die der Gurt gefädelt wird. Der Gurt kann im Notfall mithilfe der Schnellabwurfschnalle gelöst werden.

TASCHENBLEIGURT Manche Gurte besitzen Taschen, in die man mit Schrotblei gefüllte Beutel stecken und leicht wieder herausnehmen kann. Eine andere Ausführung besitzt eine einzige Tasche für loses Schrot.

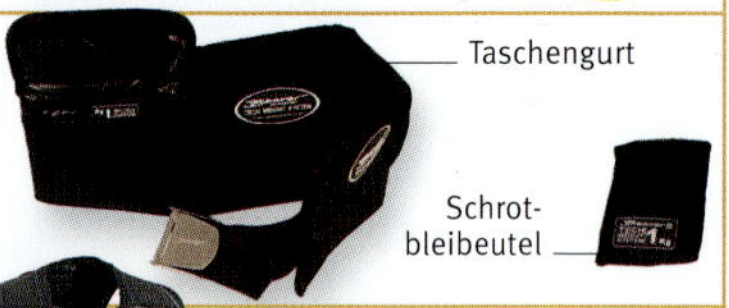

SCHULTERGURT Das Gewicht ist bequemer zu tragen, wenn es nicht nur auf den Hüften, sondern auch auf den Schultern lastet. Schnellverschlüsse erlauben es, das System im Notfall abzuwerfen.

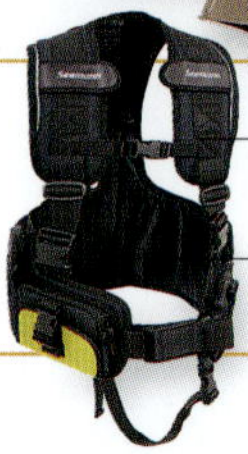

BLEIINTEGRIERTES JACKET Wahrscheinlich die bequemste Art, das Blei zu tragen. Das Gewicht kann so verteilt werden, dass der Körper im Wasser eine optimale Position einnimmt *(siehe auch S. 56–59)*.

BLEISTÜCKE SICHERN

Um das Verrutschen der Bleistücke zu verhindern, kann man sie mit Kunststoff-Bleistoppern sichern. Man kann aber auch einfach den Gurt verdrehen, um sie an ihrem Platz zu halten. Man führt den Gurt dazu durch den ersten Schlitz, verdreht ihn und schiebt ihn durch den zweiten Schlitz.

Sichern des Bleis durch Verdrehen des Gurtes

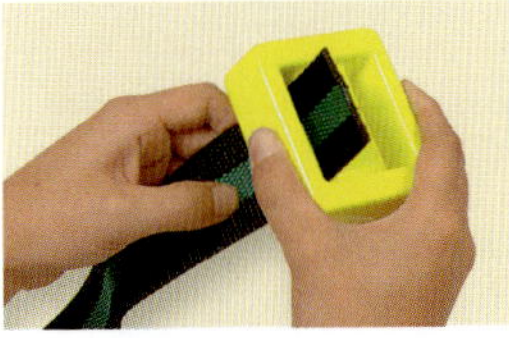

1 **Um einen Stopper** an einem Bleigurt zu befestigen, zieht man den Gurt durch das Blei und schiebt es in Position.

2 **Man führt den Gurt** durch den Stopper, wieder zurück durch den Stopper und wieder durch das Bleigewicht.

3 **Man zieht den Gurt** an beiden Seiten des Bleis stramm und achtet dabei darauf, das Gewebe nicht zu beschädigen.

DAS GEWICHT VERRINGERN

Es ist unnötig, Blei im Gepäck zu transportieren, da man es an jeder Tauchbasis leihen kann. Je nach Umgebung und Ausrüstung ändert sich die benötigte Bleimenge ohnehin. Hinzu kommt, dass man sie mit zunehmender Erfahrung im Laufe der Zeit nach und nach reduzieren können wird. Man sollte daher die benutzten Bleimengen immer im Logbuch dokumentieren. Schließlich ist es wichtig, dass das Blei im Notfall möglichst schnell abgeworfen werden kann.

SCHWERELOS
Schwere Gewichte behindern an Land, im Wasser sind sie keine Last mehr.

FUSSBLEI

Beim Trockentauchanzug *(siehe S. 54/55)* kann sich die Luft im Beinbereich sammeln und den Taucher auf den Kopf stellen. Fußblei hilft, diesen unerwünschten Effekt zu vermindern.

Tauchlampen

Tauchlampen sind ein wichtiger Ausrüstungsbestandteil. Obwohl sie hauptsächlich bei Nachttauchgängen, in Höhlen und bei schlechter Sicht eingesetzt werden, können sie auch in anderen Situationen nützlich sein, wie zum Beispiel als zusätzliche Lichtquelle beim Fotografieren.

LICHT UNTER WASSER

Lampen unterscheiden sich im Hinblick auf Bauweise und Preis deutlich, sie erfüllen jedoch alle die Funktion, unter Wasser zuverlässig Licht zu liefern. In allen Preiskategorien gibt es gute Modelle, und da besonders Handlampen leicht verloren gehen oder beschädigt werden können, sollte man abwägen, wieviel man ausgeben möchte. Es lohnt sich außerdem, eine kleine Ersatzlampe anzuschaffen, die man in der Jackettasche unterbringen kann und die als Reserve dient, falls die Hauptlampe ausfällt.

LEUCHTDAUER UND BATTERIEN

Eine der wichtigsten Eigenschaften einer Lampe ist ihre Leuchtdauer, da der Ausfall mitten im Tauchgang ein hohes Sicherheitsrisiko darstellen kann.

EINE TAUCHLAMPE SICHERN

Lampen kann man besonders bei starker Strömung leicht verlieren. Handschlaufen geben Sicherheit, doch besser ist es, die Lampe mit einem Spiralkabel am Jacket zu befestigen. Je näher man sie am Körper befestigt, desto geringer ist die Gefahr, dass die Lampe beschädigt wird. Häufiges Ein- und Ausschalten kann zum Ausfall der Birne führen.

IM DUNKELN
Ein Taucher erforscht das Innere einer Höhle. Lampen tragen wesentlich zur Tauchsicherheit bei.

BAUWEISEN

GASENTLADUNGSLAMPE Diese Lampe leuchtet heller und, da sie weniger Strom benötigt, länger als eine Halogenlampe. Gasentladungslampen können allerdings recht schwer und sehr teuer sein.

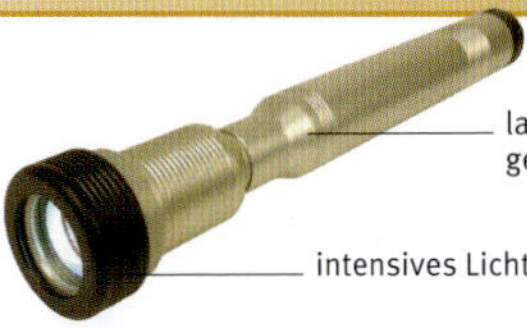

RESERVE Verschiedene Lampentypen sind als Reserve gedacht, für den Fall, dass die Hauptlampe ausfällt. Sie sind klein und handlich, liefern aber nur im Notfall genügend Licht.

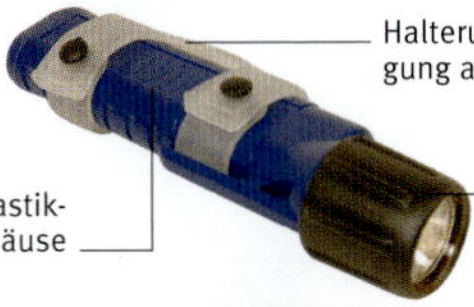

PISTOLENGRIFF Dies ist eine weit verbreitete Bauweise. Die relativ preiswerten Lampen sind meist nicht mit einer Halogenbirne, sondern mit einer normalen Glühbirne bestückt.

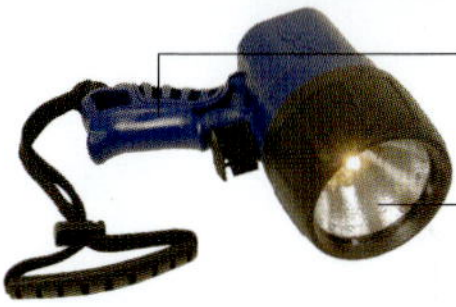

GETRENNTER LAMPENKOPF Hier sind der Lampenkopf und das Batteriegehäuse über ein Kabel verbunden. Dieses Modell erzeugt das Licht mit leistungsfähigen LEDs. Lampen dieser Bauweise leuchten lang.

WIEDER AUFLADBAR Der Akku der Lampe kann über einen speziellen Kontakt aufgeladen werden, ohne dass man das Gehäuse öffnen muss. Dadurch wird die Gefahr einer Undichtigkeit verringert.

Rückseite

Meistens muss man einen Kompromiss zwischen Leuchtdauer und Helligkeit eingehen. Manche Lampen sind sehr hell und leuchten einen großen Bereich aus, brennen aber nur für kurze Zeit. Viele lichtschwächere Modelle leuchten dafür länger, sodass man sich überlegen sollte, welche Lampe für den geplanten Verwendungszweck am besten geeignet ist.

Wiederaufladbare Lampen sind im Unterhalt günstiger als Batterielampen und leuchten oft recht hell, aber nicht sehr lang. Man muss auch die Ladezeit berücksichtigen, insbesondere wenn man sich auf einem Boot befindet, auf dem der Generator nicht ständig läuft.

AUFTRIEB UND ABSTRAHLWINKEL

Manche Lampen weisen einen starken Auftrieb auf, da in ihrem Gehäuse viel Luft eingeschlossen ist. Dadurch sind sie im Wasser nur schwer handhabbar. Eine Lampe mit Auftrieb kann nicht abgelegt werden, wenn man zum Beispiel ein Fotomotiv anleuchten will.

Lampen unterscheiden sich auch in Bezug auf die zentrale und periphere Ausleuchtung. Der Randbereich leuchtet eine größere Fläche aus als der zentrale Spot des Strahls. Im Zentrum ist das Licht dafür am hellsten und daher am besten geeignet, um bestimmte Objekte anzuleuchten oder um trübes Wasser zu durchdringen.

Bojen

Bojen können während des gesamten Tauchgangs oder kurz vor dem Ende eingesetzt werden, um die eigene Position mitzuteilen und den Aufstieg zu erleichtern. Bojen tragen für alle Beteiligten zur Sicherheit bei und helfen bei der Rückkehr zum Boot.

WELCHE BOJE?

Taucherbojen sind über eine Leine mit dem Taucher verbunden und werden beim gesamten Tauchgang mitgeführt. So kann die Position des Tauchers von der Oberfläche aus ständig überwacht werden. Die Bojen müssen gut sichtbar sein, sie sind meistens orange.

Die Boje wird am besten mithilfe eines Reels geführt, das in einer Hand gehalten wird, ohne dass die Leine zu sehr durchhängt. Man sollte eine Tauchboje benutzen, wenn die Bootsbesatzung den Taucher die ganze Zeit über orten können soll (etwa bei einem Drifttauchgang) oder wenn an der Oberfläche starker Bootsverkehr herrscht.

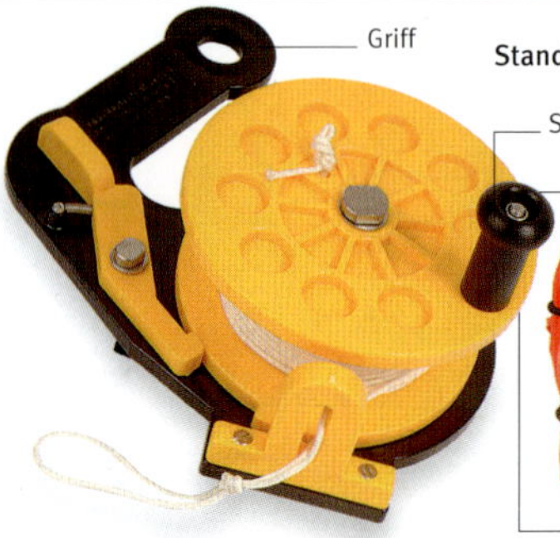

STANDARD-REEL MIT LEINE
Reels werden in Ausführungen für Rechts- und Linkshänder angeboten.

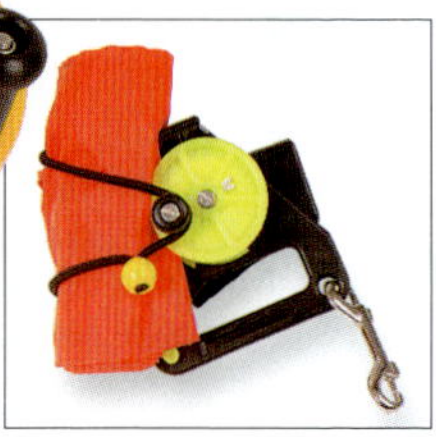

REEL MIT BOJE
Reel und Boje können zusammengebunden werden, um sie zu verstauen.

Signalbojen werden nur am Ende des Tauchgangs oder bei einem Notfall benutzt. Während des Tauchgangs werden sie zusammengefaltet mitgeführt und erst vor dem Aufstieg aufgeblasen *(siehe S. 130/131)*, wobei sie die Leine mit an die Oberfläche ziehen. Die

TAUCHER MIT SIGNALBOJE
Wenn man an die Oberfläche kommt, sollte das Boot schon dort sein.

TAUCHER MIT TAUCHERBOJE
Tauchpartner benötigen nur eine Oberflächenboje, vorausgesetzt sie bleiben während des Tauchgangs zusammen.

Boje zeigt an, wo man die Oberfläche erreichen wird. Die Leine hilft beim kontrollierten Aufstieg und dient als Anhaltspunkt für den Sicherheitsstopp *(siehe S. 101)*. Man sollte ein wenig Abstand zu anderen Tauchern halten, damit sich die Bojenleinen nicht verheddern.

GEBRAUCH DES REELS

Bojen lassen sich mit einem Palstek sicher mit der Leine des Reels verknoten. Reels sollten klein genug sein, um in eine Jackettasche zu passen oder an einem D-Ring befestigt zu werden, doch nicht so klein, dass sie schwer bedienbar sind, was besonders beim Tragen von Handschuhen schnell der Fall ist. Die meisten Reels haben eine Sperre, die das ungewollte Abspulen der Leine verhindert.

Die Länge der Leine sollte der Tiefe der Tauchgänge entsprechen, also bei Sporttauchern maximal 40 m. Wenn die Leine zu kurz ist, zieht sie den Taucher viel zu schnell nach oben. Das könnte auch geschehen, wenn sie sich verheddert. Deshalb darf man die Boje nicht aufsteigen lassen, wenn das Reel noch am Jacket befestigt ist. Man hält es in der Hand, sodass man es im Notfall einfach loslassen kann.

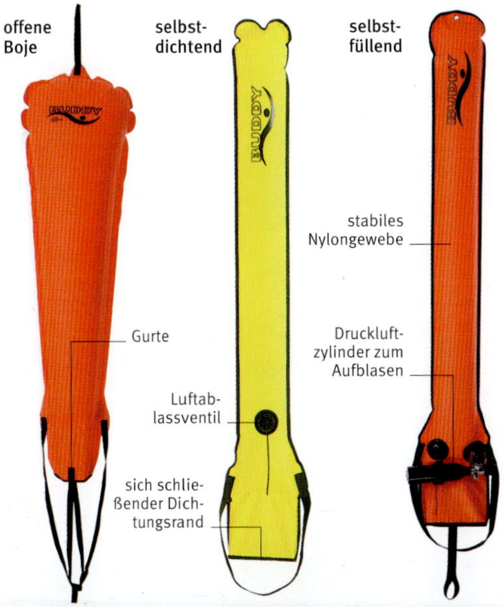

BOJENTYPEN
Die einfachsten Bojen sind unten offen, sodass Luft entweichen kann. Selbstdichtende Ausführungen sind zuverlässiger.

Sicherheit und Signale

Es ist selten, dass man an der Wasseroberfläche verloren geht, doch man sollte für einen solchen Fall ausgerüstet sein. Um Retter zu seiner Position zu leiten, sollte man gut sichtbare Signaleinrichtungen parat haben und die Bootsbesatzung vorab über diese informieren.

SIGNALEINRICHTUNGEN

Auch bei einem relativ unproblematischen Tauchgang kann man von der Strömung weit vom Boot abgetrieben werden, und die Sichtbehinderung durch Wellen kann das Auffinden erschweren. Wenn das geschieht, muss man in der Nähe seines Tauchpartners bleiben und sich möglichst mit einer Leine mit ihm verbinden. Es gibt verschiedene Mittel, mit denen man dem Boot seine Position signalisieren kann. Am gebräuchlichsten sind Signalbojen *(siehe S. 74/75)*. Vorteilhaft sind lange Ausführungen, die aufrecht im Wasser stehen und sich nach dem Aufblasen selbsttätig verschließen. Wenn man eine offene Boje benutzt, sollte man zusätzliche Signaleinrichtungen wie eine faltbare Flagge mitführen. Drucklufthörner und Signalpfeifen können ebenfalls benutzt werden. Sie haben eine

SIGNALBOJE
Diese lange, aufblasbare Signalboje kann von einem Boot oder Flugzeug aus leicht gesehen werden. Sie wird mit Luft aus dem Oktopus aufgeblasen.

SAFETY EQUIPMENT

FLAGGE Kunststoffflaggen in Leucht- oder Fluoreszenzfarben sind besonders bei Wellengang sehr gut zum Signalisieren geeignet. Sie können zusammengerollt und neben dem Tank verstaut werden.

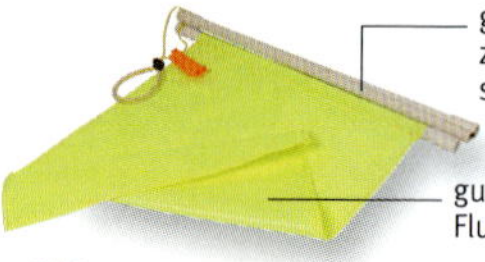

SIGNALBLINKER Signalblinker-Lampen sind besonders an der Spitze einer Flagge gut sichtbar. Wenn sie am Jacket befestigt werden, sind sie bei Wellengang kontinuierlich zu sehen.

SIGNALRAKETEN Raketen geben keine exakte Position an und sollten daher mit anderen Signalen kombiniert werden. Mit Handschuhen oder kalten Händen sind sie schlecht zu bedienen.

FUNKSENDER Geräte, die einen Funknotruf ausstrahlen, können sowohl auf dem Wasser als auch in der Luft registriert werden. Manche sind mit optischen Signaleinrichtungen kombiniert.

begrenzte Reichweite, können aber für Aufmerksamkeit sorgen, wenn das Boot nicht weit entfernt ist. Man sollte immer eine Lampe dabeihaben, da ein Lichtstrahl nachts sehr gut sichtbar ist, besonders wenn er langsam horizontal und vertikal geführt wird *(siehe S. 184/185)*. Eine Ersatzlampe ist ratsam. Blinkende Lampen sind sehr effektiv, da sie aus allen Richtungen gesehen werden können. Die Lampen müssen stabil und zuverlässig sein. Eine regelmäßige Wartung ist unerlässlich, wobei man besonders auf die Dichtflächen und O-Ringe achten sollte.

Reflektierende Signale sind bei Sonnenschein nützlich. Reflexstreifen an der Kopfhaube ober im Bereich des Oberkörpers können von einem Suchflugzeug aus bemerkt werden. Spezielle Farben, die das Wasser färben, sollten nur benutzt werden, wenn ein Suchflugzeug unmittelbar in der Nähe ist, da sich die Farbe schnell im Wasser verteilt.

Wenn man keine Signaleinrichtungen zur Verfügung hat, muss man mit Schwenken der Arme oder der Flossen und Rufen auf sich aufmerksam machen. Wichtig ist es, Ruhe zu bewahren und mit dem Signalisieren fortzufahren.

INTEGRIERTE SICHERHEIT

Manche Sicherheitseinrichtungen können in das Jacket eingebaut werden. So gibt es Drucklufthörner, die zwischen den Mitteldruckschlauch und das Jacket montiert werden. Sie sind bedeutend lauter als normale Signalpfeifen. Es gibt auch Jackets mit integrierten Bojen.

Jacket

Hörner am Mitteldruckschlauch

SIGNALFLAGGE
Eine leuchtende Flagge ist ein billiges, leicht transportables und sehr gut sichtbares Zeichen.

Tauchermesser

Ein Tauchermesser dient dazu, sich zu befreien, wenn man sich in Angelschnüren oder anderen Hindernissen verfangen hat. Das einfachste Messer – kaum mehr als eine Klinge mit Plastikgriff – reicht dazu aus. Gute Messer sind nützliche Mehrzweckwerkzeuge.

WAHL DES MESSERS

Tauchermesser müssen rostfrei sein, doch je besser sie vor Rost geschützt sind, desto schneller wird ihre Klinge stumpf. Messer aus Titan sind teuer, aber leicht, rosten nicht und bleiben scharf. Messer gibt es in verschiedenen Größen. Kleinere können am Jacket befestigt werden, wo sie nicht stören und immer griffbereit sind. Allgemein verbreitet sind Messer mit einer Klingenlänge von 11,5 cm. Die Klingen können gesägt oder glatt sein. Zum Durchtrennen von Angelschnüren haben sie oft eine Einkerbung. Stumpf endende Klingen lassen sich als Hebel einsetzen. Wenn der Griff in einem Metallbeschlag endet, kann man ihn auch als Hammer benutzen.

TITAN-MESSER
Dieses hochwertige Messer ist auf dem neuesten Stand der Technik.

SCHEREN

Mithilfe von Scheren kann man sich genauso gut aus Leinen befreien wie mit dem Messer. Außerdem ist die Verletzungsgefahr bei Verwendung einer Schere geringer.

KLINGENLÄNGE
Manche Taucher bevorzugen große Messer, doch kürzere Klingen eignen sich genauso.

Tauchtaschen

Wenn man zu einem Tauchplatz reist, benötigt man eine Tasche, in der die Ausrüstung verstaut werden kann. Sie sollte geräumig und leicht, aber gleichzeitig strapazierfähig sein, damit auch die schweren Ausrüstungsteile den Transport unbeschadet überstehen.

KAUF EINER TAUCHTASCHE

Beim Kauf einer Tauchtasche sollte man darauf achten, dass Säume und Griffe stabil sind und dass nichts rosten kann. Außerdem muss sie sicher verschließbar sein, besonders wenn man sich während der Reise nicht immer in der Nähe befinden kann. Dünne Taschen können aufgeschnitten werden, schon deshalb lohnt es sich, in eine feste Tasche zu investieren *(siehe S. 238)*.

Manche Taucher besitzen eine große Tasche für die Reise und ein oder sogar zwei kleinere für Tauchausflüge. Große Taschen haben ein Fassungsvermögen von 100–180 l, kleinere von 20–80 l. Zusätzlich werden Flossen-, Masken-, Atemregler- und Werkzeugtaschen angeboten, die oft mit Reißverschlüssen an den großen Tauchtaschen befestigt werden können.

FLUGREISEN
Tauchtaschen müssen sehr widerstandsfähig sein, besonders wenn sie bis zum Erreichen des Ziels oft umgeladen werden.

TAUCHTASCHEN

NETZTASCHE Mit einer Netztasche kann man die Ausrüstung komplett in Süßwasser abspülen. Die Taschen sind gut geeignet, um sie auf ein Boot mitzunehmen.

TAUCHTASCHE Die Tasche ist groß genug, um die gesamte Ausrüstung unterzubringen. In den Seitentaschen lassen sich Flossen und Zubehör verstauen.

ATEMREGLERTASCHE Der wertvolle Atemregler gehört in eine eigene Tasche. Sie kann in der Tauchtasche oder bei Flugreisen im Handgepäck untergebracht werden.

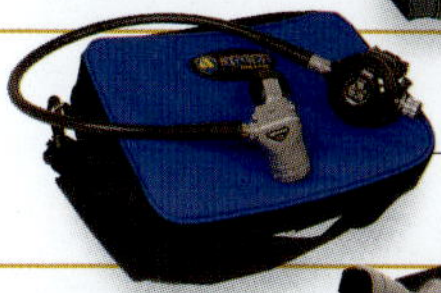

TROCKENTASCHE Am Tauchplatz ist eine wasserdichte Tasche oder Box nützlich, um Kleidung oder Geräte wie Kameras vor Feuchtigkeit und Salz zu schützen.

TASCHE MIT ROLLEN Die stabile Tasche schützt die Ausrüstung auf der Reise sehr gut. Große Räder und ein Teleskopgriff erleichtern ihren Transport.

Weiteres Zubehör

Es gibt die verschiedensten Zubehörteile, einschließlich wasserdichter MP3-Player. Andere Geräte haben einen größeren praktischen Nutzen. Clips und Spiralkabel zur Sicherung von Ausrüstungsteilen zum Beispiel; sie können den Verlust einer Kamera oder Lampe verhindern.

FORTBEWEGUNGSMITTEL

Unterwasser-Scooter braucht man selten, sie können aber von Nutzen sein, wenn man zum Beispiel ein großes Wrack erkundet. Es gibt zwei verschiedene Bauweisen. Auf manchen Geräten sitzt man wie auf einem Motorrad, von anderen lässt man sich ziehen. Man sollte einen Scooter nur zur horizontalen Fortbewegung einsetzen. Wegen der schnellen Druckunterschiede können das Ab- und vor allem das Auftauchen mit dem Gerät sehr gefährlich sein. Scooter sind nicht billig, doch es gibt preiswerte Geräte für den Einsatz in Bereichen, in denen ein Ausfall keine Gefahr bedeutet. Die teureren sind eher für professionelle Taucher gedacht, etwa für Höhlentaucher, bei denen ein Versagen des Scooters während des Tauchgangs ein ernstes Problem wäre.

Die von einer kalifornischen Firma hergestellten Jetboots sind eine Alternative. Es handelt sich dabei um Propeller, die an den Beinen befestigt werden und mit einem Schalter ein- und ausgeschaltet werden können. Jetboots können so schnell wie manche Scooter sein und haben den Vorteil, dass der Taucher die Hände frei hat.

TAUCHER MIT SCOOTER
Ein Scooter erlaubt die bequeme Erkundung weitläufiger Tauchplätze.

SCHNALLEN, GURTE UND BEFESTIGUNGEN

Tankgurte werden mit verschiedenen Schnallen angeboten, die sicherstellen sollen, dass die Druckluftflasche während des Tauchgangs nicht verrutscht. Retraktoren sind sehr nützlich, um Ausrüstungsteile wie eine Lampe oder eine Schreibtafel am Jacket zu befestigen. Sie ziehen den Gegenstand nach Gebrauch wieder an seine Position zurück. Karabinerhaken eignen sich zur sicheren Befestigung von Ausrüstungsgegenständen an den D-Ringen des Jackets.

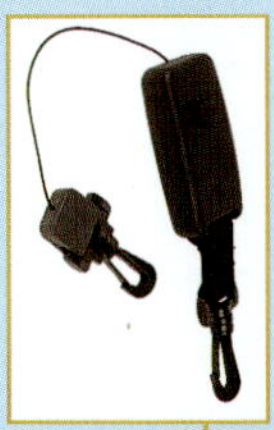

Retraktor

Karabinerhaken

SICHERE UNTERBRINGUNG
Wenn die Hände nicht frei sind, sichern Retraktoren Ausrüstungsteile wie etwa Lampen.

SICH BEMERKBAR MACHEN

Mit verschiedenen Geräten kann man unter Wasser auf sich aufmerksam machen. Tankbanger bestehen aus einem elastischen Band und einer Hartplastikkugel. Sie werden über den Tank gestreift. Zieht man an der Kugel und lässt sie zurückschnellen, entsteht ein metallischer Ton, der unter Wasser gut zu hören ist. Shaker sind mit Metallkugeln gefüllte Röhren, die ein lautes Rasseln erzeugen. Auch Signalhörner *(siehe S. 77)* können im Wasser benutzt werden, was aber nur im Notfall geschehen sollte.

UNTER WASSER SCHREIBEN

Schreibtafeln sind geeignet, um eine Karte des Tauchplatzes anzulegen oder sich Notizen zu machen. Sie bestehen aus weißem Kunststoff mit matter Oberfläche, die mit einem Bleistift beschrieben werden kann. Man kann sie außen am Jacket befestigen, in eine Tasche stecken oder, wenn sie gewölbt sind, auf den Unterarm schnallen. Die letztgenannte Ausführung ist besonders nützlich für technische Taucher, die ihren Computer und die Liste der Dekostopps auf dem gleichen Arm befestigen. In die Tafel kann ein Kompass eingebaut sein, der für die Notizen zum Tauchplatz eine Hilfe sein kann.

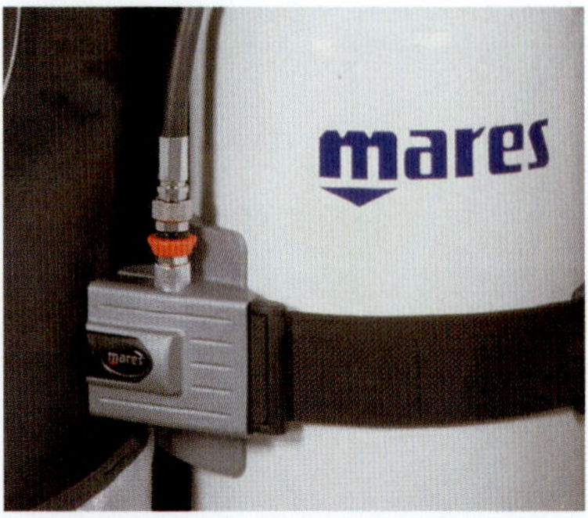

DRUCKLUFTGURTBAND
Technische Rafinessen können die Arbeit erleichtern. Dieser Flaschengurt kann mit Druckluft gespannt werden.

Neue Technologien

In den 1950er-Jahren revolutionierte die SCUBA-Entwicklung das Tauchen. Doch die Technik entwickelt sich weiter fort. Moderne Tauchausrüstungen werden immer komfortabler, und die Verbreitung von Rebreathern wird das Tauchen erneut verändern.

MASKEN UND MATERIALIEN

Eine der neuesten Entwicklungen ist der Einbau von Bildschirmen in Masken, ähnlich wie bei militärischen Anwendungen. Wichtige Informationen können über Funk empfangen werden und erscheinen auf einem LC-Display. Es gibt auch Masken mit integrierten Funksprechgeräten, die die Kommunikation der Taucher untereinander ermöglichen.

Neue synthetische Materialien haben die Ausrüstung stabiler und leichter gemacht. Sie werden auch bei der Entwicklung von Scootern eingesetzt *(siehe S. 80)*, die kleiner und leichter zu handhaben sind.

MASKENTECHNOLOGIE
Zu den neuen Entwicklungen gehören LC-Displays *(oben)* und Masken, die durch Wasser bedingte Verzerrungen korrigieren *(links)*.

VON SCUBA ZUM REBREATHER

Im letzten Jahrzehnt ist die Rebreather-Technologie den Sporttauchern zugänglich gemacht geworden. Sie stellt eine der wichtigsten Entwicklungen seit der Erfindung der Atemregler dar.

Anders als beim gebräuchlichen offenen System, bei dem der größte Teil des Luftvorrats beim Ausatmen ins Wasser entweicht, wird die ausgeatmete Luft beim Rebreather wiederverwendet. Chemikalien reinigen die Luft und binden das Kohlendioxid, sodass der Taucher das Gas wieder veratmen kann. Bei jedem Atemzug werden etwa 4 Prozent Sauerstoff der eingeatmeten Luft verbraucht. Eine der wichtigsten Aufgaben des Rebreathers ist es deshalb, den Sauerstoffgehalt der Luft wieder zu erhöhen.

UNTERWASSER-SCOOTER
Dieser moderne Scooter wird von einem Elektromotor angetrieben und erreicht 2,5 Knoten (etwa 4,6 km/h).

Bereits die Kampftaucher im Zweiten Weltkrieg benutzten mit reinem Sauerstoff betriebene geschlossene Kreislauftauchgeräte, um keine verräterischen Luftblasen zu erzeugen. Die Tauchtiefe war jedoch auf 6 m begrenzt, weil reiner Sauerstoff in größeren Tiefen toxisch wirkt. Mitte der 1980er-Jahre setzte man ein Stickstoff-Sauerstoff-Gemisch ein. Moderne Rebreather kontrollieren die Konzentration des Sauerstoffs elektronisch und passen sie der aktuellen Tauchtiefe an. Rebreather ermöglichen längere Tauchzeiten. Sie sind allerdings teuer und müssen sehr gut gewartet werden.

REBREATHER-TECHNOLOGIE

Moderne Rebreather werden in einer halbgeschlossenen und einer geschlossenen Ausführung angeboten. Halbgeschlossene Systeme geben ständig ein wenig Luft ins Wasser ab, geschlossene nur beim Aufstieg. Bei beiden Typen wird das Kohlendioxid aus der ausgeatmeten Luft entfernt. Die Geräte sorgen dafür, dass die Sauerstoffkonzentration in einem für den Taucher geeigneten Bereich bleibt. Der Taucher kann das auf einer Anzeige oder mit speziellen Tauchcomputermodellen überprüfen. Die Computertechnik hat die Effizienz und Sicherheit von Rebreathern in den letzten Jahren erheblich verbessert.

WIE EIN REBREATHER FUNKTIONIERT
Eine Chemikalie in der Reinigungspatrone nimmt das Kohlendioxid aus der ausgeatmeten Luft auf, während reiner Sauerstoff den vom Taucher verbrauchten ersetzt.

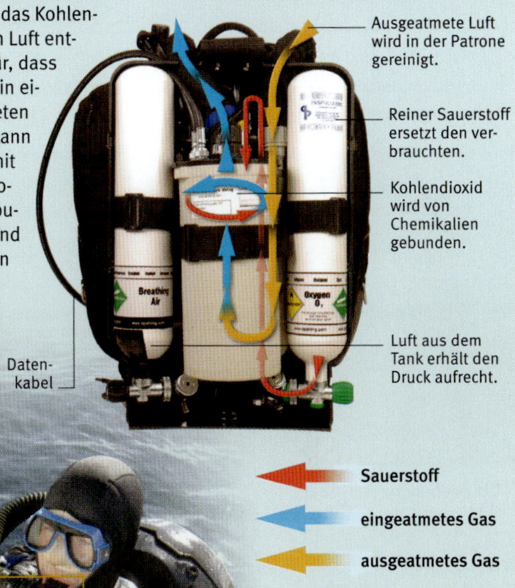

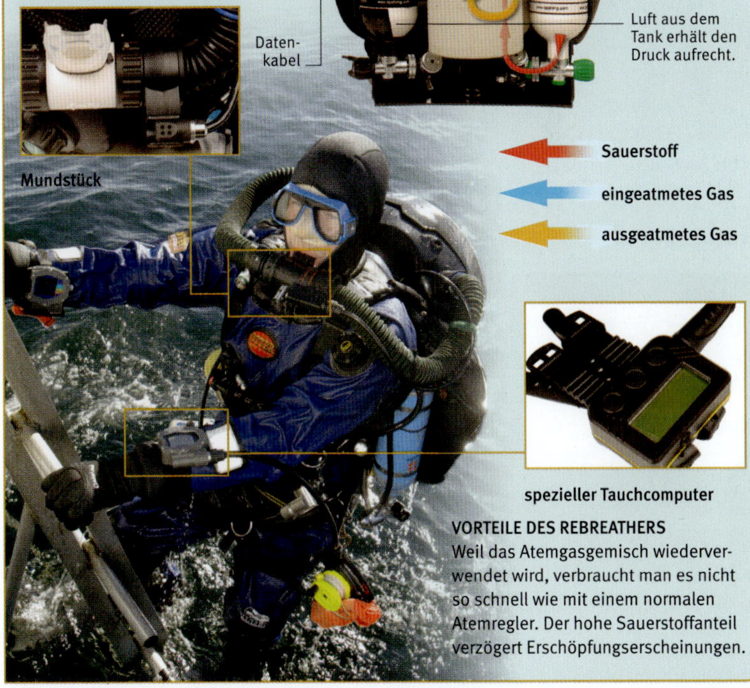

spezieller Tauchcomputer

VORTEILE DES REBREATHERS
Weil das Atemgasgemisch wiederverwendet wird, verbraucht man es nicht so schnell wie mit einem normalen Atemregler. Der hohe Sauerstoffanteil verzögert Erschöpfungserscheinungen.

Zusammenbau der Ausrüstung

Der fehlerlose Zusammenbau des Equipments ist eine Voraussetzung für sichere Tauchgänge. Während der Ausbildung erlernt man die Grundzüge. Mit Erfahrung und einigen Tipps kann man jedoch die Schnelligkeit und vor allem die Sicherheit noch erhöhen.

DIE VORBEREITUNG

Wenn klares, blaues Wasser lockt, die Sonne scheint und der Tauchplatz vor einem liegt, ist man versucht, seine Ausrüstung möglichst schnell zusammenzubauen. Allerdings ist das Equipment lebensnotwendig, sodass man es mit der entsprechenden Sorgfalt behandeln sollte. Der sichere Zusammenbau der Tauchausrüstung vor dem Tauchen ist genauso wichtig wie das richtige Packen eines Fallschirms, bevor man aus einem Flugzeug springt.

AUF SCHÄDEN ACHTEN

Zuerst sollte man die Ausrüstung auf Schäden hin überprüfen. Das ist besonders wichtig, wenn das Equipment noch ungewohnt oder geliehen ist. Man sollte sich die Daten der Flasche *(siehe S. 68)*

1 **Die Ausrüstung** sollte auf eine Matte oder saubere Fläche gelegt werden, wo man sie leicht zusammenbauen kann.

2 **Der Tankgurt** des Jackets sollte angefeuchtet werden, damit er sich nach dem Spannen nicht mehr dehnt.

3 **Der Tank** wird so ausgerichtet, dass die Ventilöffnung zum Jacket zeigt. Der Gurt wird angezogen und geschlossen.

4 **Die erste Stufe** wird am Tank befestigt (hier ein INT-Anschluss). Ziehen Sie die Schraube nicht zu fest an!

INFLATORSCHLAUCH
Der Federring des Mitteldruckschlauchs muss zurückgezogen werden.

5 **Der Mitteldruckschlauch** der ersten Stufe *(siehe S. 60/61)* wird in die Führungen im Jacket geklemmt und mit dem Faltenschlauch verbunden. Der Verschluss muss dabei richtig einrasten.

und den Zustand des O-Rings *(siehe S. 88)* am Tank (INT) oder am Atemregler (DIN) genau ansehen. Schäden am O-Ring können während des Tauchgangs ernsthafte Probleme verursachen, wohingegen der Austausch eine Sache von Sekunden ist. Untersuchen Sie die Schläuche des Atemreglers auf Risse, besonders dort, wo sie in die erste Stufe münden. Hier lastet der meiste Zug auf ihnen. Ein schadhafter Schlauch kann platzen, wenn er unter Druck steht.

Auch das Jacket muss auf Schäden untersucht werden. Mit der Zeit wird es natürlich Gebrauchsspuren aufweisen. Wichtig ist jedoch, dass alle Gurte, Schnallen und vor allem die Ventile in den Schnellablässen und im Faltenschlauch in Ordnung sind.

ZUSAMMENBAU

Wenn man mit dem Zustand der Ausrüstung zufrieden ist, kann man sie in den unten gezeigten Schritten zusammenbauen. Man sollte darauf achten, dass die Flasche nicht zu tief sitzt, denn dann kann sie aus der Halterung rutschen. Ist sie zu hoch angebracht, drückt die erste Stufe beim Tauchen im Nacken und kann beim Sprung ins Wasser sogar Verletzungen verursachen.

6 **Das Ventil** wird ganz auf- und eine Viertelumdrehung zugedreht, das Finimeter mit dem Glas an das Jacket gedrückt.

7 **Die Luftversorgung** beider zweiter Stufen wird getestet. Dabei darf sich der Finimeterzeiger nicht bewegen.

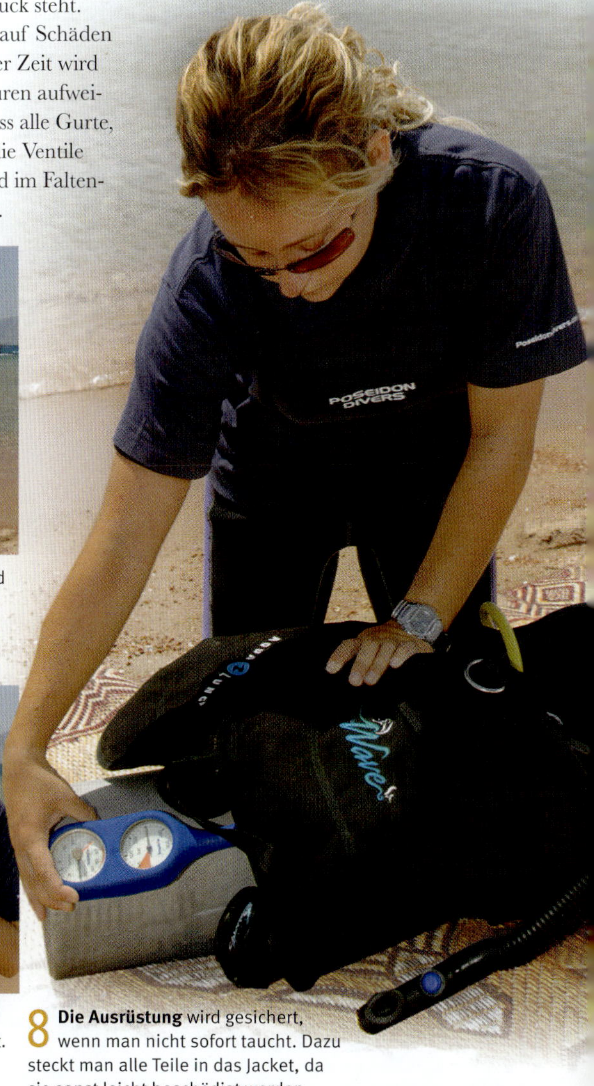

8 **Die Ausrüstung** wird gesichert, wenn man nicht sofort taucht. Dazu steckt man alle Teile in das Jacket, da sie sonst leicht beschädigt werden.

Zerlegen der Ausrüstung

Bei einem Tauchgang erlebt man viel, weshalb man danach leicht seine Ausrüstung vernachlässigt. Man sollte sich aber Zeit nehmen, das Equipment ordentlich zu reinigen und zu lagern. Es wird so länger halten und beim nächsten Tauchgang in gutem Zustand sein.

ROUTINE ENTWICKELN

Viele erfahrene Taucher kümmern sich unmittelbar nach dem Tauchgang um ihre Ausrüstung und betrachten das Zerlegen, Spülen und Verstauen als wichtigen Teil des Tauchens. Das trifft besonders für Bootstauchgänge zu, bei denen Platzmangel und vollgestellte Decks gelegentlich zu einer Beschädigung der Ausrüstungsteile führen. Da das Equipment nicht billig ist, muss es richtig auseinandergebaut und sicher verpackt werden.

Der erste Schritt ist, das Flaschenventil zu schließen, die in den Schläuchen verbliebene Luft über die Luftdusche abzulassen *(siehe auch S. 60–63)* und den Mitteldruckschlauch vom Jacket zu lösen. Nun kann die erste Stufe vom Ventil des Tanks abgeschraubt werden.

1 **Das Ventil** der Druckluftflasche muss vor dem Zerlegen der Ausrüstung vollständig geschlossen werden.

2 **Mithilfe der Luftdusche** der zweiten Stufe werden die Schläuche des Atemreglers entlüftet.

3 **Der Mitteldruckschlauch** wird vom Jacket (und gegebenenfalls vom Trockentauchanzug) abgenommen.

4 **Die erste Stufe** wird von der Flasche abgeschraubt. Außerdem müssen natürlich alle Schlauchhalterungen am Jacket gelöst werden.

INT-ANSCHLUSS
Dieser Typ der Befestigung der ersten Stufe wird durch Lösen des Bügels abgenommen.

DIN-ANSCHLUSS
Bei diesem Anschluss wird die erste Stufe durch Drehen des Rändelrades vom Tank gelöst.

Es sollte nicht viel Kraft kosten, das Rändelrad zu lösen. Ansonsten steht das System noch unter Druck. Man muss sich dann vergewissern, dass das Tankventil vollständig geschlossen ist, und die Schläuche noch einmal entlüften.

Nachdem man die erste Stufe abgebaut hat, kann man diese und ihre Schutzkappe mit einem Luftstrahl aus dem Tank trocknen. Dabei darf man das Ventil nur sehr vorsichtig öffnen! Wenn man die Kappe aufgesetzt hat, spült man den Atemregler gründlich in Süßwasser aus. In die erste Stufe des Atemreglers darf kein Wasser gelangen. Da viele Kappen nicht ganz dicht sind, kann man beim Spülen die Öffnung auch mit dem Daumen verschließen. Nun hängt man den Atemregler zum Trocknen so auf, dass kein Zug auf die Schläuche entsteht.

Jetzt löst man das Jacket vom Tank und spült es mit Süßwasser ab und aus. Zum schnellen Trocknen und zur Vermeidung der Bildung von Salzkristallen im Auftriebskörper bläst man es mit dem Mund auf. Die Tauchausrüstung sollte zwischen zwei Tauchgängen vollständig trocknen, aber nicht in der Sonne hängen. Feuchtes Equipment darf nicht zusammengepresst oder in einer Tasche gelagert werden.

5 **Das Jacket** wird von der Flasche gelöst, indem die Schnalle geöffnet und der Gurt nach oben über den Hals der Flasche geschoben wird.

6 **Das Wasser** im Jacket wird über den Faltenschlauch beseitigt, indem man das Jacket auf den Kopf stellt und den Luftablassknopf drückt. So kann das Wasser über das Mundstück abfließen.

Wartung der Ausrüstung

Obwohl von dem Zustand der Ausrüstung das Leben abhängen kann, gehen viele Taucher mit ihrer Wartung erstaunlich sorglos um. Einfache Maßnahmen verlängern die Haltbarkeit der Ausrüstung, machen Ersatz überflüssig und erhöhen die Sicherheit.

WERKZEUGE

Die meisten Taucher besitzen einen Satz Inbusschlüssel, Schraubenzieher und Maulschlüssel. Universalwerkzeuge für Taucher umfassen nahezu jedes Werkzeug, das man an einem Tauchplatz benötigen könnte. Dazu gehören passende Inbus- (Innensechskant-) und Maulschlüssel für den Atemregler sowie verschiedene Schraubenzieher und eine Ahle.

Tauchgeschäfte bieten auch Sets mit Schmiermitteln und Werkzeugen an, mit denen man die meisten der üblichen Probleme lösen kann. Der Austausch von O-Ringen und Änderungen der Schlauchkonfiguration sind leicht zu bewerkstelligen und können von jedem Taucher vorgenommen werden.

UNIVERSALWERKZEUG
Mit dem Universalwerkzeug lassen sich die meisten Arbeiten schnell erledigen.

Erfahrene Taucher haben auch Ersatzteile dabei. Das ist eine sinnvolle Maßnahme, da jede Ausrüstung sich individuell unterscheidet. Zu einem solchen Set gehören verschiedene O-Ringe, Silikonfett, Klebeband, Blindstopfen für die erste Stufe des Atemreglers sowie Flossen- und Maskenbänder und weitere Schnallen und Gurte, die unter Umständen ersetzt werden müssen.

O-RING-AUSTAUSCH

Einen beschädigten O-Ring kann man daran erkennen, dass Luft am Anschluss der ersten Stufe entweicht, doch auch unabhängig davon sollte man den Zustand des Rings vor jedem Tauchgang überprüfen. Beim INT-Anschluss befindet er sich am Tank, beim DIN-Anschluss an der ersten Stufe. In vielen Fällen reicht es, den Ring und seine Nut mit einem fusselfreien Tuch zu reinigen. Wenn man den Ring durch die Finger zieht, kann man Risse ertasten. Man sollte ihn nicht mit einem scharfen Werkzeug entfernen, da man ihn dann wahrscheinlich beschädigen wird.

1 **Man entfernt** den O-Ring (hier beim INT-Anschluss) mit einem Spezialwerkzeug. Man kann auch das stumpfe Ende eines Kabelbinders oder sogar eine Kreditkarte benutzen.

2 **Nun überprüft** man den Ring und ersetzt ihn, wenn Risse zu erkennen sind. Man reinigt seine Nut mit einem fusselfreien Tuch und presst den neuen Ring mit den Fingerspitzen hinein.

EINEN SCHLAUCH ANSCHLIESSEN

Das Anschließen oder Auswechseln eines Schlauchs an der ersten Stufe des Atemreglers ist ganz einfach. Man muss aber darauf achten, keinen Mitteldruckschlauch an einem Hochdruckausgang zu verwenden. Bei den meisten neueren Reglern wird das allerdings durch unterschiedliche Gewinde unmöglich gemacht. Der Hochdruckschlauch führt zum Finimeter, während die Mitteldruckschläuche die zweiten Stufen und das Jacket versorgen. Man sollte sich vergewissern, dass die Konfiguration praktisch und bequem ist und nicht zu einer hohen Zugbelastung führt.

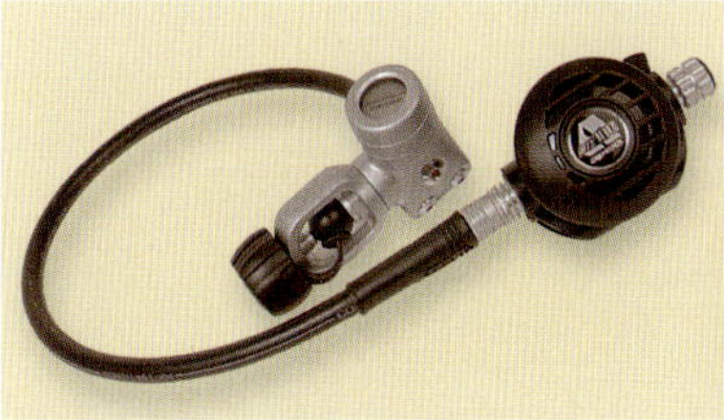

1 **Beim Anschluss** eines Schlauchs darf man Mittel- und Hochdruck nicht verwechseln. Wenn die Anschlüsse nicht eindeutig markiert sind, sollte man im Handbuch nachschlagen.

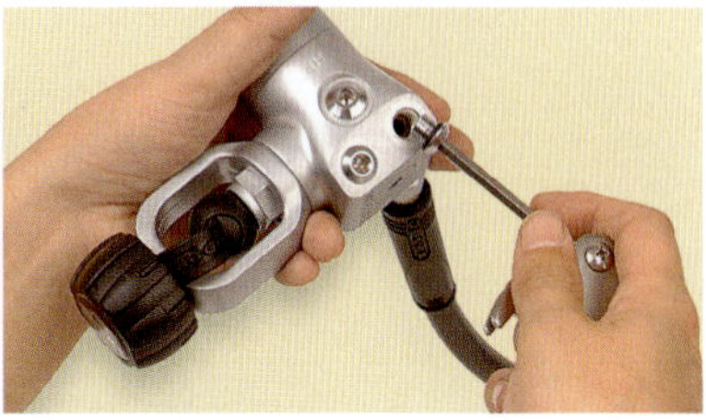

2 **Der Blindstopfen** wird mit einem passenden Inbus-Schlüssel entfernt. Manche Atemregler haben auch erhabene Blindstopfen, die mit einem Maulschlüssel gelöst werden müssen.

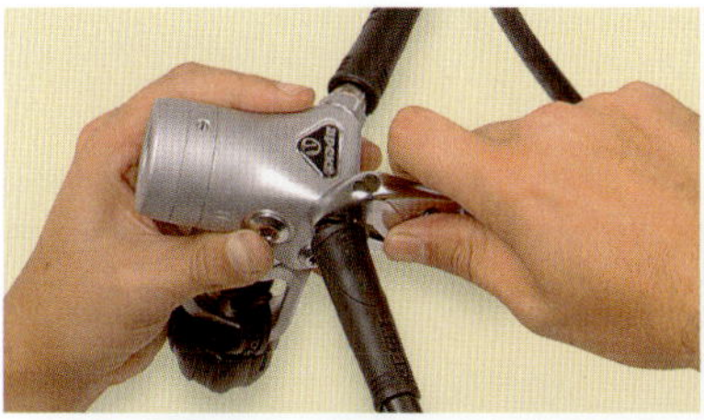

3 **Der Schlauch** wird einfach in das Gewinde geschraubt. Zum Anziehen braucht man einen Maulschlüssel der passenden Größe. Zangen beschädigen das weiche Metall.

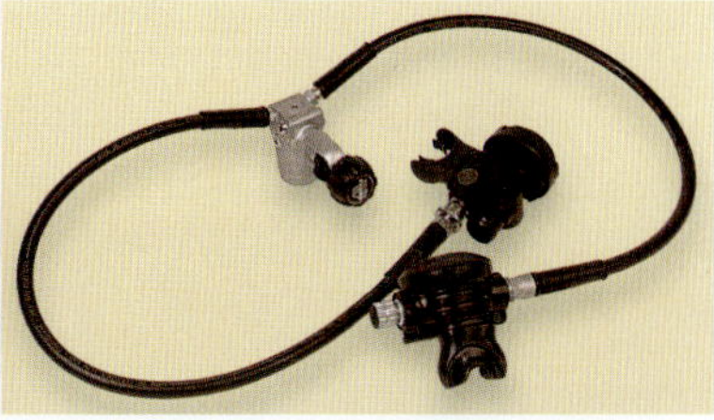

4 **Die gleiche Prozedur** wird auch beim Austausch der übrigen Schläuche durchgeführt. Man sollte die Schläuche regelmäßig auf Risse und Abschürfungen hin untersuchen.

NACH DEM TAUCHEN
Man reinigt alle Teile in Süßwasser und geht der Ursache von Problemen, die man bemerkt hat, auf den Grund.

Unter Wasser

Einleitung

Beim Tauchen setzt man sich einer fremden Umwelt aus. Die Natur hat den Menschen für ein Leben unter Wasser nicht ausgestattet, sodass man mit ungewohnten Sinneseindrücken konfrontiert wird, wenn man zum ersten Mal in die Tiefe abtaucht.

LICHT UND SEHVERMÖGEN

Unsere Augen sind auf das Sehen in der Luft eingerichtet. Unter Wasser sehen wir unscharf, wenn wir keine Tauchmaske tragen, die einen Luftraum vor unseren Augen erhält. Das Licht wird auf dem Weg vom Wasser durch das Glas in die Luft gebeugt, sodass man Objekte größer und näher zu sehen scheint.

Mit zunehmender Tiefe verändern sich die Farben *(siehe S. 183)*. Direkt unter der Oberfläche sehen Objekte genauso farbig aus wie darüber, doch in größerer Tiefe verschwinden zuerst Rot, dann Orange, Gelb, Grün und Blau, bis kein Licht mehr vorhanden ist. Die Farben können mit einer Tauchlampe wieder zum Vorschein gebracht werden.

GERÄUSCHE UND GEHÖR

An der Luft setzt sich Schall mit etwa 350 m pro Sekunde fort, im Wasser jedoch viermal so schnell. Daher ist es kaum möglich, die Richtung einer Schallquelle zu bestimmen. Wenn der Tauchpartner einen Tankbanger benutzt, kann man das Geräusch gut hören, weiß aber nicht, woher es kommt. Der hörbare Frequenzumfang ist ebenfalls geringer, doch die Unterwasserwelt ist nicht so still, wie es scheint. Man hört die kratzenden und schnappenden Laute von Fischen und Krebstieren sowie das eigene Atmen und die Geräusche der Boote. Allerdings ist es nicht möglich,

ANS LEBEN AN LAND ANGEPASST
Die Ausrichtung des Körpers auf das Leben an Land führt dazu, dass er an viele Aspekte des Lebens unter Wasser nicht angepasst ist.

unter Wasser zu sprechen, selbst wenn man den Atemregler aus dem Mund nimmt. Deshalb verständigen sich Taucher mit Handzeichen *(siehe S. 144/145)*.

Geräusche aus der Luft sind im Wasser nur schlecht zu hören. Deshalb muss jedes Signal, das Taucher alarmieren soll, im Wasser erzeugt werden. Ein typisches Rückrufsignal ist das Schlagen auf die Metallleiter am Heck des Boots, da sie in das Wasser hinabreicht, das den Schall zu den darin befindlichen Tauchern überträgt.

DRUCKERHÖHUNG
Taucher gleiten im Roten Meer an einer Wand entlang. Mit zunehmender Tiefe nimmt die körperliche Belastung zu.

WÄRME UND DRUCK

Wasser leitet Wärme etwa 25-mal so gut wie Luft, sodass man schnell auskühlt. In Extremfällen wird die Wärme schneller abgeleitet, als sie erzeugt werden kann, was zu einer Unterkühlung führt. Daher muss man beim Tauchen immer einen für die jeweilige Wassertemperatur geeigneten Tauchanzug tragen.

Die Hohlräume des Körpers – nicht nur die Lungen, sondern auch das Innenohr, die Nebenhöhlen und der Darm – sind beim Abtauchen zunehmendem Druck ausgesetzt. Das kann zu Beschwerden führen *(siehe S. 98/99)*, die durch einen Druckausgleich behoben werden müssen.

Tiefe und Druck

Um die Grundlagen des Tauchens zu verstehen, hilft die Beschäftigung mit ein wenig Physik. Beim Tauchen übt das Wasser Druck auf den Körper aus, der mit zunehmender Tiefe ansteigt. Dies hat auf alle Aspekte vom Tarieren bis zur Sicherheit Einfluss.

DRUCKVERHÄLTNISSE

An Land ist der Körper dem Druck ausgesetzt, der vom Gewicht der Gase der Atmosphäre ausgeübt wird. Dieser atmosphärische Druck wird heute korrekt in Hektopascal angegeben, doch unter Tauchern ist weiterhin die Einheit Bar gebräuchlich.

Der Druck der Atmosphäre beträgt auf Höhe des Meeresspiegels 1 bar. Das entspricht einem Druck von 1 kg auf jeden Quadratzentimeter des Körpers. Der atmosphärische Druck ist jedoch nicht gleichbleibend. Er hängt ein wenig von den Wetterbedingungen ab und verringert sich mit zunehmender Höhe. Auf dem Gipfel des Mount Everest (8846 m) beträgt er nur noch 0,31 bar.

Unter Wasser kommt zum atmosphärischen Druck der hydrostatische Druck des Wassers hinzu. Da Wasser dichter als Luft ist, entspricht die Druckzunahme pro 10 m Tiefe dem Druck der gesamten Atmosphäre oberhalb des Meeresspiegels. Meerwasser ist dichter als Süßwasser, weil es gelöste Salze und Minerale enthält. Daher nimmt der Druck beim Tauchen im Meer etwas schneller zu als bei Tauchgängen im Süßwasser.

Beim Tauchen ist man der Summe des Luft- und des Wasserdrucks ausgesetzt. Diesen Druck bezeichnet man als Gesamtdruck. Ihn übersetzen der Tiefenmesser oder der Computer in eine Tiefenangabe. Dabei ziehen die Geräte jedoch den atmosphärischen Druck ab und berücksichtigen nur den hydrostatischen Druck, sodass an der Wasseroberfläche eine Tiefe von 0 m angezeigt wird.

ZUAMMENHANG VON DRUCK UND TIEFE

Da Wasser viel dichter als Luft ist, nimmt der Druck unter Wasser mit zunehmender Tiefe schnell zu. Wasser kann kaum komprimiert werden und überträgt daher den Druck unmittelbar, sodass er linear zunimmt, wenn man mit einer konstanten Rate abtaucht. In einer Tiefe von 10 m beträgt der Druck im Meerwasser 2 bar. Er setzt sich aus dem Luftdruck (1 bar) und dem Druck der 10 m hohen Wassersäule zusammen. In 20 m Tiefe beträgt er daher 3 bar und bei 30 m 4 bar.

Beim Tauchen an einem hoch gelegenen Ort, etwa in einem Bergsee, muss man beachten, dass der Luftdruck geringer ist. Von daher ist auch der Gesamtdruck niedriger. Computer können die Höhe über dem Meeresspiegel berücksichtigen.

DRUCKZUNAHME
Sporttaucher tauchen in der Regel bis zu 30 m, maximal 40 m tief.

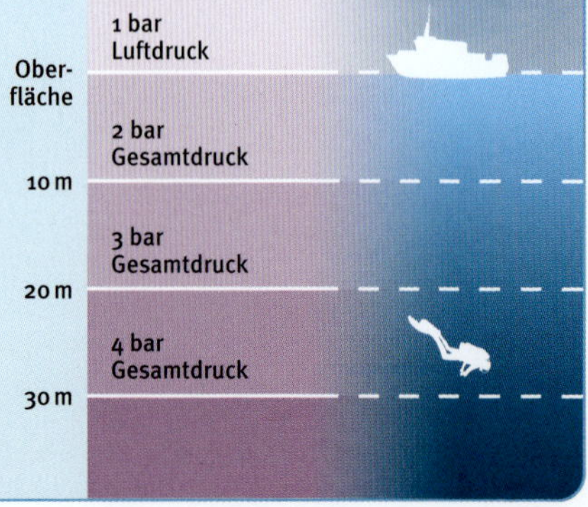

AUSWIRKUNG DES DRUCKS AUF GASE

Im 17. Jahrhundert machte Robert Boyle eine wichtige Entdeckung. Er fand heraus, dass das Volumen eines Gases bei konstanter Temperatur umgekehrt proportional zum auf das Gas ausgeübten Druck ist. Diesen von Edme Mariotte bestätigten Zusammenhang bezeichnet man als das Gesetz von Boyle und Mariotte.

Der im Gesetz dargestellte Zusammenhang hat für Taucher wichtige Auswirkungen. Jackets enthalten beispielsweise luftgefüllte Auftriebsblasen, um den Taucher im Wasser schwerelos werden zu lassen. Beim Abtauchen wird die Luft in der Auftriebsblase zusammengedrückt, sodass sie weniger Wasser verdrängt und daher weniger Auftrieb erzeugt *(siehe S. 97)*. Will man nicht weiter absinken, muss man mehr Luft in das Jacket geben. Beim Auftauchen muss man wiederum Luft ablassen, da sich die Luft im Jacket nun ausdehnt und sonst zu einem zu schnellen Aufstieg führen würde. Aus dem gleichen Grund darf man niemals unter Wasser die Luft anhalten. Die komprimierte Luft in der Lunge dehnt sich beim Auftauchen aus. Wenn sie nicht ausgeatmet wird, kann sie Lungenbläschen und kleine Gefäße zum Platzen bringen.

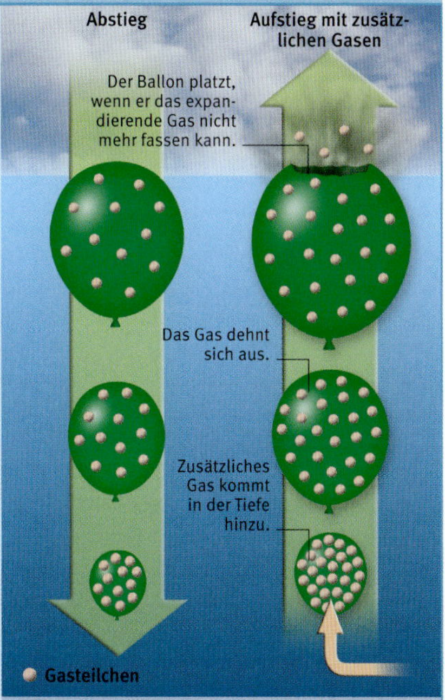

Wenn man ein bestimmtes Gasvolumen wie das des Ballons ins Wasser bringt, wird der vom Gas eingenommene Raum mit zunehmender Tiefe immer kleiner.

Wenn man in der Tiefe Gas hinzufügt, vergrößert sich das Volumen nur wenig. Beim Auftauchen wird sich das Gas jedoch so ausdehnen, dass der Ballon platzt.

IN DER TIEFE
Taucher sind unter Wasser Drücken ausgesetzt, die sie an Land nicht erfahren.

Druckluft atmen

An Land muss man sich nur selten über die Verfügbarkeit, die Zusammensetzung und den Druck der Luft Gedanken machen. Unter Wasser sieht das anders aus:. Man sollte sich sehr genau darüber im Klaren sein, wie die Umgebung die Atmung beeinflusst.

UNTER WASSER ATMEN

Gerätetaucher atmen über einen Atemregler Luft aus einer Druckluftflasche. Der Atemregler *(siehe S. 60/61)* verringert den Flaschendruck auf den des umgebenden Wassers, sodass man die Luft sicher atmen kann. Mit zunehmender Tiefe erhöht sich der Umgebungsdruck, wobei der Atemregler den Druck der Atemluft ständig anpasst.

Luft ist wie jedes Gas komprimierbar und nimmt dabei an Dichte zu. Deshalb veratmet man in der Tiefe pro Atemzug mehr Luft als an der Oberfläche, denn die Moleküle sind dichter gepackt. Da Luft hauptsächlich aus Sauerstoff und Stickstoff besteht, atmet man höhere Konzentrationen dieser beiden Gase als an der Oberfläche ein, obwohl sich der Anteil von beiden am Atemgas nicht verändert hat. Beide Gase können bei entsprechendem Druck giftig wirken. Stickstoff dringt in das Körpergewebe ein und kann einen narkotischen Effekt haben *(siehe S. 100/101)*. Sauerstoff ist lebenswichtig, kann aber ab einer bestimmten Konzentration toxisch wirken. Mit zunehmendem Druck steigt die Zahl der Sauerstoffmoleküle, die man mit jedem Atemzug aufnimmt. Bei Tiefen von mehr als 60 m kann die Sauerstoff konzentration in der Druckluft toxisch wirken und zu Krämpfen, Bewusstseinsverlust und in extremen Fällen sogar zum Tod führen.

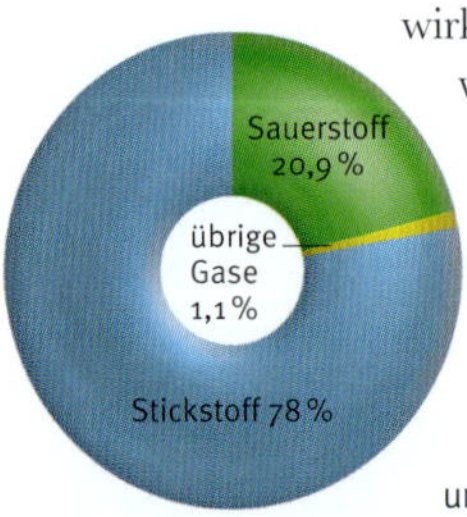

GASGEMISCH
Luft besteht hauptsächlich aus Stickstoff und rund 21 Prozent Sauerstoff. Edelgase wie Argon und Neon bilden den Rest.

DEN LUFTVERBRAUCH BERECHNEN

An der Oberfläche verbrauchen die meisten Menschen rund 25 l Luft pro Minute. Mit der Tiefe erhöht sich der Verbrauch. Er kann mithilfe einer einfachen Gleichung berechnet werden:

Luftverbrauch an der Oberfläche x Gesamtdruck (in bar) = Verbrauch in der jeweiligen Tiefe

In einer Tiefe von 20 m beträgt der Druck 3 bar, also ergeben sich 25 l/min x 3 = 75 l/min. Wenn man den Luftverbrauch für einen Tauchgang berechnen will, sollte man so rechnen, als ob man sich die ganze Zeit über auf der größten Tiefe aufhielte.

Um den Inhalt der Flasche zu berechnen, muss man ihren Inhalt und den Fülldruck kennen. Ein typisches Beispiel wäre eine 10-l-Flasche, die mit 200 bar gefüllt worden ist. Daraus ergeben sich 10 l x 200 = 2000 l Luft.

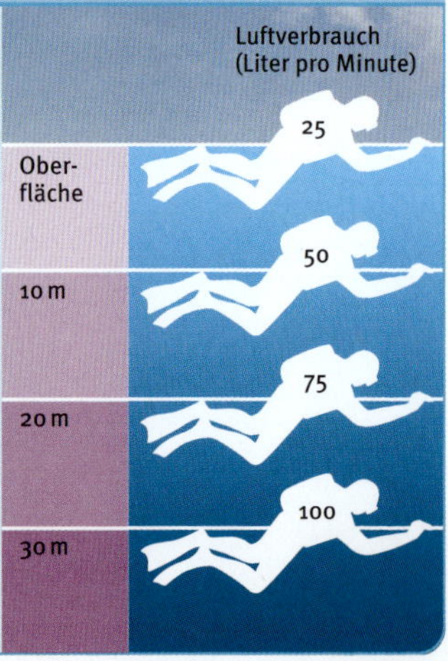

Um diese Gefahren zu umgehen, benutzen technische Taucher, die die Grenzen des Sporttauchens überschreiten *(siehe S. 194/195)*, spezielle Gasgemische. Diese enthalten Sauerstoff und Stickstoff in veränderter Zusammensetzung, manchmal sogar Helium. Solche Gemische werden bei Tauchgängen von mehr als 40 m Tiefe eingesetzt.

KOHLENDIOXID

Bei der Atmung atmet man Kohlendioxid aus. Je mehr man sich anstrengt, desto mehr Kohlendioxid wird erzeugt. Da der Atemreflex nicht von einem Mangel an Sauerstoff, sondern von einem Kohlendioxid-Überschuss ausgelöst wird, kann Überanstrengung zu Kurzatmigkeit führen. An der Oberfläche würde man nun einfach schneller atmen, um das Kohlendioxid abzugeben. Da der Atemwiderstand des Atemreglers das Atmen ein wenig erschwert und man sehr schnell den Flascheninhalt verbraucht hätte, sollte man sich unter Wasser lieber einen Moment lang ausruhen, wenn man Atemnot verspürt.

ATMEN UND TARIEREN

Auf einen untergetauchten Körper wirkt ein Auftrieb ein, der dem Gewicht des von ihm verdrängten Wassers entspricht. Man schwimmt also nur, wenn man weniger wiegt als eine Wassermenge gleichen Volumens. Wiegt man mehr, sinkt man. Wenn beide Gewichte gleich sind, hat man eine neutrale Tarierung. Die komprimierte Luft, die man atmet, verändert den Auftrieb. Beim Einatmen vergrößert sich das Brustvolumen – man verdrängt mehr Wasser, ohne an Gewicht zuzunehmen, und bekommt Auftrieb.

Tarierübung im Freiwasser

LANGSAM ATMEN
Langsame, gleichmäßige Atemzüge senken den Luftverbrauch und beugen Kurzatmigkeit vor.

Wasserdruck und Körper

Beim Tauchen ist der Körper dem Druck des umgebenden Wassers ausgesetzt. Beim Abtauchen bemerkt man den Druckanstieg in einigen Körperhohlräumen, insbesondere den Ohren. Wenn man diesen Druckanstieg nicht ausgleicht, kommt es zu Verletzungen.

DRUCKAUSGLEICH

Vier Lufträume des Körpers sind besonders vom Wasserdruck betroffen: die Ohren, die Nebenhöhlen, die Atemwege und Lungen sowie der Magen und die Därme. Lufträume im Bereich der Atem- und Verdauungsorgane sind komprimierbar, da sie von weichem Gewebe umgeben sind, das zusammengedrückt werden oder sich ausdehnen kann. Allerdings sorgt der Atemregler *(siehe S. 60–63)* dafür, dass der Innendruck der Atemwege dem von außen einwirkenden Druck exakt entspricht, sodass hier keine Druckprobleme auftreten können. An Magen und Darm werden sich meist auch keine Effekte bemerkbar machen, wenngleich es besonders beim Aufstieg zu Blähungen kommen kann.

Die Hohlräume des Kopfs wie Ohren und Nebenhöhlen sind starr und können nicht komprimiert werden. Wenn der Außendruck den Innendruck übersteigt, wird ein Druckgefühl erzeugt, das Schmerzen und Verletzungen verursachen kann. Besonders gefährdet ist das Trommelfell. Deshalb muss ein Druckausgleich stattfinden. Man hält sich zu diesem Zweck die Nase zu und atmet

ROUTINEÜBUNG
Beim Abtauchen sollte man den Druckausgleich mindestens einmal pro Meter ausführen und nicht warten, bis die Ohren schmerzen.

DIE BEDEUTUNG DES DRUCKAUSGLEICHS

Das Ohr besteht aus Außen-, Mittel- und Innenohr. Das Trommelfell trennt Mittel- und Innenohr von der Außenwelt und ist eine Membran, die sehr anfällig auf Druckunterschiede reagiert. Wenn man beim Abtauchen keinen Druckausgleich durchführt, indem man Luft aus dem Rachenraum über die Eustachi-Röhren zu den Ohren drückt, wird das Trommelfell schließlich reißen und Wasser ins Mittelohr eindringen, was zu einer Infektion und Taubheit führen kann. Die Nebenhöhlen sind paarige Hohlräume im Gesichtsbereich. Normalerweise sind sie über den Nasenbereich geöffnet, doch bei einer Erkältung oder einer Allergie können sie durch Schleim verstopft werden. Der fehlende Druckausgleich kann Blutgefäße in den Wänden der Nebenhöhlen zum Platzen bringen und schmerzhafte Blutungen auslösen.

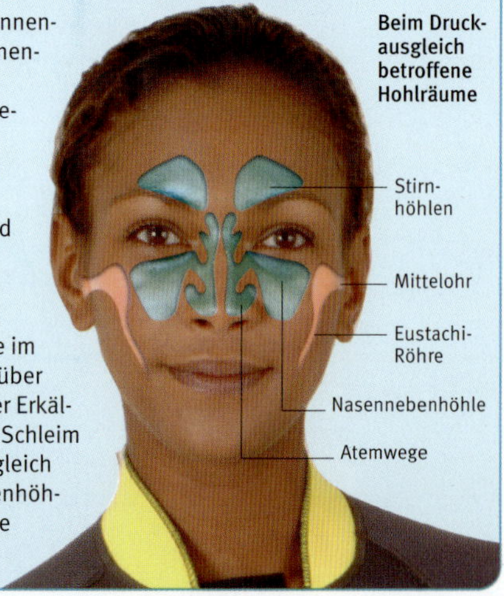

gegen die Nase aus. Dadurch wird Luft durch die Eustachi-Röhre in das Mittelohr gedrückt, sodass der Druck nun dem Wasserdruck entspricht. Diese Maßnahme wirkt auch Schwindelgefühlen entgegen, da der Gleichgewichtssinn ebenfalls von den Ohren kontrolliert wird. Auch in den Nebenhöhlen wird dabei ein Druckausgleich erfolgen. Manche Taucher haben auch mit anderen Methoden Erfolg, wie zum Beispiel wiederholtem Schlucken.

Beim Abstieg muss man den Druckausgleich vor allem auf den ersten Metern sehr oft durchführen, beim Aufstieg sollte er automatisch erfolgen. Wenn man beim Abstieg Probleme hat, sollte man den Druck verringern, indem man wieder ein Stück aufsteigt, und es dann noch einmal versuchen. Der Druckausgleich ist absolut notwendig. Man sollte daher niemals mit Ohrstöpseln oder einer dichten Abdeckung über den Ohren tauchen. Auch Kopfhauben sollten nie zu eng sitzen. Wenn man Probleme mit den Nebenhöhlen oder den Ohren hat, sollte man nicht tauchen. Eine Erkältung oder die Verstopfung der Nase können den Druckausgleich in den Ohren oder Nebenhöhlen verhindern. Wenn nach dem Tauchen ein leichtes Nasenbluten auftritt, ist das möglicherweise ein Hinweis auf eine Nebenhöhlenblockade. Bis zum Abklingen der Beschwerden sollte man nicht mehr tauchen. Auf abschwellende Nasensprays sollte man sich auf keinen Fall verlassen, da ihre Wirkung in der Tiefe nicht anhält.

SICHERER ABSTIEG
Um sicher tauchen zu können, muss man verstehen, wie sich der Druck auf den Körper und vor allem seine Hohlräume auswirkt.

Stickstoff und Dekompression

Beim Tauchen mit Druckluft reichert sich Stickstoff im Körper an, der beim Aufstieg wieder abgegeben wird. Damit das gefahrlos funktioniert, muss man den Tauchgang genau planen und Maßnahmen ergreifen, um das Risiko einer Dekokrankheit gering zu halten.

GASABSORPTION

Gase sind in Flüssigkeiten löslich, besonders wenn sie unter Druck stehen. Wenn man unter Wasser Druckluft atmet, lösen sich die beiden Hauptbestandteile (Stickstoff und Sauerstoff) im Blut. Dieser Gasaustausch findet in den Lungenbläschen statt.

Stickstoff wird vom Blut und den übrigen Körpergeweben besonders gut aufgenommen. Der Atemregler liefert mit zunehmender Tiefe immer dichtere Luft *(siehe auch S. 60)*, sodass jeder Atemzug mehr Stickstoff enthält als an der Oberfläche. Dieser Überschuss lagert sich in den Körpergeweben ab. Wenn man zu schnell aufsteigt, kann der Stickstoff im Blut in Form von schädlichen Bläschen austreten. Deshalb ist es wichtig, die Tauchzeit und -tiefe mithilfe von Tabellen oder Computern zu überwachen, damit sich der Stickstoff nur in Mengen anreichern kann, die während des Aufstiegs schadlos wieder abgegeben werden können.

GRUNDZEIT
Je länger man sich in der Tiefe aufhält, desto mehr Stickstoff reichert sich im Blut an.

STICKSTOFF UND KÖRPERGEWEBE

Wenn man Druckluft atmet, dringt Stickstoff in das Blut und von dort in die übrigen Körpergewebe vor. Beim Aufstieg verringert sich der Druck und das Gas wird aus den Geweben abgegeben. Wird der Aufstieg langsam und kontrolliert durchgeführt, kann der Stickstoff wieder ins Blut übergehen und den Körper über die Lungen verlassen. Bei zu schnellem Auftauchen können sich schädliche Bläschen bilden, die eine Dekoerkrankung hervorrufen *(siehe S. 142/143)*. Die Symptome reichen von Schmerzen, wenn sich Bläschen in der Haut oder den Gelenken sammeln, bis zu Lähmungen oder Tod, wenn die Nerven und das Gehirn betroffen sind.

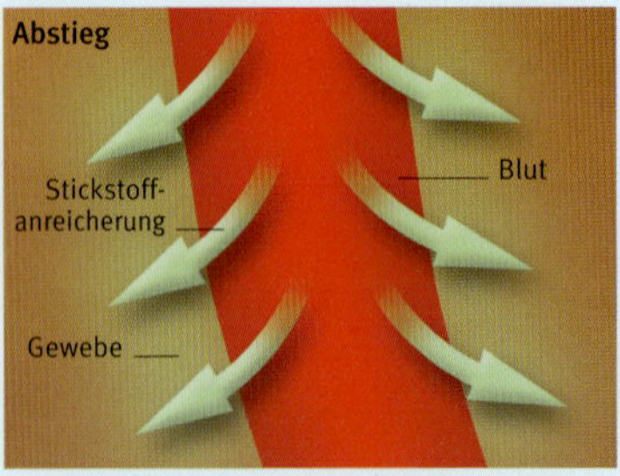

STICKSTOFF TRITT INS KÖRPERGEWEBE EIN
Die Druckluft löst sich im Blut und der Stickstoffanteil dringt ins Körpergewebe ein, besonders in das Fettgewebe.

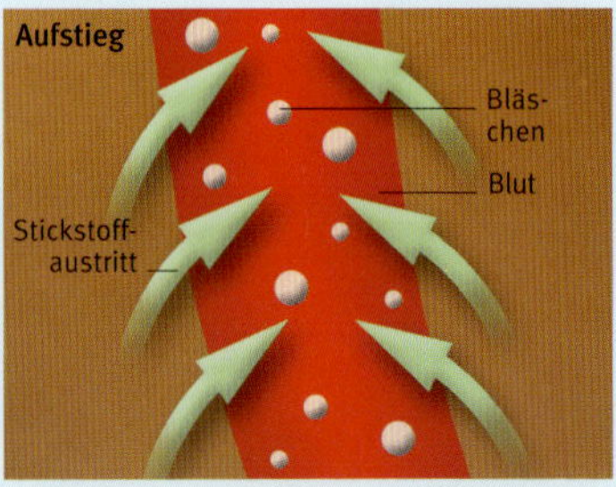

ENTSTEHUNG VON STICKSTOFFBLÄSCHEN
Wenn der Druck während des Aufstiegs zu schnell abnimmt, bilden sich Bläschen, die eine Dekoerkrankung auslösen können.

SICHERHEITSMASSNAHME
Von Tauchbooten wird oft eine Reserveflasche für die Notfalldekompression an einer Leine auf eine Tiefe von 5 oder 6 m herabgelassen.

Tabellen helfen bei der Berechnung der sicheren Tauchzeit in einer bestimmten Tiefe. Mit ihnen lassen sich auch die folgenden Tauchgänge kalkulieren, da der Stickstoffüberschuss im Körper manchmal mehr als einen Tag benötigt, um vollständig abgebaut zu werden. Genauer berechnet ein Computer *(siehe S. 66/67)* die Zeit, die man auf einer bestimmten Tiefe verbringen kann, ohne dass ein Dekostopp nötig wäre. Er zeigt sie in Echtzeit während des Tauchgangs an und warnt vor zu schnellem Aufstieg. Reststickstoff wird in die Daten der nächsten Tauchgänge mit einberechnet. Es ist sinnvoll, beim Auftauchen in 5 m Tiefe einen dreiminütigen Sicherheitsstopp einzulegen, auch wenn es nicht unbedingt nötig wäre. Viele Computer besitzen hierfür einen Zähler.

STICKSTOFFNARKOSE

In Tiefen von über 30 m kann der aufgenommene Stickstoff einen narkotischen Effekt haben und Euphorie oder Panik auslösen. Die Stickstoffnarkose ist an sich nicht lebensbedrohlich, aber sie kann den Taucher zu gefährlichem Fehlverhalten verleiten. In vielen Fällen bemerkt der Betroffene selbst die Symptome nicht. Man sollte daher seinen Tauchpartner auf verlangsamte Reaktionen oder irrationales Verhalten hin beobachten und gegebenenfalls ein Stück aufsteigen, wo die Symptome schnell verschwinden.

TAUCHTABELLEN
In der Ausbildung wird zukünftigen Tauchern der Umgang mit Tauchtabellen beigebracht.

Gezeiten und Strömungen

Die Gezeiten haben einen großen Einfluss auf das marine Leben und den Zustand vieler Tauchplätze. Strömungen können unvorhergesehene Gefahren verursachen. Gute Kenntnisse von Gezeiten und Strömungen sind daher unerlässlich.

GEZEITENBEWEGUNG

Der Wasserstand an der Küste kann durch die Gezeiten erheblich schwanken, in Extremfällen bis zu 15 m. Den Bereich zwischen dem höchsten und dem niedrigsten Wasserstand nennt man die Gezeitenzone.

Beim Planen eines Tauchgangs sollte man den Stand der Gezeiten und die Gestalt der Küste kennen, um nicht von Gefahren wie starken Strömungen überrascht zu werden. Die Sicht unter Wasser ist unterschiedlich, doch oft bei Hochwasser am besten, wohingegen das steigende Wasser viele Meereslebewesen näher an die Küste heranbringt. Für Taucher am interessantesten ist das Stillwasser, ein kurzer Zeitraum beim Wechsel der Gezeiten. Manche Tauchplätze sind nur während dieses Zeitabschnitts sicher zu betauchen.

GEZEITENZONE
Die Gezeitenzone ist für die Lebewesen ein schwer zu besiedelnder Lebensraum.

WIE DIE GEZEITEN ENTSTEHEN

Die Meere sind dem Gravitationseinfluss von Sonne und Mond ausgesetzt. Obwohl der Mond kleiner ist, hat er einen größeren Einfluss, da er sich näher an der Erde befindet. Die Anziehungskraft des Monds erzeugt eine Flutwelle auf der ihm zugewandten Seite. Auf der gegenüber liegenden Seite entsteht ebenfalls eine Flutwelle, da das Wasser hier weniger vom Mond angezogen wird als der Planet selbst. Durch die Drehung der Erde wandern diese Flutwellen über ihre Oberfläche und erzeugen im Ablauf von 24 Stunden je zweimal Flut und Ebbe.

NIPPTIDEN: HALBMOND

Wenn Sonne und Mond einen rechten Winkel bilden, ist die Flut am niedrigsten, da sie nur vom Mond erzeugt wird. Die der Kraft der Sonne unterliegenden Ebben sind die höchsten.

SPRINGTIDEN: NEU- UND VOLLMOND

Zweimal pro Monat stehen Sonne und Monat in einer Linie mit der Erde. Die gemeinsamen Kräfte erzeugen die höchsten Fluten, während die Ebben am niedrigsten sind.

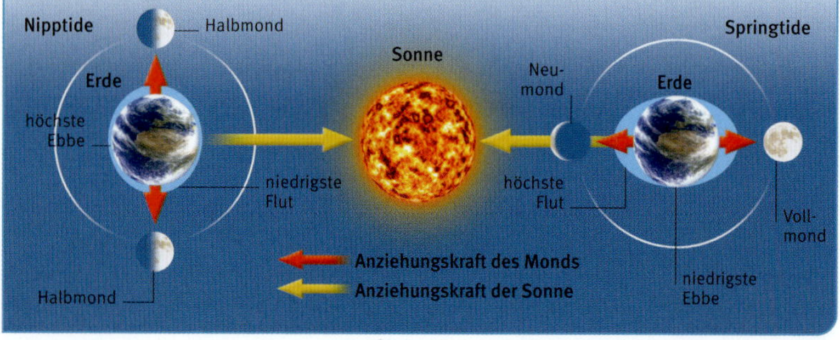

STRÖMUNGSARTEN

Strömungen werden vom Wind, von den Gezeiten, der Erdrotation und den Auswirkungen verschiedener Salzgehalte und Temperaturen des Wassers hervorgerufen. Gezeitenströmungen werden durch örtliche Gegebenheiten erzeugt, wenn zum Beispiel das steigende oder ablaufende Wasser durch einen engen Kanal gezwängt wird. Diese Strömungen können auch guten Schwimmern gefährlich werden.

NACH DEM TAUCHGANG
Man sollte Ein- und Ausstieg so planen, dass man nicht gegen die Strömung schwimmen muss. Die beste Tauchzeit ist das Stillwasser beim höchsten oder niedrigsten Wasserstand.

Permanente Strömungen sind von den Gezeiten unabhängig. Strömungen, die an der Küste entlangfließen, sind örtliche permanente Strömungen. Es gibt auch permanente Strömungen auf dem offenen Meer, wie etwa den Golfstrom, der vom Golf von Mexiko, von den vorherrschenden Südwestwinden angetrieben, zum mittleren Nordatlantik fließt, wo er sich in zwei Strömungen aufteilt.

Querströmungen treten auf, wenn das vom Meer kommende Wasser den Rücklauf der vorigen Wellen zur Seite drückt. Sie laufen die Küste entlang, bis das Wasser einen Weg ins offene Meer findet, etwa eine Lücke in einer Sandbank. Um diese Stelle zu überwinden, muss man parallel zur Küste schwimmen. Es kann geschehen, dass man dabei von einer permanenten Strömung erfasst wird, die einen wieder zurück in die Querströmung trägt. In diesem Fall muss man diese in anderer Richtung verlassen.

SOG DER WELLEN
Die Beschaffenheit der Küste und die Wetterbedingungen können gefährliche Wasserbewegungen erzeugen.

Grundlagen des Tauchens

Einleitung

Die Beherrschung der Grundlagen ist der erste Schritt zum erfolgreichen Tauchen. Manches wie das Tarieren erscheint zunächst schwierig, doch mit etwas Übung geht es wie von selbst. Geübte Taucher sind sichere Taucher.

UNTERSTÜTZUNG DER AUSBILDUNG

Dieses Kapitel stellt die Grundfertigkeiten vor, die man als kompetenter und sicherer Taucher benötigt, kann aber keineswegs ein Unterrichtsbuch ersetzen. Es behandelt zwar die Techniken, die in der Grundausbildung von den Ausbildern gelehrt werden, aber etwas darüber zu lesen bedeutet nicht, sie zu erlernen, wie dies beim Training der Fall ist. Es gibt keinen Ersatz für die Ausbildung durch einen zertifizierten Tauchlehrer.

Viele Leute tauchen nur einmal pro Jahr im Urlaub oder noch seltener. Nach einer längeren Unterbrechung ist es sinnvoll, einen Auffrischungskurs oder einen Testtauchgang durchzuführen. Man wird feststellen, dass die meisten Grundfertigkeiten noch vorhanden sind oder nach kurzer Zeit zurückkehren.

EIN GROSSER SCHRITT
Wissen, wie man richtig ins Wasser kommt, ist der beste Start für einen Tauchgang.

TAUCHEN NACH KOMPASS
Das regelmäßige Üben der Navigation verhindert, dass man sich beim Tauchen verirrt oder nicht zurückfindet.

Unter Stress wird man aber nicht schnell und effektiv reagieren können, wenn man aus der Übung ist. Auch erfahrene Taucher profitieren vom regelmäßigen Training. Man sollte nicht nur seine Kenntnisse regelmäßig auffrischen, sondern auch seine Ausrüstung stets auf dem neuesten Stand halten und immer wieder daran arbeiten, die eigene Technik zu verbessern.

IN ÜBUNG BLEIBEN

Eine gute Möglichkeit, um in Übung zu bleiben, stellt das Pooltraining dar *(siehe S. 146–149)*. Tauchen im Schwimmbecken macht zwar nicht so viel Spaß wie im freien Wasser, aber die Umgebung ist ideal, um etwa Tarierübungen durchzuführen. Regelmäßige Übungen im Pool oder in einem geschützten Gewässer fördern das Selbstvertrauen, sich dem offenen Wasser zu stellen. Wenn örtliche Gewässer im Winter zu kalt sind, kann man sich in der Theorie üben. Als Mitglied eines Tauchvereins hat man oft Zutritt zu einem vereinseigenen Pool.

BOJE AUFBLASEN
Tauchen erfordert den Umgang mit verschiedenen Ausrüstungsteilen, die man sicher beherrschen muss.

Vor dem Tauchen

Organisation ist die Voraussetzung guten Tauchens. Ein Tauchgang beginnt mit dem Überprüfen des Wetters und der Ausrüstung. Auch wenn ein anderer Taucher den Tauchgang vorbereitet, sollte man selbst immer informiert sein.

EIN GUTER START

Am Morgen des Tauchgangs sollte man sich die aktuelle Wettervorhersage für die gewählte Gegend ansehen. Die Gezeiten sind am besten doppelt zu überprüfen. Wenn man sich nicht fit fühlt, sollte man sich ehrlich fragen, ob man an diesem Tag wirklich tauchen muss. Es ist besser, einen Tauchgang auszulassen, als sich unter Wasser unwohl zu fühlen und ihn abbrechen zu müssen. Die Lunge oder das Kreislaufsystem betreffende Krankheiten erhöhen auch das Risiko einer Dekoerkrankung *(siehe S. 142)*.

Vor jedem Tauchgang muss die Ausrüstung überprüft werden, kein Teil darf fehlen. Dazu kann man eine Liste aller benötigten Ausrüstungsteile anfertigen und sie in der Tauchtasche mitführen. Man sollte sicherstellen, dass alle Teile vom ursprünglichen Treffpunkt zum Tauchplatz oder auf das Boot gebracht werden. Allzu oft wird ein wichtiges Teil wie ein Bleigurt oder eine Maske erst vermisst, wenn das Boot

BRIEFING VOR DEM TAUCHGANG
Während der Diveguide den gesamten Tauchgang plant, muss jeder Taucher dafür sorgen, dass er selbst und seine Ausrüstung bereit sind.

EIN NEUER TAUCHPARTNER

Hat man keinen festen Tauchpartner, taucht man oft mit Fremden. Man sollte dem Diveguide seine Fähigkeiten und Interessen schildern, sodass er geeignete Buddyteams zusammenstellen kann. Auch wenn man seinen Partner nicht kennt, sollte man ihn mit dem gleichen Respekt wie einen Bekannten behandeln.

an seinem Ziel angekommen ist – und dann ist es zu spät.

BOOTSTAUCHGÄNGE

Das Boot sollte rechtzeitig gebucht werden, doch schon aus Höflichkeit sollte man den Kapitän vor dem Eintreffen noch einmal anrufen. Er wird beurteilen können, ob die Wetterbedingungen zum Tauchen geeignet sind. An Bord sollte man überprüfen, ob geeignete Erste-Hilfe- und Signaleinrichtungen vorhanden sind und ob das Boot einen seetüchtigen Eindruck macht. Vor dem Auslaufen benachrichtigt man gegebenenfalls die zuständigen Behörden und teilt ihnen nachher auch die sichere Rückkehr mit. Der Kapitän sollte die Sicherheitsvorkehrungen erklären, auf die Lage von Schwimmwesten, Signalen und Rettungsbooten hinweisen sowie das Unterwasser-Rückrufsignal demonstrieren.

SEEKRANKHEIT
Eventuell benötigt man Tabletten gegen Seekrankheit. Man sollte sie mindestens 24 Stunden vorher auf ihre Verträglichkeit testen.

DEN TAUCHGANG VORBEREITEN
Wenn man den Tag gut organisiert hat, kann man sich entspannen und den Tauchgang in Ruhe vorbereiten.

LANDTAUCHGÄNGE

Wenn man von Land aus taucht, sollte man vorher einen geeigneten Zugang suchen, um längere Wege mit der schweren Ausrüstung zu vermeiden. Oft braucht man eine Genehmigung, um mit dem Fahrzeug ans Wasser zu fahren.

AUF DAS WETTER ACHTEN

Die Wettervorhersage gibt Auskunft über die Windgeschwindigkeit und -richtung, den Seegang und die Sicht (Nebel, Dunst). Man sollte nie bei schlechtem Wetter tauchen. Es ist besser, zu verzichten, als bei starkem Seegang oder trüber Sicht zu tauchen, bei der das Boot einen nicht mehr findet. Man sollte die Stillwasserzeiten kennen, was besonders bei starker Gezeitenströmung wichtig ist.

Raue See

Letzte Überprüfung

Das Tauchen mit einem Partner (oder Buddy) bedeutet, dass jemand da ist, der einem bei Problemen unter Wasser helfen kann. Damit das funktioniert, führt man vor dem Tauchgang einen Buddycheck durch, bei dem die Partner ihre Ausrüstung gegenseitig überprüfen.

BUDDYCHECK

Vor dem Tauchen baut man gemeinsam mit dem Partner die Ausrüstung zusammen *(siehe S. 84/85)* und legt sie an. Es gibt keine vorgeschriebene Vorgehensweise, doch damit man nichts übersieht, sollte man eine immer gleiche Reihenfolge einhalten. Wenn beide Partner fertig sind, führt man, noch bevor man ins Wasser geht, den Buddycheck durch. Man kontrolliert die Ausrüstung des Partners in den unten gezeigten Schritten. Dabei sollte man nicht zu hastig vorgehen – man könnte es später bereuen. Bei der Überprüfung sieht man, wie die Ausrüstung des Partners funktioniert. Der Buddycheck dient auch als doppelte Kontrolle, mit der sichergestellt wird, dass keiner der Partner etwas beim Zusammenbau übersehen hat.

1 **Jacket:** Man überprüft, wie der Inflator (Luftein- und -ablass) am Jacket des Partners aufgebaut ist und ob er funktioniert. Das Gleiche gilt für Trockentauchanzüge.

2 **Blei:** Die Bleigewichte müssen vorhanden und sicher befestigt sein. Man muss sich einprägen, wie das Blei des Partners abgeworfen werden kann, falls er dazu nicht in der Lage sein sollte.

3 **Gurte:** Alle Gurte müssen befestigt sein. Man vergewissert sich, wo sich die Schnallen befinden, wie sie funktionieren und dass sie geschlossen sind.

4 **Luft:** Man überprüft die Instrumente und atmet aus der zweiten Stufe. Dabei darf sich die Nadel des Finimeters nicht bewegen.

BRIEFING

Beim Zusammenbau der Ausrüstung kann man mit seinem Partner über den geplanten Tauchgang sprechen. Man stellt sicher, dass man sich über das Ziel und die Strecke einig ist, den Einstiegs- und Ausstiegspunkt, die maximale Tiefe und die Tauchzeit. Man überprüft, dass beide Partner über genügend Luft für den Tauchgang verfügen (einschließlich der Reserve für den Notfall). Man stimmt ab, wer den Tauchgang führt und ob man links oder rechts vom Partner schwimmt. Die Handzeichen müssen abgesprochen sein, einschließlich des Signals für das Ende des Tauchgangs. Außerdem muss geklärt werden, wie man verfährt, wenn man getrennt wird. Solange es möglich ist, hält man sich genau an diese Absprachen. Man benutzt Handsignale, um sich gemeinsam einer veränderten Situation anzupassen.

BESCHLAGEN VERHINDERN

Das Beschlagen der Maske tritt häufig auf und wird von Fetten auf dem Glas ausgelöst, die die Kondensation von Wasser erlauben. Zur Vermeidung reibt man die Gläser mit Speichel ein und spült sie kurz vor dem Tauchen aus. Es gibt auch Antibeschlagssprays, wobei Zahnpasta oft effektiver wirkt.

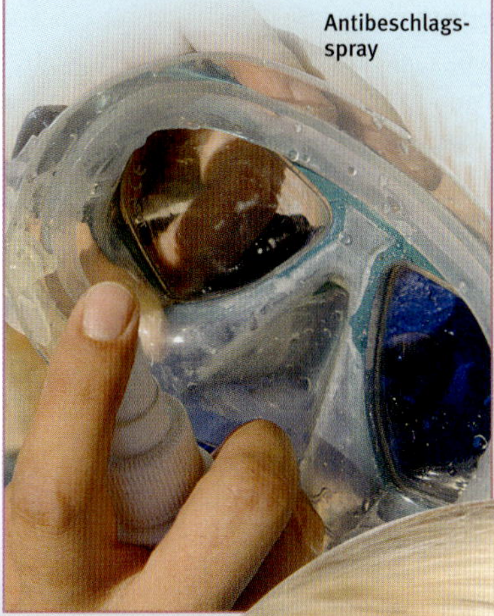

Antibeschlagsspray

5 Fertig zum Tauchen? Mit einem letzten Blick stellt man fest, ob der Partner verschiedene Zubehörteile wie Reels und Schreibtafeln trägt und wo sie befestigt sind. Danach kann es losgehen.

Der Einstieg

Jeder Tauchplatz erfordert seine eigene Art des Einstiegs, wobei die einfachste auch immer die beste ist. In allen Fällen sollte man den Einstieg ohne große, schwere Ausrüstungsteile wie etwa Kameras vornehmen und sich diese anreichen lassen, wenn man im Wasser ist.

VOM STRAND AUS

Man vergewissert sich, dass die Ausrüstung richtig zusammengebaut und angelegt ist. Dann trägt man Maske und Flossen bis zum Wasser, wo man sie mit der Hilfe des Tauchpartners anlegt. Nun läuft man rückwärts ins Wasser, da das Vorwärtslaufen mit Flossen schwierig ist. Sobald das Wasser tief genug ist, geht man in die Knie und schwimmt mithilfe der Flossen ins offene Wasser. Bei Wellengang sollte das Jacket zum Teil aufgeblasen sein. Man wartet, bis sich eine große Welle nähert, lehnt sich dagegen und lässt sich vom nun folgenden Sog ins offene Wasser tragen.

EINSTIEG VOM STRAND
Bei starkem Wellengang muss man aufpassen, dass man seine Flossen nicht verliert, und durch den Atemregler atmen.

EINSTIEG AUS DEM SITZEN

Vom Beckenrand oder einer Plattform aus gelangt man so am besten ins Wasser, vor allem, wenn man in der Beweglichkeit eingeschränkt ist oder zum Beispiel auf einer schwimmenden Plattform schlecht das Gleichgewicht halten kann. Man kann auch die Ausrüstung im Sitzen anlegen.

1 **Man dreht die Hüfte,** um sich mit beiden Händen so abzustützen, dass sie das eigene Gewicht tragen können.

2 **Man dreht den Körper,** stützt sich mit den Händen ab und lässt sich mit dem Gesicht zur Plattform ins Wasser gleiten.

RIESENSCHRITT

Wo es tief genug ist, kann man mit einem Riesenschritt von einem großen Boot oder einem Landungssteg ins Wasser gelangen. Man bläst das Jacket zum Teil auf, nimmt den Atemregler in den Mund, hält ihn und die Maske mit einer Hand und mit der anderen den Bleigurt fest, und macht einen großen Schritt.

Zubehör wie Kamera oder Lampe sollte man sich anreichen lassen, wenn man sich im Wasser befindet.

1 **Beim Riesenschritt** hält man Maske, Atemregler und Bleigurt fest und schaut nach vorn, nicht nach unten.

2 **Beim Eintauchen** dämpft die Stellung der Beine den Aufprall und verhindert das Absinken.

AUSGANGSPOSITION
Man hält Maske und Atemregler mit einer Hand fest und lehnt sich zurück, bis die Flasche über dem Wasser hängt.

ROLLE RÜCKWÄRTS

Diese Methode benutzt man von kleinen Booten aus, deren Rand nicht hoch über dem Wasserspiegel liegt. Man nimmt den Atemregler in den Mund, achtet darauf, dass die Flossen frei liegen und dass sich nichts im Wasser befindet. Man sollte das Wasser zuerst mit dem oberen Rückenbereich berühren.

BUDDYSYSTEM UND SIGNALE

Im Wasser schwimmt man zu seinem Partner und signalisiert auf eine der abgebildeten Weisen »OK« in Richtung Boot oder Küste. Die einzige Ausnahme stellt ein Tauchgang bei starker Oberflächenströmung dar. In diesem Fall taucht man so schnell wie möglich ab und trifft seinen Partner am Grund.

Standard-OK-Signale

Abtauchen

Der Abstieg zum Grund ist immer aufregend, doch auch wenn man schnell hinuntergelangen will, darf das nur kontrolliert geschehen. Die Methode hängt von der Umgebung und den Bedingungen sowie von den eigenen Vorlieben ab.

DEN ABSTIEG VORNEHMEN

Hat man seinen Tauchpartner im Wasser getroffen, folgt man den unten angegebenen Schritten. Wenn man feststellt, dass man nicht absinken kann, sollte man die eventuelle Restluft aus dem Jacket oder dem Trockentauchanzug pressen. Hilft das nicht weiter, hat man wahrscheinlich nicht genug Blei mitgenommen *(siehe S. 70/71)* und muss zurückkehren, um sich zusätzliche Stücke geben zu lassen. Man sollte sich die Bleimenge notieren, die man mit jeder benutzten Ausrüstungskombination gebraucht hat. In einer Tiefe von 3 m sollte man kurz anhalten und die Ausrüstung des Tauchpartners auf Anzeichen von Undichtigkeit (austretende Luftblasen) überprüfen, zum Beispiel an einem nicht richtig angeschlossenen Schlauch. Noch kann man zur Oberfläche zurückkehren und das Problem lösen, und muss nicht später den Tauchgang abbrechen. Auf diese Weise verhindert man auch, dass es während des Tauchgangs zu einem Notfall kommt.

Beim Abstieg fühlt man einen zunehmenden Druck in den Ohren.

1 **Man trifft sich** an der Wasseroberfläche, ein wenig vom Boot entfernt. Benutzt man den Schnorchel, ersetzt man ihn jetzt durch die zweite Stufe des Atemreglers.

2 **Mit dem OK-Signal zeigt man,** dass man bereit zum Abtauchen ist. Wenn man eine Buddyleine benutzt (sinnvoll, wenn ein Anfänger dabei ist), prüfen, ob sie richtig sitzt.

3 **Das Signal zum Abtauchen** gibt man unmittelbar vor dem Abstieg. Wenn der Partner Anfänger oder nervös ist, kann man ihn dabei an der Hand halten.

4 **Beide Partner entlüften** gleichzeitig die Jackets und atmen gemeinsam aus, um zusammen abzusinken. Gibt es ein Problem, muss man das jetzt signalisieren.

Deshalb sollte regelmäßig ein Druckausgleich durchgeführt werden, indem man sich die Nase zuhält und gegen die geschlossene Nase ausatmet *(siehe S. 98/99)*. Wenn man zu schnell absinkt, gibt man etwas Luft in das Jacket. Die Maske saugt sich an das Gesicht an. Daher gibt man ein wenig Luft über die Nase ab. Trägt man einen Trockentauchanzug, spürt man, wie der Wasserdruck ihn an den Körper presst. Man lässt also etwas Luft in den Anzug, aber nicht so viel, dass man Auftrieb bekommt. Beim Aufstieg muss man natürlich wieder Luft ablassen.

DRUCKAUSGLEICH
Durch Zuhalten der Nase und Ausatmen erreicht man einen Druckausgleich.

PRÜFEN AUF BLASEN
Vor dem weiteren Abstieg überprüft man die Ausrüstung des Partners auf Lecks.

Ein freier Abstieg ohne Leine kann mit dem Kopf oder mit den Füßen zuerst erfolgen. Wenn man eine Taucherboje benutzt *(siehe S. 74/75)*, sollte man sich vergewissern, dass sie voll aufgeblasen ist und die Leine frei hängt. Der Partner sollte sich stets auf der gleichen Seite aufhalten, damit er sich nicht in der Leine verfängt. An frequentierten Tauchplätzen kann bereits eine Leine vorhanden sein, die an einer Boje schwebt und zu einem Wrack oder einem bestimmten Punkt am Grund führt.

ABSTIEGSMÖGLICHKEITEN

Viele Taucher steigen mit den Füßen nach unten ab, da sie so den Augenkontakt zu ihrem Partner halten können. Das ist eine gute Lösung, wenn man nicht wegen einer eventuell vorhandenen Strömung seine Flossen zum Abtauchen benutzen muss.

SCHLUSSCHECK
Taucher signalisieren vor der Erkundung des Tauchplatzes »OK«. Man sollte sich jedoch nicht, wie hier zu sehen, auf dem Boden abstützen.

Unter Wasser atmen

Das erste Mal frei im Wasser zu schweben kann ein erhebendes Gefühl sein, möglicherweise aber auch beängstigend wirken. Das Lernen und Üben geeigneter Atemtechniken erlaubt es dem Einsteiger, die neue Umgebung ruhig und entspannt zu erleben.

SICH ENTSPANNEN

Die Aufregung beim ersten Tauchgang lässt den Puls und die Atemfrequenz in die Höhe schnellen. Man wird beunruhigt sein, wie schnell der Luftvorrat zur Neige geht, doch wenn man nach einigen Tauchgängen etwas entspannter ist, wird auch der Luftverbrauch zurückgehen. Wenn man sich unter Wasser unwohl fühlt, sollte man sich einen Moment lang auf das Atmen konzentrieren und sich in Erinnerung rufen, worauf man achten und was man unterlassen sollte.

LUFTVERBRAUCH
Je entspannter man beim Tauchen ist, desto weniger Luft wird man verbrauchen.

Das Wichtigste ist, dass man unter Wasser niemals die Luft anhalten darf, weil man sich dabei einen Lungenriss zuziehen kann. Man sollte etwas tiefer atmen als man es an Land täte. Wenn man neutral tariert ist *(siehe S. 118–121)*, wird man die Beine weniger bewegen müssen, um seine Position zu halten, und so automatisch weniger Luft verbrauchen. Weiterhin sollte man es vermeiden, unnötig gegen die Strömung

AUSATMEN
Wenn man die zweite Stufe aus dem Mund nimmt, sollte man langsam ausatmen, um eine Überdehnung der Lunge zu vermeiden.

WASSER AUSBLASEN
Wasser bekommt man durch einfaches Ausatmen oder mithilfe der Luftdusche aus der zweiten Stufe.

anzuschwimmen – es ist besser, sich ihr anzupassen, als seine Luft durch Überanstrengung zu verschwenden.

Man muss immer wissen, wo sich der Partner befindet und was er gerade tut. Viele Einsteiger verlieren ihn aus den Augen und machen sich Sorgen. Bei einem Problem hält man an, atmet durch und überlegt, bevor man etwas unternimmt. Zu schnelle und unbedachte Handlungen können zu weiteren Schwierigkeiten führen.

Man muss mit seiner Ausrüstung vertraut sein und ihre Funktion vollständig begriffen haben. Jedes Ausrüstungsteil muss blind zu finden sein, um Panik zu vermeiden, wenn man die zweite Stufe aus dem Mund verliert oder die Maske voll Wasser läuft. Man sollte das Verhalten bei Notfällen regelmäßig üben *(siehe S. 136–143)*, um im Ernstfall nicht die Nerven zu verlieren.

LUFTVERBRAUCH EINSCHÄTZEN

Bei einem nicht zu tiefen Tauchgang im offenen Wasser sollte man so planen, dass man den Abstieg, die Erkundung des Tauchplatzes und den Aufstieg durchführen kann und an der Oberfläche noch eine Reserve von 50 bar in der Flasche hat. Wenn

REGELMÄSSIGE PRÜFUNG
Partner sollten regelmäßig ihren Luftvorrat überprüfen. Man kann sich den Restdruck auch mit Handzeichen anzeigen (ein Finger = 10 bar).

man an den Ausgangspunkt zurückkommen will, sollte man bei 100 bar umkehren. Bei Strömung muss man zuerst gegen sie schwimmen und dann mit ihr zurückkehren. Außerdem ist es ratsam, auf dem Rückweg in geringerer Tiefe zu tauchen, da auch dadurch der Luftverbrauch verringert wird. In schwierigeren Umgebungen beachte man die Drittelregel *(unten)*.

DRITTELREGEL

In einer nach oben geschlossenen Umgebung – etwa in einem Wrack, in einer Höhle oder unter Eis – sowie bei tiefen Tauchgängen sollte man die Drittelregel anwenden. Sie besagt, dass man ein Drittel für Abstieg und Erkundung und ein Drittel für die Rückkehr an den Ausgangspunkt verwenden sollte. Das restliche Drittel dient als Reserve für den Notfall.

Richtig Tarieren

Eine der wichtigsten Fertigkeiten, über die ein Taucher verfügen muss, ist zweifellos das Tarieren. Bis man es sicher beherrscht, wird man sich ständig bemühen, seine Position im Wasser zu halten – was aber bedeutet, abgelenkt zu sein und Luft zu verschwenden.

ANZÜGE UND BLEI

Jeder Tauchanzug erhöht den Auftrieb im Wasser und erschwert damit das Tauchen. Trockentauchanzüge haben eine Luftschicht zwischen ihrem Gewebe und dem Körper des Tauchers. Das Neopren der Nasstauchanzüge enthält Luftbläschen und je dicker es ist, desto größer wird der Auftrieb. Die Bleigewichte sollen dem Auftrieb entgegenwirken, sodass man bei gefüllten Lungen und entlüftetem Jacket an der Wasseroberfläche treibt. Da alles auf die richtige Menge Blei ankommt, sollte man sich die Zeit nehmen, auszuprobieren, für welche Ausrüstungskombination welche Menge Blei erforderlich ist und diese im Logbuch notieren. Salzwasser ist dichter als Süßwasser, deshalb muss man daran denken, dass man im Meer mehr Blei benötigt.

GEBRAUCH DES JACKETS

Zu Beginn des Tauchgangs bläst man das Jacket normalerweise auf, wodurch man an der Wasseroberfläche treibt und seinen Partner aufsuchen kann. Die einzige Ausnahme stellen Orte mit starker

zu wenig Blei

zu viel Blei

GEWICHTSTEST
Man leert das Jacket, nimmt einen tiefen Atemzug und hält die Luft an. In senkrechter Haltung sollte man mit der richtigen Bleimenge bis auf Augenhöhe eintauchen. Man ändert die Bleimenge, bis die richtige Position erreicht ist.

richtige Bleimenge

Oberflächenströmung dar, an denen man schnell zum Grund gelangen muss.

Um abzusinken, muss man Abtrieb haben, was man mit dem Entlüften des Jackets bei gleichzeitigem Ausatmen erreicht *(siehe S. 14/15)*. Beim Absinken wird man bemerken, dass die Geschwindigkeit zunimmt, da der Anzug und die im Jacket befindliche Luft komprimiert werden. Um dem entgegenzuwirken, muss man Luft in das Jacket geben. Wenn man nicht mehr sinkt, muss man wieder etwas Luft ablassen. Man wiederholt diesen Vorgang, bis man auf der gewünschten Tiefe schwebt.

Wenn man diese halten kann, hat man eine neutrale Tarierung erreicht – ein Zustand, in dem man weder aufsteigt noch absinkt. Mit Erreichen dieses Gleichgewichts von Auf- und Abtriebskräften ist keine Arbeit und Luft mehr erforderlich, um auf einer bestimmten Tiefe zu bleiben.

TARIEREN ÜBEN
Ein Tauchlehrer beobachtet einen Schüler, der Fin-Pivoting übt *(siehe S. 146–149)*, um seine Tarierung zu verbessern.

Wenn man aufsteigen will, gelten die gleichen Gesetzmäßigkeiten, nur umgekehrt. Beim Aufstieg dehnt sich die Luft im Anzug und im Jacket aus, da der Außendruck abnimmt. Die Aufstiegsgeschwindigkeit nimmt daher kontinuierlich zu. Da es wichtig ist, langsam und gleichmäßig aufzusteigen *(siehe S. 128–131)*, muss man Luft aus dem Jacket ablassen. Um Ab- und Aufstieg

ÜBER DEM RIFF SCHWEBEN
Die Tarierung ist wichtig, wenn man sich über empfindlichen Korallen befindet, die bei Berührung beschädigt werden können.

so gleichmäßig wie möglich zu gestalten, muss man sich damit vertraut machen, wie das Jacket auf Luftzugabe reagiert und wie schnell es Luft abgibt.

Trockentauchanzüge besitzen vom Jacket unabhängige Luftein- und -ablässe *(siehe S. 54/55)*. Wenn man mit einem Trockentauchanzug taucht, wird die Luftschicht zwischen dem Material und dem Körper zusammengepresst, sodass man ein wenig Luft zugeben muss. Dadurch erzeugt man jedoch mehr Auftrieb, sodass man anschließend etwas Luft aus dem Jacket ablassen muss. Beim Auftauchen muss man überschüssige Luft aus dem Trockentauchanzug entfernen.

FEINTARIERUNG

Kleine Auf- und Abbewegungen – etwa um sich Teile des Riffs anzusehen – werden am besten über die Atmung und nicht über das Jacket gesteuert. Eine gute Tarierung ist nur mit Übung zu erreichen. Aber der Einsatz lohnt sich. Man sollte sich am Anfang eines jeden Tauchgangs ein wenig Zeit zum Üben nehmen, bevor man den Tauchplatz erkundet. In einer neutral tarierten Position über dem Grund atmet man ein wenig ein und steigt etwas auf. Beim Ausatmen sinkt man wieder ein wenig ab. So lernt man den Einfluss der Atmung auf die Tarierung kennen. Man sollte in der Lage sein, seine Position allein über die Atmung zu kontrollieren, ohne ständig die Luftfüllung des Jackets verändern zu müssen. Wenn man das einmal beherrscht, wird man in jeder Tiefe mühelos schweben können.

BLEIABWURF

Unter Extrembedingungen, etwa bei einer starken Abwärtsströmung, kann man sein Blei abwerfen. Da die Gefahr eines zu schnellen Aufstiegs nun sehr groß ist, muss man sofort Luft aus dem Jacket ablassen und während des Aufstiegs ausatmen *(siehe S. 95)*. Wenn man ein gutes Jacket besitzt und nicht zu viel Blei trägt, kommt es in der Regel nicht soweit.

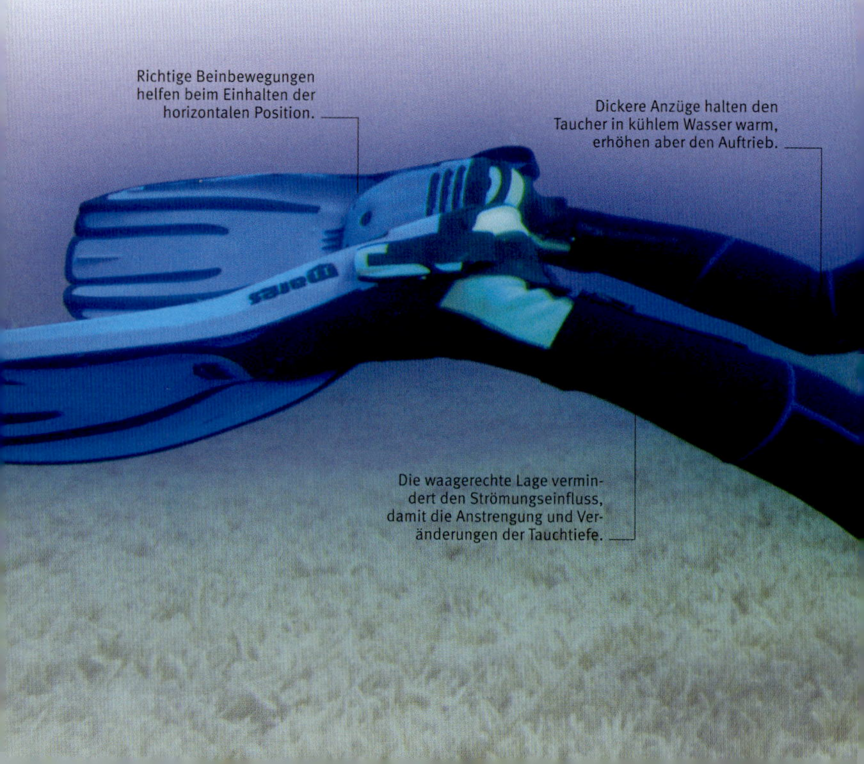

GEWICHTSVERTEILUNG

Die Positionen von Blei und Ausrüstungsgegenständen haben großen Einfluss auf die richtige Lage und Haltung unter Wasser. Die Gewichtsverteilung ist der Schlüssel zu einer waagerechten Lage, die das Tarieren erleichtert und die Fortbewegung bei einem Minimum an Wasserwiderstand ermöglicht. Ein stromlinienförmiges Profil trägt dazu bei, dass gleichzeitig der Luftverbrauch verringert wird. Man sollte mit verschiedenen Bleisystemen experimentieren, bis man eine Kombination gefunden hat, die einem die beste Position im Wasser ermöglicht. Manche Jackets erlauben es, das Blei an verschiedenen Stellen unterzubringen. Sie verfügen über Schnellabwurftaschen, in denen sich der überwiegende Teil des Bleis befindet, weisen aber zusätzlich spezielle Trimmbleitaschen im Rückenbereich auf. Mit dem hier untergebrachten Blei lässt sich die Lage im Wasser perfektionieren.

PERFEKTE TARIERUNG ERREICHEN
Es hilft, wenn man sich die Tarierung als System verschiedener aufeinander abzustimmender Einflüsse vorstellt.

Schwimmen mit Flossen

Die Dauer eines Tauchgangs wird nicht zuletzt vom Luftverbrauch begrenzt, der wiederum von der umgesetzten Energie abhängt. Eine gute Flossentechnik, eine optimale Tarierung und ein geringer Wasserwiderstand steigern die Effizienz der Bewegung im Wasser.

GUTER VORTRIEB

Der Antrieb im Wasser kommt einzig und allein von den Beinen. Gute Taucher bewegen ihre Arme nicht und gleiten mühelos durchs Wasser. Sie sparen dabei Energie, verbrauchen wenig Luft und vermeiden es, Riffs und die marine Umgebung zu schädigen.

Das Schwimmen mit Flossen ist im Wasser eine ausgesprochen effiziente Antriebsmethode, doch viele Taucher lassen sich von Anfangsschwierigkeiten entmutigen. Es gibt verschiedene Methoden, doch alle sollten mit kräftigen, regelmäßigen Bewegungen ausgeführt werden. Unkontrolliertes Strampeln und unvollständige Bewegungen sind reine Energieverschwendung. Es lohnt sich, die eigene Technik vom Tauchpartner kontrollieren, vielleicht sogar fotografieren oder filmen zu lassen. Über das Ergebnis wird man oft überrascht sein.

Tauchen ist kein Wettrennen, und je schneller man schwimmt, desto weniger wird man sehen. Wenn man sich in einem mäßigen Tempo fortbewegt, entspannt man sich, und ein entspannter Taucher ist aufmerksamer und sicherer.

DIE ARME NICHT BENUTZEN
Man kreuzt die Arme vor der Brust oder legt die Hände an die Oberschenkel.

MÜHELOSES FORTKOMMEN
Je weniger man sich anstrengt, desto weniger Energie und Luft verbraucht man und desto länger kann der Tauchgang andauern.

LAGE UND TARIERUNG

Um dem Wasser den geringsten Widerstand entgegenzusetzen (und damit die geringste Energie einzusetzen), sollte man nahezu waagerecht im Wasser liegen. Wenn sich die Hüften wegen des Bleis etwas tiefer im Wasser befinden, lässt sich das durch Trimmblei im Rückenbereich ausgleichen. Beim Tauchen sollte man hauptsächlich nach vorn und nach unten blicken – das zu starke Anheben des Kopfs führt zu einer ungünstigen Tauchposition.

SCHLECHTE HALTUNG
Bei schlechter Haltung wirbelt man leicht Sedimente auf und das beeinträchtigt die Sicht.

Es ist wichtig, nicht zu viel Blei mit sich herumzutragen, da die Hüften dadurch unvermeidlich nach unten gezogen werden und sich der Wasserwiderstand erhöht. Man kann die Lage im Wasser durch Umlagern der Bleigewichte und durch konsequentes Verringern der Menge auf das Nötige verbessern *(siehe S. 118–121)*.

Die neutrale Tarierung *(siehe S. 118–121)* ist der Schlüssel zur optimalen Lage und zum mühelosen und effizienten Tauchen. Wenn man Auftrieb hat, muss man ständig nach unten schwimmen, und bei Abtrieb besteht die Gefahr, dass man in Kontakt mit dem Boden kommt. Beides ist erheblich anstrengender als das horizontale Schwimmen bei neutraler Tarierung.

SCHWIMMEN MIT FLOSSEN

Beim Kraulbeinschlag *(unten)* werden die Beine im Knie angewinkelt. Die Bewegung findet oberhalb der gedachten Linie des Körpers statt. Diese Methode wird oft von Anfängern angewandt. Tauchlehrer raten meist davon ab, da sie relativ ineffektiv ist. Der Froschbeinschlag ist gut geeignet, wenn man keine Sedimente aufwühlen will, da er das Wasser hinter den Körper lenkt. Der normale Beinschlag ist sehr effektiv, erfordert aber wegen der nicht gebeugten Knie einige Übung. Viele Taucher schwimmen hierbei leichte Bögen, da ein Bein kräftiger als das andere ist.

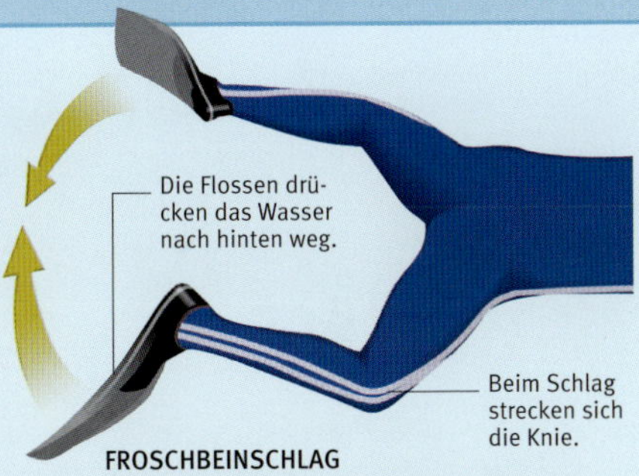

FROSCHBEINSCHLAG
Man spreizt die Beine und zieht sie an. Die Flossen werden so gedreht, dass die Blätter nach hinten zeigen. Nun schlägt man die Flossen im Bogen zusammen.

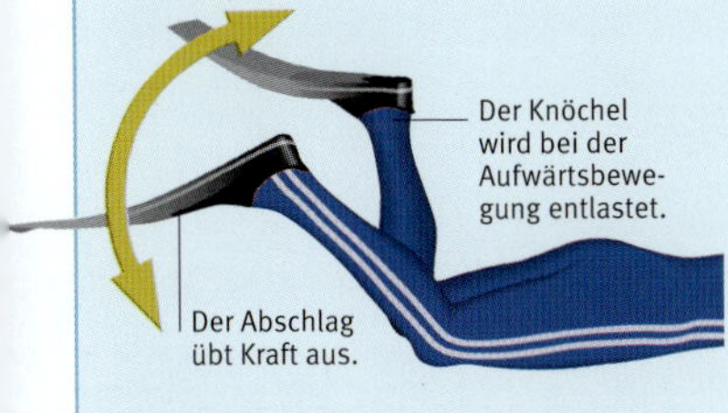

KRAULBEINSCHLAG
Man beugt das Knie leicht und bewegt die Hüften dabei kaum. Der Schlag ist beendet, wenn das Bein wieder gestreckt ist.

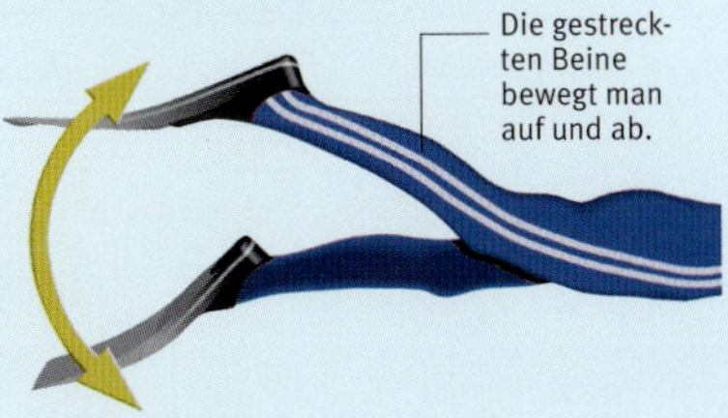

NORMALER BEINSCHLAG
Man hält die Beine gestreckt und bewegt sie in langen Schlägen im Hüftgelenk. Sonst wenig benutzte Muskeln werden stark gefordert.

Erkundung und Navigation

Es ist wichtig, sich unter Wasser mithilfe seiner Instrumente und anhand natürlicher Formationen orientieren zu können. Genaue Navigation ermöglicht es, den anvisierten Ausstiegspunkt zu erreichen und Tauchplätze wie zum Beispiel Wracks aufzufinden.

DIE KARTE IM KOPF

Bei trüber Sicht kann man leicht die Orientierung verlieren, doch mit guten Navigationskenntnissen findet man auch bei schlechten Bedingungen seinen Weg. Auf diese Weise wird man zur eigenen Sicherheit unabhängiger von anderen Tauchern, denn wenn man sich immer auf seinen Partner verlässt, wird es schwierig, in anderer Begleitung zu tauchen.

Wenn man sich im Wasser befindet, sollte man sich ungewöhnliche Felsen, Korallen oder die eigene Position zu einem Wrack einprägen. Während des Tauchgangs versucht man, im Geiste eine Karte des Tauchplatzes anzulegen. Bei jedem Abbiegen merkt man sich markante Formationen und den eigenen

DER RIFFWAND FOLGEN
Bei guter Sicht stellt eine Riffwand eine natürliche Orientierungshilfe dar. Man sollte versuchen, sich markante Stellen zu merken.

SICH EINE KARTE DES PLATZES VORSTELLEN
Riffe, Felsen und Eigenschaften des Meeresbodens, Sonnenlicht und sogar Fische können bei der Orientierung helfen.

Kurs. Felsen weisen oft Strukturen auf, die man wiedererkennen kann. Es kann sinnvoll sein, sich Notizen auf einer Schreibtafel zu machen.

ORIENTIERUNG AN DER NATUR

Mit einem Kompass *(siehe S. 126/127)* kann man die Himmelsrichtung jederzeit genau bestimmen, doch auch die Natur gibt Hinweise. Wenn das Wasser klar und flach genug ist oder wenn Felsen Schatten werfen, kann man sich am Sonnenstand orientieren.

RIPPELN IM SAND

Sandrippeln verlaufen parallel zur Küste, weil sie im 90°-Winkel zur Gezeitenströmung entstehen. Die Kammabstände werden immer enger, je näher man der Küste kommt, und helfen so bei der Navigation. Wenn die Abstände geringer werden, bewegt man sich ins Flachwasser und auf einen potenziellen Ausstiegspunkt zu.

Sandrippeln auf dem Meeresboden

Man sollte sich den Verlauf der Strömung merken. Wenn man kurz vor dem Stillwasser *(siehe S. 102/103)* taucht, kann sich ihre Richtung jedoch mit dem Gezeitenwechsel um 180° ändern. Auch wenn man die Strömung nicht spürt, findet man Hinweise auf ihre Richtung. Plankton treibt mit der Strömung und Fischschwärme richten sich oft dagegen aus, um es zu fressen. Tang richtet sich mit der Strömung aus. Luftblasen strömen nach oben, wenn man sich nicht in einer nach unten gerichteten Strömung befindet.

DEM RIFF FOLGEN

Bei einem normalen Rifftauchgang kann man beim Hinausschwimmen das Riff auf der einen Seite des Körpers liegen lassen und bei der Rückkehr auf der anderen. Wenn man ein Wrack erkundet, sollte man sich entweder ausschließlich mit dem oder gegen den Uhrzeigersinn bewegen, besonders wenn es unübersichtlich ist. Nach einer Umrundung ist man wieder am Ausgangspunkt angelangt.

EINEN KOMPASS EINSETZEN
Taucher sollten grundsätzlich einen Kompass mitführen und in seinem Gebrauch geübt sein.

NAVIGIEREN MIT KOMPASS

Ein Kompass hat ein rundes Zifferblatt mit 360°-Einteilung und eine Nadel, die sich auf den magnetischen Nordpol ausrichtet. Viele besitzen auch einen drehbaren Ring um das Zifferblatt herum, der ebenfalls eine 360°-Einteilung und Markierungen aufweist. Er kann zusammen mit der Richtungslinie auf dem Zifferblatt benutzt werden, um die Tauchrichtung im Verhältnis zum magnetischen Nordpol festzulegen. Man richtet die Linie auf dem Zifferblatt in die Richtung aus, in die man schwimmt, und dreht den Ring, sodass seine Markierung des Nordens mit der Kompassnadel übereinstimmt. Wenn man darauf achtet, dass die Markierung des Rings immer mit der Richtung der Nadel übereinstimmt und selbst dabei in Richtung der Linie auf dem Zifferblatt schwimmt, wird man den gewünschten Kurs einhalten. Ein Digitalkompass arbeitet genauso, besitzt aber eine LCD-Anzeige.

Einen Armbandkompass setzt man ein, indem man mit der entsprechenden Hand an den Ellenbogen des anderen,

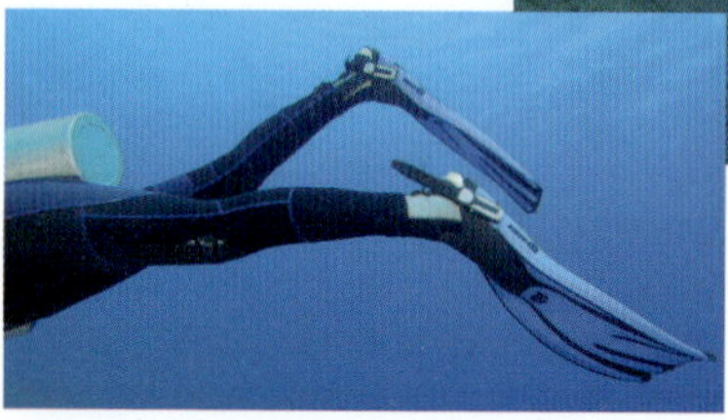

DIE ENTFERNUNG MESSEN
Unter Wasser kann man eine Entfernung anhand der Zahl der Flossenschläge oder der verstrichenen Zeit schätzen.

gerade ausgestreckten Arms greift. So stellt man sicher, dass er sich im richtigen Winkel zur Schwimmrichtung befindet. Einfacher lässt sich ein Kompass an einem Retraktor oder in einer Konsole einsetzen, die man mit beiden ausgestreckten Armen hält. Man sollte sich sowohl an der Kompassanzeige als auch an der Natur orientieren, damit sich eventuelle Ungenauigkeiten beider Methoden ausgleichen. Notizen auf einer Schreibtafel ergänzen die Tauchkarte, die man im Kopf hat. Wenn keine Strömung vorherrscht, kann man sich auch an der verstrichenen Zeit orientieren. Wenn man diese Informationen mit der Tiefenanzeige kombiniert, wird man mit größtmöglicher Genauigkeit navigieren.

EINE SICHERHEITSLEINE BENUTZEN

Bei schlechten Sichtverhältnissen kann es sinnvoll sein, den Rückweg zu einem bestimmten Punkt durch das Verlegen einer Sicherheitsleine zu erleichtern. Leinen kann man auch zum Suchen und Bergen einsetzen. Wer einen bestimmten Bereich nach einem Objekt absuchen will, kann mit der Leine als Radius einen Kreis schwimmen.

1 **Man sucht eine Möglichkeit** zur Befestigung der Leine und schlingt sie mehrmals drum herum. Vorsicht: Scharfe Kanten können die Leine aufrauen oder durchtrennen.

2 **Man sichert die Leine** an dem Befestigungspunkt. Wenn man eine mit Reel besitzt, kann man einen Karabinerhaken am Ende der Leine befestigen und so eine Schlaufe bilden.

3 **Man spult die Leine** beim Tauchgang ab, wobei der Tauchpartner etwas entfernt bleiben sollte. Die Leine wird wieder aufgerollt, bevor man in eine andere Richtung schwimmt.

Aufstieg

Auch der schönste Tauchgang findet schließlich ein Ende und der Aufstieg sollte nun mit großer Vorsicht vorgenommen werden. Jetzt besteht die Gefahr, dass eine Dekoerkrankung *(siehe S. 142/143)* auftritt. Man darf daher auf keinen Fall zu schnell auftauchen.

ZEIT ZUM AUFTAUCHEN

Tauchgänge enden spätestens, wenn zu einer abgesprochenen Zeit das Boot wartet oder sich die Gezeiten ändern. Man kann den Tauchgang aber auch vorher abbrechen, weil der Tauchplatz uninteressant ist oder weil man selbst oder der Partner friert und müde wird. Man beendet den Tauchgang außerdem, wenn das Finimeter nur noch 50 bar (oder einen anderen vereinbarten Druck) anzeigt oder wenn Probleme zum Abbruch des Tauchgangs zwingen.

SIGNAL ZUM AUFTAUCHEN
Um die Bereitschaft zum Auftauchen anzuzeigen, weist man mit dem Daumen nach oben.

Vor dem Auftauchen sollte man sich gegenseitig mit dem Signal »Daumen hoch« zeigen, dass beide zum Aufstieg bereit sind.

Wenn möglich, sollte man einen freien Aufstieg ohne sichtbaren Bezugspunkt vermeiden. Wenn man einer Riffwand oder einer Leine folgen kann, hat man zusätzlich zur Computeranzeige einen optischen Eindruck von der Aufstiegsgeschwindigkeit und muss nicht fürchten, die Orientierung zu verlieren. Wenn das nicht möglich ist, kann man eine Signalboje einsetzen *(siehe S. 130/131)*. So hat man mit der Leine eine Orientierungshilfe

DEN TAUCHCOMPUTER IM BLICK
Tauchcomputer *(siehe S. 66/67)* geben eine sichere Aufstiegsgeschwindigkeit an. Manche warnen mit einem Piepton.

AUFSTIEG AN EINER LEINE
Eine Bojenleine, die an einem Wrack oder dem Meeresboden befestigt ist, garantiert besonders bei Strömung sicheren Halt.

und teilt gleichzeitig den Personen an Bord des Bootes seine Position mit. Im Idealfall führen beide Taucher eine Boje mit. Wenn man an einem Wrack oder einem Platz mit einer Grundleine taucht, sollte man zum Aufstieg zurück an die Leine gehen. Einerseits weiß die Bootsbesatzung dann, wo sie die Taucher aufnehmen muss, andererseits hilft das Festhalten an der Leine beim langsamen Aufstieg und beim Durchführen des Sicherheitsstopps, besonders bei starker Strömung.

DEN AUFSTIEG DURCHFÜHREN

Um den Aufstieg zu beginnen, atmet man langsam ein oder lässt ein wenig Luft in das Jacket – das sollte genügen. Man steigt neben und mit dem Gesicht zum Partner auf, damit man gegenseitig die Aufstiegsgeschwindigkeit überwachen kann. Dabei sollte man genau auf die Luftfüllung des Jackets oder Trockentauchanzugs achten, da die Luft darin sich ausdehnen und den Aufstieg beschleunigen wird. Es ist ratsam, eine Hand am Inflatorschlauch zu behalten, um gegebenenfalls schnell Luft ablassen zu können. Auch aus einem Trocken-

DEM HANG FOLGEN
Der Aufstieg an einer natürlichen Formation bietet optische Bezugspunkte.

tauchanzug muss Luft abgelassen werden. Man kann den Aufstieg zu Beginn mit den Flossen unterstützen, doch das ist eigentlich nicht nötig, wenn man nicht zu viel Blei trägt und gut tariert ist. Man sollte gleichmäßig atmen und nie die Luft anhalten!

Eine konservative Schätzung besagt, dass man mit 15 m pro Minute aufsteigen sollte, bis man eine Tiefe von 5 m erreicht hat. Hier führen die meisten Taucher einen dreiminütigen Sicherheitsstopp durch. Unabhängig von dieser Vorsichtsmaßnahme sollten die restlichen 5 m noch einmal eine Minute in Anspruch nehmen.

SICHERHEITSSTOPP
In einer Tiefe von 5 m wird ein zusätzlicher Sicherheitsstopp durchgeführt, um die Stickstoffabgabe zu unterstützen.

EINE BOJE AUFSTEIGEN LASSEN

Da der Aufstieg kontrolliert erfolgen muss, macht es Sinn, eine eigene Leine mitzubringen – an einer Signalboje. Diese sehr gut sichtbaren Röhren werden mit Luft aus dem Oktopus aufgeblasen und erlauben es, an ihrer Leine aufzusteigen. Sie einzusetzen ist nicht ganz einfach, sodass man es vorher üben sollte. Die Leine muss beim Aufstieg immer aufgerollt werden, da sie sich sonst leicht in der Ausrüstung verfangen kann.

1 **Man entfaltet** die Boje, die an einem Reel befestigt sein sollte, und löst das Reel vom Jacket (nicht fallen lassen!).

2 **Man bläst die Boje** mit Luft aus dem Oktopus *(siehe S. 61)* ein wenig auf, damit sie senkrecht steht.

3 **Man hält das Reel** mit einer Hand und führt mit der anderen den Oktopus unter den Lufteinlass der Boje.

4 **Man lässt die Boje** mit einem großen Luftstoß aus dem Oktopus aufsteigen und hält das Reel gut fest, während die Boje nach oben schießt.

5 **Wenn die Spule** des Reels sich nicht mehr dreht, kann man mit dem Aufstieg beginnen und die Leine dabei aufrollen. Man sollte sich nicht an ihr hinaufziehen. Mit einer Hand sollte man schnell den Luftablass des Jackets erreichen können.

6 **An der Oberfläche** wartet man auf das Boot, dessen Besatzung die Boje bereits zu Beginn des Aufstiegs gesehen haben wird. Die Boje sollte bis zum Eintreffen des Boots aufgeblasen bleiben.

Wasseroberfläche und Ausstieg

Nachdem man mit seinem Partner wieder aufgetaucht ist, schwimmt man zur Küste zurück oder wartet auf das Boot. Man sollte immer bedenken, dass der Tauchgang erst dann beendet ist, wenn beide wieder an Land oder auf dem Boot sind!

AUSSTIEG AN DER KÜSTE

Nach einem Landtauchgang sollte man mit seinem Partner an die Küste schwimmen und auf geeignetem Weg an Land gehen. An einem Sandstrand ist es meist das Beste, die Flossen so lang wie möglich anzubehalten und rückwärts aus dem Wasser zu laufen, bis man außerhalb der Reichweite der Dünung ist. Wenn man sie zu schnell ablegt, kann es schwierig werden, wenn man von den Wellen umgeworfen und aufs Meer hinausgetragen wird.

An einer Felsküste sollte man überlegen, wo man am besten auf die Felsen kommt. Auch hier sollte man die Flossen möglichst lang anbehalten. Man legt die Ausrüstung erst dort ab, wo sie nicht wieder ins Meer gespült werden kann.

AUSSTIEG AM STRAND
Man legt die Flossen nur dann ab und läuft an Land, wenn das Wasser ruhig ist oder man sich außerhalb der Reichweite der Dünung befindet.

SIGNALISIEREN
Die Bootsbesatzung sollte wissen, wann der Tauchgang beendet sein wird. Wenn man schnell Hilfe braucht, kann man eine Flagge einsetzen.

SIGNALE FÜR DAS BOOT

Nach Bootstauchgängen sollte man mit griffbereitem Atemregler in der Nähe seines Partners bleiben und in Richtung des Boots signalisieren, dass alles in Ordnung ist. Bei einem Notfall *(siehe S. 141)* sollte man mit einer Signalpfeife, Rufen oder einer Flagge auf sich aufmerksam machen. Während sich das Boot nähert, sollte man Abstand halten und erst dann

AN BORD GEHEN
Am besten reicht man erst kleinere Teile ins Boot und steigt dann mit Ausrüstung die Leiter hinauf.

heranschwimmen, wenn man ein Signal bekommen hat, dass die Besatzung bereit ist.

AN BORD GEHEN

Um in ein Schlauchboot zu gelangen, ergreift man zunächst das Seil oder den Griff an seiner Seite. Man vergewissert sich, dass das Jacket aufgeblasen ist, reicht zuerst sein Blei ins Boot und nimmt dann sein Jacket ab, indem man den Verschluss eines Schultergurts löst. Man hält das Jacket so lang fest, bis jemand im Boot es angenommen hat. Danach kann man sich mit den Flossen abstoßen und ins Boot ziehen.

Bei einem festen Boot schwimmt man zur Leiter und hält sich an ihr fest. Da sich die Leiter bei Wellengang bewegt, sollte man vorsichtig sein. Die Bootsbesatzung wird einem mitteilen, ob man sein Jacket bereits im Wasser ablegen oder das Boot mit voller Ausrüstung besteigen soll. Man kann Blei, Jacket und Tank ins Boot reichen, doch oft ist es bequemer, die Flossen abzulegen und der Besatzung zu geben, um die Leiter mit angelegter Ausrüstung hinaufzuklettern. Wenn man sich dazu nicht kräftig genug fühlt, sollte man die Besatzung informieren (eventuell auch schon vor dem Tauchgang).

OK-SIGNAL
Das Signal für »OK« an der Wasseroberfläche ist, die Hand auf den Kopf zu legen und mit dem Arm ein »O« zu formen.

Sobald man im Boot ist, sollte man darauf achten, nachfolgenden Tauchern nicht im Weg zu stehen. Man verstaut seine Ausrüstung schnell und ordentlich, um dann gegebenenfalls anderen zu helfen.

Nach dem Tauchgang

Nach dem Tauchgang muss die Ausrüstung gereinigt und verstaut werden. Auch das Logbuch sollte geschrieben werden, so lang die Erinnerung noch frisch ist. Während des Tauchgangs aufgetretene Probleme und Fragen können nun besprochen werden.

REINIGUNG DER AUSRÜSTUNG

Nach dem Tauchgang reinigt man zuerst seine Ausrüstung und vergewissert sich, dass sie frei von Schlamm und Sand ist. Bei Tauchgängen im Meer muss das Salzwasser abgespült werden, bevor es zur Korrosion kommt. Oft stehen getrennte Behälter für Computer, Kameras und Atemregler einerseits und Jackets und Tauchanzüge andererseits zur Verfügung. Das Salz muss gründlich entfernt werden, da es sonst in O-Ringe und Atemregler vordringen kann. Es wird Plätze geben, wo man seine Ausrüstung trocknen kann, bevor sie in einer Box oder Tasche bis zum nächsten Tauchgang verstaut wird. Man sollte sich immer an die Vereinbarungen halten und nichts im Weg liegen lassen, denn das kann zu einem Verlust oder Schaden führen, der den nächsten Tauchgang gefährdet. Wenn man von einem Schlauchboot oder einem anderen kleinen Boot aus taucht, findet man in der Tauchbasis Gelegenheit, seine Ausrüstung zu reinigen und zu trocknen.

NACHBESPRECHUNG

Üblicherweise gibt es nach dem Tauchgang eine Nachbesprechung mit dem Divemaster. Hier kann man Fragen im Zusammenhang mit dem Tauchgang stellen (etwa nach unbekannten Tieren oder Problemen mit der Ausrüstung, Navigation oder Strömung). Dabei lernt man etwas für zukünftige Tauchgänge und kann seine Erfahrungen mit anderen austauschen.

REINIGEN DER AUSRÜSTUNG
Das Ausspülen, Trocknen und Überprüfen der Ausrüstung gehört zur Routine.

Seine persönlichen Beobachtungen sollte man nach jedem Tauchgang in einem Logbuch notieren, etwa Tiefe, Zeit und Bedingungen (Sicht, Wassertemperatur, Strömungen) sowie Details eines Wracks, beobachtete Tiere, Ausrüstungskombination, Anzugtyp und Blei oder etwaige Probleme. Das Logbuch wird für zukünftige Tauchgänge eine wertvolle Hilfe sein.

Während eines Tauchgangs verliert man viel Flüssigkeit und vergrößert dadurch das Risiko einer Dekoerkrankung. Daher sollte man vor dem Tauchgang genügend kohlensäurefreie Softdrinks oder besser Wasser getrunken haben und auch nachher den Flüssigkeitsverbrauch ausgleichen. Falls man bald wieder taucht, sollte man nur leichte Mahlzeiten zu sich nehmen. Sollte man frieren, muss man sich so schnell wie möglich abtrocknen und aufwärmen, etwa mit einem heißen Getränk.

DIE KÜSTE ERREICHEN
Auch wenn man gerne sofort miteinander sprechen möchte, muss man sich zuerst um die Ausrüstung kümmern.

NEUE PLANUNG

Wenn man mehr als einen Tauchgang an einem Tag unternehmen will, sollte man darauf achten, dass die Oberflächenpause dazwischen lang genug ist. Man sollte möglichst den tiefsten Tauchgang zuerst durchführen. Für den nächsten Tauchgang muss man sich fit fühlen. Hat man sich beim ersten bereits verausgabt oder ist man ausgekühlt, sollte man seine Zeit lieber zur Erholung nutzen.

NACHBESPRECHUNG
Der Austausch mit anderen Tauchern in der Nachbesprechung vertieft die eigenen Kenntnisse und man erhält wertvolle Tipps.

Probleme lösen

Tauchen ist kein gefährlicher Sport, wenn man die Regeln beachtet, unnötige Risiken vermeidet und immer mit einem Partner taucht. Trotzdem können Probleme auftreten. Sie beherrschen zu lernen ist notwendig, um ein guter Taucher zu werden.

DIE GRENZEN KENNEN

REGELMÄSSIGE SIGNALE
Man bleibt in engem Kontakt mit dem Partner und signalisiert regelmäßig, dass alles OK ist.

Eins der aufregendsten Dinge am Tauchen ist, dass keine zwei Tauchgänge gleich sind. Selbst aufeinander folgende Tauchgänge am gleichen Platz mit dem gleichen Partner können sich durch Strömung, Sicht und die angestrebten Ziele unterscheiden. Manchmal funktioniert alles hervorragend und manchmal fühlt man sich müde, hat leichte Kopfschmerzen oder muss sich mit kleineren Problemen auseinandersetzen. Es ist wichtig, geistig und körperlich auf alles vorbereitet zu sein.

Um die Wahrscheinlichkeit des Auftretens von Problemen zu verringern, sollte man niemals ohne gute Vorbereitung in unbekannten Gewässern tauchen. Hat man keine Erfahrung im Wrack-, Höhlen- oder Eistauchen, sollte man zuerst entsprechende Kurse besuchen. Tauchen unter unbekannten Bedingungen erzeugt Unsicherheit und manchmal Panik. Das ist der Moment, in dem Schwierigkeiten entstehen.

Das Buddysystem ist zwar für die Sicherheit wichtig, doch letztlich ist jeder für sich selbst verantwortlich. Wenn man sich nicht wohlfühlt, sollte man es dem Partner mitteilen und den Tauchgang ändern oder absagen. Man darf sich nicht zur Überschreitung der eigenen Grenzen verleiten lassen, auch wenn der Partner unzufrieden ist. Es ist in diesem Zusammenhang wichtig, dass das Buddyteam zueinander passt, und nicht unterschiedliche Charaktere aufeinanderprallen.

AUF DEN PARTNER ACHTEN
Der Partner ist die Lebensversicherung, doch das Verhältnis ist ein gegenseitiges. Man selbst muss sich auch um ihn kümmern.

GEISTIGE UND KÖRPERLICHE FITNESS
Selbstvertrauen, eine positive Einstellung, gute Gesundheit und körperliche Fitness sind die Voraussetzungen eines sicheren Tauchgangs.

PROBLEME VORHERSEHEN

Es geschieht selten, dass Teile des Equipments während des Tauchgangs ausfallen, doch muss man seine Ausrüstung mit großer Sorgfalt zusammenbauen, lagern und warten. Da man nur mit ihrer Hilfe unter Wasser überlebt, sollte man Zeit und Geld investieren, um sie in perfektem Zustand zu halten.

Vor dem Tauchen sollte man Was-wäre-wenn-Situationen durchspielen und sich überlegen, wie man auf den Ausfall eines Teils reagiert. Gibt es einen Ersatz, wenn der Partner nicht in der Nähe ist? Der Atemregler sollte immer über einen Oktopus *(siehe S. 61)* verfügen, falls die normale zweite Stufe ausfällt.

MIT RUHE REAGIEREN

Viele Dinge können während eines Tauchgangs schiefgehen, doch meistens muss man ihn deswegen nicht abbrechen. Sogar ernsthafte Probleme können gelöst werden, wenn man konzentriert und positiv eingestellt bleibt. Man sollte zuerst innehalten, nachdenken, durchatmen und dann handeln. Was auch geschieht – keine Panik! Der Partner ist da, um zu helfen. Seien auch Sie für Ihren Partner da und helfen Sie ihm, wenn er desorientiert oder ängstlich wirkt.

VERKETTUNG VON UMSTÄNDEN

Kleine Probleme werden rasch zu großen, wenn man nicht die Ruhe behält und sie systematisch angeht. Man stelle sich vor, man verlöre seinen Atemregler, während man einen Krampf im Fuß zu lösen versucht. Gerät man in Panik, atmet man Wasser ein, hustet und verliert die Orientierung. Eine derartige Verkettung unglücklicher Umstände kann man vermeiden, wenn man methodisch handelt.

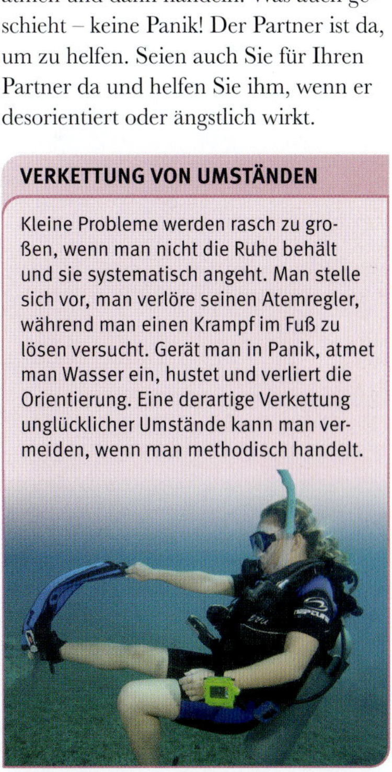

ATEMREGLERPROBLEME

Probleme mit der Ausrüstung betreffen in den meisten Fällen den Atemregler, die Maske und den Inflatorschlauch.

Wenn man den Atemregler aus dem Mund verliert und ihn nicht sofort erreicht, sollte man zum Oktopus *(siehe S. 61)* greifen. Falls er aus irgendeinem Grund nicht zu finden ist, sollte man dem Partner signalisieren, dass man seinen benutzen möchte. Nachdem man einige Atemzüge genommen und sich beruhigt hat, kann man mithilfe des Partners die zweite Stufe suchen.

Sollte die zweite Stufe unkontrolliert abblasen, drückt man den Knopf der Luftdusche, um Schmutz zu entfernen, der das Ventil offen hält. Bei vielen Geräten lässt sich der Atemwiderstand einstellen, den man in diesem Fall erhöhen sollte. Wenn beides nicht funktioniert, benutzt man den Oktopus und macht den Partner darauf aufmerksam, dass die Luft nicht mehr lange reicht. Nun muss man das Finimeter im Auge behalten und (nicht zu schnell!) gemeinsam aufsteigen. In kaltem Wasser kann die Ursache des Abblasens ein Einfrieren des Atemreglers (auch der ersten Stufe) sein. In diesem Fall muss man den Oktopus des Partners benutzen und sofort gemeinsam aufsteigen *(siehe S. 140)*.

DEN ATEMREGLER WIEDERFINDEN
Eine verlorene zweite Stufe wiederzufinden ist nicht schwer, doch wenn der Partner Probleme hat, sollte man ihm dabei helfen.

DEN PARTNER BERUHIGEN
Körperkontakt beruhigt einen desorientierten Taucher und verhindert Panik.

DIE FLASCHE BEFESTIGEN
Hat sich die Flasche gelöst, muss man seinem Partner helfen, da er sie selbst nicht erreichen kann.

DEN BLEIGURT ABNEHMEN
Man sollte üben, den Bleigurt unter Wasser abzunehmen, falls man das Blei zurechtrücken will oder er verdreht ist.

MASKEN- UND SCHLAUCHPROBLEME

Wenn die Maske verrutscht und sich mit Wasser füllt, legt man den Kopf in den Nacken, drückt mit einer Hand ihren oberen Rand an die Stirn und atmet durch die Nase aus. Die ausgeatmete Luft drückt das Wasser aus der Maske. In größerer Tiefe mag ein solcher Zwischenfall beunruhigend sein. Deshalb sollte man das Ausblasen der Maske üben, bis man damit vertraut ist.

Gelegentlich stellt man fest, dass der Lufteinlass am Jacket oder Trockentauchanzug nicht funktioniert. Meistens ist Schmutz im Ventil die Ursache. Jackets können sowohl unter Wasser als auch an der Oberfläche mit dem Mund aufgeblasen werden.

DEN PARTNER WIEDERFINDEN

Während des Tauchgangs kann es besonders bei schlechter Sicht geschehen, dass man den Tauchpartner aus den Augen verliert. Man verhält sich richtig, wenn man ein oder zwei Minuten nach ihm sucht und dann an die Oberfläche aufsteigt. Benutzt der Partner eine Boje *(siehe S. 74)*, kann man seine Position erkennen und dorthin schwimmen. Wenn man den Partner nicht finden kann, sollte man dem Boot signalisieren, dass man aufgenommen werden möchte. Taucht der Partner auch nach einigen Minuten nicht ebenfalls auf, wird man Suchteams zusammenstellen und Hilfe herbeirufen müssen.

NOTAUFSTIEG

Wenn man keine Luft mehr hat und seinen Partner nicht finden kann, muss man einen Notaufstieg durchführen, bei dem man unter Einsatz der Flossen nach oben schwimmt. Dieser kann durch einen Bleiabwurf beschleunigt werden, doch wird der Auftrieb dann sehr plötzlich zunehmen. Während des Aufstiegs sollte man »aaah« sagen, da so die sich ausdehnende Luft aus den Lungen strömen kann. Hat man noch etwas Luft übrig, ist ein Aufstieg bei zulässiger Geschwindigkeit unbedingt vorzuziehen. Der Aufstieg wird wie üblich mit dem Jacket kontrolliert, erfolgt jedoch ohne Sicherheitsstopp. An der Oberfläche ruft man das Boot herbei oder schwimmt zur

KEINE LUFT MEHR

Wenn man nicht auf seinen Verbrauch geachtet hat und plötzlich keine Luft mehr hat, benutzt man den Oktopus des Partners. Wenn keine alternative Luftversorgung vorhanden ist, muss man sich eine zweite Stufe teilen und abwechselnd atmen. Jeder Taucher nimmt zwei Atemzüge, bevor er den Atemregler wieder seinem Partner übergibt. Dieser Vorgang sollte geübt werden, damit man ihn in einer Krisensituation beherrscht.

1 **Man signalisiert dem Partner,** dass man keine Luft mehr hat, indem man die flache Hand zur Kehle führt.

2 **Man greift zum Oktopus** seines Partners und führt ihn zum Mund. Man sollte deshalb wissen, wo sich der Oktopus befindet.

3 **Wenn der Partner sicher ist,** dass man atmen kann und sich beruhigt hat, greift man sich an den Armen und steigt auf.

4 **Beim Aufstieg** hält man sich aneinander fest. Genau wie bei einem normalen Aufstieg führt man einen Sicherheitsstopp durch.

Küste. Der Partner muss gesucht werden und man selbst muss damit rechnen, sich eine Dekoerkrankung zugezogen zu haben *(siehe S. 142)*.

DEN PARTNER BERGEN

Wenn der Partner bewusstlos oder verletzt ist, sollte man darauf achten, dass er den Atemregler im Mund behält, und ihn an die Oberfläche bringen. Dazu hält man ihn an den Gurten fest und regelt den Auftrieb mit seinem Jacket. An der Oberfläche ruft man das Boot herbei. Wenn keine Hilfe in Sichtweite ist und man sich in Küstennähe befindet, den Partner auf schnellstem Wege an Land ziehen. Sollte er nicht mehr atmen, muss man eine Herz-Lungen-Wiederbelebung (HLW) durchführen, bis medizinisch ausgebildete Hilfe eintrifft. Die HLW und andere Erste-Hilfe-Techniken kann man in Spezialkursen erlernen.

PANIK ÜBERWINDEN

Wenn man Gefahr läuft, in Panik zu geraten, sollte man anhalten und ruhig weiteratmen. Wenn der Partner in Panik verfällt, beruhigt man ihn mit Handsignalen, bleibt aber vorerst außer Reichweite, da ein herumfuchtelnder Arm einem den Atemregler aus dem Mund schlagen kann. Wenn er sich beruhigt hat, fasst man ihn an Hand oder Arm und bleibt in der Nähe, bis er wieder ruhig atmet.

NACH HILFE RUFEN
Man stützt den Partner, winkt mit dem anderen Arm in weitem Bogen und ruft nach Hilfe.

Dekoerkrankungen

Wenn ein Taucher zu schnell aufsteigt, können sich durch die Druckverringerung Stickstoffbläschen in den Geweben bilden *(siehe S. 100/101)* und eine Dekoerkrankung auslösen. Die Erkrankung muss schnell behandelt werden, da sie im Extremfall tödlich verlaufen kann.

SYMPTOME

Eine schwere Dekoerkrankung kann das Sehvermögen und den Gleichgewichtssinn beeinträchtigen, Krämpfe und Bewusstlosigkeit hervorrufen. Bläschen können sich unter der Haut oder in Kapillargefäßen ansammeln. Sie können die Versorgung der Lungen behindern, einen Blutdruckabfall und einen Schock auslösen. Bläschen im Gehirn oder Rückenmark können zu Lähmungen oder zum Tod führen. Die Symptome treten oft ein bis zwei Stunden nach dem Tauchgang auf, meist aber nicht mehr als 24 Stunden später. Erste Anzeichen können Gelenkschmerzen, Ausschläge und juckende Haut sein. Bei leichter Erkrankung verschwinden sie nach wenigen Stunden, doch im Ernstfall folgen gravierende Komplikationen. Deshalb sollte in jedem Fall medizinische Hilfe gerufen und erste Hilfe geleistet werden. Dazu gehört die Versorgung mit 100-prozentigem Sauerstoff, ruhige Lagerung sowie das Verabreichen nichtalkoholischer, am besten isotonischer Getränke. Druckverbände können Gelenkschmerzen mildern.

SAUERSTOFF
Es ist wichtig, dass auf dem Tauchboot ein Notfallkoffer mit Sauerstoff vorhanden ist.

Der Patient sollte so bald wie möglich in einer Druckkammer behandelt werden. Die Ärzte benötigen eine Beschreibung der Symptome und das Tauchprofil. In der Kammer wird der Druck erhöht, bis die Gasblasen wieder schrumpfen. Nun findet die Dekompression unter kontrollierten Bedingungen statt, die es erlauben, dass der Stickstoff ohne Schaden abgegeben wird.

ERSTE SYMPTOME
Auf Ausschläge und Gelenkschmerzen können ernste Probleme folgen.

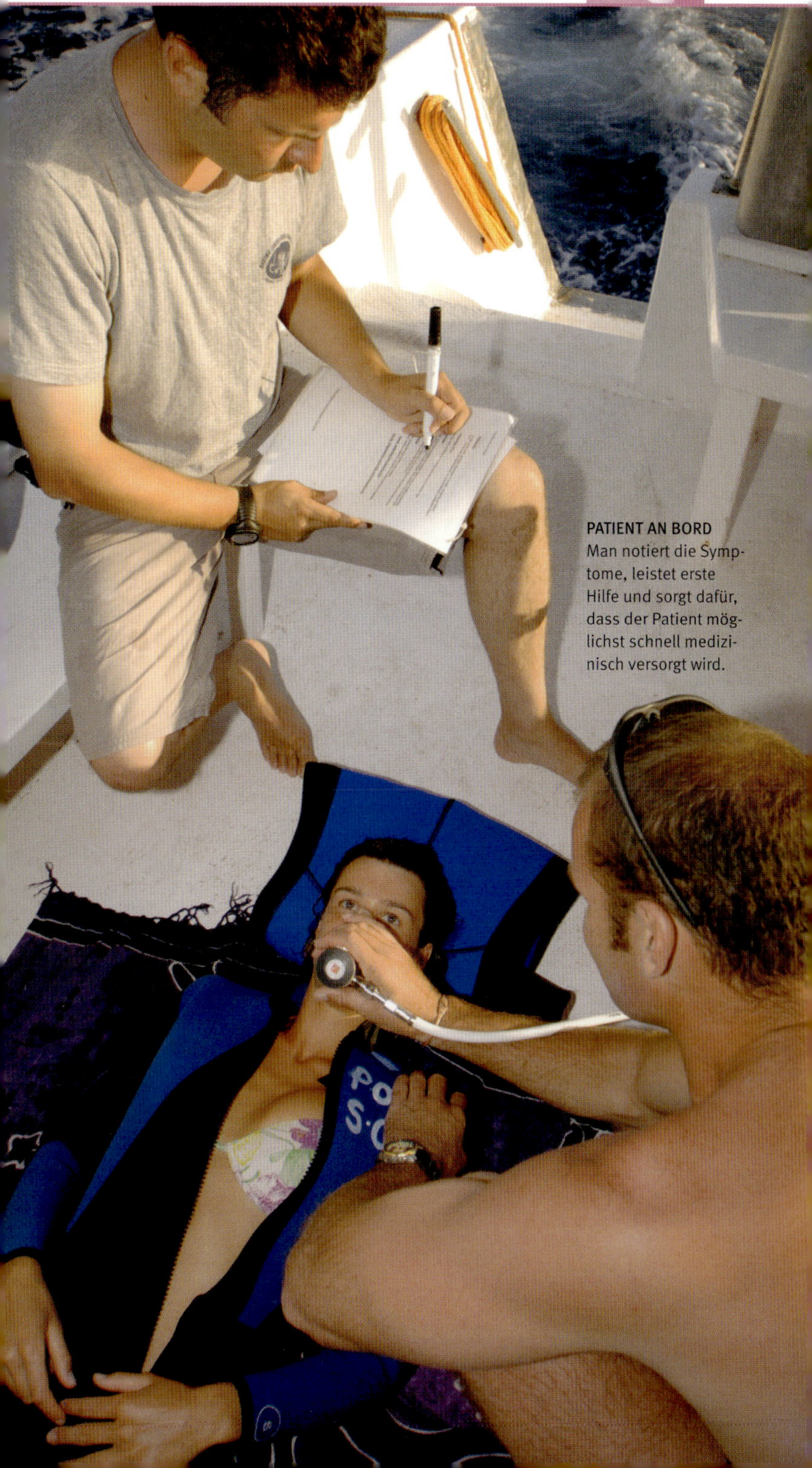

PATIENT AN BORD Man notiert die Symptome, leistet erste Hilfe und sorgt dafür, dass der Patient möglichst schnell medizinisch versorgt wird.

Handsignale

Die Kommunikation mit dem Tauchpartner ist sehr wichtig, nicht nur im Notfall, sondern auch, um die Geschwindigkeit aufeinander abzustimmen, Erlebnisse zu teilen und das Ende des Tauchgangs zu beschließen. Die effektivste Methode sind Handsignale.

HANDSIGNALE EINSETZEN

Wenn man keine Vollgesichtsmaske trägt, kann man unter Wasser nicht miteinander sprechen *(siehe S. 92)*. Die meisten Dinge kann man dem Partner jedoch mithilfe von Handsignalen und einer Schreibtafel mitteilen. Mit Handsignalen kann man Informationen austauschen und sogar Fragen stellen. Sie dienen auch der Beruhigung.

Regelmäßige Signale sorgen dafür, dass die Tauchpartner in engem Kontakt bleiben und sofort bemerken, wenn etwas nicht stimmt. Man wiederholt jedes Zeichen, das der Partner nicht verstanden hat, und bestätigt jedes Signal des anderen mit »OK«. Wenn der Partner nur langsam reagiert, sollte man nachschauen, ob mit ihm alles in Ordnung ist. Wenn man sich in größeren Tiefen befindet, kann die verzögerte Reaktion das erste Anzeichen einer Stickstoffnarkose sein *(siehe S. 100/101)*, die das Reaktionsvermögen und das klare Denkvermögen vermindern kann.

Signale dienen nicht nur dazu, sich gegenseitig die Restluft anzuzeigen oder auf Probleme hinzuweisen. Man kann seinem Partner mit ihrer Hilfe auch interessante Dinge zeigen, die man gerade beobachtet, oder auf etwas Besonderes hinweisen, etwa ein gesuchtes Tier. Für die verschiedenen Meerestiere gibt es eine ganze Reihe von allgemein bekannten Zeichen, man kann sich aber auch gemeinsam mit dem Partner neue ausdenken. Die senkrecht auf dem Kopf gehaltene Hand zum Beispiel deutet eine Flosse an und teilt mit: »Ich habe einen Hai gesehen.«

DAS SIGNAL VERDEUTLICHEN
Um zu vermitteln, dass sich das Signal auf einen selbst bezieht – etwa »achte auf mich« – zeigt man zuerst auf sich.

GEBRÄUCHLICHE HANDSIGNALE

Es gibt viele allgemein verbindliche Handsignale und man kann mit Freunden auch zusätzlich neue verabreden. Sicherheitshalber spricht man die Handsignale vor jedem Tauchgang noch einmal ab, besonders wenn man mit einem neuen Partner taucht. Signale müssen klar und deutlich gegeben werden, damit sie verstanden werden. Signalkombinationen können die Information präzisieren (etwa »etwas nicht in Ordnung« und »Druckausgleich der Ohren unmöglich«).

OK, bist du OK?
Daumen und Zeigefinger formen ein O, übrige Finger gestreckt.

Nicht in Ordnung
Hand mit der Innenfläche nach unten hin und her drehen.

Lass uns aufsteigen
Daumen nach oben, die übrigen Finger bilden eine Faust.

Lass uns abtauchen
Daumen nach unten, die übrigen Finger bilden eine Faust.

100 bar übrig
Mit den Händen bildet man ein »T«, um 100 bar anzuzeigen.

50 bar übrig
Man bildet mit den Fingern nach außen eine Faust.

Keine Luft mehr
Man führt die flache Hand waagerecht zur Kehle.

Stopp
Mit der flachen Hand hält man Partner oder andere Taucher an.

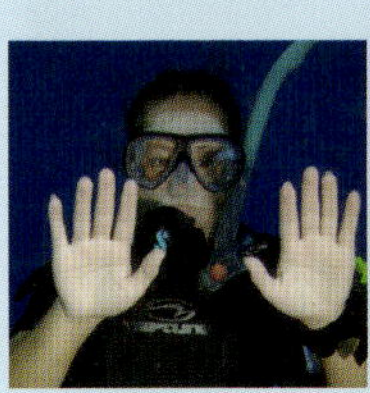

Langsam
Beide Handflächen gemeinsam langsam nach unten bewegen.

Zusammenbleiben
Beide Zeigefinger aneinanderlegen, bis sie sich berühren.

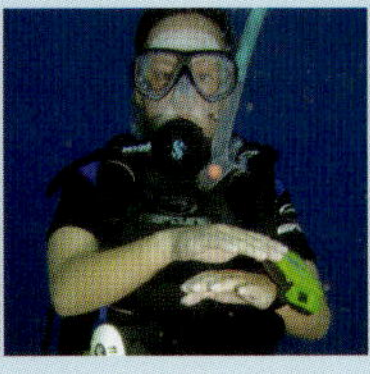

In dieser Tiefe bleiben
Eine Hand horizontal über die andere halten.

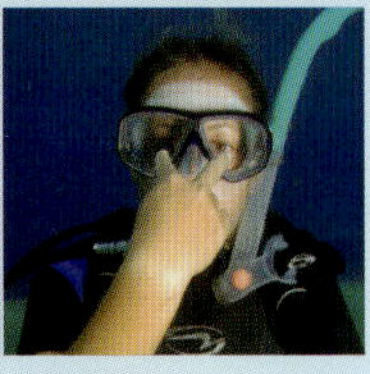

Schau hin
Auf die Augen und dann auf das anzusehende Objekt zeigen.

Mir ist kalt
Mit um den Körper geschlungenen Armen deutet man Frieren an.

Druckausgleich
Bei Druckausgleichsproblemen zeigt man auf ein Ohr.

Außer Atem
Wenn man außer Atem ist und einen Moment ausruhen möchte, deutet man mit der flachen Hand das Heben und Senken des Brustkorbs an.

Übung und Fortbildung

Wie bei jeder anspruchsvollen Tätigkeit muss man als Taucher in Übung bleiben. Viele tauchen nur einmal pro Jahr oder noch seltener, sodass sie sogar ihr Grundwissen auffrischen müssen. Eine Möglichkeit ist es, zwischendurch im Schwimmbad zu trainieren.

DAS TARIEREN

Anfänger und Gelegenheits-, aber auch erfahrene Taucher profitieren von regelmäßigen Übungen im Pool oder Flachwasser. Das Tarieren ist die wichtigste Fertigkeit, deshalb sollte man mit ihr beginnen. Man trainiert sie am besten durch sogenanntes Fin-Pivoting, eine Übung, bei der man durch Ein- und Ausatmen den Oberkörper anhebt und absinken lässt, während man man die Flossen am Boden hält. Die Beine sind ein wenig gespreizt, die Flossen dienen als Angelpunkt der Bewegung. Diese Übung zielt darauf ab, die Atmung und nicht das Jacket zum Tarieren einsetzen. Man kann auch mit verschränkten Armen durch einen Reifen schwimmen. Auf diese Weise übt man den Vorgang und gewinnt gleichzeitig ein Gefühl dafür, wieviel Platz man mit vollständiger Ausrüstung einnimmt.

1 Beim Fin-Pivoting atmet man ein, bis der Körper sich im 45°-Winkel zum Boden befindet, während die Flossenspitzen auf dem Boden bleiben.

2 Man atmet langsam aus, bis der Körper zu sinken beginnt. Bevor man den Boden berührt, atmet man wieder ein.

SELBSTVERTRAUEN STÄRKEN

Das Ausblasen der Maske ist eine der einfachsten, aber auch wichtigsten Übungen, denn es ist durchaus möglich, dass sie einmal während des Tauchens verrutscht. Das Abnehmen und Wiederaufsetzen der Maske verbessert die Geschicklichkeit und stärkt das Sicherheitsgefühl des Tauchers. Man kann sie auch beim Schwimmen und ohne Atemregler durchführen oder die Masken mit dem Partner tauschen. Solche Übungsvariationen fördern die Kooperationsfähigkeit.

Auch das Simulieren anderer Zwischenfälle steigert das Selbstvertrauen unter Wasser. Man kann zum Beispiel das Schwimmen mit nur einer Flosse üben. Falls man dann tatsächlich einmal während eines Tauchgangs eine Flosse verlieren sollte, ist man darauf vorbereitet und kann mit der Situation umgehen, ohne verunsichert zu sein. Alle diese Übungen sollte man zuerst im Schwimmbecken oder im Flachwasser durchführen, bevor man sie in tiefem Wasser wiederholt.

VERRINGERTES SEHVERMÖGEN
Die meisten Taucher fühlen sich ohne Maske unsicher, aber mit etwas Übung wird man sich zutrauen, kurze Zeit ohne sie auszukommen.

1 **Um die Masken zu tauschen,** kniet man sich einander zugewandt auf den Grund. Nach dem OK-Signal nimmt man die Maske ab und atmet ruhig weiter.

2 **Man tauscht** die Maske mit dem Partner. Mit offenen Augen ist es einfacher, aber man sollte versuchen, die Übung auch einmal nur mithilfe des Tastvermögens durchzuführen.

3 **Man setzt die Maske** des anderen auf und bläst sie aus *(siehe S. 139)*. Man sollte das in aller Ruhe tun und vor allem darauf achten, dass das Maskenband nicht verdreht ist.

4 **Man rückt die Maske** zurecht, öffnet die Augen und signalisiert mit »OK« den erfolgreichen Tausch. Anschließend können die Masken wieder zurückgetauscht werden.

EIN WENIG ABWECHSLUNG

Mit ein wenig Spaß oder einem Ziel vor Augen ist man stärker motiviert, sich länger mit einer Übung zu beschäftigen. Variieren Sie deshalb Ihr Trainingsprogramm. Das Spiel »Maske verstecken«, bei dem man ohne Maske navigieren muss, ist allerdings nur im Pool möglich. Das Atmen kann man durch einfache Übungen ohne Atemregler trainieren. Zum Beispiel indem man Objekte vom Grund heraufholt oder durch eine Reihe von Reifen schwimmt, solange die Luft reicht.

1 **»Maske verstecken«** beginnt mit einem »OK« des Suchers, nachdem der Taucher, der die Maske verstecken soll, diese entfernt hat.

2 **Der Sucher schließt die Augen,** während der andere Taucher die Maske in einer Ecke des Beckens versteckt, und die Suche beginnt.

3 **Der Sucher öffnet die Augen** und sucht den Poolboden nach seiner Maske ab, bis er sie gefunden und wieder aufgesetzt hat.

DAS JACKET ABLEGEN

Es ist wichtig, mit seiner Ausrüstung vertraut zu sein. Eine Übung, die Selbstvertrauen schafft, ist das Ablegen und Anziehen des Jackets mit Flasche und angeschlossenem Atemregler, wobei die zweite Stufe die ganze Zeit im Mund verbleibt. Die Übung sollte im Pool oder Flachwasser durchgeführt werden. Wenn man noch Anfänger ist, kann es sinnvoll sein, einen Tauchlehrer zur Anleitung in der Nähe zu haben. Man beginnt, indem man die Gurte auf der Vorderseite des Jackets öffnet und seinen linken Arm zuerst herauszieht (auch wenn man Linkshänder ist). Mit dem rechten Arm zieht man das Jacket dann nach rechts, bis man es vor sich hat, zwischen dem eigenen Körper und der Flasche. Man behält den Schlauch der zweiten Stufe zwischen den Armen, weil er sonst beim Wiederanlegen des Jackets unter den Schultergurt geraten könnte. Dann zieht man das Jacket in umgekehrter Reihenfolge wieder an.

Als zusätzliche Herausforderung kann man den Atemregler nach dem Ablegen des Jackets aus dem Mund nehmen und etwa 10 m weit wegschwimmen, bevor man zurückkehrt und das Jacket wieder anlegt.

Außerdem kann man ohne Jacket ins Wasser gehen und es wassertretend anlegen, wobei man den Kopf über der Wasseroberfläche hält. Das ist eine relativ schwierige Übung, die nur unter Anleitung eines Tauchlehrers durchgeführt werden sollte.

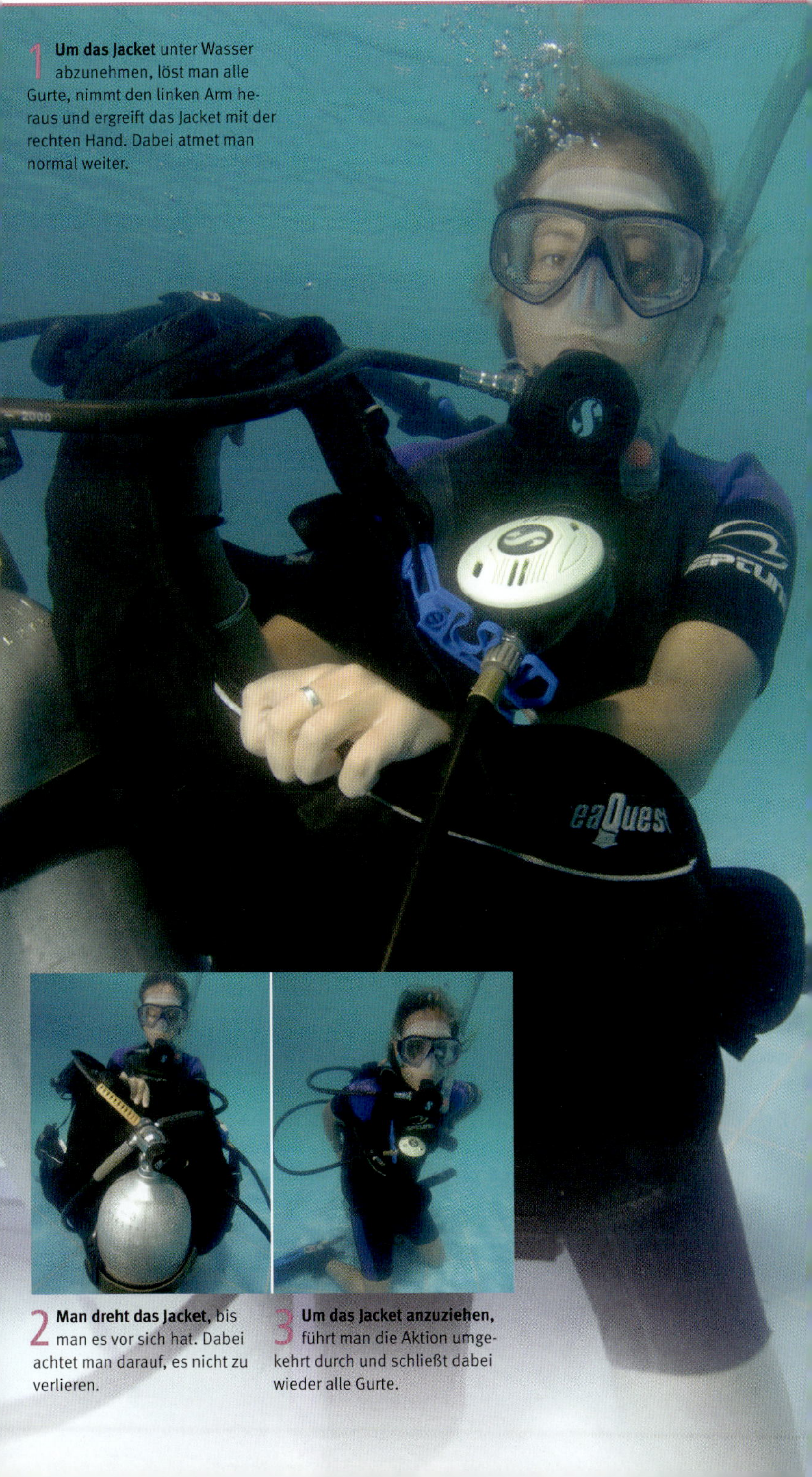

1 **Um das Jacket** unter Wasser abzunehmen, löst man alle Gurte, nimmt den linken Arm heraus und ergreift das Jacket mit der rechten Hand. Dabei atmet man normal weiter.

2 **Man dreht das Jacket,** bis man es vor sich hat. Dabei achtet man darauf, es nicht zu verlieren.

3 **Um das Jacket anzuziehen,** führt man die Aktion umgekehrt durch und schließt dabei wieder alle Gurte.

Tauchtauglichkeit

Als Taucher muss man sich auf seinen Körper genauso verlassen können wie auf seine Ausrüstung – beide sollten in gutem Zustand sein. Regelmäßiges Tauchen trägt zur Fitness bei, doch wenn man einige Zeit nicht taucht, sollte man zwischendurch ein wenig trainieren.

FITNESS UND TAUCHEN

Fit zu sein verringert die mit dem Tauchen verbundenen Risiken und erhöht den Spaß. Mit gesunden Lungen und einem intakten Kreislaufsystem verbraucht man weniger Luft und kann länger tauchen. Außerdem verhindert ein gesunder Blutkreislauf Panikattacken, die durch eine erhöhte Kohlendioxidkonzentration im Blut begünstigt werden. Ein trainierter Körper gibt dieses Endprodukt der Atmung schneller ab. Eine gewisse Körperkraft ist beim Transport der Ausrüstung und anderen Tätigkeiten notwendig. Außerdem sollte man als Taucher auf sein Gewicht achten. Beim Tauchen konzentriert sich mit jedem Atemzug Stickstoff im Körper, der im Fettgewebe besonders lang zurückgehalten wird. Wenn man also übergewichtig ist und zudem etwa wegen Kurzatmigkeit schnell atmet, ist man dem Risiko eines Dekounfalls in erhöhtem Maße ausgesetzt *(siehe S. 142/143)*.

Gewichtsveränderungen haben auch einen Einfluss auf die Tarierung, da Fett einen hohen Auftrieb hat. Hat man also seit dem letzten Tauchgang zu- oder abgenommen, wird man eine andere Bleimenge benötigen *(siehe S. 118–121)*.

LAGEBESPRECHUNG
Über Verletzungen oder körperliche Schwächen sollte man seine Tauchpartner informieren und sich nicht scheuen, ihre Hilfe anzunehmen.

DIE FITNESS LANGSAM VERBESSERN

Es gibt keine Möglichkeit, auf die Schnelle fit zu werden und es zu bleiben. Nur mit regelmäßigem Training kann man die beim Tauchen oft benutzten Muskeln an Rücken, Beinen, Schultern und Armen stärken. Will man seine Fitness verbessern, sollte man langsam beginnen und sich nach und nach steigern. Ein Trainingsprogramm mit den Übungen auf der nächsten Doppelseite sollte man dreimal wöchentlich mit 10 Wiederholungen durchführen und sich bis auf 50 steigern. Empfehlenswert ist es, zwei- oder dreimal pro Woche eine halbe Stunde zu laufen oder Rad zu fahren, um Fitness und Atmung zu verbessern.

Für welches Training man sich auch entscheidet – wichtig ist, dass es sich in den Tagesablauf integrieren lässt. Läuft man jeden Tag zur Arbeit, bewirkt das mehr als ein monatlicher Besuch im Fitnessstudio. Nach dem Tauchen darf man jedoch niemals trainieren. Alle anstrengenden Tätigkeiten müssen danach unterlassen werden, da sich dabei Stickstoffbläschen bilden können. Man sollte es für den Rest des Tages ruhig angehen lassen und heiße Bäder oder Duschen vermeiden, da auch sie das Risiko einer Dekoerkrankung erhöhen.

DEN RÜCKEN NICHT ÜBERLASTEN

Beim Anheben und Tragen der schweren Ausrüstung sollte man vorsichtig sein. Eine falsche Technik kann Zerrungen und Rückenprobleme verursachen. Das kann nicht nur den Genuss verderben, sondern auch ein Sicherheitsrisiko darstellen: Manöver an der Oberfläche und der Ausstieg aus dem Wasser beanspruchen die Rückenmuskulatur stark. Wenn der untere Rücken empfindlich ist, kann man das Blei in einem Schultergurt tragen *(siehe S. 70)*.

Verladen der Ausrüstung

GEGEN DIE STRÖMUNG
Starke Gegenströmungen stellen hohe Ansprüche an Beinmuskulatur und Lungen.

AUFWÄRMEN

Vor dem Fitnesstraining sollte man besonders die Ober- und Unterschenkel und den oberen und unteren Rücken dehnen. Viele Sportunfälle gehen auf mangelhaftes Aufwärmen zurück. Gleiches gilt für die Abwärmphase nach dem Training. Deshalb sollte man beides als wichtigen Teil der Trainingseinheit betrachten.

LIEGESTÜTZE
Liegestütze sind eine gute Übung für Schultern und Arme. Anfänger können die Knie auf dem Boden ruhen lassen.

ARM- UND BEINÜBUNGEN

Für die Grundübung steht man aufrecht, die Füße schulterbreit auseinander, lässt die Knie locker, legt die Hände auf die Hüften und verlagert das Gewicht auf die Fersen. Während man Kopf und Brust nach vorn gerichtet und den Rücken gerade hält, beugt man Hüften und Knie, als ob man sich auf einen Stuhl setzt. Man sollte die Zehen bewegen können, da das gesamte Gewicht auf den Fersen ruht. Man streckt sich und wiederholt die Übung.

Um die Beine stärker zu trainieren, steht man aufrecht, setzt einen Fuß ein ganzes Stück vor den anderen, hält die Hüften gerade und die Zehen nach vorn gerichtet. Die Ferse des hinteren Fußes ist angehoben. Beide Knie sind locker gebeugt, der Rücken ist gerade. Nun verlagert man das Gewicht, bis das vordere Knie in einem 90°-Winkel gebeugt ist. Eventuell muss man das Becken noch einmal nach vorn drehen. Man richtet sich auf und wiederholt die Übung.

Armübungen stärken den Bizeps, den man vor allem zum Anheben und Tragen einsetzt. Man benutzt für das

GESUNDE LUNGEN
Regelmäßiges Training steigert die Lungenkapazität und erleichtert das Schnorcheln.

BEINÜBUNG
Übt man vor einem Spiegel, kann man die Position des vorderen Beins gut kontrollieren. Das Knie steht im rechten Winkel über dem Fuß.

BAUCHMUSKULATUR TRAINIEREN
Man hält den unteren Rücken auf dem Boden. Als Variation führt man die Ellbogen zum Knie der anderen Körperseite.

Training Gewichte oder Hanteln. Aufrecht stehend, mit geradem Rücken und lockeren Knien, hält man die Gewichte mit nach oben gerichteten Handflächen. Ohne die Schultern zu bewegen, beugt man die Arme Richtung Brust und achtet darauf, dass die Ellbogen am Körper anliegen.

OBERKÖRPER UND BAUCH

Liegestützen stärken Schultern, Oberkörper und Rumpfmuskeln. Man liegt auf dem Bauch und platziert die Hände unter den Schultern. Nun hebt und senkt man den gestreckten Körper. Man hält den Rücken gerade und die Ellbogen an den Seiten des Körpers.

Eine Stärkung der Bauchmuskulatur schützt den unteren Rücken. Man liegt auf dem Rücken, beugt die Knie, stellt die Fußsohlen auf den Boden, legt die Fingerspitzen hinter die Ohren und hebt Schultern und Oberkörper vom Boden ab. Der Blick geht nach vorn. So hält man sich 3 bis 5 Sekunden, senkt den Oberkörper und wiederholt die Übung.

ESSEN UND TRINKEN

Während eines Tauchgangs kann man so viel Energie wie bei einem Squash- oder Federballspiel umsetzen. Das hängt natürlich auch von der eigenen Fitness, der Wassertemperatur und einer eventuellen Strömung ab. Doch obwohl ein deftiges Frühstück an einem Tauchtag verlockend ist, sind komplexe Kohlenhydrate die bessere Wahl, da sie besonders lange sättigen und für einen konstanten Blutzuckerspiegel sorgen, der dem Körper während des Tauchgangs kontinuierlich Energie zuführt. Fette und ungewohnte Speisen sollte man vor dem Tauchen meiden.

Nach dem Tauchgang kann man die verbrauchte Energie durch Kohlenhydrate ersetzen, die den Blutzuckerspiegel schnell ansteigen lassen, beispielsweise Frucht- oder Traubenzucker. Man sollte innerhalb einer Stunde nach dem Tauchgang etwas zu sich nehmen. Energiegetränke sind geeignet, wenn sie nicht zu viel Koffein enthalten.

GEEIGNETE NAHRUNGSMITTEL
Vollkornbrot, Hülsenfrüchte, Getreide und Vollkornnudeln sind Energielieferanten. Trockenfrüchte und Nüsse eignen sich als Snacks.

Am wichtigsten ist es, dem Körper vor und nach dem Tauchen genügend Flüssigkeit zuzuführen. Die Leistungsfähigkeit sinkt schon bei geringem Wassermangel schnell, was besonders in warmen tropischen Gewässern zum Problem werden kann, wenn die Lufttemperatur ebenfalls hoch ist. Man sollte pro Tag mindestens 2 l Wasser trinken (bei Wärme mehr). Dadurch wird die Gefahr von Muskelkrämpfen und Erschöpfung sowie die einer Dekoerkrankung verringert.

GESUNDHEIT

Vor und nach dem Tauchen sollte man dem Körper genügend Schlaf gönnen. Tauchen ist anstrengend, und wenn man müde ist, kann man sich leichter erkälten. Mit einer Erkältung darf man nicht mehr tauchen, da Atemwegsprobleme den Druckausgleich behindern und die Gefahr einer Dekoerkrankung erhöhen können *(siehe S. 100/101)*.

Man sollte keine Abführmittel nehmen, da sie die Leistungsfähigkeit unter Wasser herabsetzen können. Das gilt auch

GENUG TRINKEN
Man sollte immer genug Wasser trinken, um nicht auszutrocknen. Kaffee, Tee und Softdrinks sind kein Ersatz.

ERNÄHRUNG FÜR TAUCHER

Die folgenden Nahrungsmittel sind für Mahlzeiten vor und nach einem Tauchgang geeignet:

VOR DEM TAUCHEN Vollkorn- oder Roggenbrot, Vollkornnudeln, Süßkartoffeln, brauner Reis, Kleie und zuckerfreies Müsli, Hülsenfrüchte und Nüsse, Bohnen, Blattgemüse, Naturjoghurt

NACH DEM TAUCHEN Nudeln und Reis (am besten mit Salat oder fettarmer Sauce), Kartoffeln, frische Früchte, Brot

für alkoholische Getränke, die man am besten schon am Abend vorher meiden sollte, da sie zur Dehydration beitragen.

Taucher leiden manchmal unter kleineren Ohrinfektionen, besonders nach einigen Tauchtagen oder nach Tauchgängen in belastetem Wasser. Dem kann man begegnen, indem man die Ohren nach dem Tauchen mit sauberem Süßwasser oder speziellen Lösungen auf Alkoholbasis spült.

Außerdem sollte man sich jedes Jahr von einem Sportmediziner auf seine Tauchtauglichkeit überprüfen lassen. Wenn sich der allgemeine Gesundheitszustand verändert, sollte man eine weitere Überprüfung vornehmen lassen.

NACH DEM TAUCHGANG
Es ist verlockend, nach dem Tauchen an die Bar zu gehen, doch sollte man erst etwas essen. Auch Stehen in kaltem Wasser kostet Energie.

Tauchgänge

Einleitung

Die Qualifikation als Taucher zu erlangen ist für viele ein reizvolles Ziel. Nach Abschluss der Ausbildung hat man eine ganze Reihe von Möglichkeiten. Doch die speziellen Formen des Sporttauchens erfordern auch besondere Kenntnisse, Fertigkeiten und Vorgehensweisen.

SPORTTAUCHEN

Nach der Brevetierung steht einem die Welt des Tauchens offen. Ob man nun ein Gelegenheitstaucher oder ein Taucher mit einer Vorliebe für ein Spezialgebiet wird, hängt auch davon ab, wieviel Zeit man zur Verfügung hat.

Das Spektrum des Sporttauchens umfasst verschiedene Umgebungen und Aktivitäten wie Riffs, Höhlen, Wracktauchen, Eistauchen, Tauchgänge im Süßwasser und Nachttauchgänge. Man kann sich auch auf das Fotografieren und Filmen unter Wasser, Unterwasserarchäologie oder Apnoetauchen (Tauchen ohne zusätzliche Luftversorgung) spezialisieren. Die Mehrzahl der Taucher findet es am interessantesten, verschiedene Umgebungen und Techniken kennenzulernen und sich nicht auf eine Ausrichtung festzulegen.

BRIEFING AM STRAND
Das Selbstvertrauen, Tauchgänge ohne Guide durchführen zu können, verschafft einem größere Freiheiten. Jeden Tauchgang sollte man jedoch planen und nicht ohne Briefing starten.

Viele Taucher möchten möglichst viele Brevets in unterschiedlichen Spezialgebieten erlangen. Dieser nachvollziehbare Eifer sollte allerdings zugunsten des Sammelns von Erfahrung zunächst zurückgestellt werden. Es gibt nichts, was im Wasser verbrachte Zeit ersetzen könnte. Die ursprünglich beängstigende Umgebung wird vertraut, nützliche Fähigkeiten entwickeln sich und das Sicherheitsgefühl sowie die Kenntnisse wachsen. Erst wenn man mit der Zeit seine Ausrüstung seinen eigenen Anforderungen angepasst hat, fühlt man sich richtig wohl im Wasser.

Nach Beendigung dieser »Lehrzeit«, in der man Erfahrungen mit verschiedenen Umgebungen und Techniken sammelt, kann man durchaus eine Spezialisierung ins Auge fassen. Ohne allgemeine Erfahrung wird man zusätzliche Kurse als schwierig empfinden, unabhängig davon, ob sie gut strukturiert sind und wie die Inhalte vermittelt werden. Abgesehen davon, dass sich erst mit der entsprechenden Erfahrung die eigenen Interessen zeigen und man sich so klarer für eine zukünftige Ausrichtung entscheiden kann.

Glücklicherweise ist es in Anbetracht der ständig zunehmenden Zahl von

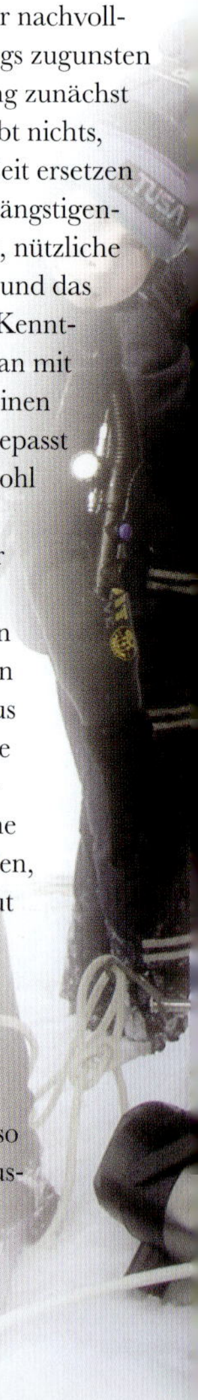

Tauchvereinen und -basen relativ leicht, weitere Taucherfahrung zu sammeln. Außerdem bieten Tauchreiseveranstalter mittlerweile Reisen in fast jeden Teil der Welt an, und Gelegenheiten zum Tauchen findet man an nahezu jeder Küste. Die verschiedensten Angebote stehen zur Wahl, von einzelnen Strandtauchgängen bis zu längeren Tauchsafaris. Über spezielle Tauchreiseveranstalter oder das Internet findet man leicht passende Angebote.

ZUKÜNFTIGE ZIELE INS AUGE FASSEN
Je mehr Erfahrung man erlangt, desto eher wird man sich entscheiden können, welche Form des Tauchens man praktizieren möchte.

TAUCHEN ALS BERUF

Die Freude am Tauchen lässt manchen darüber nachdenken, das Tauchen zum Beruf zu machen. Das Spektrum reicht vom Tauchlehrer oder Divemaster, der anderen das Tauchen beibringt, bis zum Einsatz beim Militär, im Dienst der Forschung oder als gewerblicher Taucher am Bau oder bei der Feuerwehr, als Fotograf oder Kameramann.

In jedem Fall sind zusätzliche Kenntnisse nötig, um erfolgreich zu sein. Zum Beispiel muss ein Unterwasser-Kameramann sowohl seine Kamera perfekt bedienen können als auch ein hervorragender Taucher sein. Ein Tauchlehrer muss zusätzlich zu seinen praktischen Fähigkeiten sein Wissen gut vermitteln können. Professionelles Tauchen kann sowohl in persönlicher als auch in finanzieller Hinsicht lohnend sein, doch beides will verdient sein. Berufstaucher müssen unter jeglichen Bedingungen tauchen und die Arbeit ist oft hart und manchmal gefährlich.

VORBEREITET ZUM EISTAUCHEN
Tauchen unter dem Eis ist aufregend, aber nichts für Anfänger. Gefahren und Kälte unter der Eisdecke setzen eine spezielle Ausbildung voraus.

Vorbereitung

Die genaue Ausarbeitung eines Tauchausflugs im Vorfeld lohnt sich. Man entdeckt dabei fast immer neue Möglichkeiten. Die Planung steigert die Vorfreude, erhöht die Sicherheit und fördert den Spaß und das Interesse der Beteiligten.

ZIELE FESTLEGEN

Die Vorbereitung eines Tauchgangs wird sich von Mal zu Mal unterscheiden, doch bestimmte Punkte sollten immer berücksichtigt werden.

Am Anfang steht das Zusammenstellen der Mannschaft, da Tauchen in der Regel kein Einzelsport ist. Die Erfahrung der Beteiligten wird unterschiedlich sein, und was der eine als leichten Tauchgang empfindet, kann für den anderen eine Strapaze sein. Diese Unterschiede müssen gemeinsam besprochen werden, um Tauchplätze zu finden, die der Gruppe als Ganzes gerecht werden.

Man sollte nicht nur bezüglich des Könnens auf die richtige Zusammensetzung der Gruppe achten, sondern auch darauf, dass sich die Ziele der Einzelnen nicht widersprechen. Man stelle sich die Stimmung auf einem Tauchgang vor, bei dem ein Fotograf eine spektakuläre Aufnahme

ERSTE INFORMATIONEN
Zeitschriften, Bücher und Karten liefern grundlegende Informationen, die über das Internet vertieft werden können.

TROPISCHE BEDINGUNGEN
Plant man Tauchgänge in den Tropen, muss man die Wetterbedingungen berücksichtigen. In der Regenzeit verschlechtert zum Beispiel das von Inseln ablaufende Wasser die Sicht.

INTERNETSEITE
Das Internet ist eine wertvolle Informationsquelle, die Beurteilungen und Ratschläge anerkannter Organisationen zugänglich macht.

von einem Wrack machen möchte, während ein ungeduldiger Mittaucher ihm ständig ins Bild schwimmt. Wenn man von vornherein bestimmte Ziele festlegt oder Teams mit den gleichen Interessen zusammenstellt, vermeidet man derartige Probleme.

Vor der Anmeldung bei einer Tauchbasis sollte man sich nach ihrem Ruf erkundigen. Es gibt mittlerweile im Internet einige Foren, die interessante Informationen bieten, auch wenn man berücksichtigen muss, dass es sich dabei immer um persönliche Meinungen handelt.

ORT UND ZEIT

Die Bedingungen können selbst an den ruhigsten Küstenabschnitten und den am unschuldigsten erscheinenden Gewässern stark variieren. Wenn man sich einen exakten Tauchplatz aussucht, hat das den Vorteil, dass man sich sehr genau auf ihn vorbereiten kann. Die wichtigsten Fragen sind die folgenden: Wie sieht es mit Gezeiten und Strömungen aus? Welche Gefahren können auftreten? Wo sind bekannte Ein- und Ausstiegspunkte? Was wird man während des Tauchgangs aller Voraussicht nach erleben?

Der Zeitpunkt ist ebenfalls wichtig. Die Gezeiten beeinflussen nicht nur die Sicht, auch die anzutreffenden Lebewesen und die Möglichkeiten des Ein- und Ausstiegs hängen von ihnen ab. Flora und Fauna unterliegen außerdem jahreszeitlichen Einflüssen sowie der Wassertemperatur. Nachts sind andere Tiere zu beobachten als am Tag, und der Bootsverkehr sowie die Anwesenheit von Wassersportlern sind vom Wochentag und Ferienzeiten abhängig. Ein Tauchgang zur falschen Zeit kann leicht zu einer Enttäuschung werden.

Das Wichtigste ist, sich um die Sicherheit zu kümmern. Man muss sich Gedanken über die wahrscheinlichen Bedingungen wie Wellen, Strömungen, Tiefen und Temperaturen sowie über die bei einem Unfall zur Verfügung stehenden Einrichtungen machen. Man sollte nicht tauchen, ohne den Standort der nächsten Klinik, Dekokammer und Rettungsdienste zu kennen. Die Kontaktdaten dieser Einrichtungen müssen griffbereit sein. Es ist erheblich leichter, sie vor dem Tauchgang als auf einem schwankenden Schiff herauszufinden, während man sich um einen verletzten Taucher kümmern muss.

UNTER DEM EIS
Lediglich die zur Verfügung stehende Zeit und das Budget begrenzen mitunter die Möglichkeiten eines abenteuerlustigen Tauchers.

Den Tauchgang planen

Anhand sorgfältiger Recherchen kann man sich eine klare Vorstellung davon machen, wo, wann und mit wem man tauchen will und was man am Tauchplatz sehen möchte. Vor dem Aufbruch plant man den Tauchgang so detailliert wie möglich.

ZEITEINTEILUNG

Die Zeiteinteilung hängt von einem bestimmten Zeitpunkt ab – von dem Moment, in dem der Taucher ins Wasser gehen will. Dabei spielen oft die Gezeiten eine Rolle. Oder man möchte zu einem bestimmten Zeitpunkt am Tag oder in der Nacht tauchen, etwa wenn die Sonne hoch genug zum Fotografieren steht oder wenn die Tiere in der Abenddämmerung besonders aktiv sind. Davon ausgehend ist ein realistischer Zeitplan auszuarbeiten.

Die beste Möglichkeit zur Erstellung des Zeitplans ist das Rückwärtsrechnen von dem Zeitpunkt an, an dem man ins Wasser steigen möchte. Die Methode wird von vielen Tauchern angewandt, die so sicherstellen, dass der Tauchtag so stressfrei wie möglich wird.

VERPACKEN DER AUSRÜSTUNG
Checklisten sorgen dafür, dass das Equipment vollständig am Tauchplatz ankommt.

DICHTIGKEITSTEST

Vor dem Verpacken des Equipments sollte man es auf Dichtigkeit untersuchen. Dazu schließt man die Ausrüstung an eine Flasche an und vergewissert sich, dass die Dichtungen und der Atemregler in Ordnung sind. So stellt man auch fest, dass die Flasche gefüllt ist. Es gibt nichts Enttäuschenderes als an einem Tauchplatz anzukommen, perfekte Bedingungen vorzufinden, die Ausrüstung zusammenzubauen, die Flasche aufzudrehen und von einem Missklang zischender Luft begrüßt zu werden – oder sogar festzustellen, dass der Tank leer ist.

ZEITPLAN

Ein Taucher weiß, dass er um 15 Uhr ins Wasser muss, um das Stillwasser zwischen Ebbe und Flut zu nutzen. Er rechnet von diesem Zeitpunkt an rückwärts und baut noch eine Sicherheitsreserve ein, um auf jeden Fall rechtzeitig anzukommen.

Tätigkeit	benötigte Zeit	Uhrzeit
Einstieg ins Wasser		15:00 Uhr
Zusammenbau und Buddycheck	25 Minuten	14:35 Uhr
Überprüfen des Tauchplatzes und Briefing	40 Minuten	13:55 Uhr
Ankunft und Parken	10 Minuten	13:45 Uhr
Fahrt zum Tauchplatz	60 Minuten	12:45 Uhr
Beladen des Fahrzeugs	30 Minuten	12:15 Uhr
Überprüfen und Verpacken der Ausrüstung	30 Minuten	11:45 Uhr
Sicherheitsreserve	30 Minuten	11:15 Uhr

SYSTEMATISCH PACKEN

Die Hauptursache für Verspätungen oder die Absage von Tauchgängen ist das Vergessen von Ausrüstungsteilen. Man vermeidet es, indem man seine Tauchtasche in der gleichen Reihenfolge packt, in der man die Teile am Tauchplatz anlegt. Wenn man sich das vor Augen hält, ergibt sich diese Reihenfolge: Tauchanzug, Füßlinge, Messer, Bleigurt, Flasche, Jacket, Atemregler, Computer, Kopfhaube, Maske, Schnorchel, Flossen, Handschuhe und Zubehör (Boje, Lampe, Schreibtafel und weitere Teile). Ein anderer Ansatz ist es, eine Checkliste vom Kopf bis zu den Füßen zusammenzustellen und die Teile in dieser Reihenfolge zu verpacken: Kopfhaube, Maske, Schnorchel, Tauchanzug, Atemregler, Jacket, Flasche, Computer, Handschuhe, Bleigurt, Füßlinge und Flossen. Die Reihenfolge kann variieren, je nachdem, wie man die Ausrüstung am besten verpackt.

Es gibt weitere Möglichkeiten, das Fehlen von Teilen auszuschließen. Systematisches Packen ist bequem und kostet keine zusätzliche Zeit.

HÖHLENTAUCHEN
Für anspruchsvolle Unternehmungen wie das Höhlentauchen ist das Anlegen der speziellen Ausrüstung im Zeitplan zu berücksichtigen.

EINSTIEG IN DAS WASSER
Bei einem realistischen Zeitplan ist genügend Zeit für Zusammenbau und Briefing und der Einstieg findet zur geplanten Zeit statt.

Am Tauchplatz

Es ist wichtig, sich vorher über den Tauchplatz zu informieren, doch das ersetzt nicht eine gründliche Überprüfung vor Ort. So kann man bisher nicht bekannte Details noch vor dem Tauchgang in die Planung einbeziehen.

DEN PLAN ERGÄNZEN

Nachdem man entschieden hat, wann und wo man tauchen will, sollte man jeden an diesem Tag vorgesehenen Tauchgang planen. Ob man nur für den Partner und sich selbst oder für eine größere Gruppe plant – man muss sich immer die örtlichen Bedingungen ansehen, bevor man den endgültigen Tauchplan festlegt.

Der Tauchplan muss die folgenden Punkte berücksichtigen. Zuerst sollte das Ziel des Tauchgangs genannt werden, der Einstiegs- und Ausstiegsplatz, die Route sowie ein alternativer Ausstiegspunkt, falls der vorgesehene nicht benutzt werden kann. Ebenso sollten die maximale Tiefe und Verweildauer sowie die minimale Luftreserve festgelegt werden.

Abhängig vom Ziel des Tauchgangs und der Erfahrung der Gruppe können spezielle Signale vereinbart werden. Es ist dringend erforderlich, ein Rückrufsignal zu vereinbaren, falls der Tauchgang abgebrochen werden muss. In den Plänen sollten auch eventuelle Gefahren berücksichtigt werden, die während des Tauchgangs auftreten können. Welche Maßnahmen müssen beipielsweise ergriffen werden, wenn ein Zwischenfall auftritt? Man muss absprechen, wie man vorgeht, wenn Taucher voneinander getrennt werden. Bei schlechter Sicht ist das einer der häufigsten Gründe für den Abbruch eines Tauchgangs. Man sollte noch einmal klarstellen, dass die Taucher, die ein Zweierteam bilden, die gleichen Interessen haben, sodass während des Tauchgangs keine Konflikte auftreten können.

Die aktuellen Verhältnisse vor Ort und die Wettervorhersage können eine Veränderung des Plans erforderlich machen. Sich verschlechterndes Wetter kann dazu führen, dass man einen besser geschützten Tauchplatz aufsuchen muss oder nicht mit dem Boot hinausfahren kann. Zuletzt sollte man sicherstellen, dass zurückbleibende Kontaktpersonen über den Zeitpunkt der Rückkehr informiert sind und wissen, was sie im Notfall zu tun haben.

DIE AUSRÜSTUNG ABLADEN
Auch wenn man vor der Fahrt die Ausrüstung auf Vollständigkeit geprüft hat, sollte man noch einmal überprüfen, ob alles komplett ist.

SICH DEN TAUCHPLATZ ANSEHEN
Man sollte – am besten noch vor dem Anlegen der Ausrüstung – die Einstiegs- und Ausstiegspunkte ansehen.

EIN LAGEPLAN
Man kann eine Karte des Tauchplatzes in den Sand zeichnen, um die Route zu besprechen.

DAS BRIEFING

Schließlich findet ein Briefing für alle Beteiligten statt. Es sollte am besten an einer Stelle durchgeführt werden, von der aus man den gesamten Tauchplatz übersehen kann, und sollte nicht nur die Taucher einschließen, sondern alle, die in irgendeiner Weise mit dem Tauchgang zu tun haben, z. B. die Bootsbesatzung oder Betreuer. Zum Schluss sollte man prüfen, ob alle Taucher den Tauchplan verstanden haben und richtig auf den Tauchgang vorbereitet sind. Nach Klärung aller eventuellen Fragen kann es losgehen.

Die alte Maxime »Plane den Tauchgang und tauche nach Plan« ist simpel, hat sich aber bewährt. Wenn man sie befolgt, können alle Taucher den Tauchgang in Sicherheit genießen.

INS WASSER GEHEN
Zum Zeitpunkt des Einstiegs in das Wasser sollte jeder Beteiligte über alle Tauchparameter Bescheid wissen.

Wracktauchen

Die Erforschung von Wracks übt auf viele Taucher einen großen Reiz aus. Besonders beliebt sind Wracktauchplätze da, wo es keine Korallenriffs gibt. Das Tauchen in »künstlichen Riffs« erfordert aber besondere Kenntnisse und eine spezielle Ausrüstung.

TAUCHEN AN WRACKS

Versunkene Schiffe, wie sie zu Tausenden auf dem Meeresgrund liegen, sind von besonderem archäologischen und historischen Interesse.

Wracks stellen eine hervorragende Gelegenheit dar, frühere Schiffbautechniken zu studieren. Obwohl die meisten einen Rumpf aus Metall besitzen, können unter ungewöhnlichen Bedingungen auch Holzrümpfe erhalten sein, die mehrere hundert Jahre alt sind. Um ältere Wracks zu erkunden, sollte man entsprechend ausgebildet sein und am besten mit einer archäologischen Gesellschaft zusammenarbeiten. Informationen über jüngere Wracks, etwa in den Weltkriegen gesunkene Kriegsschiffe, sind leicht zugänglich. In der Regel kennt man die Daten und die Geschichte des Schiffs, oft sogar Einzelheiten zu seiner Besatzung und Bestimmung. Meistens sind auch die Umstände des Untergangs bekannt.

AN DER LEINE ABSTEIGEN
An vielbesuchten Wracks ist oft eine Boje angebracht, damit man sie besser findet.

Wracks stellen auch deshalb gute Tauchplätze dar, weil sie als künstliche Riffs einen Anziehungspunkt für Meerestiere sind. Im Lauf der Zeit werden sie von marinen Lebewesen überwuchert, vor allem von Filtrierern, wenn sie in der Strömung liegen. Fische nutzen die Sicherheit, die das Wrack bietet. Kleine Fische bilden um das Wrack herum Schwärme, wohingegen größere wie Muränen und Conger sich in Spalten verstecken. Auch Jäger wie Haie lassen sich in der Nähe finden, da sie sich von kleineren Fischen ernähren.

VORBEREITUNG UND KENNTNISSE

Wracktauchen kann faszinierend sein, ist aber nicht ungefährlich. Ohne entsprechende Ausbildung und geeignete Ausrüstung darf man niemals in ein Wrack eindringen. Die Gefahr, eingeschlossen zu werden, ist durchaus gegeben. Das Erkunden der Außenseite ist weniger riskant, doch sollte man diese Ruinen unter Wasser stets mit dem gegebenen Respekt betauchen.

PANZER IN TRUK LAGOON, SÜDPAZIFIK
Beim Wracktauchen dreht sich nicht alles um Schiffe. Abgestürzte Flugzeuge und von Schiffen geladene Fahrzeuge sind spannende Tauchziele.

VERSUNKENER RIESE
Beim Anblick großer Wracks wie dem der *Giannis D* im Roten Meer läuft einem ein Schauer über den Rücken.

TAUCHEN IN GESCHLOSSENEN RÄUMEN
Im Wrack bewegt man sich in dunklen, begrenzten Räumen. Menschen, die zur Klaustrophobie neigen, kann das nicht empfohlen werden.

FLOSSENTECHNIK

Wracks können große Mengen an Sedimenten enthalten, die von einem Taucher leicht aufgewirbelt werden. Die Sicht kann unvermittelt bis auf null sinken. Deshalb ist der Froschbeinschlag *(siehe S. 123)* zu bevorzugen, der relativ wenige Turbulenzen erzeugt. Die beste Zeit zum Wracktauchen ist das Stillwasser, doch eine leichte Strömung ist unter Umständen willkommen, da sie aufgewirbelte Sedimente rasch davonträgt.

GEBRAUCH VON LEINEN

Am Tauchplatz sollte das Boot an der Markierungsboje des Wracks festgemacht werden. Wenn es keine besitzt, sollte ein erfahrener Taucher eine Leine direkt am Wrack befestigen, die den anderen zur Orientierung dient. Wenn man an der gleichen Leine wieder aufsteigen will, braucht man eine weitere Leine, um die Route zu markieren *(siehe S. 127)*, besonders bei schlechter Sicht. Wenn man von einem anderen Teil des Wracks aufsteigen möchte, sollte man eine Boje benutzen *(siehe S. 130/131)*.

INS WRACK HINEINTAUCHEN

Man sollte für den Notfall Ersatz für bestimmte Ausrüstungsteile bei sich haben, etwa für Reel und Lampe, sowie eine unabhängige Luftversorgung, wie eine Ponyflasche *(siehe S. 68)*. In Bezug auf den Luftverbrauch folgt man der Drittelregel *(siehe S. 117)*. Ein Drittel der Luft wird für den Abstieg und die Erkundung des Wracks benutzt, ein Drittel für die Rückkehr zum Einstiegspunkt und ein Drit-

NICHTS AUFWIRBELN
Der Froschbeinschlag bewegt das Wasser hinter dem Taucher und nicht unter ihm, sodass keine Sedimente aufgewirbelt werden.

tel verbleibt als Reserve. Man sollte zusätzliche Zeit zum Finden der Leine einberechnen und keine unnötigen Risiken in Bezug auf Tauchzeit, Tiefe oder das Erkunden des Wrackinneren eingehen.

ERKUNDUNG

Man sollte sich zuerst die Umgebung des Wracks ansehen, da die Fundstücke sich im Lauf der Zeit verteilt haben und Wrackteile abgebrochen sein können, aber man muss vorsichtig sein und sollte nichts berühren. Die Strukturen sowohl innerhalb als auch außerhalb eines Wracks können porös und instabil sein. Man sollte Schutzhandschuhe tragen, da korrodiertes Metall scharf sein kann. Oft wird in der Nähe von Wracks intensiv gefischt, weshalb man ein Messer zum Zerschneiden von Schnüren mitnehmen sollte. Man braucht auch eine starke Lampe (und eine Reservelampe), um den Weg bei schlechter Sicht auszuleuchten und dem Partner Signale zu geben. Zum Tauchen in sehr engen Wracks kann ein Helm mit Lampe nützlich sein.

AUSRÜSTUNG ZUM WRACKTAUCHEN
Die Nutzung zusätzlicher Luft oder von Nitrox kann zur Verlängerung der Tauchzeiten beitragen. Gute Lichtquellen und ein exakter Tauchplan sind ebenfalls unabdingbar.

EINE GOLDENE REGEL

Man darf niemals etwas aus einem Wrack entfernen. Die Funde sind für Archäologen wertvoller, wenn sie *in situ* untersucht werden können. Ihre Lage verrät manchmal mehr über das Wrack als der Gegenstand selbst. Noch schlimmer ist es, wenn sie in der persönlichen Sammlung eines Tauchers verschwinden.

Artefakte aus einem US-Schiff

VERANTWORTUNG ZEIGEN

Wracks sind historische Stätten, und genauso wie man an Land nichts von einer Ausgrabungsstelle entfernen darf, sollte man sie in keiner Weise beschädigen. Man sollte auch an spätere Taucher denken, die sich ebenfalls an dem Tauchplatz erfreuen wollen. Deshalb muss man mit Verantwortungsgefühl und Vorsicht tauchen. Wenn man nach einer langen, anstrengenden Suche ein Artefakt wie etwa eine Schiffsglocke findet, ist man

vielleicht versucht, sie als Trophäe an sich zu nehmen. Derartige Entdeckungen sollten jedoch unbedingt an Ort und Stelle verbleiben oder von professionellen Archäologen für ein Museum geborgen werden.

WRACKS MIT HOLZRÜMPFEN

Die meisten Wracks, die man findet, besitzen eine Stahlhülle, doch auch Holzrümpfe bleiben unter bestimmten Bedingungen erhalten. Man sollte das Holz jedoch nicht berühren, da es oft sehr morsch ist. Historische Holzschiffe können Hunderte von Jahren unter Sand oder Sedimenten verborgen liegen. Wenn man Teile freilegen möchte, kann man mit der Hand vorsichtig darüberwedeln und so eine Strömung erzeugen, die das Sediment abträgt.

SCHARFE MUNITION

Wracks aus den beiden Weltkriegen können interessante Tauchplätze darstellen. Sie enthalten jedoch möglicherweise scharfe Munition, die immer noch gefährlich sein kann. Deshalb sollte man niemals etwas berühren, was nach einer Granate oder Mine aussieht (ein guter Taucher berührt ohnehin nichts) und sich vorher über das Wrack informieren.

KÜNSTLICHE RIFFE

An manchen Tauchplätzen hat man absichtlich Schiffe versenkt, um Sporttauchern sichere Wracktauchgänge in vernünftiger Tiefe zu ermöglichen. Diese Wracks werden schnell von marinem Leben besiedelt und bieten fantastische Tauch- und Forschungsmöglichkeiten. Sie stellen einen guten Übungsplatz für Einsteiger dar, da ihre Struktur stabil ist und gefährliche Teile entfernt worden sind. An einigen wurden sogar »Lehrpfade« mit Hinweistafeln eingerichtet.

ABSICHTLICH VERSENKT
Das frühere US-Küstenwachenschiff *Keith Tibbetts* wurde am Cayman Brac versenkt, um ein künstliches Riff für Taucher zu schaffen.

Es werden auch laminierte Hefte angeboten, die man zum Tauchgang mitnehmen kann, um die Beschreibung der Wrackteile an Ort und Stelle nachlesen zu können.

WRACKS ENTDECKEN

Der Traum eines jeden Wracktauchers ist es, ein bisher unbekanntes Wrack zu entdecken – und sicherlich gibt es davon noch viele. Bevor man jedoch dazu aufbricht, sollte man sich mit den jeweiligen Gesetzen vertraut machen. Das Tauchen an historisch wertvollen Wracks und an als Kriegsgräbern ausgewiesenen Stätten ist in jedem Fall verboten. Darüber hinaus sprechen manche Länder grundsätzliche Verbote aus, um Plünderungen zu verhindern.

Das Auffinden eines neuen Wracks ist eine zeitraubende und meistens auch sehr kostspielige Angelegenheit. Man braucht dazu ein modernes, mit Echolot und GPS ausgerüstetes Boot mit erfahrener Mannschaft sowie entsprechendes Kartenmaterial und Hintergrundwissen. Sehr viele bisher nicht entdeckte Wracks befinden sich in großer Tiefe, sodass sie nur für technische Taucher oder spezielle Mini-U-Boote zugänglich sind. Daher sollten derartige Aktivitäten nur von professionellen Tauchern unternommen werden.

RESPEKT VOR DER GESCHICHTE
Viele Wracks wurden zu Kriegsgräbern erklärt und dürfen nicht betaucht werden.

INTERESSANTE QUELLEN

Wenn das Interesse an einem Wrack über das pure Taucherlebnis hinausgeht und man mehr über die Geschichte eines Schiffs herausfinden will, kann man auf diverse Informationsquellen zurückgreifen. Einen guten Einstieg liefern Bücher über Wracks in dem Gebiet, in dem man taucht. Auch im Internet lassen sich Informationen finden. Es gibt verschiedene Webseiten und Foren, in denen man mehr über Wracks erfahren und den Kontakt zu anderen interessierten Tauchern herstellen kann. Außerdem stellen örtliche Museen oft Fundstücke aus den Wracks der Gegend aus und die ansässigen Taucher und Bootsführer wissen meistens einiges über die Geschichte der versunkenen Schiffe.

NEUE WRACKS SUCHEN

Experten, die nach unentdeckten Wracks suchen, beginnen ihre Suche in den Archiven. Sie studieren die Daten und Baupläne gesunkener Schiffe, vergleichen sie mit gefundenen Artefakten und überprüfen, ob sie dazu passen. Bei ihren Tauchgängen haben sie oft eine Kamera dabei, da man so Aufzeichnungen von den Überresten machen kann, ohne etwas zu zerstören. Dieses Material kann zur Identifikation des Wracks beitragen.

Seekarte

Naturschutzprojekte

Die Gemeinschaft der Sporttaucher stellt in Sachen Naturschutz ein großes Potenzial dar. Viele haben aufgrund ihres Interesses an der Natur mit dem Tauchen begonnen und immer mehr nehmen an Naturschutzprojekten teil.

RÜCKSICHTSVOLL TAUCHEN

Die meisten Taucher begeistern sich für das marine Leben und stellen mit der Zeit fest, dass sie mit ihrem Hobby auch eine gewisse Verantwortung übernommen haben. Taucher sind, sofern sie weite Reisen unternehmen können, in der einzigartigen Position, die Umweltprobleme in den Küstengebieten auf der ganzen Welt selbst in Augenschein nehmen und mit der Unterstützung des Ökotourismus aktiv zum Schutz der Umwelt beitragen zu können.

Grundsätzlich kann man dem Naturschutz bereits durch verantwortungsvolles Tauchen dienen. Man sollte immer die Regel beherzigen, nichts zu berühren.

GUTE VORBEREITUNG
Eine Tauchergruppe in einem Schutzgebiet diskutiert die Arbeit, die sie durchführen will.

Die meisten Tauchbasen achten sehr auf ihre Einhaltung. Eine gute Tarierung und eine Ausrüstung ohne herabhängende Teile helfen, unbeabsichtigte Berührungen zu vermeiden. Dank besserer Aufklärung sind selbst viel betauchte Gebiete heute nicht mehr den gleichen Belastungen ausgesetzt, wie es früher einmal der Fall war.

BESTIMMUNGSTAFELN BENUTZEN
Um sich mit den Meereslebewesen vertraut zu machen, benutzt eine Tauchergruppe Bestimmungstafeln – wasserfeste Karten mit Abbildungen der anzutreffenden Arten.

AKTIV WERDEN

Freiwillige Arbeit im Natur- und Tierschutz kann auf lokaler oder sogar internationaler Basis durchaus von Bedeutung sein. Die Bemühungen einer einzigen Freiwilligenorganisation – Coral Cay Conservation – haben entscheidend zur Erklärung des Belize Barrier Reef *(siehe S. 316/317)* zum Weltnaturerbe beigetragen und in den letzten 20 Jahren acht marine Schutzgebiete und Nationalparks auf der ganzen Welt geschaffen. Das Beobachten und Kartieren marinen Lebens ist nicht nur Wissenschaftlern vorbehalten. Auch von engagierten Amateuren ist hier Erhebliches geleistet worden. Die Arbeit reicht vom gelegentlichen eintägigen Säubern eines Strands durch örtliche Tauchvereine bis zu multinationalen Projekten, die sich auf der ganzen Welt für die Ausweisung von Schutzgebieten einsetzen. Naturschutz ist heute ein großes Geschäft geworden, wobei Hunderte von Organisationen auf der ganzen Welt behaupten (mit unterschiedlicher Zuverlässigkeit), Projekte zu leiten, die zu wissenschaftlichen Erkenntnissen oder zur Einrichtung von Schutzgebieten beitragen. Die meisten Organisationen trainieren ihre freiwilligen Mitarbeiter, bevor sie von ihnen auch nur so einfache Dinge wie Probenentnahmen oder Zählungen durchführen lassen.

RIFFDACH BEI EBBE
Ein gesundes Riff bei Ebbe. Die globale Erwärmung schädigt die Korallen und ein Anblick wie dieser kann in Zukunft selten werden.

PRINZIPIEN

Jeder, der als Taucher bei einem Naturschutzprojekt mitarbeitet, sollte zwei Grundsätze berücksichtigen. Der erste betrifft die Sicherheit. Man benötigt gute Tauchkenntnisse und genug Erfahrung, um die Tiefe, die Zeit und potenzielle Gefahren im Auge zu behalten, während man gleichzeitig systematische Untersuchungen betreibt. Die Begeisterung für die Arbeit darf einen nicht von den Regeln für sicheres Tauchen ablenken. Der zweite Grundsatz betrifft den Schutz des

LEBENSRÄUME SCHÜTZEN
Engagement im Naturschutz bedeutet nicht nur, der Natur etwas zurückzugeben, sondern eröffnet den Zugang zu exotischen Orten.

marinen Lebens. Wenn man nicht unter der ausdrücklichen Anleitung einer anerkannten Naturschutzorganisation handelt, darf man die Umgebung keinesfalls berühren oder gar schädigen. Marine Algen und Tiere dürfen nur *in situ* beobachtet werden.

SICH ZIELE SETZEN

Wissenschaftliche Untersuchungen beginnen mit der eindeutigen Bestimmung des Forschungsobjekts. Für die meisten Amateure bedeutet das, dass sie in entsprechender Fachliteratur über die fragliche Umgebung recherchieren müssen. Ein weiterer wichtiger Teil eines Projekts ist das effektive Notieren von Beobachtungen, das eine standardisierte Form der Datenerhebung voraussetzt, die über den gesamten Beobachtungszeitraum konstant bleibt. Nur durch die Kombination dieser beiden Faktoren – der exakten Bestimmung und der gleichbleibenden Datenerhebung – können Forschungs- und Überwachungsprojekte durchgeführt werden. Die wiederholte Beobachtung von Populationen bestimmter Arten in einem bestimmten Gebiet kann für wissenschaftliche Untersuchungen unschätzbare Daten liefern. Die Untersuchungen können örtliche Initiativen unterstützen oder einen Teil eines Projekts auf höherer Ebene bilden, innerhalb dessen komplexe statistische Techniken eingesetzt und Schlüsse von größerer Bedeutung gezogen

EIN PROJEKT FINDEN

Naturschutz beginnt zu Hause, um eine Binsenweisheit zu gebrauchen. In den meisten Ländern gibt es ökologische Programme. Interessierte Taucher können in ihrer Gegend Gruppen finden, die zum Schutz der Meere und Binnengewässer beitragen. Im Internet oder in Tauchzeitschriften kann man ebenfalls geeignete Organisationen suchen.

BEOBACHTUNG DES KORALLENWUCHSES
Fortgeschrittene oder in den Bewuchs eingreifende Maßnahmen sollten nur unter der Anleitung einer anerkannten Organisation stattfinden.

TAUCHEN IM SCHUTZGEBIET
Auch die Überlegung, wie oder warum ein Gebiet geschützt ist, verstärkt die Freude am Tauchgang durch neue Gedanken.

werden, als man selber beim Sammeln der Daten abschätzen kann.

AUSRÜSTUNG

Obwohl wir im Zeitalter des Computers und der globalen Kommunikation leben, ist bei den meisten wissenschaftlichen Untersuchungen in der Regel noch recht konventionelles Handwerkszeug im Einsatz. Beobachtungen können mit wenig mehr als einem Paar scharfer Augen, einer Schreibtafel und einem verlässlichen Bestimmungsbuch beginnen. Zusätzlich kann ein Vergrößerungsglas nützlich sein. Dieses einfache Werkzeug ist für viele Taucher ein wichtiger Bestandteil ihrer Ausrüstung geworden.

Das Fotografieren und Filmen unter Wasser kann, wenn die Situation, die man vorfindet, richtig dokumentiert wird, wertvolle Informationen liefern. In einem organisierten Programm erhält man dazu eine Ausbildung in Techniken wie dem Gebrauch von Fangsäcken oder Netzen sowie der Vermessung und Kartografierung zum Beispiel mittels GPS oder Bezugslinien. Das Sammeln und Beobachten sowie Sichten von Material setzen keine Hightech-Geräte, sondern eine verlässliche Methode voraus, die sicherstellt, dass man reproduzierbare Ergebnisse erhält.

NATURSCHUTZ ALS BERUF

Wer sein Interesse am Naturschutz vertiefen möchte, dem stehen Fortbildungsmöglichkeiten offen. Man kann sich auch als Student oder mit einem akademischen Abschluss direkt bei einem Projekt bewerben, wenngleich die Nachfrage sehr groß ist. Es ist daher relativ schwer, eine Anstellung zu bekommen. Wem es jedoch gelingt, für den kann die Arbeit in Wissenschaft und Naturschutz sehr erfüllend sein.

Unechte Karettschildkröte (eine bedrohte Art)

Fotografieren und Filmen

Seit es Tauchgeräte gibt, besteht auch der Wunsch, die Welt unter Wasser und ihre Tiere im Bild festzuhalten. Trotz anfänglicher Schwierigkeiten haben technische Fortschritte dazu geführt, dass die Unterwasserfotografie heute ein beliebtes Hobby ist.

FRÜHE PIONIERE

Die Entwicklung des Fotografierens und Filmens unter Wasser spiegelt die Entwicklung des Tauchens selber wider. Frühe Pioniere bauten ihre eigenen Unterwassergehäuse, doch die Entwicklung des O-Rings als Dichtung (1937) und des Lungenautomaten (1943) wurde von großen Firmen zum Anlass genommen, sich an die Spitze solcher Bemühungen zu setzen und spezielle Geräte herzustellen und anzubieten.

Die zunehmende Popularität des Sporttauchens und das große Interesse des Kinopublikums an Unterwasserfilmen regte die Entwicklung entsprechender Ausrüstungen an. Der weltweit erste Unterwasserfilm wurde 1939 von Hans Hass gedreht. Es handelte sich um eine Dokumentation der Harpunenjagd mit dem Titel »Pirsch unter Wasser« . Den ersten kommerziell erfolgreichen Film drehte jedoch 1956 Jacques Cousteau. Sein Film »Die schweigende Welt« gewann einen Oscar und machte ihn als Meeresforscher und Unterwasserfilmer weltberühmt.

WINZIGE MOTIVE
Einer der interessantesten Aspekte der Unterwasserfotografie ist die Makroaufnahme. Winzige Tiere können dramatische Motive abgeben.

WACHSENDE BEWEGUNG

Bis in die frühen 1980er-Jahre waren Unterwasserfotografie und -film engagierten Amateuren oder professionellen Tauchern vorbehalten. Weitere Verbreitung erfuhr die Unterwasserfotografie erst durch die Entwicklung der Nikonos-Baureihe, zu der auch jene Nikonos V gehört, die viele noch immer für die beste Unterwasserkamera halten, die jemals gebaut worden ist. Das Filmen unter Wasser wurde Mitte der 1990er-Jahre populär, als digitale Videokameras auf den Markt kamen, die es erschwinglicher und für den Amateur einfacher machten. Digitalkameras revolutionierten auch die Unterwasserfotografie. Kleine Geräte mit vielen Automatikfunktionen machen es den Tauchern leicht, ihre Erlebnisse unter Wasser im Bild festzuhalten.

SICH ANSCHLEICHEN
Das Fotografieren von Meerestieren erfordert ein wenig List und eine gute Kenntnis des Verhaltens und der Lebensräume der Tiere.

Trotzdem ist der Unterschied zur Berufsfotografie immer noch groß. Das Licht verhält sich im Wasser anders als an der Luft *(siehe S. 183)* und es gibt eine Vielzahl zusätzlicher Faktoren, die man berücksichtigen muss, wenn man professionelle Resultate erzielen will. Die Abbildungen, die man in Büchern, Magazinen oder auf der Leinwand bewundern kann, erfordern eine lange Vorbereitungszeit, hochwertige Geräte und oft auch eine Nachbearbeitung am Computer.

Unabhängig davon sollte sich der Amateur von den gleichen Prinzipien wie der Profi leiten lassen. Man muss, einwandfreie Tauchfähigkeiten vorausgesetzt, gute Kenntnisse von der Unterwasserwelt und dem Verhalten der Tiere besitzen, die man fotografieren will. Wenn man sich darüber hinaus noch ein wenig technisches Know-how zur Unterwasserfotografie oder zum -filmen aneignet, lässt sich mit dem großen Angebot an Foto- und Filmkameras, das dem Taucher zur Verfügung steht, einiges anfangen.

KONTROLLE ÜBER DIE KAMERA
Obwohl Kameras, besonders die digitalen Modelle, mittlerweile einfacher zu bedienen sind, ist es vor allem beim Filmen nicht immer leicht, sie zu handhaben.

LICHT KREATIV EINSETZEN
Man muss verstehen, wie Licht sich unter Wasser verhält, um es kreativ einsetzen zu können.

FOTOGRAFIE

Das Digitalzeitalter hat gerade auch der Unterwasserfotografie viele neue Anhänger beschert, immer mehr Taucher halten ihre Erlebnisse in Bildern fest. Besondere Resultate zu erzielen ist jedoch eine Kunst, die Sachverstand erfordert.

KAMERASYSTEME

Unterwasserkamerasysteme können in zwei Kategorien unterteilt werden. Zur ersten gehören die Amphibienkameras, die auch an Land benutzt werden können und unter Wasser kein Gehäuse benötigen. Die Nikonos V ist der bekannteste Vertreter dieses Typs. Sie werden sowohl als analoge Fotoapparate als auch als Digitalkameras angeboten. Amphibienkameras besitzen oft Wechselobjektive, die Einstellknöpfe dieser Kameras sind für den leichteren Gebrauch unter Wasser vergrößert.

Die zweite Kategorie stellen Gehäusekameras dar, also konventionelle Kameras in einem wasserdichten Gehäuse. Man kann diese Gruppe Kameras wiederum in Kompakt- und Spiegelreflexkameras unterteilen.

Kompaktkameras gibt es in Analog- und Digitalausführung. Sie sind leicht und bequem zu tragen und zu handhaben. Bei den meisten Modellen funktionieren Scharfstellung und Belichtung automatisch. Man kann die Objektive nicht austauschen, aber manche besitzen Zoomobjektive. Es werden auch Vorsatzlinsen angeboten, die man von außen auf das Gehäuse montieren kann.

MAGIE DER FARBEN
Um die Farben der Meerestiere und ihrer Umgebung richtig wiedergeben zu können, benötigt man ein geeignetes Blitzlicht.

Spiegelreflexkameras gibt es ebenfalls in Analog- und Digitalausführung. Sie erlauben die Verwendung verschiedener Objektive und die Kontrolle über Blende, Verschlusszeit und Schärfe. Aus diesem Grund sind sie die erste Wahl professioneller Unterwasserfotografen, obwohl die entsprechenden Gehäuse mit Objektivports und Unterwasserblitzen sehr teuer sein können.

KAMERAGEHÄUSE

Sowohl Kompakt- als auch Spiegelreflexkameras benötigen ein wasserdichtes Gehäuse. Bei den Kompaktkameras besteht es meistens aus Plastik, bei den Spiegelreflexmodellen aus Aluminium. Aluminiumgehäuse sind stabil, aber sperrig und teuer. Die Kamera ist in ihnen verborgen und einige Funktionen sind daher nicht so einfach zu bedienen. Plastikgehäuse sind billiger und man kann die Kamera sehen, doch sind sie weniger strapazierfähig.

NIKONOS-KAMERA
Amphibienkameras wie die Nikonos V besitzen ein wasserdichtes Gehäuse.

DIGITALE KOMPAKTKAMERA
Die Automatikfunktionen machen die Bedienung einfach, erschweren aber die Kontrolle.

SPIEGELREFLEXKAMERA
Sowohl die Analog- als auch die Digitalkamera ermöglichen volle kreative Kontrolle.

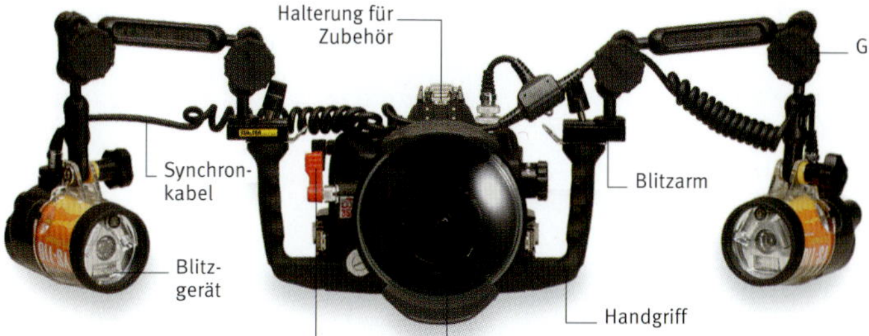

SPIEGELREFLEXKAMERAGEHÄUSE
Auf alle wesentlichen Funktionen hat man auch bei Spiegelreflexkameras über das Gehäuse Zugriff.

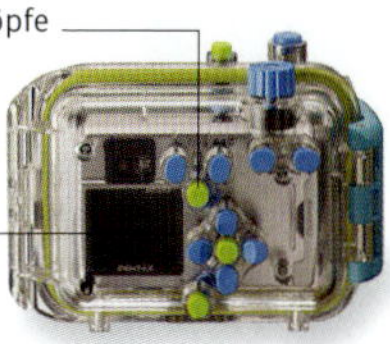

KOMPAKTKAMERA
Am Plexiglasgehäuse befinden sich Knöpfe zum Fotografieren, Ansehen und sogar Bearbeiten der Bilder unter Wasser.

MIT BLITZLICHT
Die Streuscheibe vor dem Blitz sorgt für eine weichere Ausleuchtung.

Blitzlichtgerät

UNTERWASSER-BLITZGERÄTE

Die Beleuchtung ist ein Punkt, bei dem kompakte Digitalkameras im Nachteil sind. Die eingebauten Blitzlichtgeräte sind zu nah am Objektiv, sodass Trübstoffe im Wasser auffallen *(siehe S. 183)*. Man nutzt besser einen externen Blitz an einem Blitzarm. Spiegelreflex- und Amphibienkameras nutzen oft Blitzpaare, um das Motiv aus verschiedenen Winkeln zu beleuchten. Hochwertige Kameras steuern die Blitzlichtmenge über eine TTL-Automatik, sodass die Bilder fast immer richtig belichtet sind, bei einfachen Modellen muss man bezüglich der Position des Blitzgerätes und seiner Stärke erst Erfahrungen sammeln.

PFLEGE DES GEHÄUSES

Die Wartung des Gehäuses ist relativ einfach. Man sollte regelmäßig den Zustand des O-Rings überprüfen und ihn mit Silikonfett einreiben. Vor dem Tauchgang sollte man eine kurze Sichtprüfung durchführen. Das Gehäuse sollte nach dem Tauchen so schnell wie möglich mit sauberem Süßwasser abgespült werden. Dabei sollte man die mechanischen Teile bewegen, damit sich hier keine Salzkristalle bilden. Wasser im Gehäuse zerstört die Kamera, sodass sich einige Momente der Vorbereitung und des Spülens auszahlen.

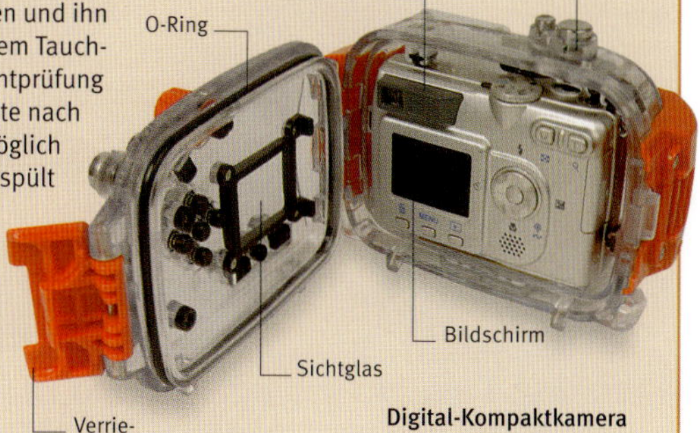

Digital-Kompaktkamera im Plexiglasgehäuse

FILMEN UNTER WASSER

Wie die Fotografie wurde auch das Videofilmen durch das Aufkommen digitaler Geräte revolutioniert, die im Vergleich zu Film- oder analogen Videokameras klein und leichter zu bedienen sind. Filmen ist mit den heutigen Amateurkameras einfach geworden. Um über das Anfängerstadium hinauszukommen, benötigt man jedoch spezielle Kenntnisse, eine bessere Ausrüstung und die Möglichkeit der Bildbearbeitung.

PRÄZISE POSITION
Als Unterwasserfilmer muss man seine Tarierung und Flossentechnik perfektionieren.

Ein stabiles Gehäuse schützt die Kamera vor Wasserschäden und Beleuchtung ist nötig, um eine realistische Farbwiedergabe zu erzielen, da Wasser mit zunehmender Tiefe immer mehr Farben des natürlichen Lichts ausfiltert *(siehe S. 183)*.

EIN VIDEOSYSTEM AUSWÄHLEN

Die Wahl der Kamera ist der erste Schritt. Obwohl es noch analoge Videokameras gibt, dominiert die Digitaltechnik. Als Speichermedium können Kassetten, Speicherkarten, Festplatten und DVDs dienen. Man sollte Kameras mit drei CCD-Chips bevorzugen, da bei ihnen die Farbinformationen für den Rot-, Grün- und Blaukanal getrennt verarbeitet werden und das Bild daher besser als bei Kameras mit nur einem CCD-Chip ist. Technisch fortgeschritten sind HD-Videokameras (High Definition), die ein Bild von erstaunlicher Klarheit erzeugen, da sie die visuellen Informationen mit einer sehr hohen Abtastrate aufnehmen.

ANFORDERUNGEN

Qualitativ hochwertige Unterwasserfilme zu drehen erfordert mehr als ins Wasser zu springen, alles auf Automatik zu stellen, auf »Aufnahme« zu drücken und zu filmen. Viele Automatiken funktionieren unter Wasser ziemlich schlecht. Beispielsweise reagiert der Autofokus bei geringen Umgebungskontrasten unzuverlässig, was zu unscharfen Bildern führt. Eine vorsichtige manuelle Korrektur der Scharfstellung sowie des Weißpunkts (auf ihm basieren die Farbwerte in verschiedenen Umgebungen) sind immer nötig.

Man muss außerdem hervorragend tauchen können, da man selbst die Kameraplattform darstellt – verwackelte Bilder sind der häufigste Grund für misslungene Aufnahmen. Die Kamera sollte neutral tariert sein, also weder Auf- noch Abtrieb haben, da sie so leichter zu

EINFACHE VIDEOKAMERA
Erschwingliche Kameras besitzen meist Autofokus und automatische Belichtung, einige lassen aber auch manuelle Korrekturen zu.

DIGITALKAMERA FÜR FORTGESCHRITTENE
Bessere Videokameras nehmen in High Definition auf, besitzen drei CCD-Chips und Bildstabilisatoren gegen das Verwackeln.

Videolampe

Gehäuse mit Lampen

Gehäuse

GEHÄUSE UND BELEUCHTUNG
Gehäuse können Einstellungen mechanisch oder elektronisch übertragen. Mechanische nutzen Knöpfe, Wellen, Hebel und Zahnräder, um die Kontrollen der Kamera einzustellen. Sie erfordern mehr Geschick, sind aber robuster als die elektronischen, die Fehlfunktionen haben oder bei Feuchtigkeit einen Kurzschluss bekommen können.

handhaben ist. Man sollte mit ihrer Bedienung so vertraut sein, dass man unter Wasser nicht darüber nachdenken muss.

BEARBEITUNG DES FILMS

Gründliche Vorbereitung ist das Geheimnis jedes guten Unterwasserfilms. Eine Geschichte um den Tauchgang herum zu erfinden, ist nicht schwierig, es eröffnet aber die Möglichkeit, eine Motivliste zu erstellen, nach der man dreht. Den Zuschauer sollte man dabei stets im Hinterkopf haben. Die Bildqualität kann man mithilfe von Videobearbeitungssoftware am Computer optimieren. Auch beim Aneinanderreihen der einzelnen Szenen sollte man darauf achten, dass die Geschichte des Films spannend erzählt wird.

ABSTAND HALTEN
Beim Filmen sollte man darauf achten, nicht mit den Motiven in Berührung zu kommen und auf keinem Fall auf dem Riff zu knien.

GRUNDLAGEN

Moderne Kameras und Gehäuse erlauben es auch dem Einsteiger, gute Fotos und Filme zu machen. Eine wichtige Entwicklung der letzten zehn Jahre ist die Möglichkeit, die Bilder direkt ansehen zu können – noch während des Tauchens – und vor der nächsten Aufnahme Korrekturen vornehmen zu können. Das Befolgen einer Handvoll anerkannter Prinzipien, die für Profis wie für Gelegenheitsfotografen gleichermaßen gelten, führt dazu, dass sich bereits die ersten Versuche, unter Wasser zu fotografieren oder zu filmen, sehen lassen können.

RICHTIGE POSITION
Die richtige Position relativ zum Motiv ermöglicht, es vor dem Hintergrund freizustellen.

NAHE HERAN

Der erste Grundsatz für das Fotografieren unter Wasser ist, so nah wie möglich an sein Motiv heranzukommen. Sogar kristallklares Wasser enthält noch Schwebeteilchen. Selbst wenn man sie mit dem bloßen Auge nicht wahrnimmt, kann man davon ausgehen, dass das Blitzsystem und das Objektiv sie festhalten werden. Wenn man nah am Motiv ist, erhält man ein klareres Bild, deshalb sind Nahaufnahmen mit Weitwinkelobjektiven bei Tauchern sehr beliebt. Dazu benutzt man ein Weitwinkelobjektiv und führt es ganz nah an das Motiv heran, sodass man es vollständig aus der Nähe erfasst. Aus dem gleichen Grund ist die Makrofotografie für den Einsteiger ein guter Start, da klare, gut belichtete Makroaufnahmen relativ leicht zu machen sind.

Eine weitere goldene Regel, besonders für Anfänger, lautet, möglichst nach oben gerichtet zu fotografieren oder zu filmen. Es gibt nichts Schlimmeres als eine endlose Serie blauer oder grüner Aufnahmen, bei denen das Motiv vor dem Hintergrund des Riffs oder des Meeresbodens verloren geht. Fotografiert man nach oben, stellt man das Motiv gewissermaßen vor dem offenen Wasser

SONNENLICHT IM WASSER
Die sich verändernden Muster des Sonnenlichts können interessante Stimmungen erzeugen, sind aber schwer zu belichten.

frei und schafft einen größeren Kontrast. Das Bild kann trotzdem Teile des Riffs, der Steilwände oder eines Wracks enthalten. Das Motiv selbst wird aber besser zu erkennen sein.

KÜNSTLICHE LICHTQUELLEN

Die richtige Ausleuchtung des Motivs ist für den Einsteiger die größte Schwierigkeit. Hier lassen einen die modernen Digitalkameras mit eingebautem Blitz im Stich. Wenn sich die Lichtquelle zu nah am Objektiv befindet, reflektieren Schwebeteilchen das Licht des Blitzes direkt in die Linsen. Das erzeugt einen einem Schneesturm ähnlichen Effekt von weißen Punkten auf dem Bild. Eine der wichtigsten Voraussetzungen für gute Unterwasseraufnahmen mit künstlichen Lichtquellen ist daher die Möglichkeit, das Blitzgerät von dem Objektiv entfernt anzubringen. So leuchtet der Blitz Schwebeteilchen eher seitlich an, sodass das reflektierte Licht zum größten Teil nicht ins Objektiv fällt.

SICH IN GEDULD ÜBEN
Viele Fische sind neugierig, aber schreckhaft. Gute Tarierung hält den Taucher am Platz, bis das Motiv sich wieder zeigt.

Von Fehlschlägen sollte sich niemand entmutigen lassen. Wenn trotz aller Ratschläge nicht jedeAufnahme gelingt, denken Sie daran: Versuch und Irrtum sind Teil des Lernprozesses und führen mit der Zeit zur Verbesserung Ihrer Technik. Der beste Weg, ein guter Unterwasserfotograf zu werden, ist es, ins Wasser zu steigen und den Anfang zu machen.

FARBVERLUST IN DER TIEFE

Wasser absorbiert mit zunehmender Tiefe verschiedene Lichtfrequenzen, sodass Bilder, die ohne künstliche Lichtquellen aufgenommen wurden, verwaschen und blaustichig wirken. Rot verschwindet in einer Tiefe von 3–5 m, Orange bei 10 m und Gelb bei 15 m. In 25 m Tiefe ist das Grün fast verschwunden und bei 30 m sieht ohne künstliche Beleuchtung alles tiefblau oder schwarz aus.

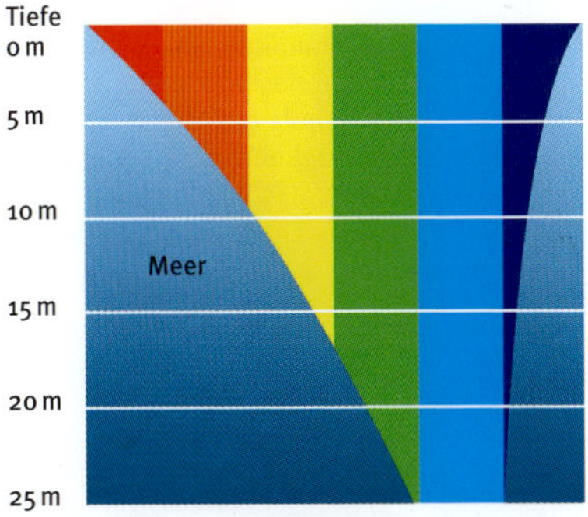

Nachttauchgänge

Vielen mag die Vorstellung, bei Nacht zu tauchen, ein wenig verrückt erscheinen, doch auf Nachttauchgängen sieht man viele Lebewesen, die sich tagsüber verstecken und erst in der Abenddämmerung zum Vorschein kommen.

LICHT UND KOMMUNIKATION

In der Nacht ist das Tauchen etwas komplizierter als am Tag, doch bei guter Vorbereitung ist das kein Hindernis. Es lohnt sich durchaus, einen interessanten Tauchplatz auch einmal nachts zu besuchen, um die erst dann zum Vorschein kommenden Lebewesen zu beobachten. Für den Einstieg wählt man einen einfachen Tauchplatz, etwa ein im Flachwasser liegendes Wrack. Eine kräftige Lampe beleuchtet den Weg und die Tiere, deren Farben man gut erkennen kann. Wenn man seine Lampe einmal bedeckt (man sollte sie niemals abschalten, da die Birne beim Wiedereinschalten durchbrennen könnte), wird man überrascht sein, wie hell es noch ist. Viele Tiere erzeugen nachts Licht, und während man sich durch das Wasser bewegt, regt man auch das Plankton zum Leuchten an, sodass man eine leuchtende Spur hinterlässt.

NACHT AM MEER
Wenn man in einer klaren Nacht bei Vollmond taucht, wird man überrascht sein, wie gut der Mond die Unterwasserwelt erleuchtet.

Die Position seines Partners erkennt man am Licht seiner Lampe und man kann die üblichen Handzeichen geben, wenn man dabei seine Hand beleuchtet. Die Aufmerksamkeit des Partners lenkt man durch Schwenken der Lampe auf sich, darf den Strahl aber niemals in sein Gesicht richten, da es bis zu 15 Minuten dauern kann, bis sich die Augen wieder an die nächtlichen Lichtverhältnisse gewöhnt haben.

An der Wasseroberfläche sollte man die Lampe abschalten, wenn man nicht in einem Notfall Hilfe herbeirufen möchte. Taucht man vom Strand aus, sollte man dort eine Lichtquelle hinterlassen, etwa eine Bootslampe, Taschenlampe oder ein Leuchtfeuer, sodass man den Weg zurück gut findet. Ausstiegsstellen sollten mit farbigem Licht beleuchtet werden, damit man sie von anderen Lichtquellen unterscheiden kann.

Die meisten Konsolen und Computer kann man im Licht der Lampen gut ablesen und viele

LICHTQUELLEN

Es ist wichtig, dass alle Taucher eine Lampe tragen und mindestens eine weitere als Ersatz mitführen. Man denke auch an Ersatzbatterien und an das Laden der Akkus. Handlampen sind besser geeignet als am Kopf befestigte, bei denen ein Blick auf den Partner genügt, um ihn zu blenden. Ein Leuchtstab am Rücken erhöht die Sichtbarkeit, ist aber meistens nicht nötig.

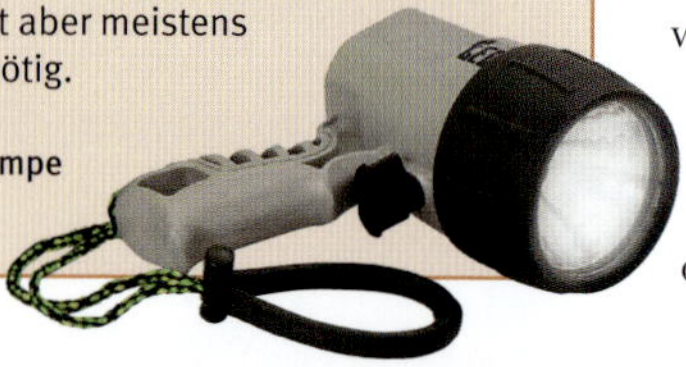

Handlampe

Instrumente besitzen nachleuchtende Zifferblätter.

NÄCHTLICHE ENTDECKUNGEN
Bei Nachttauchgängen entdeckt man die »Nachtschicht« im Meer, der auch dieses fremdartig wirkende Gorgonenhaupt angehört.

VORSICHTSMASSNAHMEN

Tauchpartner sollten sich mit einer Buddyleine verbinden. Das ist besonders für Anfänger und bei schlechter Sicht zu empfehlen. Wenn man an einem mit Boje gekennzeichneten Wrack taucht, sollte man den unteren Befestigungspunkt der Bojen-leine mit einem Blinklicht markieren. Um Risiken zu vermeiden, ist es ratsam, nicht zu tief tauchen, da viele Probleme im Dunkeln schlechter zu lösen sind. Im offenen Wasser sollte man eine mit einer Lampe versehene Taucherboje als Signal für Schiffe setzen.

Die größte Einschränkung im Vergleich zu Tauchgängen am Tag betrifft die Kommunikation zwischen Tauchern und Boot. Trotzdem sollte man so eng wie möglich Kontakt halten, da man sonst eventuell erst am nächsten Morgen wiedergefunden wird.

LAMPENSIGNALE

Während des Tauchgangs zeigt der Lichtstrahl wo sich der Partner befindet. Man kann mit einfachen Lampensignalen auf dem Meeresboden kommunizieren. An der Wasseroberfläche schwenkt man die Lampe hin und her, wenn man sofortige Hilfe benötigt.

»OK« SIGNALISIEREN
Ein großer Kreis signalisiert dem Partner, dass alles in Ordnung ist.

AUFMERKSAMKEIT ERREGEN
Schnelles Hin- und Herbewegen bedeutet, dass man etwas zeigen oder mitteilen will.

Höhlentauchen

Man unterscheidet zwei Formen dieser aufregenden Variante des Tauchens, von denen die eine auch von Sporttauchern durchgeführt werden kann. Da das Höhlentauchen mit einigen Risiken verbunden ist, erfordert es eine gute Vorbereitung, am besten in einem Kurs.

HÖHLEN UND GROTTEN

Eine Höhle oder Grotte ist ein abgeschlossener Bereich in Felswänden oder Korallenriffs, der so groß ist, dass ein Taucher hineingelangen und sich darin bewegen kann. Man trifft in dieser faszinierenden Umgebung fast immer auf Lebewesen, die im offenen Wasser nicht zu finden sind.

Anders als bei der extremen Variante, dem sogenannten Cave-Tauchen, bei der die Taucher das Tageslicht hinter sich lassen und bis zu mehreren Kilometern tief in die Höhle eindringen, verlässt der Sporttaucher beim Cavern-Tauchen die erste Höhlenkammer nicht, der Ausgang ist immer in Sicht. Doch auch hier ist das Tauchen nicht risikolos, da man bei einem Notfall keinen unmittelbaren Zugang zur Wasseroberfläche hat.

AUSRÜSTUNG

Die Taucherlampe ist ein grundlegender Bestandteil der Ausrüstung, doch ist es vernünftig, auch eine Reservelampe mitzunehmen. Es genügt, wenn es sich dabei um ein kleineres Modell handelt, doch es muss hell genug sein, wenn die erste Lampe ausfällt. Akkus sollten immer gut geladen sein. Eine alternative Luftversorgung, etwa eine Ponyflasche *(siehe S. 68)*, ist ebenfalls sinnvoll, da der Taucher nicht sofort zur Oberfläche gelangen kann, falls der Atemregler ausfällt.

Reservelampe

SICHERHEIT

Wenn die Sicherheitsregeln nicht eingehalten werden, können auch bei der einfachen Variante des Höhlentauchens ernsthafte Gefahren auftreten. Die erste Regel lautet: Der Ausgang sollte zu jeder Zeit klar zu sehen sein. Falls er hinter einer Biegung verborgen ist, muss man das von ihm ausgehende Licht gut erkennen. Für viele Taucher ist die Versuchung groß, tiefer in eine Höhle einzudringen. In dem Moment, in dem das natürliche Licht schwindet, wird der Tauchgang jedoch zum echten Höhlentauchgang, den man nicht ohne entsprechende Ausrüstung und geeignetes Training wagen sollte.

Das Beherrschen bestimmter Techniken ist die Voraussetzung zum Tauchen in Höhlen. Die Tarierung ist wichtig, besonders wenn der Boden mit Sedimenten

AN DER SCHWELLE
Ein Taucher zögert am Eingang einer australischen Süßwassergrotte. Hier ist das Befolgen der Sicherheitsregeln lebenswichtig.

bedeckt ist. Es ist ratsam, sich mit dem Froschbeinschlag *(siehe S. 123)* fortzubewegen, um nicht unnötig Sedimente aufzuwirbeln. Ein falscher Flossenschlag kann den Taucher in eine undurchdringliche Sedimentwolke einhüllen und zu Orientierungslosigkeit und Panik führen. Um bei schlechter Sicht ohne Probleme wieder hinauszufinden, kann man eine Führungsleine *(s. S. 127)* am Höhleneingang befestigen. Man sollte niemals ohne entsprechendes Vorwissen in eine

HÖHLENKAMMER
Im Innern einer Höhle herrscht oft eine geheimnisvolle Stimmung, was auch an dem besonderen Licht liegt.

Höhle eindringen. Höhlensysteme können besondere Gefahren bergen – etwa jahreszeitlich bedingte Veränderungen der Sicht –, die in der Literatur unter Umständen nicht erwähnt werden.

Eistauchen

Unter dem Eis zu tauchen mag wenig verlockend klingen, doch ist es eine einzigartige Erfahrung. Die Sicht ist meistens sehr gut und das Licht dringt weich gefiltert durch die Eisdecke. Eistauchen kann einem atemberaubend schöne Teile der Welt erschließen.

EINZIGARTIGE UMGEBUNG

Eistauchen ist im Meer oder in zugefrorenen Seen möglich. Die Art der anzutreffenden Lebewesen hängt davon ab, wo auf der Welt man sich befindet und ob es sich um Meer- oder Süßwasser handelt. Die Sicht ist oft überwältigend, da das Eis eine Schutzschicht bildet, die verhindert, dass das Wasser vom Wind aufgewühlt wird. Das schwache Licht hemmt den Algenbewuchs.

KALTWASSER-AUSRÜSTUNG
Ein Taucher geht mit einer speziellen Ausrüstung ins Wasser, die für den Einsatz bei großer Kälte vorgesehen ist.

SICHERHEITSLEINEN

Wer unter Eis tauchen möchte, muss eine spezielle Ausbildung absolvieren. Dabei wird nicht nur das Tauchen an einer Leine entlang gelehrt, sondern auch das Anlegen des Einstiegslochs und die Überwachung der Sicherheitsleinen der Taucher durch die Mannschaft an der Oberfläche.

Pro Tauchgang benötigt man mindestens vier bis sechs Personen. Ein Team von zwei Tauchern benötigt zwei Betreuer, die sich um ihre Leinen kümmern. Es ist sinnvoll, dass sich mindestens eine weitere Person für einen eventuellen Einsatz bereithält. Für jeden Taucher muss eine separate Leine benutzt werden. Wenn sich die Taucher eine Leine teilen und die Leine beschädigt wird, sind beide in Gefahr. Die Leinen sollten immer mit dem sehr sicheren Palstek verknotet werden.

SIGNALE UND SICHERHEIT

Es ist wichtig, den Betreuern Signale geben zu können. Da der Tauchgang unter Extrembedingungen stattfindet, müssen sie wissen, dass alles in Ordnung ist. Während der Ausbildung lernt man, Signale mit dem Seil zu geben.

Abgesehen von den üblichen Gefahren einer geschlossenen Umgebung muss man beim Eistauchen besonders auf seine Körpertemperatur achten. Wiederholungstauchgänge sollten nur

BESONDERE MASSNAHMEN
Eistaucher verlassen sich auf das Team an der Wasseroberfläche.

durchgeführt werden, wenn man vollständig wieder aufgewärmt ist. Man sollte energiereiche, heiße Nahrung zu sich nehmen, um die verbrauchten Kalorien zu ersetzen und sich aufzuwärmen.

EISKALTE TIEFE
Ein Taucher filmt die faszinierende Welt unter dem Eis. In kalten Meeren leben viele einzigartige Tiere.

SPEZIALAUSRÜSTUNG

Zum Eistauchen benötigt man eine spezielle Ausrüstung. Dazu gehört ein Atemregler mit Vereisungsschutz *(siehe S. 63)*, der weniger leicht einfrieren kann. Man sollte ihn vor dem Tauchgang ins Wasser halten, um ihn der Temperatur anzugleichen. Man darf aus ihm nur unter Wasser atmen, um das Risiko des Abblasens zu vermindern (eine unkontrollierte Luftabgabe bei eingefrorenem Mechanismus). Aus Sicherheitsgründen wird empfohlen, die normale zweite Stufe und den Oktopus an zwei voneinander unabhängige erste Stufen *(siehe S. 61)* anzuschließen. Dazu muss die Flasche ein spezielles Ventil haben.

Man benötigt einen speziellen Unterziehanzug unter dem Trockentauchanzug sowie dicke Neopren- oder Trockentauchhandschuhe *(siehe S. 54)* und zwei dicke Kopfhauben zur zusätzlichen Isolation.

Apnoetauchen

Früher waren es vor allem Fischer, die mit dem Luftvorrat in ihren Lungen möglichst lang und tief tauchten. Extremsportler erweitern heute die Grenzen des Menschenmöglichen, indem sie größte Tiefen mit nur einem Atemzug erreichen.

REINER SPORT

Das Apnoetauchen ist keine Extremsportlern vorbehaltene Disziplin. Jeder, der beim Schnorcheln ein paar Meter tief abtaucht, kann sich als Apnoetaucher bezeichnen. Viele sind der Ansicht, dass es die reinste Form des Tauchens ist, weil nur ein Minimum an Ausrüstung benötigt wird und der Erfolg auf Disziplin, Mut und Kondition beruht.

Die Anfänge des Apnoetauchens reichen bis zu den ersten Versuchen der Menschen zurück, ins Wasser vorzudringen, um Nahrung zu suchen und den Meeresgrund zu erkunden. Das moderne Apnoetauchen ist dagegen ein reglementierter Sport mit Rekordversuchen, die von den beiden Vereinigungen AIDA (Association Internationale pour le Développement de l'Apnée) und FREE (Freediving Regulations and Education Entity) registriert werden. Die Taucher messen sich in einer Reihe von Disziplinen, von denen zwei meist im Pool stattfinden: das Zeittauchen, ein Ausdauertest, bei dem festgehalten wird, wie lang man die Luft anhalten kann, und das Streckentauchen, bei dem die Entfernung gemessen wird, die ein Taucher mit einem Atemzug zurücklegen kann. Im offenen Wasser wird die Tiefe beurteilt, die er erreichen und aus der der Taucher sicher wieder aufsteigen kann.

Das Apnoetauchen hat natürlich seine Risiken. Bei den extremen Formen wird der gesamte Luftvorrat des Körpers verbraucht, sodass die Gefahr besteht, bewusstlos zu werden. Deshalb sollte man seine Grenzen niemals allein ausloten und an einem Einführungskurs teilnehmen, bevor man mit dem Training beginnt.

ZUBEHÖR

Zum Apnoetauchen benötigt man nicht viel, aber spezialisiertes Zubehör, wie Anzüge mit geringem Wasserwiderstand und Flossen verschiedener Härtegrade. Die Masken besitzen ein besonders geringes Innenvolumen, das spart Luft, die ansonsten in die Maske ausgeatmet werden müsste, um den sich aufbauenden Unterdruck auszugleichen *(siehe S. 115)*.

spezielle Maske

ZEITTAUCHEN
Zwei Taucher im Wettstreit darum, wer die Luft länger anhalten kann. Weltklassesportler erreichen Zeiten von über 7 Minuten.

DIE TIEFE NACHWEISEN
Ein Apnoetaucher greift nach der Plakette, die als Nachweis für die von ihm erreichte Tiefe dient. An der Oberfläche muss er sie den Preisrichtern präsentieren.

TAUCHTIEFEN

Tieftauchrekorde werden in verschiedenen Disziplinen aufgestellt, die sich darin unterscheiden, ob der Taucher Gewichte und Flossen einsetzt. In der Disziplin »No Limits« wird der Taucher von einem Schlitten in die Tiefe gezogen und dann von einem Hebesack an die Oberfläche katapultiert.

Von einem durchschnittlich geübten Apnoetaucher erreichbar

Geübter Amateur-Apnoetaucher

30 m

In der Disziplin »Tieftauchen mit konstantem Gewicht« ist der Gebrauch von Flossen und Ballast erlaubt. Gute Taucher erreichen etwa 100 m, das entspricht der Höhe des Big Ben in London oder der Freiheitsstatue in New York.

Tieftauchen mit konstantem Gewicht

100 m

Die besten No-Limit-Taucher erreichen Tiefen von über 150 m.

200 m

Unterwasserarchäologie

Obwohl die Archäologie vor allem der wissenschaftlichen Welt vorbehalten ist, kann jeder Wracktaucher, der archäologisches Interesse und ein entsprechendes Verantwortungsbewusstsein mitbringt, an der Entdeckung historischer Funde teilhaben.

REGELN FÜR DEN AMATEUR

Jeder Taucher kann auf historische Artefakte stoßen, das methodische Bergen erfordert jedoch Fachkenntnisse, die sich allerdings auch archäologisch interessierte Taucher im Rahmen verschiedener Weiterbildungsmöglichkeiten aneignen können. Man wird feststellen, dass man nach einem entsprechenden Training – vielleicht auch bei Grabungen an Land – deutlich mehr Möglichkeiten hat, sich einem Projekt anzuschließen.

Denn unabhängig davon, dass Amateure in diesem Bereich wertvolle Beiträge leisten können, ist es wichtig, dass sie in ein Projekt eingebunden sind, das von einer anerkannten und autorisierten Einrichtung geleitet wird. Viel zu viele Fundstellen sind sowohl durch Vandalismus als auch durch Diebstahl zerstört worden, weshalb Nachforschungen unter Wasser ebenso genehmigungspflichtig sind wie Ausgrabungen an Land. Es gibt viele Organisationen, die für die Unterstützung engagierter Amateure dankbar sind und sie anleiten.

Das Erlernen professioneller Grabungs- und Bergungstechniken kann für den Amateur faszinierend sein. Archäologen betreiben einen großen Aufwand, um eine Beschädigung der untersuchten Fundkomplexe zu vermeiden. Die eigenen Entdeckungen gewinnen eine neue Dimension, wenn man die Freude daran mit Leuten teilen kann, die die Bedeutung der Funde einschätzen können.

DENKMALSCHUTZGESETZE

Indem man ein Fundstück vom Fundort entfernt, zerstört man den Zusammenhang, in dem beide stehen, und macht es damit unter Umständen für die Forschung wertlos. In vielen Ländern sind archäologisch interessante Orte streng geschützt. Die Entwendung von Fundstücken wird – mit Recht – streng verfolgt und die Strafen für illegale Grabungen oder Plünderungen können hart sein.

Die Amphoren, die einmal Öl und Wein enthielten, stammen aus der Türkei.

ENTDECKEN UND SCHÜTZEN

Eine marine archäologische Expedition wird meistens dann zusammengestellt, wenn Forschungs-

ÜBERRESTE EINES KRIEGS
Taucher sehen sich die Überreste eines japanischen Fliegers an, der im Zweiten Weltkrieg abgeschossen wurde.

ergebnisse oder auch Hinweise aus der Bevölkerung einen interessanten Fund versprechen. Zuerst wird in der Regel eine Kartierung durchgeführt. Dazu kann eine Bezugslinie auf dem Grund festgelegt werden, von der alle Messungen ausgehen. Man kann auch ein Gitternetz abstecken. Mit GPS-gestützten Messmethoden kann man selbst größere Flächen mit umfangreichen Fundstücken in relativ kurzer Zeit einmessen, was die Arbeit sehr erleichtert. Eine genaue Erfassung der Stelle und ihres Zustands vor dem Beginn der Grabungen in Fotos und Zeichnungen ist wichtig. Kleine Probegrabungen gehen der eigentlichen Grabung voraus, wobei jeder Fund sorgfältig in die Karte eingetragen und gezeichnet oder fotografiert wird. Die Konservierungs- und Restaurierungsmethoden sind sehr spezialisiert. Unterwasserarchäologie erfordert neben guten Tauchkenntnissen Ausdauer und ein Interesse an naturwissenschaftlichen Forschungsmethoden.

BEHUTSAME UNTERSUCHUNG
Die Datenerhebung ist ein Bereich, in dem der Amateur dem Profi helfen kann.

Technisches Tauchen

Spezielle Gasgemische und zusätzliche oder besondere Ausrüstungsteile ermöglichen tiefe und längere Tauchgänge. Das technische Tauchen befähigt den Taucher zur Eroberung neuer Tauchziele, stellt aber wegen des erhöhten Risikos auch eine besondere Herausforderung dar.

DIE GRENZEN SPRENGEN

Durch einfache physikalische Gesetze sind Tauchgänge auf eine maximale Tiefe und eine maximale Zeit (abhängig von der Tauchtiefe) beschränkt. In der Ausbildung wird für Sporttaucher die Grenze der Drucklufttauchgänge bei 40 m angesetzt. In größeren Tiefen kann sich sehr schnell Stickstoff in den Geweben konzentrieren und das Risiko einer Dekoerkrankung *(siehe S. 142/143)* drastisch erhöhen. Zusätzlich können die in größeren Tiefen erhöhten Stickstoffwerte zu einer Stickstoffnarkose *(siehe S. 100/101)* führen. Je tiefer man taucht, desto giftiger wirkt sich auch der Sauerstoffanteil der Luft aus *(siehe S. 96/97)*.

Um dennoch längere Tauchzeiten und das Vordringen in größere Tiefen zu ermöglichen, hat man besondere Gasgemische entwickelt, in denen das Verhältnis von Sauerstoff und Stickstoff verändert wurde. Andere Gemische enthalten weitere Gase, die die Auswirkungen einer zu hohen Sauerstoff- und Stickstoffkonzentration vermindern sollen. Mittlerweile sind drei Gemischarten gebräuchlich, von denen Nitrox auch im Bereich des Sporttauchens zur Verlängerung der Tauchzeiten eingesetzt wird. Trimix und Heliox bleiben dem technischen Taucher vorbehalten. Sie ermöglichen das Erreichen größerer Tiefen.

TAUCHZEITEN VERLÄNGERN

Normale Luft besteht aus etwa 21 Prozent Sauerstoff und 79 Prozent Stickstoff. Nitrox enthält mehr Sauerstoff und weniger Stickstoff, sodass es länger dauert, bis der Körper die Grenze seiner Stickstoffkapazität erreicht. Außerdem reduziert sich die Erschöpfung

HÖHLENTAUCHER

Extremes Höhlentauchen erfordert eine komplizierte Ausrüstung, zu der Tanks mit speziellen Gasgemischen und besondere Tauchcomputer gehören.

JENSEITS DER GRENZEN
Ein Taucher erforscht ein überflutetes Höhlensystem. Das technische Tauchen erlaubt es, weiter vorzudringen als jemals zuvor.

nach dem Tauchgang. Nitrox kann je nach Einsatzzweck 22–50 Prozent Sauerstoff enthalten. Ab einer bestimmten Tiefe kann der hohe Sauerstoffanteil jedoch giftig wirken und Krämpfe verursachen. Je mehr Sauerstoff enthalten ist, in desto geringeren Tiefen geschieht das. Daher erfordert das Tauchen mit Nitrox den Besuch eines Kurses.

TIEFER TAUCHEN

Taucher, die in größere Tiefen vordringen, benutzen Heliox- oder Trimix-Gemische. Heliox enthält nur Sauerstoff und Helium, wohingegen Trimix eine Mischung aus Helium, Sauerstoff und (meistens) Stickstoff darstellt. Beide Gemischarten reduzieren die Wahrscheinlichkeit einer Stickstoffnarkose *(siehe S. 101)*, einer Sauerstoffvergiftung und einer Dekoerkrankung. Da Helium Wärme sechsmal besser als Luft leitet, können die Gemische dazu führen, dass der Taucher schnell friert. Auch Helium wird in die Gewebe aufgenommen, sodass lange Dekompressionszeiten nötig sind. Für die Anwendung dieser Gasgemische ist eine spezielle Ausbildung notwendig.

SPEZIALAUSRÜSTUNG

Das Tauchen in extremer Tiefe oder in tiefen Höhlen setzt eine spezielle Ausrüstung voraus. Technische Taucher analysieren ständig ihr Equipment, um Schwachpunke zu entdecken. Während eines technischen Tauchgangs gibt es wenig Spielraum für Fehler. Um den Abtrieb der zusätzlichen Flaschen zu kompensieren, benutzen technische Taucher meist Wing-Jackets *(siehe S. 59)* mit großem Auftrieb. Auch die Atemregler sind Hochleistungsmodelle, die noch in großen Tiefen zuverlässig Atemgas liefern. Spezielle Computer berechnen die Wirkung der verschiedenen Atemgase im Verlauf des Tauchgangs.

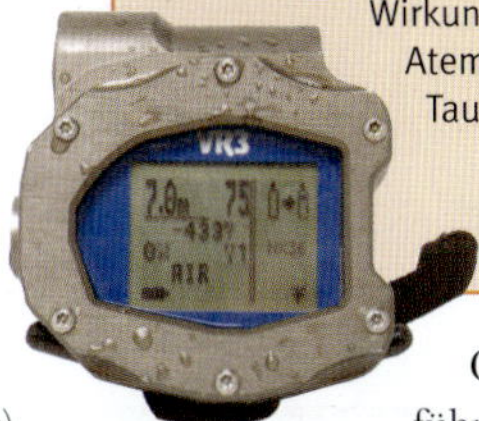

Multigas-Computer

Tauchen als Beruf

Viele Menschen lieben das Sporttauchen und spielen mit dem Gedanken, aus dem Hobby einen Beruf zu machen. Die Arbeit als Berufstaucher ist anstrengend und der Verdienst oft mäßig, doch die persönliche Befriedigung kann diese Nachteile aufwiegen.

BERUFSTAUCHER WERDEN

Zwei Faktoren spielen im Leben eines Berufstauchers immer wieder eine Rolle: Die Arbeit stellt ausnahmslos eine Herausforderung dar und es gibt immer mehr Bewerber als freie Stellen.

Als wachsender Markt bietet die Sporttauch-Industrie die meisten Berufschancen. Wenn man sich bei einer anerkannten Organisation als Divemaster oder Tauchlehrer qualifiziert, kann man in Tauchbasen auf der ganzen Welt arbeiten. Als Tauchlehrer ist man für die Sicherheit seiner Schüler verantwortlich, weshalb Arbeitgeber bei der Auswahl rigoros sind. Ein guter Taucher zu sein ist nur eine Eigenschaft, die ein Tauchlehrer mitbringen muss. Herausragende technische Kenntnisse, Kommunikationsgeschick und menschliche Reife sind nicht minder ausschlaggebend. Die Ausbildung zum Tauchlehrer kann recht teuer sein, doch sie ist der erste Schritt, um – auch in anderen Berufszweigen – als Taucher tätig zu sein.

GEWERBLICHES TAUCHEN UND RETTUNG

Das gewerbliche Tauchen umfasst die Tätigkeiten verschiedener Berufszweige und schließt wissenschaftliches sowie Tauchen im Auftrag der Industrie oder der Medien ein. Heutige Berufstaucher haben fast alle eine Ausbildung zu einem anderen Beruf absolviert, deren Kenntnisse sie unter Wasser anwenden. Anwärter für das Forschungstauchen kommen

TIEFSEETAUCHER
Ein Taucher in einem Druckanzug arbeitet am Meeresgrund. Diese Arbeit stellt eine große Herausforderung dar und die Konkurrenz ist groß.

TAUCHLEHRER
Ein Tauchlehrer betreut einen neuen Schüler. Mancherorts sind noch freie Stellen zu finden.

UNTERWASSERMONTAGE
Ein Berufstaucher repariert einen Stahlrahmen auf dem Meeresgrund. Solche Aufgaben erfordern besondere technische Kenntnisse.

aus dem akademischen Bereich, beispielsweise der Biologie oder derArchäologie. Spezialisierte Berufstaucher finden sich zudem bei den Rettungskräften wie der Feuerwehr, der DLRG, der Wasserwacht und dem Katastrophenschutz.

MILITÄR UND POLIZEI

Berufstaucher im Dienst des Militärs oder der Polizei müssen oft unter schwierigen Bedingungen wie geschlossenen

MILITÄRTAUCHER
Ein Marinetaucher bereitet sich auf einen Minenräumeinsatz vor. Militärtaucher bewältigen gefährliche Aufgaben und werden hart trainiert.

Umgebungen, extremen Wassertemperaturen und sehr schlechter Sicht arbeiten. Da die Nachfrage nach diesen Stellen groß ist, werden nur die besten Kandidaten akzeptiert.

Meeresfauna

Einleitung

Meere bedecken mehr als 70 Prozent unseres Planeten, aber wir wissen kaum, was jenseits der Küsten lebt. Das Meer ist ein wenig erforschter Lebensraum mit einer unüberschaubaren Vielfalt an Tieren und Pflanzen jeder Form und Größe.

UNBEKANNTE TIEFEN

Der größte Teil unseres Planeten ist von Wasser bedeckt, doch nur rund 16 Prozent der uns bekannten Arten lebt im Meer. Diese Zahl spiegelt allerdings vor allem unser ungenügendes Wissen über die faszinierenden Lebensformen der Meere wider: Es existieren zweifelsohne viele tausend unbekannte Arten im offenen Meer, die es erst noch zu entdecken gilt.

MARITIMER SCHMELZTIEGEL Das Meer beherbergt verschiedenste Lebensformen wie diesen bizarren Nacktkiemer.

Forschung findet notwendigerweise meist in den relativ flachen Gewässern um die Landmassen herum statt. Die natürlichen Grenzen unserer Physiologie und Technologie machen eine Erkundung jenseits einer Tiefe von 100 m sowohl mühselig als auch teuer. Dabei beträgt die durchschnittliche Tiefe der Ozeane 3,8 km, womit riesige Teile der Erde nach wie vor als unerforscht gelten dürfen.

Die von Sporttauchern besuchten Küstenreviere wimmeln allerdings vor Leben. Nur zwei Prozent der uns bekannten Meerestiere leben im offenen Meer, die übrigen 98 Prozent buddeln, schwimmen und kriechen über Riffs, Felsen und sandigen Meeresgrund. Hobbytaucher sind zwar auf Tiefen von bis zu 40 m beschränkt, aber die ersten 200 m des Flachmeerbereichs entlang der Küsten beherbergen die größte Vielfalt an maritimem Leben.

LEBENSBEREICHE

Die Lebensbereiche der Ozeane sind eng verknüpft mit den vier Klimazonen auf der Erde. Im äußersten Norden und Süden liegen jeweils die Polarmeere mit den Eiskappen. Diese gehen in die gemäßigten Regionen mit Durchschnittstemperaturen zwischen 10 und 20 °C über. Die subtropischen Meere bilden eine Pufferzone um die tropischen Gewässer des Äquators, die selten unter 20 °C abkühlen.

TEMPERATURUNTERSCHIEDE Die Oberflächentemperaturen reichen vom Gefrierpunkt an den Polen bis zu über 30 °C in den Tropen.

- Polar
- Gemäßigt
- Subtropisch
- Tropisch

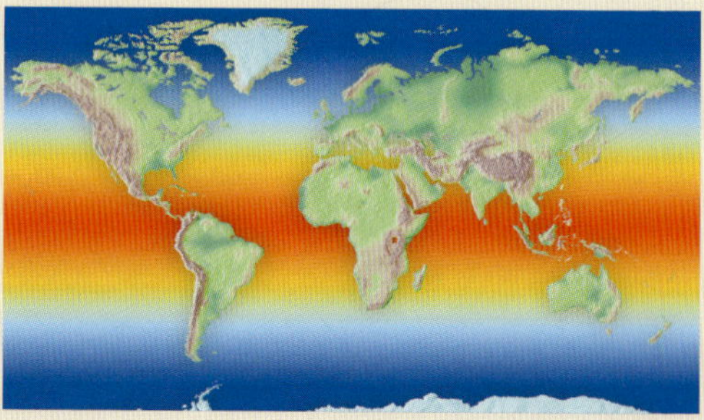

GRENZENLOSE VIELFALT

Die Ozeane sind seit jeher eine Nahrungsquelle. Aber auch für den internationalen Handel und Verkehr sind sie von größter Bedeutung. Das Leben unzähliger Menschen hängt vom Meer und seinen Bewohnern ab, vom winzigsten Plankton bis zum größten Lebewesen der Erde, dem Blauwal.

Die unterseeischen Lebensräume und ihre Bewohner sind weltweit sehr verschieden. Das offene Meer wird unablässig von herumstreifenden »Giganten der Ozeane«, Planktonfressern und Jägern durchpflügt. Die Furchtlosigkeit und Neugier vor allem der großen Meeresbewohner sorgt bei Tauchern, die ihnen begegnen, immer wieder für Begeisterung. Nahe der Küste bieten die warmen, klaren Gewässer der Tropen spektakulären Korallenkolonien eine Heimat. In gemäßigten Küstenregionen finden sich dicht bevölkerte Wälder aus Kelppflanzen, die ihre riesigen Triebe bis in die vom Sonnenlicht erhellten oberen Wasserschichten strecken.

Die kalten Gewässer sind das Reich der migrierenden Arten, die die Meere auf der unablässigen Suche nach ihrer mit den Jahreszeiten wechselnden Nahrung durchstreifen.

Doch Migration findet auch in einer anderen Richtung statt. Mit dem Tag- und Nachtwechsel ziehen die verschiedensten Tiere von oben nach unten durch die Wasserschichten und sorgen damit für die größte Tierwanderung auf unserem Planeten.

NATURSCHUTZ
Ein Haiwilderer wird festgenommen. Weltweit leben Küstenbewohner und Inselvölker vom Fischfang im Meer.

FLUGBAHN
Mit seiner riesigen Spannweite von bis zu 3 m ist der Adlerrochen eine beeindruckende Erscheinung.

Tropische Gewässer

Wenn es ein Sinnbild für den Zauber des Tauchens gibt, dann ist es das Korallenriff. Aber die warmen, klaren Gewässer der Tropen haben mit ihren Mangrovensümpfen, Seegrasfeldern und weiten offenen Wasserflächen noch viel mehr zu bieten.

WARMER GÜRTEL

Die tropischen Gewässer bilden einen unregelmäßigen Gürtel, der sich nördlich und südlich des Äquators erstreckt und selten unter 20 °C abkühlt. Obwohl sehr reizvoll für Taucher, bieten diese Gewässer für marines Leben eine wenig attraktive Umgebung. Die heiße tropische Sonne erhitzt die oberen Wasserschichten, wodurch ein deutlicher Temperaturunterschied zwischen der Oberfläche und den tieferen, kühleren Schichten entsteht. Eine solche thermische Schichtung verhindert eine Durchmischung der Wassersäule, wodurch keine Nährstoffe aus tieferen Schichten nach oben gelangen. Die Meeresbewohner mussten sich also anpassen und Strategien entwickeln, um den Mangel an Nährstoffen zu kompensieren. Das bemerkenswerteste Beispiel hierfür ist wahrscheinlich das Korallenriff. Die Primärproduktion – die Bildung von Biomasse aus anorganischen Substanzen – liegt bei Korallenriffs etwa 100 Mal höher als in offenen tropischen Gewässern *(siehe S. 204)*, und obwohl sie nur 0,2 Prozent der Ozeanflächen ausmachen, sind dort etwa 25–30 Prozent aller Fischarten beheimatet.

PERFEKTES SCHNORCHELREVIER
Tropische Korallenriffs gedeihen in klarem Wasser und bei geringen jahreszeitlichen Temperaturschwankungen.

LEBEN AM RIFF

Die Artenvielfalt der Tropen basiert zum großen Teil auf dem Leben an den Korallenriffs, variiert aber stark von Riff zu Riff. Die größte Vielfalt findet man im Indopazifik. Hier bieten rund 700 Korallenarten etwa 2000 Fischspezies ein Zuhause. Im Gegensatz dazu leben an den Riffs des Atlantiks nur rund 70 Korallenspezies und etwa 600 Fischarten.

Mondsichel-Falterfisch

KORALLENBILDUNG
Diese komplexen und oftmals riesigen Gebilde werden von kleinsten Meereslebewesen gebildet.

Die Riffs des Indopazifik sind die artenreichsten Meereslebensräume der Welt. Ihre wunderschöne Struktur, die leuchtenden Farben und der überwältigende Artenreichtum machen sie zu unwiderstehlichen Tauchrevieren.

PARADIESISCHE INSELWELT
Tropische Strände locken viele Touristen an, wodurch immer mehr Land erschlossen wird. Das ökologische Gleichgewicht der tropischen Meere ist in großer Gefahr.

KINDERSTUBE AN DER KÜSTE

Die Tropen sind aber auch die Heimat der Mangrovensümpfe und Seegraswälder. Beide sind für die Gesundheit der tropischen Meere ebenso wichtig wie die Korallenriffs. Insgesamt gibt es mehr als 40 Mangrovenarten – tropische Bäume und Sträucher, die in den seichten Gewässern der Küsten innerhalb der Gezeitenzone wachsen. Sie sind Laich- und Aufwuchsgebiet für unzählige Fischarten, Krebse und Garnelen, die später die Riffs oder das offene Meer bevölkern. Die ungefähr 50 Arten von Seegras bilden ebenfalls Wälder in den seichten Küstengewässern und sind Nahrungsquelle und Kinderstube für viele Fischarten. Die Vernichtung von Seegraswäldern und Mangrovensümpfen rund um den Globus ist daher eine ernst zu nehmende Bedrohung für das ökologische Gleichgewicht.

BEDROHTE RIFFWELT

Weltweit sind Korallenriffs stark bedroht. Durch die Erschließung der Küsten und rücksichtslose Befischung verschmutzt schlammiges Wasser diese empfindlichen Systeme und man schätzt, dass bereits rund 90 Prozent der Riffs vom Menschen beschädigt wurden. Es gibt Belege dafür, dass die steigenden Wassertemperaturen für die Korallenbleiche verantwortlich sind, mit fatalen Folgen für die Riffs. Die Algen beginnen Giftstoffe zu produzieren und werden daraufhin von den Korallen abgestoßen.

AUSGEBLEICHTE KORALLEN
Die Korallenbleiche ist eine der auffälligeren Folgen von Klimaerwärmung und Umweltverschmutzung.

Das Ertauchen eines Riffs kann ein Höhepunkt im Leben eines Tauchers sein. Wir sollten aber nicht vergessen, dass wir eine große Verantwortung tragen und die Riffs nicht beschädigen dürfen. Größte Vorsicht ist geboten, wenn wir diese einzigartigen Ökosysteme nicht zerstören wollen.

DER LEBENSZYKLUS DER KORALLEN

Korallenriffs entstehen durch die außergewöhnliche Symbiose zwischen winzigen Lebewesen – sogenannten Polypen – und kleinen Algen. Die Polypen sind koloniebildende Tiere und sie sind für den Bau der Korallenriffs verantwortlich. Sie haben ein hartes Exoskelett aus Kalziumkarbonat, aus dem sich die Struktur der Riffs formt. In den Polypen leben einzellige Algen, die Zooxanthellen. Diese wiederum ernähren sich von den Abfallprodukten der Polypen und versorgen letztere mit Nährstoffen und Sauerstoff, den sie durch Fotosynthese produzieren. Da dieser Prozess Licht erfordert, finden sich tropische Korallenriffs ausschließlich in weniger als 100 m Tiefe, in der sogenannten lichtdurchfluteten oder photischen Zone.

Gemeinsam bilden Algen und Polypen ein hoch effizientes Nährstoff-Recyclingsystem, das wiederum eine bunte Vielfalt an marinem Leben unterhält.

SYMBIOSE
Die Algen bewirken eine leichte grünliche Verfärbung des weichen Polypengewebes.

RIFFVERTEILUNG
Über 90 Prozent der Korallenriffs sind über den Indopazifik verstreut. In kalten oder starken Strömungen bilden sich keine Riffs.

● Riff

ABSTAND HALTEN
Um Korallenriffs nicht zu beschädigen, sind Berührungen unbedingt zu vermeiden.

Die Subtropen

Eine weitverbreitete Definition bezeichnet die Subtropen als zu warm für die Meeresbewohner gemäßigter Zonen, aber gleichzeitig zu kalt für Korallenriffs. Subtropische Gewässer finden sich in allen Weltmeeren mit Ausnahme der Arktis.

ZWISCHEN DEN WELTEN

Subtropische Gewässer liegen zwischen den tropischen Ökosystemen (mit Korallenriffs und Mangroven) einerseits und den gemäßigten Zonen (mit kalten, nährstoffreichen Gewässern und komplexen Systemen wie Kelpwäldern) andererseits. In den subtropischen Meeressystemen ist die Wassertemperatur zu hoch, um größere Mengen an Sauerstoff und Nährstoffen *(siehe S. 208/209)* zu enthalten, aber auch zu niedrig für die Ansiedlung von riffbildenden Korallen, die Nährstoffe recyceln *(siehe S. 204/205)*.

ROTER ZACKENBARSCH
Diese großen Raubfische sind typisch für das Mittelmeer, wurden aber leider durch Überfischung bereits stark dezimiert.

Die beliebtesten subtropischen Tauchreviere liegen im Mittelmeer und Teilen des Golfs von Kalifornien (auch als Cortez-See bekannt). Weitere bedeutende Reviere sind die südafrikanische Aliwal Shoal *(siehe S. 259)*, Fernando de Noronha *(siehe S. 318)* vor der Küste Brasiliens und die Inseln Cocos, Mapelo *(siehe S. 319)* und Roca Partida *(siehe S. 320)* im östlichen Pazifik. Im Hinblick auf die Meeresfauna gibt es einen deutlichen Unterschied zwischen dem Golf von Kalifornien und dem Mittelmeer. Während Ersterer berühmt dafür ist, dass man hier großen Tieren begegnen kann, ist Letzteres ein eher karg bevölkertes System. Der Grund liegt in der

MITTELMEERKÜSTE
Die Schönheit der Küste und das klare Wasser entschädigen ein wenig für die relativ karge Meeresfauna.

unterschiedlichen Topografie. Das Mittelmeer ist eine isolierte Senke mit Tiefwasser, während der Golf von Kalifornien offener und relativ flach ist, sodass sich Wasser und Tiere aus dem Pazifik frei hinein und hinaus bewegen können.

Plankton, die Grundlage der Nahrungskette, benötigt Gewässer, in denen die Mischung der Wasserschichten nährstoffreiches Wasser aus der Tiefe nach oben bringt *(siehe S. 214/215)*. Der Großteil des kalten, nährstoffreichen Wassers aus dem Atlantik gelangt in einer Art Fahne durch die Meerenge von Gibraltar ins Mittelmeer, die sich bis zum Kanal von Sizilien erstreckt. Die besten Tauchreviere des Mittelmeers liegen entlang dieser Kaltwasserfahne. Im übrigen Teil findet kaum eine Durchmischung der Wassersäule statt, was zwar für sehr klares Wasser sorgt, aber kaum eine Lebensform ernährt.

Der Golf von Kalifornien ist an seinem Südende offen, während er im Westen von Halbinsel Baja California und im Osten vom mexikanischen Festland begrenzt wird. Das Wasser ist größtenteils weniger als 300 m tief und mischt sich regelmäßig mit dem von Süden einströmenden Pazifikwasser.

BEGEGNUNGEN
In den subtropischen Gewässern rund um den Globus finden sich zahlreiche Kopffüßer-Arten.

Gemäßigte Gewässer

Als artenreichste Ökosysteme erstrecken sich die gemäßigten Gewässer zwischen den Polen und den Subtropen. Sie verändern sich beständig und bieten in ihren Tauchrevieren eine große Bandbreite an Tauchbedingungen und migrierenden Tierarten, je nach Jahreszeit.

DIE GEMÄSSIGTE ZONE

Es ist schwierig, die gemäßigte Zone genau zu bestimmen, da breite Wasserströmungen diese Gewässer bis in die Tropen hinein erweitern oder Arten der gemäßigten Regionen bis in die Nähe der Polarregionen drängen. Die beste Definition bietet vermutlich der Temperaturbereich: Echte gemäßigte Gewässer kühlen selten unter 10 °C ab und erwärmen sich selten über 20 °C.

Die Lage der gemäßigten Zone bedeutet, dass die Gewässer stärkere jahreszeitliche Veränderungen erfahren als die tropischen oder subtropischen Meere. Vor allem die Lichtmenge, die auf das Wasser fällt, variiert zwischen Sommer und Winter ganz erheblich, was zu Unterschieden in der Produktivität – der puren Masse an Lebensformen, die ein Ökosystem unterhalten kann – führt. Am unteren Ende der Nahrungskette stehen winzige Plankton-Organismen, die Licht brauchen, um zu wachsen und sich zu vermehren. Wenn im Winter kaum Licht selbst in die oberflächennahen Wasserschichten fällt, sind die Bedingungen für das Planktonwachstum schlecht und die Produktivität ist niedrig. Allerdings sorgen die Winterstürme für eine starke Durchmischung der oberen Schichten mit dem kalten, nährstoffreichen Tief-

FILTRIERER
Der Riesenhai gleitet mit weit geöffnetem Maul durchs Wasser und filtert Plankton aus dem Meer.

wasser *(siehe S. 214/215)*, sodass die Bedingungen im Frühling, wenn wieder reichlich Licht auf die Wasseroberfläche fällt, optimal für das Planktonwachstum sind. Es kommt zu riesigen Planktonblüten, die wiederum Planktonfresser und ihre Jäger anlocken. Im Sommer sinkt die Produktivität trotz der Lichtverhältnisse wieder, weil die Wasserschichten sich kaum noch mischen und Nährstoffe rar werden.

RAUE SEE
Gemäßigte Meere können rauer und kälter als tropische und subtropische Gewässer sein, belohnen Taucher aber mit einer reichen Vielfalt an Leben unter Wasser.

TAUCHEN

Tauchen in gemäßigten Regionen ist etwas anderes als im klaren, warmen Wasser der Korallenriffs und man benötigt mehr Ausrüstung *(siehe S. 45)* als in den Tropen. Allerdings sind manche Ökosysteme, wie die majestätischen Kelpwälder *(siehe S. 210/211)* in einigen Küstenregionen, wirklich spektakulär. Zur richtigen Zeit besucht, wimmeln gemäßigte Gewässer nur so vor Leben. Die Planktonblüten locken eine Reihe von migrierenden Arten und damit auch beeindruckende Jäger wie Thunfisch und Hai an.

PLANKTONBLÜTE

Plankton sind frei im Wasser treibende Tiere (Zooplankton) und Pflanzen (Phytoplankton) am unteren Ende der Nahrungskette. Bei optimalen Fortpflanzungsbedingungen können sie sich sehr schnell vermehren und riesige sogenannte »Blüten« aus Millionen Individuen bilden. Während der Phytoplanktonblüte kann sich das Wasser buchstäblich grün färben.

Hechtkrebschen

UNTERSEEISCHE WÄLDER

SEEOTTER
Als wichtige Bewohner der Kelpwälder kontrollieren Seeotter die Seeigel-Population, die ansonsten den Kelp dezimieren würde.

Die Wälder aus Riesenkelp, die in gemäßigten Meeren gedeihen, gelten weithin als beeindruckendster Lebensraum unter Wasser. Kelp – eine Braunalge – kommt zwar in allen gemäßigten Meeren der Welt in rauen Mengen vor, aber echte Kelpwälder finden sich nur in Umgebungen, die das Wachstum von zwei Kelpgattungen erlauben: *Macrocystis* und *Nereocystis*. Sie benötigen zum Gedeihen relativ klares Wasser mit einem gewissen Maß an Bewegung, einen geeigneten Boden und eine Höchsttemperatur, die 20 °C in der Regel nicht überschreitet. Einige Kelparten wachsen verblüffend schnell und werden riesengroß. *Macrocystis pyrifera*, der Riesentang, kann mehr als 50 m hoch und binnen eines einzigen Tages um 60 cm wachsen, was ihn zur am schnellsten wachsenden Alge der Welt macht.

Die für Kelpwälder am besten geeigneten Regionen liegen vor der Westküste der USA und Kanadas, in der Kapregion Südafrikas, in Südaustralien, entlang der Westküste Südamerikas, entlang eines Großteils der neuseeländischen Küste und in Südjapan. Für Taucher liegt der Reiz dieser biologischen Wunder nicht allein in den Wäldern selbst, sondern auch in ihren zahlreichen Bewohnern. Ein Kelpwald ist mit einem Wald an Land vergleichbar: Hier gibt es Aktivität vom Meeresboden bis ins Blätterdach, von spezialisierten Muscheln, die den Kelp selbst anbohren, bis zu Freiwasserbewohnern wie Rochen, die durch die oberen Bereiche ziehen. Nicht nur seinen Bewohnern, auch vielen Arten des offenen Meeres bietet der Kelp eine Kinderstube und Jägern ein Jagdrevier. Ein Tauchgang durch einen Kelpwald an einem Tag mit guter Sicht, an dem die Sonne durch die Blätter scheint, ist ein unvergessliches Erlebnis.

BLÄTTERDACH UNTER DEM MEERESSPIEGEL
Die Kelpwälder in den gemäßigten Zonen gelten als Gegenstück zu den Riffs der tropischen Meere.

KELPBEETE
Viele große und kleine Meeresbewohner sind vom Kelpwald abhängig.

Polargewässer

Arktis und Antarktis rufen zwar die Vorstellung von eisiger Einsamkeit hervor, aber unter Eis und Wasseroberfläche wartet eine faszinierende Artenvielfalt. Für den unerschrockenen Taucher halten diese Lebensräume einige Überraschungen bereit.

GEFRORENE WELT

Die Polargewässer liegen in den Regionen um Arktis und Antarktis, wobei die Grenzen auch hier eher unscharf sind. Wo die Polarmeere beginnen und die gemäßigten Gewässer enden, ist bei beiden Polen unterschiedlich. In der Arktis liegt die Grenze auf Höhe von 10 °C Lufttemperatur im Juli, während sie in der Antarktis auf Höhe der Antarktischen Konvergenz liegt, wo das kalte Wasser der Antarktis unter die wärmeren Strömungen aus dem Norden sinkt.

Sowohl in der Antarktis als auch in der Arktis herrschen dank der niedrig stehenden Sonne und der Reflexionseigenschaften des Eises, die die Wirkung der Sonnenstrahlen mindern, relativ konstante Wassertemperaturen. Sie bewegen sich im Bereich extrem kalter 0 °C, nur knapp über dem Gefrierpunkt von Salzwasser, der bei -1,8 °C liegt. Bei aller scheinbaren Ähnlichkeit unterscheiden sich Arktis und Antarktis in ihrer Geografie und ihren marinen Ökosystemen

BELUGAWAL
Tauchsafaris in der Arktis bieten die Gelegenheit, Tiere wie den Belugawal und zahlreiche Robbenarten zu beobachten.

WELTEN ENTFERNT

Pflanzen und Tiere der Arktis und der Antarktis unterscheiden sich erheblich, da sie an unterschiedlichen Enden der Welt leben. So hat die Antarktis auch ihre eigenen Krillarten (etwa sieben) – Kleinstkrebse, die hier die Grundlage der Nahrungskette bilden. Wenn sie in riesigen Schwärmen unter der Oberfläche treiben, locken sie während der Migrationszüge eine Vielzahl von Fressfeinden an wie z. B. die mächtigen Bartenwale.

Krill

stark. Die Antarktis ist ein isolierter Kontinent, der größtenteils von Eis bedeckt ist. Die nächste Landmasse ist 1000 km entfernt und der Kontinent wird von einer Meeresströmung umkreist. Der Antarktische Zirkumpolarstrom schneidet die antarktischen Gewässer praktisch von den wärmeren nördlichen Gewässern ab. Die Arktis hingegen ist eine Meeresregion, die mit einer dicken Eisschicht bedeckt ist und von den Landmassen Nordamerikas, Europas und Asiens umgeben ist. Sie wird stark von Temperaturschwankungen, Landabfluss und flachen Küstenströmungen beeinflusst.

EISTAUCHER
Die Arktis bietet mehr Tauchgelegenheiten als die Gewässer der Antarktis. Das Tauchen unter dem Eis erfordert viel Erfahrung und spezielle Fertigkeiten *(siehe S. 188/189)*.

LEBEN AUF DEM EIS

Die Tierwelt hat sich auf vielerlei Weisen an die extreme Umwelt angepasst. Es gibt das Phänomen des Gigantismus: Eine im Verhältnis zur Körperoberfläche deutlich gesteigerte Körpermasse reduziert den Wärmeverlust. Fische besitzen einen hohen Körperfettanteil und Säugetiere isolieren sich mit Speck und Fell, während durch Wanderung die schlimmsten Witterungsbedingungen gemieden werden. Die bemerkenswertesten Anpassungen findet man wohl bei den Fischen und Wirbellosen: Viele von ihnen haben spezielle »Frostschutz«-Proteine im Blut, die es bei niedrigen Temperaturen flüssig halten.

KALBENDES SCHELFEIS
Bis zu 70 Prozent des Frischwassers auf der Erde findet sich in der antarktischen Eiskappe. Sie liegt auf einer riesigen Landmasse, während die Arktis aus schwimmendem Eis besteht.

Das offene Meer

Nur ein winziger Teil der Ozeane liegt über den flachen Regionen in Landnähe. Jenseits davon befindet sich der offene Ozean mit Ehrfurcht gebietenden Tiefen. Diese unberührten Weiten sind faszinierende Ökosysteme mit beeindruckenden Bewohnern.

TEMPERATURSCHICHTUNG

Die Ozeane sind nicht nur geografisch unterteilt, sondern auch vertikal: Die Wassersäule ist in Temperaturzonen geteilt. Nur die oberen rund 200 m werden von der Sonne erwärmt. Unterhalb dieser Oberflächenschicht, in der sogenannten Sprungschicht, fällt die Wassertemperatur mit zunehmender Tiefe dramatisch ab. Diese von plötzlicher Temperaturveränderung geprägte Übergangsschicht findet sich in tropischen Gewässern ganzjährig, in gemäßigten Regionen im Sommer, niemals aber in den Polarmeeren. Unterhalb der Sprungschicht sinkt die Temperatur weiter, aber langsamer. Für viele Tiere wären die Temperaturänderungen zu belastend, und sie bleiben entweder im wärmeren Wasser darüber oder im tiefen, kalten Wasser darunter.

Die tieferen Schichten sind nährstoffreicher und können mehr Sauerstoff binden. Eine Mischung der Schichten – durch die sauerstoff- und nährstoffreiches Wasser an die Oberfläche gelangt –

LEBEN IM OFFENEN MEER

Selbst in den entlegensten Regionen der offenen See gedeihen Gemeinschaften von Lebewesen. In der Sargassosee im Nordatlantik bringt eine Wirbelströmung treibende Sargassum-Algen in eine endlose Kreisbewegung. Sie bieten Nahrung für viele Wirbellose und Jungfische.

Sargassum-Algen

BITTE LÄCHELN
Jäger der offenen See wie dieser Blauhai untersuchen in ihrem Revier jeden Eindringling.

wird durch Strömungen, Stürme oder andere natürliche Bewegungen verursacht. Wenn das Sonnenlicht auf das nährstoffreiche Wasser fällt, tritt eine explosive Planktonblüte auf, die Unmengen von Planktonfressern und deren natürlichen Feinde anlockt.

AUF GESCHWINDIGKEIT AUSGELEGT
Mit ihren stromlinienförmigen Körpern und kräftigen sichelförmigen Schwänzen sind Delphine für die Jagd auf schnell schwimmende Beute bestens gerüstet.

LEBEN IN DER TIEFE

Die Bewohner des offenen Meeres haben sich körperlich und in ihrem Verhalten an ihre schwierigen Lebensbedingungen angepasst. Viele begeben sich ausschließlich nachts in die nahrungsreiche Oberflächenschicht, wenn die Dunkelheit sie vor Jägern schützt, die auf Sicht jagen. Viele Jäger verfügen allerdings über mehrere Sinne, mit denen sie ihre Beute schon aus der Entfernung ausmachen können. Einige der schönsten Tiere der Meere, wie Blauhai, Marlin und Thunfisch, bezeichnet man als opportunistische Jäger, d. h., sie können sich von einer Vielzahl von Lebewesen ernähren. Der Thunfisch kann sein Blut um einige Grade über die Temperatur des umgebenden Wassers erhitzen, um seine Muskeln zu erwärmen und dann tödlich schnell zuzuschlagen.

Süßwasserreviere

Expeditionen in Süßwasserreviere von den isländischen Schluchtenseen über die mexikanischen Höhlen bis zu den Sümpfen Floridas eröffnen eine ganze Reihe faszinierender Erkundungsmöglichkeiten mit jeweils ganz eigener Flora und Fauna.

SEEN UND FLÜSSE

Das Erste, was einem an Meerwasser gewöhnten Taucher in einem Süßwassersystem auffällt, ist der unterschiedliche Auftrieb. Der Salzgehalt des Meerwassers – durchschnittlich 3,5 Prozent Massenanteil – macht es dichter und liefert damit mehr Auftrieb als Süßwasser. Der Taucher muss also weniger Gewicht mitführen. Außerdem führt der niedrigere Salzgehalt zu weniger Ausrüstungsschäden durch Korrosion.

Das Tauchen in Süßwasser bringt dafür eine ganze Reihe anderer Probleme hinsichtlich Logistik und Sicherheit mit sich. Zu den abenteuerlicheren Tauchrevieren zählen hoch gelegene Seen, die die Verwendung spezieller Tauchtabellen oder eines Tauchcomputers erfordern, um Dekompressionsprobleme zu vermeiden. Seen werden bei schlechtem Wetter häufig durch Oberflächenablauf verunreinigt und schlammig, während Flüsse bei Regen schnell anschwellen und gefährliche Strömungen entwickeln können. In dicht besiedelten Regionen können in Flüssen und Seen Erreger von Krankheiten wie Leptospirose oder Bilharziose lauern.

Trotz aller Risiken können die Flüsse und Seen der Umgebung mit entsprechender Vorbereitung eine reizvolle Alternative zum Meerestauchen sein. Süßwassersysteme werden mit zunehmender Tiefe sauerstoffarm und lebensfeindlich. Dadurch zerfallen Schiffswracks nicht so schnell – die zerstörerischen Organismen können nicht überleben –, sodass tiefe Seen oft beeindruckende Ansammlungen gut erhaltener Wracks zu bieten haben.

PRIVATBESITZ
Seen und sogar Flüsse können sich in Privatbesitz befinden und man muss vor dem Tauchgang eine Erlaubnis einholen.

Afrikanischer Seefisch

NATUR AUS DER NÄHE
Süßwasserarten kennen meistens keine Taucher und lassen sich hervorragend aus der Nähe beobachten.

TAUCHEN IM SEE
Die Erkundung eines Süßwassersees kann eine faszinierende und aufregende Alternative zum Tauchen im Meer sein. Im wunderschönen österreichischen Blindsee können Taucher einen versunkenen Wald aus gefallenen Bäumen erforschen.

Säugetiere

Von den 5000 Säugetierarten der Erde leben rund 2,5 Prozent im Meer. Diese warmblütigen Meeresbewohner zählen wohl zu den charismatischsten und freundlichsten Wesen, denen man als Taucher begegnen kann.

WARMBLÜTIGES LEBEN

Säugetiere besitzen einige Eigenschaften, die sie einzigartig im Tierreich machen. Zunächst sind sie Warmblüter, d. h., sie können ihre Körpertemperatur aktiv regulieren. Die meisten (mit Ausnahme der Waltiere) sind mit Fell bedeckt und alle gebären lebende Junge, die sie mit Milch aus speziellen Drüsen säugen. Eine Ausnahme sind hier die Kloakentiere wie das Schnabeltier. In mindestens drei Säugetierordnungen finden sich Arten, die zumindest den größten Teil ihres Lebens im Wasser verbringen: die Waltiere, zu denen Wale, Delfine und Tümmler zählen, die Fleischfresser mit den Flossenfüßern (Robben, Seelöwen und Walrosse) und Ottern und die Seekühe, also Manatis und Dugongs.

WALE, TÜMMLER UND DELPHINE

Die Waltiere verbringen ihr gesamtes Leben im Wasser, auch wenn sie wie alle Säugetiere Lungenatmer sind und Luft atmen müssen. Sie unterteilen sich in zwei Untergruppen – Bartenwale und Zahnwale –, die sich durch die Art ihrer Futteraufnahme unterscheiden. Bartenwale sind Filtrierer, wie Nord- und Südkaper, Buckel- und Blauwale. Zahnwale besitzen

SÜDKAPER
Die gewaltige Schwanzflosse eines abtauchenden Bartenwals.

ÜBERLEGENER JÄGER
Der majestätische Orca oder Killerwal ist ein geschickter Jäger, der von Robben bis zu Walen und sogar Vögeln alles reißt.

dagegen Zähne und umfassen neben diversen Walarten unter anderem alle Delphine und Tümmler.

FLEISCHFRESSER

Flossenfüßer sind Meerestiere, die zwischendurch einige Zeit an Land verbringen. Dazu zählen 33 Arten wie Robben, Seelöwen und Walrosse. Diese fleischfressenden Säuger besitzen Schwimmhäute zwischen den Zehen und können sich im Wasser und an Land bewegen. Mit ihren langen Vorderflossen können Seebären und Seelöwen an Land auf allen vieren laufen.

Seeotter sind Angehörige der Marderfamilie und kommen vor allem an den Küsten Kaliforniens, Alaskas und Russlands vor. Sie besitzen keine isolierende Speckschicht, aber das dickste Fellkleid im Tierreich. Sie sind neben den Primaten die einzigen Säugetiere, die Werkzeuge, z. B. Steine, verwenden, um Krustentiere zu zerlegen und Beute aus Felsspalten zu klauben.

SEEKÜHE

Eine Begegnung mit Manatis *(siehe S. 309)* und Dugongs ist selten. Diese faszinierenden nomadischen Säuger, die zu den Seekühen zählen, werden rund 3 m lang und besitzen flossenförmige Vorderbeine, aber keine hinteren Extremitäten. Trotz ihrer beachtlichen Größe sind Manatis und Dugongs friedfertige Pflanzenfresser, die die meiste Zeit mit Grasen verbringen.

ROBBEN

Die meist an der Wasseroberfläche anzutreffenden Robben leben in Küstennähe und bevorzugen abgelegene Regionen wie Arktis und Antarktis, um ungestört fressen und sich fortpflanzen zu können. Es gibt 18 Arten, von denen die See-Elefanten die größte sind. Robben sind sehr gute Schwimmer und nutzen ihre Hinterflossen zum Vortrieb und die Vorderflossen zum Steuern. Die lebhaften Säugetiere spielen gerne, haben aber scharfe Zähne und können während der Wurfzeit recht aggressiv werden.

Seehund

Haie und Rochen

Wie andere Knorpelfische auch haben Haie und Rochen ein flexibles Skelett aus Knorpel anstelle von Knochen. Sie zählen alle zur Unterklasse der Plattenkiemer, besitzen zwischen fünf und sieben Kiemenspaltenpaare und ihre Nasenlöcher liegen unterhalb der Schnauze.

HAIARTEN

Die rund 500 bekannten Arten reichen vom bis zu 20 m langen Walhai bis zum nur rund 30 cm langen Laternenhai. Alle Haie besitzen ein Paar Brustflossen hinter den Kiemen, eine große Schwanzflosse und eine oder zwei Rückenflossen – ein Körperbau, der sich seit Hunderttausenden von Jahren kaum verändert hat. Die Kiefer sind mit vielen Zahnreihen besetzt, die sich ständig erneuern. Die raue Haut des Hais ist von Dentikeln besetzt – kleinen Schuppen, die die Reibung im Wasser verringern. Haie bewegen sich durch Schlagen mit der Schwanzflosse fort. Im Gegensatz zu den meisten anderen Fischen haben Haie keine Schwimmblase, weshalb sie konstant in Bewegung bleiben müssen, um nicht abzusinken. Ebenso müssen sie ihre Kiemen dauernd mit Meerwasser durchspülen, um genügend Sauerstoff zu erhalten. Haie verfügen über scharfe Sinne. Sie setzen ihren hoch entwickelten Geruchs- und Geschmackssinn zum Aufspüren von Beute ein, können aber auch hervorragend sehen. Zusätzlich können sie mit ihren Seitenlinienorganen Veränderungen des Wasserdrucks wahrnehmen, die durch die Bewegung anderer Tiere ausgelöst werden. Diese Organe bestehen aus Kanälen, die mit sensorischen Haarzellen besetzt und mit Gallert gefüllt sind. Haie können aber auch die winzigen elektrischen Spannungen wahrnehmen, die andere Lebewesen durch Muskelkontraktion abgeben. Dies tun sie mit den sogenannten Lorenzinischen Ampullen, die sich an Kopf und Schnauze befinden.

LEOPARDENHAI
Der Leopardenhai findet sich in Tiefen von bis zu 30 m und liegt oft auf dem sandigen Meeresgrund.

TIGERHAI
Begegnungen sind selten, aber Tigerhaie sind sehr gefräßig. Sie ernähren sich von großen Fischen, Meeresschildkröten und Seevögeln.

FRESSEN UND JAGEN

Alle Haie sind Fleischfresser, ihr Speisezettel variiert aber stark und sie beherrschen eine Reihe von Beutetechniken. Filtrierer wie der Riesenhai, der Riesenmaulhai und der Walhai filtern beim Schwimmen Plankton aus dem Wasser. Viele Grundbewohner, wie etwa Teppich- und Engelshaie, liegen getarnt am Meeresgrund und warten auf vorbeischwimmende Beute, während andere, wie der Leopardenhai, sich von auf dem Grund lebenden Wirbellosen ernähren. Einige Arten, wie der Weißspitzen-Riffhai, jagen in Gruppen. Der Mako und der große Weiße Hai greifen Beutetiere wie Seehunde, Schwertfische, Schweinswale und Meeresschildkröten an.

Auch wenn Haie die größten marinen Jäger sind, so sind doch nur wenige Arten für den Menschen potenziell gefährlich und Angriffe kommen selten vor. Der Mensch stellt eine weit größere Gefahr für den Hai dar. Viele Haiarten sind derzeit vom Ausssterben bedroht.

FORTPFLANZUNG DER HAIE

Während der Paarung legt das Männchen seinen Samen mit Hilfe von Fortsätzen der Bauchflossen in das Weibchen. Die Mehrheit der Haie, wie etwa Hundshaie, Leopardenhaie und Tigerhaie, sind lebend gebärend, bringen also voll entwickelte Junge zur Welt. Eier legende Arten legen ihre Eier am Meeresgrund ab, wo sich die Embryos vom Eidotter ernähren. Die Eikapseln der Katzenhaie haben lange Rankfäden, die sich um Objekte am Meeresgrund schlingen. Bei anderen Arten, wie den Lippenhaien, werden die Eier mit klebrigen Haltefäden befestigt. Alle Junghaie sind auf sich allein gestellt.

Eikapsel

Dornhai

ROCHEN

Die rund 600 Rochenarten haben zwar viel mit Haien gemeinsam, sind aber anders gebaut. Die Bauchflossen liegen oberhalb der Kiemen und die Brustflossen sind abgeflacht, stark vergrößert und zu einer Art »Flügel« ausgestaltet. Die Schwanzflosse ist entweder stark verkleinert oder nicht vorhanden.

Die meisten Rochen haben sich dem Leben am Meeresboden ideal angepasst. Durch ihre flache Form fallen sie am Grund liegend nicht auf. Das Maul und die Kiemen liegen auf der Körperunterseite und ihre Augen oben. Durch die sogenannten Spritzlöcher hinter den Augen saugt der Rochen das Atemwasser ein, auch wenn er halb im Sand vergraben liegt. Die meisten Rochen ernähren sich von Weichtieren, Krustentieren und kleinen Fischen, doch es gibt auch einige Planktonfresser. Ihre elegante Art der Fortbewegung, bei der sie mit den flügelähnlichen Brustflossen schlagen, erinnert stark an den Flug der Vögel. Ihren Schwanz benutzen sie zur Verteidigung, weniger zur Fortbewegung: Stachelrochen besitzen einen Stachel mit Widerhaken an der Schwanzwurzel, über den sie einem Angreifer Gift injizieren können.

Echte Rochen, die vor allem in gemäßigten Gewässern vorkommen, unterscheiden sich von allen anderen Arten durch die Art der Fortpflanzung. Im Gegensatz zu anderen Rochen, die lebend gebärend sind, legen sie Eier.

NAGELROCHEN
Viele Rochenarten haben wie dieser Nagelrochen eine gesprenkelte Musterung, mit der sie am Meeresboden perfekt getarnt sind.

MANTAROCHEN
Diese riesigen Rochen filtern Plankton mithilfe ihres Kiemensiebs aus dem Wasser. Zudem ernähren sie sich von kleinen Schwarmfischen.

GEFLECKTER ADLERROCHEN
Diese Art benutzt ihr schnabelähnliches Maul, um den Meeresboden nach Nahrung zu durchwühlen.

MIT ROCHEN TAUCHEN

Mantarochen sind mit einer Spannweite von 6 m die größten Rochen; sie erfreuen sich bei den Tauchern großer Beliebtheit. Mit flossenähnlichen Verlängerungen zu beiden Seiten des Mauls führen sie Plankton zwischen ihre Kiefer. Werden diese nicht benutzt, werden sie eingeklappt und die Tiere dadurch stromlinienförmiger.

Zu den Arten, die einem beim Tauchen begegnen, zählen auch die Geigenrochen mit ihren spitzen Köpfen und lang gestreckten Körpern und die Elektrischen Rochen, die über ein elektrisches Organ verfügen, mit dem sie Gegner außer Gefecht setzen können. Zitterrochen, wie diese Art auch genannt wird, können Stromstöße von bis zu 200 Volt erzeugen – genug, um einen Taucher zu betäuben. Auch den Stachelrochen mit ihren runden Körpern sollte man mit Vorsicht begegnen. Die Folgen eines Stiches können je nach Rochenart von leicht schmerzhaft bis potenziell lebensbedrohlich reichen. Adlerrochen, die ebenfalls über einen Giftstachel verfügen, sind an ihrer schnabelartigen Schnauze erkennbar. Sie haben kräftige Zahnplatten, große Flügel und einen langen Schwanz. Grundsätzlich sind Rochen gutmütige und ungefährliche Tiere.

Knochenfische

Bis zu 95 Prozent aller Fischarten zählen zu den Knochenfischen – insgesamt mehr als 23 500. In jedem Ozean trifft man auf andere Arten, die sich dem Beobachter in allen möglichen Formen, Größen und Farben präsentieren.

GEMEINSAMKEITEN

Der typische Knochenfisch ist stromlinienförmig wie ein Torpedo und hat einen muskulösen Schwanz. Er besitzt eine Schwanzflosse für den Vortrieb, zum Steuern zwei Brustflossen direkt hinter den Kiemen, eine Afterflosse unter dem Schwanz, zwei Brustflossen im unteren Flankenbereich und meist eine bis drei Rückenflossen. Er ist mit einem schleimigen Sekret überzogen, das den Reibungswiderstand des Wassers vermindert, und nahezu alle Arten haben schützende Schuppen. Sie atmen über Kiemen, wobei einige wenige zusätzlich primitive Lungen entwickelt haben, und sind Kaltblüter.

Knochenfische sind die vielfältigsten und zahlreichsten aller Wirbeltiere. Die ältesten bekannten Fossilien sind rund 395 Millionen Jahre alt. Alle Arten be-

ROLLENTAUSCH
Seepferd-Männchen haben eine Bauchtasche, in der die vom Weibchen gelegten Eier reifen.

NAPOLEONFISCH
Diese trägen Freiwasserbewohner können in häufig betauchten Revieren sogar handzahm werden.

SCHUTZ IN DER MENGE
Das Schwimmen in einer großen Gruppe bedeutet für diesen Schwarm von Barrakudas ein geringeres Risiko, gefressen zu werden.

sitzen ein Knochenskelett und eine Schwimmblase – einen luftgefüllten Sack, der ihnen Auftrieb verleiht. Sie sind zweigeschlechtlich, die meisten legen Eier und die Befruchtung erfolgt extern.

Es gibt zwei Gruppen von Knochenfischen. Die Fleischflosser, deren Kennzeichen ein fleischiger Lappen an der Flossenbasis ist, bilden eine kleine Gruppe, zu der der Quastenflosser und der Lungenfisch zählen. Diese uralten Arten sind vermutlich die Vorfahren der Amphibien. Der überwiegende Teil der Knochenfische aber gehört zu den Strahlenflossern. Sie zeichnen sich durch knochige Strahlen, die ihre Flossen stützen, und eine symmetrische Schwanzflosse aus. Auf welche Arten man trifft, hängt vom Tauchrevier ab. Die Fischbestimmung ist mit der Vogelbeobachtung vergleichbar und viele Taucher führen mithilfe eines Bestimmungsbuchs Listen.

EINE NEUE WELT

Eine der größten Attraktionen des Tauchens ist die Beobachtung verschiedener Fischarten in ihrem natürlichen Lebensraum. Knochenfische präsentieren sich in unzähligen Farben und Zeichnungen, vor allem in der Umgebung von Korallenriffs. Wie bei vielen Vogelarten ist auch hier das Männchen oft prächtiger gefärbt als das Weibchen. Die auffällige Zeichnung dient der Werbung. So werden z. B. die Farben des Kuckuckslippfischs in der Frühlingsbalz noch bunter.

Riffs bieten häufig die Gelegenheit, faszinierende Verhaltensweisen zu studieren. Tiere wie Mantarochen und Meeresschildkröten besuchen dort regelmäßig Putzstationen, wo kleinere Fische wie die Meerschwalbe Haut und sogar das Innere des Mauls von Algen, Parasiten und totem Gewebe befreien.

Anemonenfische können sich unbeschadet zwischen den Nesselzellen von Seeanemonen bewegen, weil sie eine schützende Schleimschicht absondern. Als Gegenleistung für die sichere Zuflucht lassen sie Nahrungsstückchen fallen und locken andere Fische an, die der Anemone als Nahrung dienen.

SCHÜTZENDE TARNUNG

Man braucht gute Augen, um auch solche Arten zu bemerken, die sich zum Schutz vor Jägern tarnen oder verstecken. Manche sind dabei so erfolgreich, dass sie erst kürzlich entdeckt wurden. Zu den Meistern der Verkleidung zählt der Skorpionfisch, der sich in Riffs versteckt und praktisch nicht von den Korallen und Algen um ihn herum zu unterscheiden ist, aber böse sticht, wenn man auf ihn tritt. Im sandigen Meeresboden finden sich Plattfische wie Scholle und Flunder, die extrem schwierig auszumachen sind.

Die Löcher und Spalten vieler Riffs und Wracks bieten ein perfektes Versteck für Muränen und Meeraale mit ihren schlanken Körpern, den großen Mäulern und bedrohlichen Zahnreihen dahinter.

ADAPTIVE TARNUNG

Bizarrerweise werden Plattfische mit normaler Körperform geboren und durchlaufen erst im Wachstum eine Metamorphose. Ein Auge wandert auf die andere Seite des Kopfes, der Schädel verformt sich und das Maul wird asymmetrisch. Die zum Boden gewandte Körperseite wird heller und die Oberseite wird dunkler und nimmt die Färbung des Untergrunds an.

GEISTERMURÄNE
Diese kleine Muräne des Indopazifiks ist recht scheu. Die scheinbare Drohgebärde ist in Wirklichkeit ihre Art, zu atmen.

Sie verraten sich, wenn sie das Maul zum Atmen weit öffnen (ihre Kiemen sitzen weit hinten). Aale haben keine Brust- oder Bauchflossen und bewegen sich mithilfe ihres langen, muskulösen Körpers fort.

GESELLIGE FISCHE

Im offenen Wasser trifft man auf beeindruckend große Fische wie den Napoleonfisch, der über 135 kg wiegen kann. Diese Lippfische sind bei Tauchern sehr beliebt, da sie nicht scheu sind und man sie unter Wasser füttern kann, auch wenn das nicht gerne gesehen wird. Im offenen Meer und rund um Wracks kann man große Schwärme von Sardinen, Barrakudas, Glasbarschen und Makrelen beobachten. Diese Freiwasserarten haben meist einen hellen Bauch, silbrige Flanken und einen dunkel gefärbten Rücken. Dadurch sind sie für Beute und Jäger gleichermaßen schwer zu entdecken – von oben verschwimmt die dunklere Form mit dem dunklen Wasser, von unten mischt sich die helle Farbe mit dem Licht von oben.

IMMUNITÄT
Eine schützende Schleimschicht erlaubt dem Anemonenfisch, sich zwischen den Tentakeln zu verstecken.

Reptilien

Die meisten Reptilien leben an Land, aber einige sind auch Meeresbewohner, wie z. B. Schildkröten, Krokodile und ihre Verwandten Alligator und Gavial, sowie Seeschlangen. Diese Kaltblüter finden sich meist in den Tropen, seltener auch in gemäßigten Zonen.

GEBURT UND SCHLUPF

Reptilien sind in der Mehrzahl ovipar (das Weibchen legt Eier, aus denen die Jungen schlüpfen), einige wenige Arten sind ovovivipar (die Jungen schlüpfen noch im Mutterleib aus dem Ei). Eier legende Reptilien bauen oft Nester für ihre Gelege. Ein besonders fortpflanzungsfreudiges Reptil ist die Meeresschildkröte, deren lebenswichtige Organe durch einen harten Panzer geschützt werden. Kopf, Schwanz und Flossen ragen heraus, aber viele Arten können sie bei Gefahr einziehen. Sie sind zwar Luftatmer, verlassen das Wasser aber nur, um pro Brutsaison bis zu 200 Eier in Nestern abzulegen, die sie an sandigen Stränden ausheben.

TAUCHER UND GELBER BUNGAR
Die mit den Kobras verwandten Seeschlangen sind giftig, aber auch scheu und greifen nicht an, solange sie nicht provoziert werden.

DIE NIESENDE ECHSE

Die Meerechse ist die einzige Echse, die ihre Nahrung im Meer findet. Die Meeresalgen, von denen sie sich hauptsächlich ernährt, sind jedoch sehr salzhaltig. Eine mit den Nüstern verbundene Drüse entzieht dem Körper das überschüssige Salz und die Echse stößt es mit einem Niesen aus, wobei sich ihr Gesicht weiß färbt. Dies ist eine einzigartige Anpassung, durch die Meerechsen im Salzwasser leben und fressen können.

SEESCHLANGEN UND ECHSEN

Viele Schlangen wie der Gelbe Bungar schwimmen zwar im Meer, kehren aber zur Eiablage an Land zurück. Die Plättchen-Seeschlange ist die einzige echte Seeschlange, deren Weibchen bis zu zehn Junge von je rund 25 cm Länge lebend im Wasser gebärt. Sie kann bis zu einem Meter lang werden und ist schwarz oder dunkelbraun mit einer leuchtend gelben Unterseite. Die Seeschlange hat sich über den gesamten Pazifik von Südostasien bis nach Amerika ausgebreitet und kommt zur Brutzeit in großen Scharen zusammen: Ein großer Schwarm kann sich über 100 km erstrecken. Meerechsen von den Galapagos-Inseln sind die einzigen Echsen, die Salzwasser vertragen. Männchen erreichen Längen von mehr als einem Meter (fast die Hälfte davon ist Schwanz). Sie sind harmlose Pflanzenfresser, die sich ausschließlich von Algen ernähren, die auf küstennahen Felsen wachsen. Zum Fressen können sie vor allem in den wärmeren Flachwassern bis zu eine Stunde untertauchen, bleiben aber meist nur für fünf bis zehn Minuten unter Wasser.

LEISTENKROKODILE

Das Leistenkrokodil ist das größte lebende Krokodil mit Rekordlängen von bis zu 7 m, wobei 4–5 m Durchschnitt sind. Es ist die gefährlichste Krokodilart, die auch für die meisten Angriffe auf Menschen verantwortlich ist. Sie kommt von Ostindien und Bangladesh über Südostasien bis nach Papua-Neuguinea und Australien in den Brackwassern von Flüssen, Flussmündungen und Sümpfen vor. Das Weibchen legt Eier unter einen großen Haufen Pflanzenmaterial und bewacht sie 100 Tage lang. Sobald die Jungen schlüpfen, gräbt sie sie aus und trägt sie zum Wasser. Die Schlüpflinge wachsen dann bis zu acht Monate in bewachten Gruppen auf.

RÜCKKEHR ZUR OBERFLÄCHE
Meeresschildkröten brauchen Atemluft. Diese nimmt einen Schiffshalter mit nach oben.

Wirbellose

Von allen Tierarten auf der Erde sind 95 Prozent Wirbellose (Tiere ohne Rückgrat). Sie bilden einen zahlenmäßig starken, aber häufig wenig beachteten Teil des Tierreichs. In jeder großen Gruppe von Wirbellosen finden sich auch einige Meeresbewohner.

GLIEDERFÜSSER

Ein Gliederfüßer ist ein Wirbelloser mit einer harten Körperschale (dem Exoskelett) und gegliederten Extremitäten. Zu den landlebenden Gliederfüßern zählen Insekten und Arachniden, während die meisten marinen Arten Krebstiere wie Krebse, Garnelen, Hummer, Wasserflöhe, Ruderfußkrebse und Seepocken sind. Es gibt etwa 39 000 Krebstierarten, von denen die meisten im Meer, einige aber auch in Süßwasserumgebungen leben. Sie variieren in der Größe von der Japanischen Riesenkrabbe mit einem Durchmesser samt Beinen von 3,7 m bis zum winzigen Wasserfloh, der nur etwa 0,25 mm lang ist. Alle Krebstiere haben aber etwas gemeinsam, sie besitzen zwei Antennenpaare, drei Paar Mundsegmente und Facettenaugen auf Stielen. Außerdem haben sie drei Körpersegmente: Kopf und Thorax, die meist verschmolzen sind und von einem Carapax (einem äußeren Schild) bedeckt werden, sowie Abdomen.

NAHRUNG AUS DEM WASSER
Muscheln wie diese Miesmuscheln filtern organisches Material aus dem Wasser. Sie leben in nährstoffreichen Gezeitenzonen.

WEICHTIERE

Alle Weichtiere mit Ausnahme der Kraken besitzen eine Hülle aus Kalziumkarbonat. Es gibt drei große marine Klassen in dieser Gruppe der Wirbellosen. Zu den Schnecken mit etwa 35 000 Arten zählen Wellhornschnecken, Napfschnecken, Nacktkiemer und Flechterschnecken. Viele besitzen eine Schale, aber einige wie die Nacktkiemer haben ihre vollständig verloren. Muscheln wie Venusmuscheln, Miesmuscheln, Austern und Jakobsmuscheln haben eine zweiteilige Schale. Es gibt etwa 20 000 See- und Frischwasserarten, von denen die Riesenmuschel mit 1,2 m Durchmesser die größte ist. Die Kopffüßer bestehen aus rund

MARITIMER AASFRESSER
Krabben ernähren sich abwechslungsreich. Sie fressen Aas, Weichtiere und auch andere Krabben.

ZARTE GEBILDE
Die transparenten, zarten Quallen gehören zur Wirbellosen-Gruppe der Nesseltiere.

600 Arten wie Perlboot, Kalmar, Tintenfisch und Krake. Dazu zählt auch der größte Wirbellose, der bis zu 16 m lange Riesenkalmar. Kopffüßer schwimmen meist mit kurzen Stößen, indem sie Wasser aus dem Körper pressen, aber einige bewegen sich auch mit wellenförmigen Armbewegungen fort. Die einzige außenschalige Art ist das Perlboot; Kalmare und Tintenfische tragen eine interne Schale und Kraken besitzen gar keine Schale mehr.

GRÜNDELNDE SCHÖNHEIT
Nacktkiemer sind farbenfrohe Weichtiere, die mit der Gartenschnecke verwandt sind.

STACHELHÄUTER

Stachelhäuter sind am Boden lebende Wirbellose mit einer harten, stacheligen Haut und einer fünfteiligen radförmigen Symmetrie. Sie sind kopflos und finden sich in den meisten Weltmeeren. Es gibt etwa 6000 Arten wie z. B. Seestern, Schlangenstern, Sanddollar, Seeigel und Seegurke.

Die meisten Stachelhäuter pflanzen sich sexuell fort und haben getrennte Geschlechter. Die Befruchtung erfolgt extern – Eier und Sperma werden ins Wasser abgegeben. Der treibende Embryo entwickelt sich zu einer planktonischen Larve. Einige Arten vermehren sich asexuell durch Teilung (genetische Vervielfältigung des Elternorganismus in zwei oder mehr Klone).

Seesterne können rund, fünfeckig oder sternförmig mit radialen Armen

SCHWIMMENDES CHAMÄLEON
Auch Tintenfische sind Weichtiere. Sie tarnen sich, indem sie Farbe und Textur ihrer Haut der Umgebung anpassen.

sein. Unter jedem Arm sitzen winzige Röhrenfüße zur Fortbewegung. Der Mund sitzt an der Unterseite und der Seestern ernährt sich von lebenden und toten Tieren, die er findet, während er über den Meeresboden kriecht.

Seeigel haben keine Arme. Ihre Schale besteht aus fest verschmolzenen Platten, die eine Kugel bilden. Ihre langen, spitzen Stacheln schützen sie vor Feinden und die Röhrenfüße auf der Unterseite dienen zur Fortbewegung, Atmung und Nahrungsaufnahme.

NESSELTIERE

Nesseltiere wie Quallen, Seeanemonen, Korallen und Hydrozoen unterteilen sich in Quallen und Polypen. Quallen sind glockenförmig mit herunterhängenden Tentakelfäden. Sie sind meist freischwimmende Einzelgänger. Polypen wie Korallen, Seeanemonen und Hydren sind röhrenförmige Tiere mit Tentakeln am oberen Ende. Sie bilden meist Kolonien. Die Korallen *(siehe S. 204/205)* sind insofern etwas Besonderes, als sie von symbiotischen Algen abhängig sind, die ihnen lebenswichtigen Zucker liefern. Quallen pflanzen sich sexuell fort, während Polypen sich durch Teilung vermehren. Alle Nesseltiere zeichnen sich durch die einzigartigen Nesselzellen an ihren Tentakeln aus, die zum Beutefang und zur Verteidigung dienen.

WEITERE WIRBELLOSE

Rippenquallen sind glockenförmige Tiere mit kammartigen, vertikalen Rippen. Mehr als 100 Arten sind weltweit in den Ozeanen verbreitet. Es gibt über 5000 Schwammarten, von wenigen Millimetern bis über 3 m Höhe. Sie kommen in allen Meeresgewässern der Erde vor, aber nur wenige Arten leben in Süßwasser. Schließlich sind etwa 8000 Gliederwurmarten bekannt.

TIER ODER PFLANZE?

Viele Meeresbewohner leben fest am Boden verankert. Anfangs stellten sie die Biologen vor ein Dilemma, da Mobilität ein Merkmal der Gattung der Tiere darstellt. So erklären sich Namen wie »Seelilie«, bei der es sich definitiv um ein Tier handelt. Zu den sesshaften Tieren gehören auch Polypen, Schwämme, Haarsterne und Ringelwürmer wie die Schraubensabelle. Sie sind Filtrierer und wehren Feinde mit Giftstoffen ab.

Haarstern

Tauchreviere

Einleitung

Da überall immer mehr Tauchzentren eröffnet werden, steht dem reisenden Taucher inzwischen fast die gesamte Welt offen. Das Befolgen von ein paar einfachen Reisetipps kann einem bei Anreise und Transport der Ausrüstung das Leben leichter machen.

REISEMÖGLICHKEITEN

Auf der ganzen Welt verfügen fast alle an Küsten gelegenen Feriengebiete über Taucheinrichtungen irgendeiner Art. Der Sport ist inzwischen so weit verbreitet, dass man vielerorts nur den Tauchschein vorzeigen muss, um ins Wasser zu steigen. Es zählt mit zu den schönsten Seiten dieses Sports, dass man die Welt bereisen und relativ einfach die lokalen Tauchspots erkunden kann.

Der gezielte Tauchurlaub erfordert etwas mehr Vorbereitung als ein Tauchgang bei Gelegenheit. Er wird häufig über Tauchschulen in Ferienanlagen gebucht, die Tauchgänge samt Mietausrüstung anbieten. Bei der Ausrüstung hat es über die letzten zehn Jahre einige Neuerungen gegeben, sodass die meisten Tauchzentren inzwischen vernünftiges Equipment zur Verfügung stellen. Dies und die Ortskenntnisse des ansässigen Tauchlehrers garantieren fast überall zufriedenstellende Tauchgänge. Während

EISTAUCHEN
Da mehr und mehr Taucher nach dem besonderen Kick suchen, bieten immer mehr Reiseveranstalter Abenteuer wie das Eistauchen an.

die meisten Tauchlehrer mit sehr viel Engagement bei der Sache sind, gibt es doch leider auch Ausnahmen, und es ist Vorsicht geboten, wenn es auf einer Tauchbasis zu lässig zugeht.

TAUCHKREUZFAHRTSCHIFF
Ein Liveaboard ist im Prinzip ein schwimmendes Tauchzentrum und sollte daher alle Sicherheitseinrichtungen, aber auch Komfort für ein unvergessliches Taucherlebnis bieten.

Sogenannte Liveaboards bieten ein noch intensiveres Erlebnis. Diese Tauchkreuzfahrtschiffe sind für längere Törns ausgelegt und dringen auch zu weiter entfernten Tauchplätzen vor. Zudem werden auf Tauchkreuzfahrten meist zusätzliche Kurse wie etwa Naturkunde oder Unterwasserfotografie angeboten. Es gibt nur wenige Tauchplätze auf dieser Erde, die nicht von Liveaboards angelaufen werden, und für die meisten größeren Riffsysteme, entlegenen Tauchspots und größeren Inselgruppen sind sie die ideale Ausgangsbasis.

Auf dem modernen Reisemarkt finden sich Angebote mit Umweltanspruch, aber auch mit Schwerpunkt Abenteuer, bei denen Begegnungen mit großen Meerestieren und spektakuläre Wracks auf dem Plan stehen. Klären Sie stets, wer hinter dem Anbieter steht, denn manche bleiben weit hinter den hohen umweltschützerischen oder wissenschaftlichen Ansprüchen zurück, die sie hochhalten. Selbstverständlich gibt es andere, die wertvolle und hervorragende Arbeit leisten, und für viele Taucher ist eine solche Expedition die schönste und lehrreichste Erfahrung ihrer Taucherkarriere.

ORTSKENNTNISSE
Fast alle Tauchzentren bieten Bootsausflüge zu den besten Tauchplätzen vor Ort an.

MIETAUSRÜSTUNG
Wer die Ausrüstung vor Ort mietet, spart sich den Stress des Transports der schweren Ausrüstung und die Gebühren für Übergepäck.

TIPPS UND HINWEISE

Gerade bei Tauchgängen im Ausland muss man Vertrauen in den Veranstalter haben. Es gibt ein paar einfache Tipps, worauf man bei der Wahl des Reiseziels und später vor Ort achten sollte. Auch der Transport der teuren Ausrüstung muss nicht zum Problem werden, wenn man vor Antritt der Reise einige Vorsichtsmaßnahmen trifft.

Die erste wichtige Entscheidung ist die über das Reiseziel. Eine Reise zu einem Ort, der den eigenen Vorstellungen entspricht und auch ins Budget passt, ist meist wesentlich lohnender, als wenn man sich schlicht für eine bekannte Tauchattraktion oder ein Billigangebot entscheidet. Die Recherche ist heute einfach und zahlt sich immer aus.

Hat man sich für ein Ziel entschieden, gilt es, einen Veranstalter zu finden. Viele lokale Touristikverbände stellen Informationen zur Verfügung und können eingetragene Tauchanbieter empfehlen, die nachweislich hohe Standards erfüllen. Zudem findet sich auf der Webseite von PADI *(siehe S. 34/35)* eine Liste, die bei der Suche nach professionellen Tauchzentren und Booten hilft.

Auch wenn die zur Miete angebotene Ausrüstung meist von guter Qualität ist, reisen viele Taucher lieber mit dem eigenen Gerät. Das ist auch vernünftig, denn ist man mit der gemieteten Ausrüstung nicht vertraut, kann es zu unan-

DIE RICHTIGE REISETASCHE

Man kann seine Ausrüstung in jede Tasche oder jeden Koffer packen, die meisten Taucher verwenden aber spezielle Tauchtaschen *(siehe S. 73)*. Taschen haben den Vorteil, dass sie am Ziel zusammengefaltet und verstaut werden können. Rucksack-Trolleys erleichtern den Transport, sind aber nicht so flexibel. Starres Gepäck ist schwer, bietet aber den besten Schutz.

Rucksack-Trolley

genehmen (und oft auch gefährlichen) Situationen kommen.

Die meisten Fluggesellschaften bieten offiziell keine spezielle Gewichtsregelung für Tauchausrüstungen an, aber ein kurzer Anruf vorab kann Wunder wirken – wie auch höfliches Auftreten beim Einchecken mit der Ausrüstung. Empfindliche Ausrüstungsgegenstände wie Atemregler und Tauchcomputer transportiert man am besten im Handgepäck, denn vor allem der Computer kann durch Druckschwankungen im Frachtraum des Flugzeugs Schaden nehmen.

Eine spezielle Tauchversicherung ist unerlässlich, da Tauchunfälle von normalen Reiseversicherungen nicht abgedeckt werden. Sie benötigen eine Versicherung, die die Tauchausrüstung, medizinische Behandlungen an Bord sowie einen Rücktransport einschließt. Solche Policen decken normalerweise Tauchgänge bis zu einer Tiefe von 30 m ab, was für den normalen Tauchurlaub

REKOMPRESSIONSKAMMER
Die Kosten einer Rekompression sind immens und viele Kammerbetreiber behandeln Taucher nur, wenn ein Versicherungsnachweis vorliegt.

vollkommen ausreicht. Bei Ankunft am Reiseziel sind ein paar einfache Überprüfungen empfehlenswert. Alle Tauchanbieter sollten mit Notreserven an Sauerstoff sowie einer Erste-Hilfe-Station ausgestattet sein und über moderne Kommunikationstechnik verfügen. Ein kurzer Blick auf die Kompressoreinheit ist ebenfalls ratsam – das Luft-Zertifikat sollte sichtbar angebracht sein. Es ist aber ohnehin nicht schwer, eine saubere, gepflegte Anlage von einer vernachlässigten zu unterscheiden.

KURZSTRECKEN
Wenn die letzte Etappe der Reise mit kleinen Flugzeugen zurückgelegt werden, sollte man sich vorher erkundigen, ob es Gepäcklimits gibt.

Europa

Europa wird von der internationalen Tauchergemeinschaft oft unterschätzt. Mit seiner Infrastruktur und einer hervorragenden Vernetzung der Urlaubsregionen bietet der Kontinent eine vielseitige Mischung von Tauchplätzen und viele Schiffsruinen.

GEMÄSSIGTE ZONE

Grundsätzlich herrscht in Europa ein gemäßigtes Wasserklima, was eine saisonal stark variierende Unterwasserwelt entlang der Küsten mit sich bringt. Die Gewässer Westeuropas sind kalt und reich an Nährstoffen und zählten früher zu den reichsten Fischgründen der Welt. Migrierende Arten, von denen viele im Golfstrom geboren werden, wandern um das westliche Ende des Kontinents. So kann ein und derselbe Tauchplatz im Winter vollkommen anders aussehen als im Sommer.

Für Taucher ist Europa ein Kontinent der Extreme. Während die Fjorde Norwegens arktische Tauchgänge ermöglichen, bietet der Süden mit den warmen Gewässern des Mittelmeers subtropische Verhältnisse.

FISCHERBOOTE IM PORTUGIESISCHEN ALBUFEIRA
Über Jahrhunderte waren Europas Fischbestände eine wichtige Nahrungsquelle, heute sind sie durch Überfischung bedroht.

Schon immer war das Schiffsaufkommen in Europa sehr hoch, sodass vor den Küsten Tausende von Wracks liegen. Sie sind auch ein Teil der Seefahrtsgeschichte, von den Langbooten der Wikinger über Fischerboote bis zu ganzen Handelsflotten, die in heftigen Stürmen sanken. Daneben sind versenkte Kriegsschiffe aus aller Herren Länder stumme Zeugen der vielen Kriege, die Europa über die Jahrhunderte erschüttert haben.

NORWEGENS FJORDE
Vor Millionen von Jahren von Gletschern geformt, bieten die Fjorde einzigartige Tauchmöglichkeiten in kristallklarem Wasser und vor der überwältigenden Kulisse schneebedeckter Berge.

DAS WRACK DER *ZENOBIA*, ZYPERN
Die schwedische Fähre *Zenobia*, die 1980 vor Zypern in 40 m Tiefe sank, ist eines der beeindruckendsten Wracks Europas.

Wrack der *Zenobia*

HAFEN VON LARNAKA, ZYPERN

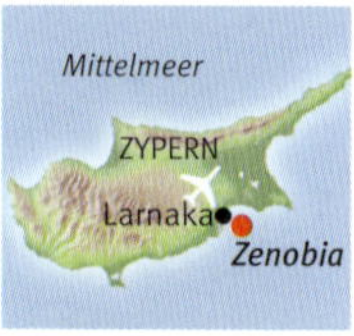

Das Wrack der *Zenobia* ist für Taucher aller Stufen geeignet. Es bietet Tauchgänge in flachem wie in tiefem Wasser, viele Einstiege und verschiedene Schwierigkeitsgrade. Das gut zugängliche Wrack ist eines der beliebtesten Tauchziele Europas.

UNFALL AUF SEE

Im Juni 1980 geriet die schwedische 10 000-BRT-Fähre *Zenobia* vor der Küste Zyperns in Seenot. Ein Stabilitätsverlust führte dazu, dass das Schiff zur Seite kippte und über mehrere Tage hinweg auf Grund sank. In dieser Zeit konnten die Passagiere gerettet werden, die Ladung aber, darunter auch 135 Lkw, blieb an Bord.

KURZINFO

WASSERTEMPERATUR 21–26 °C

ÖKOSYSTEM subtropisch

REISEZEIT ganzjährig zugänglich, beste Bedingungen zwischen März und Oktober

HIGHLIGHTS Fahrzeugdeck Nummer 1, Brücke, Passagierunterkünfte

FASZINIERENDE SCHIFFSRUINE

Da sie gut zugänglich ist und unterschiedlichste Tauchgänge bietet, wurde die *Zenobia* in kürzester Zeit zu einem der beliebtesten Wracks in Europa. Taucher können die beiden großen Fahrzeugdecks, die Brücke, die Passagierunterkünfte und das Restaurant betauchen. Nur für erfahrene Taucher empfiehlt sich eine Erkundung des Maschinenraums. Hierfür ist allerdings ein mehrstufiger technischer Tauchgang erforderlich. Wer einen entspannten Tauchgang bevorzugt, kann auch außerhalb des Wracks bleiben, da die Ausstattung des Schiffs, der riesige Rumpf und die Aufbauten nach wie vor in hervorragendem Zustand sind.

STÄHLERNES MONSTER
Decks und Frachträume sind mit den Trümmern der Ladung des Fährschiffs übersät, darunter auch zahlreiche Fahrzeuge.

Medas-Inseln

KATALONIEN, SPANIEN

Die Medas-Inseln lassen erahnen, wie das Leben im gesamten Mittelmeer einmal ausgesehen haben mag: große Fischschwärme, dicht besiedelte Riffs und einzigartige Korallenformationen – die unter Naturschutz stehenden Inseln haben einiges zu bieten.

NATURSCHUTZGEBIET

Die Medas-Inseln wurden 1983 zum Naturschutzgebiet erklärt und genießen daher bereits seit 20 Jahren besonderen Schutz. Das Meer rund um die Inseln spiegelt dies wieder, denn hier gibt es die wahrscheinlich größte Artenvielfalt und das abwechslungsreichste Leben im gesamten westlichen Mittelmeer.

AUSFAHRT
Ein Tauchboot bereitet sich auf die kurze Überfahrt zu den Inseln vor. Taucher strömen in Scharen in dieses unter Naturschutz stehende Tauchgebiet mit seinem großen Artenreichtum.

TAUCHEN AUF DEN INSELN

Die nur 1,6 km vor der spanischen Küste liegenden Inseln profitieren vom nährstoffreichen Zufluss des nahen Flusses Ter. Zudem sorgen kalte Aufwärtsströmungen rund um die zerklüfteten Riffs der Inseln für eine sauerstoffreiche Umgebung und lassen das Leben der Unterwasserwelt gedeihen. Neben den üblichen Arten des Mittelmeers wie Drachenköpfen, Kraken und Muränen leben hier auch große Schwärme von Barrakudas und Brassen und es wurden sogar Adlerrochen gesichtet. Zu den Highlights zählen die Delfinhöhle – ein 46 m langer Tunnel in einer Felswand – und die winzige Insel Carall Bernat. Es ist ein großer Erfolg, dass die Rote Koralle ins Meer rund um die Inseln zurückgekehrt ist. Lange Zeit war sie vom kommerziellen Raubbau stark bedroht. Sieht man die Ergebnisse der Naturschutzarbeit, ist die geringe Gebühr, die von den Behörden für einen Tauchgang im Schutzgebiet rund um die Medas-Inseln erhoben wird, nicht zu viel verlangt.

KURZINFO

WASSERTEMPERATUR 14–25 °C

ÖKOSYSTEM subtropisch

REISEZEIT beste Bedingungen zwischen März und September

HIGHLIGHTS Delfinhöhle, Carall Bernat, Formationen der Roten Koralle, Adlerrochen (selten)

Der Braune Zackenbarsch ist eine der vielen Arten, die im Schutzgebiet leben.

Sardinien

ZENTRALES MITTELMEER, ITALIEN

Die zerklüftete Insel im Mittelmeer hat eine bewegte geologische Vergangenheit, wie sich an ihren mit Höhlen und Kavernen übersäten Küsten ablesen lässt. Sardinien bietet aber auch ein reiches Unterwasserleben und faszinierende Wracks.

FELSENKÜSTE

Die scharfen Riffs, dunklen Überhänge und zerklüfteten Küsten Sardiniens sind die Heimat einer für das Mittelmeer außergewöhnlichen Vielfalt an Lebewesen. Aufgrund der geografischen Lage der Insel gelangen sowohl Spezies aus dem Roten Meer im Osten (von denen man vermutet, dass sie durch den Suezkanal wandern) als auch aus dem Atlantik im Westen nach Sardinien. Daher können Taucher hier sechs Arten von Lippfischen und zwei Arten von Zackenbarschen, herrlich bunten Schwämmen und Korallen an den Felswänden sowie einer einzigartigen Riesenmuschel, der Großen Steckmuschel, begegnen.

EINGEBORENER
Der Gemeine Krake ist eine der Haupttierarten in den Gewässern rund um Sardiniens felsige Küsten. Man sieht die hochintelligenten wirbellosen Tiere hier sehr oft.

HÖHLENLABYRINTH

Die Küste Sardiniens ist auch für ihre Höhlen und Kavernen berühmt. Die 300 m lange Nereo-Höhle an der Nordwestküste ist besonders beeindruckend. Wie alle Höhlen und Überhänge auf Sardinien, in die nur wenig Licht vordringt, ist sie von einem dichten Wald aus Roten Korallen überwuchert.

Sardinien bietet auch eine Reihe schöner Wracks. Das bekannteste ist wohl das der *Angelica*, ein 4400-BRT-Frachter, der 1983 bei Capo Falcone auf den zerklüfteten Riffs auf Grund lief. Mit einer Maximaltiefe von 20 m ist das Wrack relativ einfach zu ertauchen. Durch das flache Wasser haben Wind und Wetter über die Jahre ihre Spuren hinterlassen. Ist man nach einigen Höhlentauchgängen auf der Suche nach etwas anderem, stellt das Wrack eine schöne Abwechslung dar.

Neben den Attraktionen unter Wasser bietet Sardinien auch schöne Strände und Ortschaften entlang der gesamten Küste.

KURZINFO

WASSERTEMPERATUR 19–25 °C

ÖKOSYSTEM subtropisch

REISEZEIT ganzjährig, im Sommer wärmeres Wasser, aber auch mehr Betrieb

HIGHLIGHTS Rote Korallen, Nereo-Höhle, Große Steckmuscheln, Wrack der *Angelica*

Ustica

SIZILIEN, SÜDITALIEN

Die Insel Ustica wurde von keinem Geringeren als Jacques Cousteau als schönste Insel im Mittelmeer bezeichnet. Aufgrund ihrer besonderen Fauna wurde die kleine Vulkaninsel vor Sizilien zu einem Unterwasser-Schutzgebiet erklärt.

KLEIN ABER FEIN

Dass das Ökosystem von Ustica nahezu unberührt geblieben ist, liegt auch darin begründet, dass die Insel bis 1950 als Strafkolonie genutzt wurde. Das mit nur 8 km² winzige Eiland ist für die Forschung eine der bedeutendsten Inseln im Mittelmeer, weshalb sich auch die Internationale Akademie für Unterwasserwissenschaften und -techniken hier niedergelassen hat. Aufgrund des vulkanischen Ursprungs (das lateinische Wort *usta* bezeichnet einen verbrannten Rotton) sind die Riffs rund um die Insel – zerklüftete Felswände mit Höhlen, Kavernen und Überhängen – besonders schön.

SILBERNE SCHWÄRME

Große Schwärme von Barrakudas tummeln sich rund um Sizilien und begegnen auch Tauchern, die das Schutzgebiet von Ustica betauchen.

KURZINFO

WASSERTEMPERATUR 15–25 °C

ÖKOSYSTEM subtropisch

REISEZEIT ganzjährig, Wasser im Winter jedoch recht kalt

HIGHLIGHTS Rote Korallen, Secca della Colombara, Tunnel durch den Scoglio del Medico

TRAUMHAFTE TAUCHPLÄTZE

Einer der schönsten Tauchplätze ist der Scoglio del Medico an der Nordwestküste, eine kahle Felsnadel mit einem Tunnel. Ein weiterer beliebter Spot ist die Secca della Colombara, eine Bank, die für ihre Riffs und ihren Reichtum an großen Fischen, darunter Barrakudas und Thunfische, bekannt ist.

Die Hebriden

WESTSCHOTTLAND

Die Inselgruppe der Hebriden wirkt noch sehr ursprünglich. Schroffe Berge erheben sich steil über dunklen Buchten und zerklüfteten Lochs und weiße Strände gehen in Kelpwälder über. Die Inseln sind eines der interessantesten Tauchreviere Europas.

REICHE SEE

Die Topografie der Hebriden mit steilwandigen Lochs, zerklüfteten Riffs und starkem Tidenhub in den zahllosen schmalen Meerengen zwischen den Inseln ist ideal für ein reiches Unterwasserleben. Das sauerstoffreiche, kalte Wasser bietet einer atemberaubenden Vielfalt an kleinen und großen Meeresbewohnern ein Zuhause. Zu den schönsten Tauchmöglichkeiten zählen mehrere Plätze rund um die Insel Skye (besonders die kleine Insel An Dubh Sgeir), die Wracks und Riffs des Sound of Mull, die berühmten Tauchplätze rund um Oban (Standort einer der bekanntesten und besten Tauchbasen Großbritanniens) und ein erst kürzlich entdecktes Revier vor den abgelegenen Summer Isles. Hier liegt auch das Wrack der *Fairweather V*, ein Fischerboot, das 1991 sank und noch in gutem Zustand ist.

ERHALTENE WILDNIS
Die für die Hebriden so typischen zerklüfteten Küsten zählen zu den ursprünglichsten Landschaften Großbritanniens.

GEMÄSSIGTE ZONE

An den Hebriden kann man einen eindrucksvollen Einblick in die Vielfalt maritimen Lebens in gemäßigten Zonen nehmen. Zu den regelmäßigen Besuchern der zerklüfteten Küsten zählen wandernde Wal- und Delfinarten, Seedorsche, Meeraale sowie eine Vielzahl kleinerer einheimischer Fischarten. Koloniebildende Organismen bedecken die Felswände und Anemonen und Schwämme bilden herrlich bunte und interessante Riffs. Die Hebriden sind zudem eines der wenigen Tauchgebiete Großbritanniens, in dem Otter das Meer bevölkern. Sind die Witterungsbedingungen einmal nicht so gut, ist das Scottish Sealife Sanctuary in der Nähe von Oban mit seinem faszinierenden Aquarium sowie einer Aufzuchtstation für Otter und Seehunde ein Besuch wert.

Ein Taucher vor einer Felswand, die von Toter Meerhand und Anemonen überwuchert ist.

In den Wintermonaten wird das Wetter auf den Hebriden sehr rau und das Wasser sehr kalt. Dadurch sind die Tauchgänge im dunklen Wasser mit starkem Tidenhub sehr anspruchsvoll. Erst im Sommer belebt sich die Region und die Strände und entlegeneren Inseln werden zu Ausgangspunkten von erstklassigen Flachwasser-Tauchgängen.

MAGISCHE TIERWELT

Die flachen Riffs vor den Küsten der Hebriden zählen zu den belebtesten des gemäßigten Europas und sind Heimat großer essbarer Krebse und Hummer, verschiedener Kopffüßer wie Tintenfische und Kraken, farbenfroher Nacktkiemer und einer Reihe von Fischarten wie etwa den spektakulären Lippfischen.

Zu den größeren Tieren, denen man in den Buchten rund um die Hebriden begegnen kann, zählen Seehunde und Kegelrobben. Regelmäßige Besucher sind aber auch Große Tümmler. Etwas seltener werden Rundkopf- und Weißschnauzendelfine gesichtet. Zu den hier vorkommenden Walarten gehören Finn- und Grindwale, besonders um die Inseln Coll und Tiree herum auch Schwertwale und, wenn man Glück hat, Pott- und Buckelwale. Zum Ende des Jahres hin gibt es große Versammlungen von Riesenhaien. Vorherzusagen, wann und wo diese genau auftreten werden, ist aber so gut wie unmöglich. Manchmal suchen sogar Gotteslachse und Lederschildkröten die Region auf.

Es sind aber nicht nur die Tiere, die die Taucher in diesen Gewässern so faszinieren. Im Golf von Corryvreckan zwischen den Inseln Scarba und Jura kann man den drittgrößten Mahlstrom der Erde bewundern.

KURZINFO

WASSERTEMPERATUR 8–18 °C

ÖKOSYSTEM gemäßigt

REISEZEIT ganzjährig, im Winter aber häufig sehr stürmisch

HIGHLIGHTS Otter, Wrack der *Fairweather V* bei den Summer Isles, Insel An Dubh Sgeir bei Skye

Scapa Flow

ORKNEYINSELN, GROSSBRITANNIEN

Der Naturhafen von Scapa Flow inmitten der Orkneyinseln vor der Nordküste Schottlands ist das berühmteste Wracktauchrevier Europas. Hier fand die größte Selbstversenkung einer Flotte in der Geschichte der Seefahrt statt.

WIKINGERHAFEN

Obwohl Scapa Flow schon zu Zeiten der Wikinger als Hafen genutzt wurde (die ihm auch seinen Namen *Skalpeidfloi*, Bucht des langen Isthmus, gaben), ist ein Ereignis in unserer Zeit für seine Berühmtheit verantwortlich. Ende des Ersten Weltkriegs wurden 74 Schiffe der deutschen Hochseeflotte ein Jahr lang in Scapa Flow interniert. Am 21. Juni 1919 verstand der Flottenkommandant, Admiral von Reuter, eine Zeitungsüberschrift falsch. Er ging davon aus, dass die Kampfhandlungen bald wieder aufgenommen würden und gab daraufhin den Befehl, die Schiffe zu versenken, damit sie nicht in die Hände der Alliierten fielen.

SCHIFFSFRIEDHOF

Bei der Massenversenkung ging ein Großteil der Flotte unter. Die Alliierten konnten nur 22 Schiffe ins flache Wasser schleppen. Weitere wurden in der Folgezeit gehoben, aber drei Schlachtschiffe, vier Leichte Kreuzer und fünf Torpedoboote liegen noch heute auf dem Meeresgrund. In beiden Weltkriegen versenkte die britische Admiralität hier insgesamt 50 000 Tonnen ausgemustertes Schiffsmaterial als Blockschiffe, die die Einfahrt deutscher U-Boote verhindern sollten.

Mit weiteren, über den Flow verteilten Wracks hat sich Scapa zu einem Mekka für Wracktaucher entwickelt. Neben den sehr anspruchvollen deutschen Wracks gibt es viele einfachere für unerfahrene Taucher. Die Blockschiffe in den Tidenkanälen sind hervorragende Tauchziele. Sie werden von kaltem, nährstoffreichem Wasser umspült und wimmeln nur so vor Leben.

Besonders interessante Wracks sind die *Kronprinz Wilhelm*, die *Brummer* und die *König*. Unter den

KURZINFO

WASSERTEMPERATUR 8–20 °C

ÖKOSYSTEM gemäßigt

REISEZEIT beste Bedingungen zwischen März und September

HIGHLIGHTS Wracks der *Cöln*, *Kronprinz Wilhelm*, *James Barrie*, *Gobernador Bories*, Riesenhaie, Robben

ROSTE IN FRIEDEN
Nicht alle Wracks von Scapa Flow liegen unter Wasser. Auch an den Stränden finden sich Zeugen der Geschichte.

Blockschiffen im Burra Sound genießt die *Gobernador Bories* einen besonderen Ruf. Zudem ist der vollständig erhaltene Trawler *James Berrie* ein reizvolles Objekt in 40 m Tiefe.

SCAPAS TIERWELT

Scapa Flow bietet eine vielfältige Meeresfauna. Vor allem die im Flachwasser liegenden Wracks beheimaten Lippfische, Hummer, Meeraale, Kraken und farbenprächtige Nacktkiemer. Zu den größeren Bewohnern zählen Kegelrobben, Delfine und in den Sommermonaten auch Riesenhaie. Manchmal statten auch Pott- und Schwertwale einen Besuch ab. Sind auch die Wracks Scapa Flows Hauptattraktion, so ist das abwechslungsreiche Leben unter Wasser doch ein zusätzlicher Anreiz.

WERTVOLLE ROHSTOFFE

Während der 1920er-Jahre hob das britische Bergungsunternehmen Cox & Danks viele der deutschen Kriegsschiffe zur Rohstoffgewinnung. Da der Stahl vor den ersten Atomtests entstand, liefert er hochwertiges Metall, das vollkommen frei von radioaktiver Strahlung ist und heute noch für den Bau empfindlicher Messinstrumente benutzt wird.

Bergungsarbeiten in Scapa Flow

BLICK IN DIE VERGANGENHEIT
Taucher können die mit Seeigeln besetzten Kriegsschiffe erkunden, die hier nach Ende des Ersten Weltkriegs versenkt wurden.

Die Scilly-Inseln

ÄRMELKANAL, GROSSBRITANNIEN

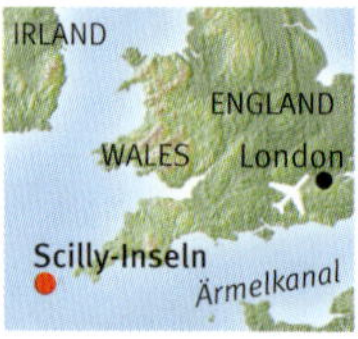

Diese kleine Inselgruppe am äußersten Ende des Golfstroms ist eines der bestgehüteten Geheimnisse der britischen Taucher. Eine reiche Unterwasserwelt mit lebhaften Riffs und viele Wracks machen die Umgebung zu einem Tauchparadies.

AZURBLAUES WASSER
Das Wasser um die Scillies ist so klar, wie man es eher in Südfrankreich als in Südengland erwarten würde.

DÜNN BESIEDELT

Die Scilly-Inseln bestehen aus 300 Granitinseln rund 45 km vor der Südwestspitze Englands. Nur sechs sind bewohnt und auch sie kann man kaum als besiedelt bezeichnen. Die grünen Inseln mit ihren weißen Stränden sind relativ flach und landschaftlich sehr schön.

Ihre Lage an einer der verkehrsreichsten Schiffsstraßen der Welt hat den Scillies zahllose Wracks beschert. Das jüngste Schiffsunglück ereignete sich hier am 26. März 1997. Als der Frachter *Cita* unterging, freuten sich die Inselbewohner über jede Menge Strandgut. Das in 35 m tiefem, klarem Wasser liegende Schiff ist ein hervorragendes Tauchziel. Ein hübscher Kontrast ist das britische Kriegsschiff *Eagle*, das 1707 sank. Es bietet mit seinen auf dem Meeresgrund verstreuten Kanonen einen Einblick in die Geschichte der Seefahrt.

KURZINFO

WASSERTEMPERATUR 8–18 °C

ÖKOSYSTEM gemäßigt

REISEZEIT ganzjährig, im Winter aber teils heftige Stürme

HIGHLIGHTS Inner Gilstone Rock (Riff), Wracks der *Cita* und der *Eagle*, Kegelrobben

WEITERE ATTRAKTIONEN

Neben zahlreichen Wracks finden Taucher vor Leben wimmelnde Riffs. Sie können größeren Tieren wie Robben und je nach Saison sogar seltenen Besuchern wie Riesenhaien begegnen.

Robben sieht man auf den Scillies sehr häufig.

Die Skelligs

COUNTY CORK, IRLAND

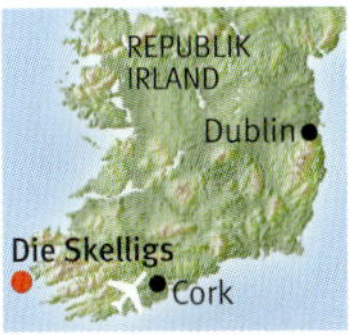

Die Skelligs sind zwei Felsen, die sich am östlichen Ende des Golfstroms vor der irischen Küste aus dem Atlantik erheben. In den Gewässern im Südwesten Irlands bilden sie ein Unterwasserparadies und eines der schönsten Tauchreviere Europas.

ZWILLINGSINSELN

Die Skelligs liegen 18 km vor der Südwestküste Irlands und erheben sich fast 213 m über die wilden Wasser des Atlantiks. Sie bestehen aus zwei großen Felseninseln, Skellig Michael und Little Skellig, die rund 1,6 km voneinander entfernt sind. Ihre schroffen Felsen und Riffs wurden vom Nordatlantischen Strom geformt. Er bringt warmes Wasser aus dem mittleren Atlantik, mit dem auch manchmal größere Tiere wie Delfine hierher gelangen. Diese Strömung begründet den Reichtum der Unterwasserwelt.

KURZINFO

WASSERTEMPERATUR 9–22 °C

ÖKOSYSTEM gemäßigt

REISEZEIT beste Bedingungen zwischen April und September

HIGHLIGHTS The Pinnacle Dive Site, Kegelrobbenkolonie, Tölpelkolonie auf Little Skellig

ZUFLUCHT FÜR MEERESBEWOHNER

Die Felswände sind von farbenfrohen Organismen wie Schwämmen und Toter Meerhand übersät. Jeder Winkel ist bewohnt und Krabben, Hummer, Meeraale und Quappen konkurrieren um die besten Plätze. In den Kelpwäldern lauern Lippfische und Kleinhaie, während Makrelen und Barsche durch das offene Wasser patrouillieren. Auf den Küstenfelsen lebt eine große Kegelrobbenkolonie und gelegentlich wurden Riesenhaie gesichtet.

SCHÜTZENDER FELS
Die dem Wetter ausgesetzte Skellig Michael mag wenig einladend wirken, aber unter Wasser ist es um so lebendiger.

Lundy

BRISTOLKANAL, SÜDWEST-ENGLAND

Die Insel Lundy liegt mitten im Gezeitenstrom des Bristolkanals. Da sie konstant von nährstoffreichem Wasser umspült wird, sind ihre Riffs reich an Meeresflora und -fauna und gelegentlich verirren sich Besucher aus den Weiten des Atlantiks hierher.

ERSTES SCHUTZGEBIET

Lundy liegt nur 16 km vor der Küste von Devon und ist ein zerklüfteter Granitfelsen von rund 5 km Länge. Aufgrund seiner belebten Riffs und vielfältigen Meeresfauna wurde Lundy zum ersten und bislang einzigen Meeresschutzgebiet Großbritanniens erklärt.

Lundy hat zwei sehr unterschiedliche Gesichter – die schroffere, den Stürmen des Atlantiks zugewandte Westseite und die mildere Ostküste. Durch die Beschaffenheit des Granits sind hier beeindruckende Klippen und Riffs entstanden, die vom starken Gezeitenstrom ständig mit nährstoffreichem Wasser umspült werden.

SANFTER RIESE
Das klaffende Maul des Riesenhais filtert winziges Plankton aus dem Wasser. Riesenhaie sind im Sommer häufig vor Lundy zu sehen.

RIFFBEWOHNER

Taucher treffen rund um die Insel auf Meeresbewohner wie Hummer, Lippfische, Dorsche, Barsche, Meeraale und Kraken. Zu den ungewöhnlicheren Bewohnern Lundys zählen Armflosser und der Red-Banded Fish, der ausschließlich vor Lundy vorkommt. In den Sommermonaten werden die Gewässer um die Insel häufig von Riesenhaien und Delfinen besucht.

Das Wrack des britischen Schlachtschiffs *Montague* liegt in 5–15 m Tiefe auf dem Shutter Reef. Es lief 1906 während einer Übungsfahrt bei Nebel auf Grund. Alle Bemühungen, es freizuschleppen, scheiterten. Die Wrackteile sind inzwischen am Meeresgrund verstreut und inmitten des Kelp finden sich noch große Mengen an Panzerplatten. Da die *Montague* bewaffnet war, sollte man auf scharfe Granaten achten.

KURZINFO

WASSERTEMPERATUR 8–22 °C

ÖKOSYSTEM gemäßigt

REISEZEIT beste Bedingungen zwischen April und September

HIGHLIGHTS Riesenhaie und Delfine, das Wrack der *Montague*, Gannets Rock, Knoll Pins

Die norwegischen Fjorde

NORDWESTKÜSTE, NORWEGEN

Kaltes Wasser, steile Wände und starke Strömungen sind nicht jedermanns Sache, aber für einige Meeresbewohner sind dies ideale Bedingungen. Tauchen in den Fjorden erfordert Mut, aber man wird für die Mühen reichlich belohnt.

WILDE KÜSTENLANDSCHAFT

Norwegens zerfurchte Küste erstreckt sich über 22 000 km, ist geprägt von unzähligen zerklüfteten Buchten und Fjorden und wird von über 50 000 Inseln gesäumt. Der Sognefjord ist mit 225 km Länge und 1350 m Tiefe der längste und tiefste Fjord der Erde.

Entlang der herrlich wilden Küste gibt es zahlreiche Tauchplätze, unter denen sich Ryflyke im Südwesten in den letzten Jahren einen ausgezeichneten Ruf erworben hat. Das Tauchen in diesem Fjord erfordert einige Erfahrung, gute Kenntnisse im Kaltwassertauchen und die notwendige Ausrüstung. Die steilen Wände sind überwuchert mit Kelp, Toter Meerhand, Schwämmen und einigen seltenen Tiefseekorallen. Dornhaie, Rochen, Welse und zahlreiche Krustentiere sind in Ryflyke angesiedelt. Zu den Höhepunkten der Saison zählen wandernde Lachse und die auf sie wartenden Jäger, wie beispielsweise Orcas.

KURZINFO

WASSERTEMPERATUR 2–20 °C

ÖKOSYSTEM gemäßigt

REISEZEIT ganzjährig, im Winter aber oft Kälte und schwierige Bedingungen

HIGHLIGHTS Preikestolen (Felskanzel), Kjerag (Plateau), Lysefjord, Orcas

BERAUSCHENDE KULISSE
Die steilen Fjordwände prägen sowohl über als auch unter Wasser das Gesicht dieser faszinierend schönen Landschaft.

Island

NORDATLANTIK

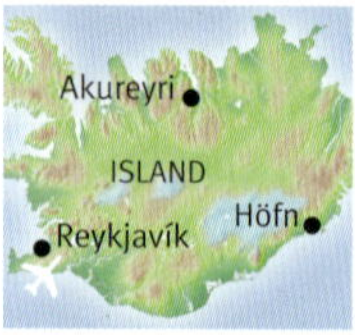

Aus dem Meer geboren, ist Island geologisch gesehen noch sehr jung. Besonderheiten wie der Vulkanismus sorgen für einige außergewöhnliche Taucherlebnisse, beispielsweise die Erkundung der Unterwasserwelt um eine Thermalquelle herum.

VULKANISCHE AKTIVITÄTEN

Island formte sich durch vulkanische Aktivitäten auf dem Mittelatlantischen Rücken und hat eine Fläche von über 100 000 km². Bis heute ist die Insel mit 30 dokumentierten Eruptionen innerhalb der letzten 200 Jahre vulkanisch stark aktiv. Auch die Küste Islands ist typisch für Vulkaninseln, geprägt von zerklüfteten Buchten, steilen Klippen und zerfurchten Riffs.

Auf Island gibt es zwei einzigartige Naturwunder: zum einen die legendäre Strytan-Thermalquelle, die aus rund 70 m Tiefe bis etwa 15 m unter der Wasseroberfläche aufsteigt. Taucher können das heiße Wasser nicht nur sehen, sondern auch fühlen, und natürlich können sie bestaunen, welche Vielfalt an Wirbellosen und Fischen von dieser warmen Oase im sonst eiskalten Wasser angezogen wird. Die andere Besonderheit ist die geflutete Silfra-Spalte im Thingvellir Nationalpark. Auch hier kann man Islands feurigen Ursprung erkunden. Silfra ist Teil eines großen Risses in der Erdkruste zwischen der eurasischen und der amerikanischen Kontinentalplatte. Der Graben ist mit kristallklarem, von Lavagestein gefiltertem Gletscherwasser gefüllt.

KURZINFO

WASSERTEMPERATUR 1–8 °C

ÖKOSYSTEM gemäßigt

REISEZEIT beste Bedingungen zwischen Juni und September

HIGHLIGHTS Strytan Thermalquelle, Silfra-Spalte im Thingvellir Nationalpark

ISLANDS KÜSTE
Islands Küste mit ihren schroffen und steilen Klippen und wilden Küstenstreifen ist deutlich vom Vulkanismus geprägt.

Weißes Meer

NORDOST-RUSSLAND

Das Weiße Meer ist eine der schönsten Meeresregionen im Norden des Landes und der einzige Ort in Russland, wo man unter dem Eis tauchen kann. Die Unterwasserwelt ist hier noch nahezu unberührt, und die Tauchgänge sind beeindruckend.

GEFRORENE WELT

Das Tauchen unter dem Eis ist ein faszinierendes Abenteuer, mit Sichtweiten zwischen 15 und 50 m. Durch die schützende Eisdecke ist das Wasser ruhig und aufgrund des geringen Lichteinfalls gibt es kaum Algen. Das Wasser des Weißen Meers, das bis in den Polarkreis hineinreicht, ist von November bis April gefroren. Die beste Reisezeit ist Mitte März, denn früher sind die Temperaturen mit unter null Grad noch sehr gering und später hat sich das Eis bereits zurückgezogen und man kann die schönsten Tauchplätze nicht mehr erreichen. Etwas weiter nördlich erwärmt der Golfstrom Teile des Wassers und verhindert ein Einfrieren.

BEWOHNER EISIGER TIEFEN
Hier begegnet der Taucher so bizarren Geschöpfen wie Medusenhäuptern, einer spezialisierten Form des Schlangensterns, die im Weißen Meer häufig vorkommt.

SELTENE ORGANISMEN

Das Weiße Meer bietet viele Lebensformen zum Bestaunen und Fotografieren. Hier leben rund 80 Fischarten, etwa 30 Nacktkiemer und fünf verschiedene Robbenarten. Große Schwärme winziger Rippenquallen, die in Regenbogenfarben erstrahlen, sind ebenfalls ein einzigartiger Anblick. Belugawale und manchmal auch Orcas und Grönlandhaie durchstreifen die Gewässer.

Man kann auch in schnell fließenden Flüssen sowie zwischen den Eisbergen eisschnorcheln oder die einzigartige Schönheit der Aurora Borealis, des Nordlichts, genießen. In Ausflugsnähe, in Swjesdny Gorodok (russisch Sternenstädtchen), befindet sich das Juri-Gagarin-Kosmonautentrainingszentrum, das während der Zeit der Sowjetunion streng von der Außenwelt abgeschirmt war. Hier können sogar Tauchgänge im Tieftauchlabor des Mir-Raumfahrtzentrums, in dem sich die Kosmonauten auf die Schwerelosigkeit vorbereiten, arrangiert werden.

KURZINFO

WASSERTEMPERATUR von -0,5 °C an der Oberfläche bis -3 °C in der Tiefe

ÖKOSYSTEM polar

REISEZEIT beste Bedingungen Mitte März

HIGHLIGHTS Belugawale, Robben, Aurora Borealis, Kosmonautenzentrum

Afrika und der Mittlere Osten

Afrika war schon immer ein Traumziel für Abenteurer und Forscher. Hier warten viele Kilometer unerforschter Riffs und Begegnungen mit Haien. Das Rote Meer im Mittleren Osten ist das am besten erschlossene Tauchrevier der Welt und wohl auch das beliebteste.

GLANZPUNKTE

Südafrika ist dafür bekannt, dass man in seinen Gewässern großen Meeresbewohnern begegnet. Hier kann man auch eines der spektakulärsten Schauspiele der Meere beobachten: den »Sardine Run«, die Wanderung der Sardinen. Riesige Schwärme bewegen sich langsam die Küste hinauf und werden dabei von Delfinen, Walen, Haien, Robben und Tölpeln verfolgt.

Im Nordosten Afrikas findet man die wilden Strände und Riffs von Moçambique sowie die Inseln vor Kenia und Tansania. Weiter draußen im Meer liegen Mauritius, die Seychellen und die Komoren. Sie alle bieten erstklassige Tauchmöglichkeiten an Riffs, deren Leben durch den Indopazifik im Osten geprägt ist.

WÜSTE TRIFFT KÜSTE
An vielen Tauchplätzen Afrikas umspült das blaue Meer eine trockene Felslandschaft.

SCHÄTZE DES ROTEN MEERS

Das Rote Meer ist das vielleicht am stärksten betauchte Revier der Welt. Von den nördlichen Feriengebieten Eilat, Ras Mohammed, Sharm El Sheik und Dahab bis hinunter zu den wilderen Tauchplätzen auf den Brothers Islands und an der Küste des Sudan bietet diese Region herrliche Riffs und außergewöhnliche Wracks, wie das der *Thistlegorm*.

Trotz seiner Beliebtheit verfügt das Rote Meer immer noch über unerforschte Gebiete, und da stetig neue Tauchplätze eröffnet werden, wird es Taucher wohl auch in Zukunft magisch anziehen.

LEBENDIGER LEBENSRAUM
Afrikas Riffs leuchten nur so vor herrlich bunten Weichkorallen, die eine atemberaubende Vielfalt an Meeresbewohnern beheimaten.

KRISTALLKLARES WASSER
Das Rote Meer ist nicht nur eines der salzigsten Meere der Welt, sondern auch eines der klarsten.

Gansbaai

WESTKAP, SÜDAFRIKA

Gansbaai bietet die seltene Gelegenheit, dem größten Jäger der Meere zu begegnen. Da dicht vor der Küste eine Insel mit einer großen Robbenkolonie liegt, ist dies einer der besten Plätze der Welt, um dem Weißen Hai ganz nahe zu kommen.

BEEINDRUCKENDE KREATUR Auf der Suche nach Pelzrobben durchstreifen Weiße Haie die Gewässer um Dyer Island.

JAGDREVIER

Auf den ersten Blick macht Gansbaai als Tauchziel wenig her. Es ist ein kleiner Hafen an einer felsigen Küste, die oft von hoher Dünung heimgesucht wird. Wenn der Taucher vom Quai aus hinaus aufs Meer sieht, erblickt er dicht vor der Küste eine flache Insel, auf der etwa 60 000–90 000 Pelzrobben leben. Sie sind der Grund für den Weltruhm des kleinen Ortes: Ihnen können Weiße Haie nicht widerstehen, weshalb sie diese Gewässer regelmäßig aufsuchen. Der Weiße Hai wird bis zu 6 m lang und zählt zu den besten Jägern des Meeres. Sein zweifelhafter Ruf als Menschenfresser beruht allerdings auf falschen Darstellungen dieses faszinierenden Lebewesens, über das wir immer noch erstaunlich wenig wissen.

KURZINFO

WASSERTEMPERATUR 11–17 °C

ÖKOSYSTEM gemäßigt

REISEZEIT ganzjährig Haiaktivitäten, größte Haidichte von Mai bis September

HIGHLIGHTS Höhlentauchen mit Weißen Haien bei Dyer Island, an einigen ausgewiesenen Stellen tauchen mit Robben

HAUPTATTRAKTION

Die Anwesenheit der Haie lockt inzwischen Abenteurer aus aller Welt an. In der Nähe der Haie darf ausschließlich im Käfig getaucht werden, aber es gibt auch Tauchmöglichkeiten in der Umgebung der Robbenkolonie, die von den örtlichen Tauchanbietern als sicher eingeschätzt werden. Weiter draußen gibt es herrliche Kaltwasserriffs, die von Kelp bedeckt sind, aber der eigentliche Grund für Taucher, Gansbaai zu besuchen, ist und bleibt der große Weiße Hai.

Aliwal Shoal

KWAZULU-NATAL, SÜDAFRIKA

Aliwal Shoal hat alles, was Tauchen aufregend macht. Die Spannung beginnt bereits am Strand mit einem atemberaubenden Wellenritt und setzt sich fort bei abenteuerlichen Haibegegnungen über einem faszinierenden Riffsystem.

KREUZUNG IM MEER

Aliwal Shoal ist ein Berg aus Sandstein, der sich im Indischen Ozean mitten im Agulhasstrom erhebt. Dieser Tauchplatz ist berühmt für Haibegegnungen, vor allem mit dem Sandtigerhai, der in den Höhlen und Kavernen des Riffs lauert. Zur richtigen Jahreszeit kann man aber auch großen Gruppen von Bullenhaien und manchmal auch Tigerhaien begegnen. Aufregender sind da schon die seltenen Besuche des Weißen Hais. Aliwal Shoal hat aber noch weit mehr zu bieten als Haie, denn mit einer Mischung aus Warmwasser-Riff-Fischen und Spezies gemäßigter Gewässer findet man hier eines der vielseitigsten Riffsysteme in ganz Südafrika.

DURCHREISENDE

Zu den heimischen kommen wandernde Arten wie etwa Buckel- und Glattwale, Meeresschildkröten und Riesenzackenbarsche. Zudem liegt der Tauchplatz direkt an der Route, welche die Sardinen alljährlich wählen, um zu ihren Brutgebieten zu ziehen, eine der beeindruckendsten Wanderungen der Weltmeere. Die riesigen Sardinenschwärme legen dabei mehr als 1600 km zurück.

KURZINFO

WASSERTEMPERATUR 19–26 °C

ÖKOSYSTEM subtropisch

REISEZEIT heimische Sandtigerhaie von Juli bis Oktober, Bullenhaie von Oktober bis April

HIGHLIGHTS Sandtigerhaie, Sardinenwanderung, migrierende Wale

AUFREGENDER START
Auf dem Weg nach Aliwal Shoal müssen die Tauchboote durch die starke Brandung. Ein solcher Start lässt den Adrenalinspiegel steigen.

Sodwana Bay

KWAZULU-NATAL, SÜDAFRIKA

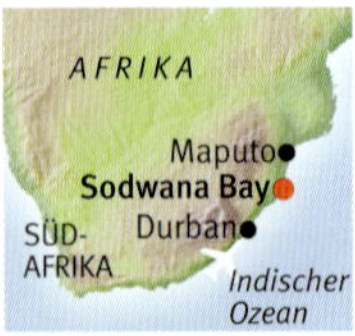

Vor Sodwana Bay, einem Nationalpark im nördlichen Natal, liegt das einzige betauchbare Korallenriff Südafrikas. Es beheimatet mehr als 1000 Fischarten und wird von wandernden Walhaien, Fächer- und Speerfischen, Mantarochen und Walen aufgesucht.

ABGELEGENE RIFFS

Sodwana Bay liegt in einer abgelegenen Region Südafrikas, die im Norden direkt an Moçambique grenzt. Schon die Anfahrt ist ein kleines Abenteuer, denn man fährt mit dem Geländewagen über unbefestigte Straßen quer durch den Busch. Der Tauchsport in Sodwana Bay ist bestens etabliert, wird aber auch sehr streng überwacht. Nur drei Tauchbasen sind zugelassen. Damit will man die Zahl der Taucher gering halten, um das empfindliche Ökosystem des Korallenriffs zu schützen.

KURZINFO

WASSERTEMPERATUR 21–29 °C

ÖKOSYSTEM tropisch

REISEZEIT ganzjährig, beste Zeit für Walhaisichtungen von Oktober bis Februar

HIGHLIGHTS Seven Mile Reef; Nine Mile Reef; Start durch die Brandung; Walhaie, Mantarochen und andere migrierende Arten

Verschiedene Schildkrötenarten besuchen Sodwana Bay

EINZIGARTIGE ATTRAKTIONEN

Die vier etablierten Rifftauchplätze vor Sodwana sind nach ihrer Entfernung zum Ausgangspunkt benannt und heißen Two, Five, Seven und Nine Mile Reef. Jedes von ihnen hat seine eigenen Attraktionen zu bieten, von filigranen Hartkorallen bis zu Begegnungen mit großen Meeresbewohnern wie etwa Walhaien. Wenn auch der Weg nach Sodwana Bay etwas aufwendig und beschwerlich ist, so wird man doch mit traumhaften Rifftauchgängen belohnt.

BRANDUNG
Trotz ihrer Lage kann die Bucht von Sodwana recht belebt sein. Die Tauchboote starten oft vor einer Kulisse aus wartenden Tauchern.

Protea Banks

KWAZULU-NATAL, SÜDAFRIKA

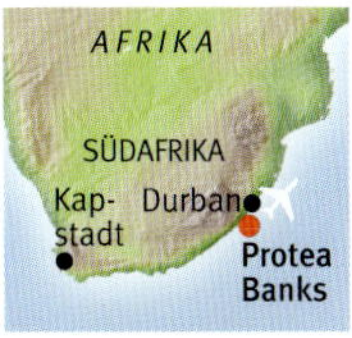

Selbst bei der unerschrockenen Tauchgemeinde Südafrikas lassen die Protea Banks die Herzen höher schlagen. Das Riff ist von Rinnen, Überhängen und Kavernen durchzogen – und berühmt für Haibegegnungen. Nichts für Zartbesaitete.

AUF DER JAGD
Tigerhaie werden rund um Protea Banks häufig gesichtet, oft mit Schiffshaltern in ihrem Gefolge.

HERAUSFORDERUNG

Obwohl die Protea Banks nicht mit der faszinierenden Topografie von Aliwal Shoal aufwarten können *(siehe S. 259)*, haben sie nicht weniger zu bieten. Viele Taucher halten Protea Banks sogar für noch spektakulärer. Die Gründe hierfür sind die Tiefe, die Strömungen und die Haibegegnungen.

Im Durchschnitt liegt die Spitze des Riffs tiefer als bei Aliwal Shoal. Mehrere Tauchgänge gehen tiefer als 30 m. Die Strömungen, die über den flachen Riffkamm streifen, sind stark und mit ein wenig Übung kann man sich von der Strömung an einer aufregenden Szenerie vorbeitragen lassen.

HAIBEOBACHTUNG

Der eigentliche Grund für die Beliebtheit der Protea Banks sind allerdings die Haibegegnungen. Hier kann man nicht nur während der Paarungszeit große Gruppen von Sandtigerhaien beobachten, sondern hat auch eine gute Chance, Tiger- und Hammerhaien zu begegnen. Mehrere Monate im Jahr können Taucher im offenen Meer auch auf Bullenhaie stoßen. Diese einmaligen Jäger folgen den Beutefischen, die während des Sommers hier eintreffen.

KURZINFO

WASSERTEMPERATUR 19–26 °C

ÖKOSYSTEM subtropisch

REISEZEIT Sandtigerhaie von Juli bis Oktober, Bullenhaie von Oktober bis April

HIGHLIGHTS Sandtigerhaie, Bullenhaie, migrierende Wale

Moçambique

SÜDOSTAFRIKA

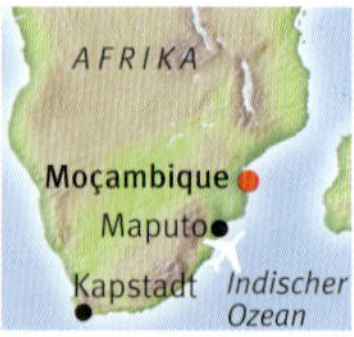

Aufgrund des verheerenden Bürgerkrieges war Moçambique lange unerreichbar. Doch seit 1992 kehren nach und nach auch die Taucher zurück und entdecken die Reichtümer, die sich im blauen Wasser eines der wildesten Küstenstreifen Afrikas verbergen.

ERNÄHRER OZEAN

Die schnell strömenden Wasser des Agulhasstroms, der zwischen der Küste Moçambiques und der Insel Madagaskar hindurchfließt, sind die Quelle des Lebens für Moçambiques reiche Unterwasserwelt. Die Riffs der Region sind von Meeresbewohnern dicht bevölkert und obwohl es überall an der Küste schöne Tauchplätze gibt, sind einige doch hervorzuheben, wie etwa Inhaca Island, Ponta do Ouro, der Bazaruto-Archipel und Cabo San Sebastian.

ENTLEGENES ZIEL

Moçambiques Tauchplätze sind keine leicht zugänglichen Reiseziele. Die meisten Tauchreviere sind nur mit robusten Geländewagen über unbefestigte Pisten erreichbar und viele der Tauchbasen und Ferienorte liegen verborgen hinter langen Streifen verlassener Strände. Aber jeder Tauchgang belohnt einen für die Mühen. Der Süden des Landes ist inzwischen für Begegnungen mit Riesen-

KURZINFO

WASSERTEMPERATUR 21–28 °C

ÖKOSYSTEM subtropisch

REISEZEIT ganzjährig, optimale Bedingungen von September bis März

HIGHLIGHTS Riesenzackenbarsche, Sandtigerhaie, Bullenhaie, Buckelwale, Walhaie, Mantarochen

zackenbarschen und Sandtigerhaien berühmt, während man weiter nördlich auf Bullen- und Tigerhaie trifft. Im Sommer ziehen Buckelwale durch diese Region und in den seichten Flussmündungen entlang der Küste werden manchmal auch Dugongs gesichtet.

Der Bazaruto-Archipel vor Moçambiques Zentralküste ist ein hervorragender Ort zur Beobachtung von Walhaien, während man im nahe gelegenen Vilanculos Mantarochen und Delphine sehen kann.

STRAHLENDE ZUKUNFT

Die Infrastruktur Moçambiques ist besonders im Norden des Landes noch eher unterentwickelt. Zudem stellt die Malaria zu bestimmten Jahreszeiten im gesamten Land eine große Gefahr dar. Dennoch macht Moçambique auf dem Tourismussektor Fortschritte und seine Tauchplätze haben sich in kürzester Zeit zur Weltklasse entwickelt. Ein Tauchurlaub hier kann auch den erfahrenen Reisenden noch vor Probleme stellen, aber die geringe Touristendichte ist auch ein Vorteil dieses zunehmend besser erschlossenen Tauchziels in Afrika.

WELLENUMTOSTE WILDNIS

Moçambique verfügt über mehr als 2414 km größtenteils spärlich besiedelter Küste. Im Süden ist die Küste geprägt von Sandbänken, Flussmündungen und Sümpfen, während man im wilderen Norden lange Strände und Klippen findet. Die gesamte Küste des Landes ist noch sehr ursprünglich. Direkt vor der Hauptstadt Maputo liegt die Insel Inhaca, die unter Tauchern für Begegnungen mit großen Meeresbewohnern bekannt ist. Delphine, Walhaie und Mantarochen besuchen regelmäßig die Insel.

Brandungswellen an der Küste

ÜBERLEBENSGROSS
Gigantische Riesenzackenbarsche patrouillieren die belebten Riffs vor Moçambique. Die imposanten Fische können sehr neugierig sein und inspizieren Taucher gerne auch aus der Nähe.

Seychellen

WESTINDISCHER OZEAN

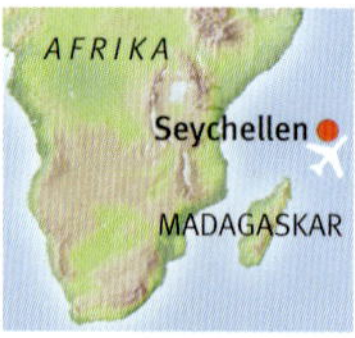

Die klaren Wasser der Seychellen bieten allen, die eine etwas weitere Reise in Kauf nehmen, sanfte Riffs vor den inneren Inseln und große Felswände, starke Strömungen und Begegnungen mit großen Meerestieren vor den äußeren Inseln.

WEIT VERSTREUTE INSELN

Die Seychellen umfassen insgesamt 115 Inseln, die sich mehrere hundert Kilometer vor der Küste Afrikas über ein weites Areal erstrecken. Sie werden unterteilt in innere (die sogenannte Granitgruppe) und äußere Inseln, die insgesamt 1100 km voneinander entfernt liegen. Die Inner Islands mit der Hauptinsel Mahé liegen auf einer riesigen natürlichen Plattform, die sich aus dem Ozean erhebt. Die meisten Tauchgänge führen hier in 10–30 m Tiefe an seichte, geschützte Riffsysteme und farbenprächtige Korallenformationen. Weiter draußen im Ozean liegen die Outer Islands, da-runter auch die Aldabra-Gruppe, eine Inselgruppe, die aufgrund ihres Artenreichtums und ihrer isolierten Lage auch als »Galápagos des Indischen Ozeans« bezeichnet wird. Die Tauchgänge hier sind anspruchsvoll und nur für erfahrene Taucher geeignet. Die Riffkanäle und Steilwände bieten einzigartige Strömungen, von denen man sich weit tragen lassen kann.

KURZINFO

WASSERTEMPERATUR 27–29 °C

ÖKOSYSTEM tropisch

REISEZEIT Mai bis Oktober

HIGHLIGHTS große Meerestiere bei der Aldabra-Gruppe, sanfte Riffs rund um die Inner Islands und Mahé

Doktorfisch

TROPISCHE SZENERIE
Idyllische Tropenstrände sind typisch für die Seychellen. Trotz ihrer Abgelegenheit bieten die Inseln Tauchern einzigartige Erlebnisse.

Mauritius

WESTINDISCHER OZEAN

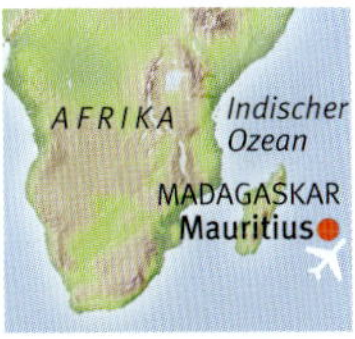

Die Inseln von Mauritius im Indischen Ozean sind ein beliebtes Ferienziel. Als Tauchregion sind sie noch relativ unbekannt, obwohl die vulkanischen Riffs ein reiches tropisches Ökosystem bilden und erlebnisreiche Tauchgänge versprechen.

PLATZ AN DER SONNE
Die flachen Küstengewässer und weißen Sandstrände von Mauritius sind ein beliebtes Urlaubsziel und haben Tauchern viel zu bieten.

VULKANISCHER URSPRUNG

Mauritius besteht aus zwei größeren und zahlreichen kleineren Inseln und liegt etwa 800 km vor Madagaskar. Obwohl die Inseln relativ klein sind, haben sie fast 400 km gewundener Küste, da die Inselgruppe aus zerklüftetem Vulkangestein besteht. Das Meer ist hier von über 200 Korallenarten besiedelt, wodurch Riffs entstanden sind, um die herum sich etwa 450 Fischarten tummeln – ein reiches tropisches Ökosystem.

KURZINFO

WASSERTEMPERATUR 21–28 °C

ÖKOSYSTEM tropisch

REISEZEIT ganzjährig

HIGHLIGHTS Rempart Serpent, Cathedral, unberührte Riffs um Rodrigues Island

ERSTKLASSIGE TAUCHPLÄTZE

Die meisten Tauchgänge auf Mauritius finden an der Westküste der Hauptinsel statt, da die Ostküste ungeschützt dem Wind und den Wellen des offenen Ozeans ausgesetzt ist. Absolute Highlights unter den Tauchplätzen sind Cathedral, eine Höhle, in der Igelfische leben, und Rempart Serpent, ein Riff, an dem bis zu 32 unterschiedliche Muränenarten gezählt wurden. Der Norden der Hauptinsel ist inzwischen für regelmäßige Begegnungen mit größeren Freiwasserbewohnern, wie etwa Thunfischen, Wahoos und Marlinen bekannt. An der Küste der abgelegenen Insel Rodrigues östlich von Mauritius liegt eines der ursprünglichsten und unberührtesten Riffs der Region.

Brothers Islands

NÖRDLICHES ROTES MEER, ÄGYPTEN

Um diese beiden Felseninseln herum sind über Jahrtausende hinweg einzigartige Korallengärten entstanden. Sie sind nur von Liveaboards *(siehe S. 237)* aus zugänglich und bieten spektakuläre Tauchgänge und Haibegegnungen.

EINSAMER FELSEN
Big Brother, die größere und nördlichere der beiden Inseln, ist 400 m lang und nur 8 m breit. Ihr auffälligstes Merkmal ist der Leuchtturm.

ISOLIERTE FELSBROCKEN

Die Brothers sind zwei große Felseninseln, Little Brother und Big Brother, die 58 km vor der Küste Ägyptens rund 1,6 km voneinander entfernt liegen. Die aus tiefem Wasser aufragenden Felsen haben steile Wände, auf denen sich belebte Riffs gebildet haben. Aufsteigendes nährstoffreiches Wasser und wirbelnde Strömungen ziehen sowohl große als auch kleine Fischarten an.

HAIBEOBACHTUNG

Vor den steilen Wänden der Brothers kann man verschiedenen Haien begegnen. Zu den häufigsten Arten zählen Weißspitzen- und Graue Riffhaie, aber auch Silberspitzen-, Bogenstirn-Hammer- und Hochsee-Weißflossenhaie werden oft gesichtet. Mit etwas Glück kann man sogar einem Fuchshai begegnen. Seine sensenförmige Schwanzflosse macht diesen Hai zu einem ganz besonderen – leider mittlerweile sehr seltenen – Anblick.

AM RIFF ZERSCHELLT

Als weitere Attraktion finden sich hier gleich zwei Wracks – das der *Aida II* und das der *Numidia*, die sich in die steilen Wände von Big Brother bohren. Die *Numidia*, ein Frachtschiff, liegt in steilem Winkel an der Nordspitze des Felsens, mit dem sie 1901 kollidierte. Ihr Bug liegt nur 8 m tief, das Heck ruht allerdings in 80 m Tiefe.

Ein weiteres Opfer von Big Brother wurde die italienische *Aida II*, die 1957 bei einem Truppentransport sank. Die Wrackteile sind stark überwuchert, aber noch fast vollständig erhalten.

KURZINFO

WASSERTEMPERATUR 21–29 °C

ÖKOSYSTEM tropisch

REISEZEIT ganzjährig

HIGHLIGHTS Hochsee-Weißflossenhaie, Bogenstirn-Hammerhaie, Wrack der *Numidia*, (gelegentlich) Fuchshaie

Dahab

NÖRDLICHES ROTES MEER, ÄGYPTEN

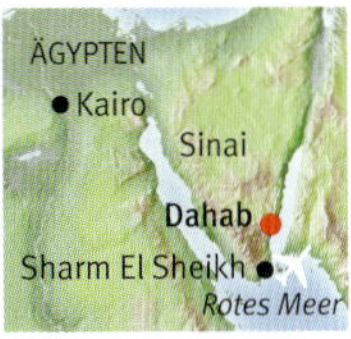

Die Küstenstadt Dahab im südlichen Sinai ist von Bergen und Wüste umgeben. Diese unwirtliche Landschaft bildet einen starken Kontrast zu den überwältigenden Riff- und Korallenformationen direkt vor der Küste, wie das berühmte Blue Hole.

WÜSTENSIEDLUNG

Dahab liegt am Golf von Akaba im Nordosten des Roten Meers, nur 80 km nördlich des Urlaubsorts Sharm El Sheik. Die Stadt, die sich in einer harten und kargen Natur an die Küste klammert, verströmt Pioniergeist. Hier gibt es mehrere Tauchzentren, die Training für alle Stufen anbieten.

TAUCHEN IN DAHAB

Rund um Dahab gibt es mehrere von Land aus erreichbare Tauchplätze, wie etwa Canyon und Bells. Beides sind beeindruckende gewundene Korallenformationen, die mit ihren Schluchten, Überhängen, Bögen und Durchgängen typisch für diesen Küstenabschnitt sind. Das legendäre Blue Hole ist die Spitze eines riesigen Schachts, der 300 m tief in das Riff reicht. Die Verlockung, den gesamten Schacht bis zum äußeren Riff in 50 m Tiefe zu durchtauchen, hat schon viele Taucher das Leben gekostet. Der Bogen sollte nur von erfahrenen Tauchern und nur als technischer Tauchgang mit der entsprechenden Ausrüstung *(siehe S. 194/195)* durchtaucht werden.

KURZINFO

WASSERTEMPERATUR 21–28 °C

ÖKOSYSTEM tropisch

REISEZEIT ganzjährig

HIGHLIGHTS Blue Hole, Canyon und Bells, Gabr El Bint (nur mit dem Boot erreichbar)

REISEGEFÄHRTEN
Respektvoll folgt ein Taucher einer Schildkröte, die an einem von Dahabs farbenprächtigen Riffs vorbeizieht.

Wrack der *Thistlegorm*

NÖRDLICHES ROTES MEER, ÄGYPTEN

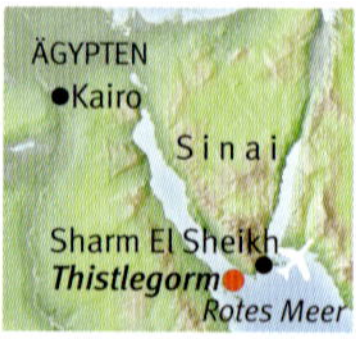

Voll beladen, ist die im klaren Wasser des Roten Meeres liegende *Thistlegorm* eines der bekanntesten Tauchwracks. Dieser Ruhm hat den Nachteil, dass sich täglich eine große Anzahl von Tauchern durch ihre Überreste schlängelt.

DAS WRACK

Zum ersten Mal erregte die *Thistlegorm* in den 1950er-Jahren Aufsehen, als sie von Jacques Cousteau entdeckt und gefilmt wurde. Ihre Lage blieb jedoch bis 1992 ein Geheimnis, als sie von Hobbytauchern ein zweites Mal entdeckt wurde. Seitdem hat sie sich zum beliebtesten Tauchwrack im Roten Meer entwickelt.

Die *Thistlegorm* war ein 126 m langer bewaffneter Frachter, der im Zweiten Weltkrieg die britische Armee in Nordafrika mit Nachschub versorgte. Voll beladen mit Maschinen und Munition wurde sie am 6. Oktober 1941 von einem deutschen Bomber im nördlichen Roten Meer gesichtet. Zwei Bomben trafen Frachtraum 4 und lösten eine riesige Explosion aus, die das Schiff in zwei Teile riss. Es ging sofort unter und riss neun Personen mit in den Tod.

TAUCHERLEBNIS

In vielerlei Hinsicht ist die *Thistlegorm* ein perfektes Tauchwrack. Ihr Bug liegt in klarem Wasser in nur 15 m Tiefe und kein Teil des Schiffes liegt tiefer als 30 m. Da die Strömungen hier aber sehr stark sein können, steigt man meist an Leinen ab, die vom Tauchführer befestigt werden. Das Wrack ist ein riesiges, stilles und ergreifendes Unterwassermuseum. Wegen seiner enormen Größe kann man es nur in mehreren Tauchgängen vollständig erkunden.

Die *Thistlegorm* ist bei Tauchern beliebt, was allerdings inzwischen von Nachteil ist. Da sie nur eine fünfstündige

KURZINFO

WASSERTEMPERATUR 20–29 °C

ÖKOSYSTEM tropisch

REISEZEIT ganzjährig; am besten von einem Liveaboard aus betauchbar

HIGHLIGHTS Kapitänsbad, BSA-Motorräder, Lokomotive an Deck, Bedford-Lkw, gepanzerte Fahrzeuge

ZEITKAPSEL

Ein Taucher untersucht Militärausrüstung im Wrack der *Thistlegorm*.

Auch Jahre nach dem Untergang der *Thistlegorm* setzten britische Schiffe ihre Fahne auf Halbmast, wenn sie am Wrack vorbei fuhren. Als beliebtestes Tauchziel im Roten Meer hat es heute eine andere Bedeutung erlangt. Der eigentliche Schatz des Schiffs ist seine umfangreiche Ladung mit Militärausrüstung, von Lee Enfield Mark 3-Karabinern über Gummistiefel, Bedford-Lkws und zwei gepanzerte Rolls Royces bis zu Gestellen mit BSA-Motorrädern. Auf Deck steht eine Lokomotive, eine zweite liegt am Meeresboden neben dem Wrack.

Schiffstour vom geschäftigen Tauchzentrum Sharm El Sheikh entfernt liegt, ist es in der Hochsaison fast normal, wenn hier 20 und mehr Tauchschiffe gleichzeitig ankern. Findet man einen Skipper, der nachts fährt, hat man die Chance, die große alte Dame bei Tagesanbruch mit noch relativ wenigen Mittauchern erkunden zu können.

Obwohl das Wrack nicht so dicht überwuchert ist, wie man es erwarten könnte, gibt es auch an der *Thistlegorm* eine reiche Meeresfauna. In der Region findet man etwa 1000 Fischarten, von denen rund 17 Prozent nur im Roten Meer vorkommen. Sehenswert sind die Feuerfische, die am Grund lauern, um in den großen Schwärmen von Beilfischen zu jagen. Weiter oben durchstreifen Stachelmakrelen und Barrakudas auf der Suche nach Beute die Aufbauten.

KRIEGSWAFFE
Ein Taucher schwebt über einem deutlich erkennbaren Heckgeschütz der *Thistlegorm*. Diebstahl wird konsequent bestraft. Man sollte keine »Souvenirs« mitnehmen.

Asien

Die tropischen Gewässer dieses riesigen Kontinents standen bei Tauchern wegen ihres Reichtums an Lebensformen und wunderbarer Riffs schon immer hoch im Kurs. Mittlerweile gibt es auch im Norden interessante Tauchgelegenheiten – bis hinauf nach Sibirien.

BEDROHTE RIFFWELT

Die geografische Ausdehnung Asiens, des größten Kontinents der Erde, garantiert auch eine enorme Bandbreite an Tauchangeboten. Das »Triangle of Diversity« – eine Region des indopazifischen Ozeans, die die weltweit größte Vielfalt an Korallen- und Fischarten bietet –, ist das Mekka vieler Taucher und Meeresbiologen.

Auf den vielen tausend Inseln der Philippinen, Indonesiens, Papua-Neuguineas und Malaysias liegen legendäre Tauchplätze mit so klangvollen Namen wie Sipadan, Lembeh, Tubbutaha, Komodo oder Kimbe. Sie alle sind Traumziele für jeden Taucher, aber leider werden einige dieser empfindlichen Ökosysteme durch die in der Region weitverbreiteten destruktiven Fischereipraktiken mit Dynamit und Zyanid gestört. Auf den Philippinen sind nur noch etwa vier Prozent aller Riffs vom Menschen unberührt, während bis zu 30 Prozent als unrettbar geschädigt gelten müssen. Man kann im Indopazifik immer noch intakte Riffs finden, sollte sich aber der persönlichen Verantwortung für die Natur bewusst sein.

VERANTWORTUNG ZEIGEN
An den bedrohten asiatischen Riffs sollte man sich verantwortlich verhalten, damit sie für zukünftige Generationen erhalten bleiben.

STRANDBASIS
An einem tropischen Strand wie diesem kann ein aufregender Tauchgang ideal ausklingen.

JENSEITS DER TROPEN

Tauchen in Asien wird üblicherweise mit einer archetypischen tropischen Inselkette mit knallbunten Korallenriffs verbunden. Tauchreviere wie die Malediven, Andamanen und Similanen sind zu Recht berühmt für die außerordentliche Vielfalt und Schönheit der Natur sowohl über als auch unter der Wasseroberfläche.

ZWERGSEEPFERDCHEN
Das seltene Zwergseepferdchen kommt nur zwischen den *Muricella*-Korallen Südostasiens und Australiens vor. Es ernährt sich von winzigen Krustentieren und Larven.

Aber auch wenn sich das Tauchen in Asien meist auf die Tropen konzentriert, so gibt es doch auch weiter nördlich einige hervorragende Tauchplätze. Einer der bemerkenswertesten ist der Baikalsee in Sibirien. Er ist der tiefste See der Welt und das größte oberirdische Frischwasserreservoir. Dank seiner Größe und sehr unterschiedlichen Tiefen findet man hier eine große Vielfalt an ganz unterschiedlichen Ökosystemen.

Die Malediven

INDISCHER OZEAN

Die in den 1970er-Jahren als Tauchrevier entdeckten Malediven haben sich schnell zu einem Traumziel entwickelt. Die Ausdehnung der Inselgruppe und die Vielfalt der Tauchplätze machen sie für jeden Taucher zu einer besonderen Attraktion.

REICHE INSELWELT

Die Malediven sind die Rücken einer unterseeischen Bergkette, die sich aus über 2 km Tiefe aus dem Indischen Ozean erheben. Die Inselgruppe ist von Norden nach Süden 764 km lang und 129 km breit. Die Inseln verteilen sich weitläufig auf 26 große Atolle und eine Fläche von insgesamt 98 000 km², haben aber nur eine Oberfläche von 300 km².

Die Malediven bieten demjenigen, der sich diese Reise leisten kann, eine riesige Auswahl an Tauchmöglichkeiten. Die Riffsysteme sind derart vielfältig und empfindlich, dass die Malediven nicht weniger als 25 Reservate und Schutzgebiete aufweisen. Das Meeresleben um die Inseln ist mit über 700 Fischarten bunt und vielgestaltig.

Es gibt verschiedene Arten von Tauchgängen auf den Malediven: Strömungstauchen an den äußeren Riffs und Tauchgänge innerhalb der Atolle.

KURZINFO

WASSERTEMPERATUR 24–29 °C

ÖKOSYSTEM tropisch

REISEZEIT ganzjährig

HIGHLIGHTS Graue Riffhaie, Hammerhaie, Mantarochen, Walhaie, Meeresschildkröten

SCHWERE ZEITEN

Tourismus und Tauchsport sind wichtig für die Wirtschaft der Malediven, aber beide wurden von den Naturkatastrophen der letzten Jahre schwer getroffen. El Niño – die periodische Erwärmung des Pazifiks – hinterließ 1997 und 1998 deutliche Spuren, als die Korallen mancher Riffs durch die steigende Wassertemperatur ausbleichten und abstarben. 2004 wurden die Inseln durch den Tsunami hart getroffen, der die Infrastruktur weitgehend zerstörte.

Fischer- und Tauchboote warten am Kai

Hier befinden sich sogenannte Thilas, ein einheimisches Wort für eine Korallenplattform dicht unter der Wasseroberfläche, und Kandus, kleinere vereinzelte Korallenerhebungen und -köpfe. Die besten Plätze für das Strömungstauchen sind Durchbrüche in den Korallenwänden, wo die Tidenströmung durch schmale Kanäle drückt.

Auf fast jedem Tauchgang begegnet man Weißspitzen-Riffhaien und es gibt mehrere Plätze mit Grauen und Silberspitzen-Riffhaien sowie Hammerhaien. Adlerrochen und Mantas besuchen zu bestimmten Jahreszeiten regelmäßig die gleichen Stellen um die Inseln und auch Walhaie kehren immer zu denselben Plätzen zurück, um das reichhaltige saisonale Nahrungsangebot in vollem Umfang zu nutzen. Auf den Malediven gibt es zudem fünf Meeresschildkrötenarten, von denen die Suppen- und die Karettschildkröte am häufigsten anzutreffen sind.

BUNTE KORALLEN
Eine Taucherin betrachtet Weichkorallen an einem der Riffs. Die Malediven bieten eine unglaubliche Vielfalt an besonderen Tauchplätzen.

Die Similanen

ANDAMANENSEE, INDISCHER OZEAN

Die winzige Kette aus Granitinseln vor der thailändischen Küste erkundet man am besten mit einem Tauchkreuzfahrtschiff. Mit einigen der schönsten Strände Thailands haben die Similanen sowohl über als auch unter der Wasseroberfläche viel zu bieten.

FELS UND MEER

Die Similanen bestehen aus neun großen Granitfelsen rund 64 km vor der Küste Thailands. Sie erheben sich aus der Tiefe der Andamanensee und erstrecken sich von Norden nach Süden über eine Länge von 24 km. Die Inseln tragen keine individuellen Namen, sondern sind der Einfachheit halber durchnummeriert, beginnend im Süden mit Nummer 1 (Koh Huyong) bis hin zu Nummer 9 (Koh Bangu) im Norden.

Die Inseln der Similanen verfügen an ihrer Westseite über steile unterseeische Granitklippen und im Osten über vor den sommerlichen Monsunwinden geschützte, sanfte Hänge mit einem besonders üppigen Korallenwachstum. Mehr als 1000 Fischarten schwärmen über die Riffs mit ihrer bunten Vielfalt an Weichkorallen. Leuchtend gefärbte Fische wie Korallenzackenbarsch, Orient-Süßlippe, Schnapper und Blaustreifen-Drückerfische finden sich hier in großer Zahl und zwischen Oktober und Mai begegnet man regelmäßig auch Walhaien und Mantarochen.

KURZINFO

WASSERTEMPERATUR 26–29 °C

ÖKOSYSTEM tropisch

REISEZEIT optimal zwischen Oktober und Mai

HIGHLIGHTS Walhaie und Mantarochen, Felsformationen am Elephant's Head Rock, Christmas Point

HAIBEOBACHTUNG
Ein Taucher beobachtet einen unter ihm schwimmenden Zebrahai, der in den Gewässern um die Similanen häufig anzutreffen ist.

Die Similanen lohnen die weite Anreise. Die Riffsysteme rund um die Inseln waren einst durch Überfischung – unter anderem mit Dynamit – bedroht, aber 1982 wurden die Similanen zum Nationalpark erklärt und der kommerzielle Fischfang ist heute verboten. Besonders spektakulär sind die weiten Korallenfelder von Christmas Point, die bei dem Tsunami von 2004 glücklicherweise nur leicht beschädigt wurden. Eine andere Attraktion ist das Labyrinth aus riesigen Felsbrocken am Elephant's Head Rock.

Die Andamanen

ANDAMANENSEE, INDISCHER OZEAN

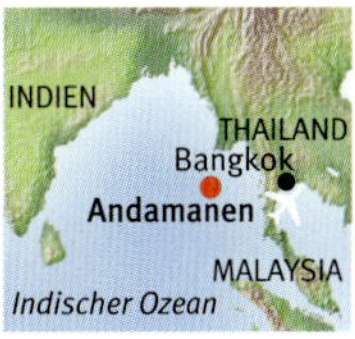

Eines der letzten großen wilden Tauchreviere sind die Andamanen, eine unberührte Kette von Vulkaninseln im Golf von Bengalen. Die von dichtem Regenwald bedeckten Inseln sind die Heimat einiger der letzten Urvölker der Erde.

EINSAMES IDYLL

Die Andamanen sind über 700 km verstreut und liegen am westlichen Rand der Andamanensee. Von den 572 Inseln der Gruppe sind nur 36 bewohnt. Über 80 Prozent der Landmasse sind mit Regenwald bedeckt. Die Menschen, die hier leben, haben nur sehr wenig oder überhaupt keinen Kontakt zur Außenwelt.

Da die Inselbewohner keine nennenswerte Fischerei betreiben, sind die steilen Hänge und reichen Riffs der Region von gesunden Populationen großer Meerestiere bevölkert, die sich nirgendwo sonst in der Andamanensee finden.

KURZINFO

WASSERTEMPERATUR 28–31 °C

ÖKOSYSTEM tropisch

REISEZEIT zwischen November und Mai

HIGHLIGHTS Barren Island, Passage Island, steile Lavahänge, große Mantarochen-Ansammlungen, Hundszahn-Thunfische

Tauchen kann man von November bis in den Mai, meist von Tauchkreuzfahrtschiffen oder kleinen Basen auf den Inseln aus. Highlights sind unter anderem die außen liegenden Inseln Passage Island, Narcondam und Barren Island, die noch kaum betaucht sind, und Begegnungen mit verschiedenen Haiarten, riesigen Hundszahn-Thunfischen und Mantarochen.

TAUCHPARADIES
Dank einer nur kleinen Fischereiflotte sind die gut erhaltenen Riffs der Andamanen mit einer faszinierenden Artenvielfalt gesegnet.

Nord-Sulawesi

CELEBESSEE, INDONESIEN

Indonesien wird von Meeresbiologen nicht zu unrecht als »Wiege der Vielfalt« bezeichnet. Eine aktuelle Untersuchung zählte hier mehr als 3000 Fischarten. Die Krone bildet Nord-Sulawesi und das Juwel in dieser Krone ist die Straße von Lembeh.

AKTIVER NATURSCHUTZ

Nord-Sulawesi ist die lange, schmale Halbinsel, die von sich von Sulawesi in die Celebessee reckt. Die Artenvielfalt der Meeresregion ist einzigartig, was sowohl von den Einwohnern erkannt wurde, die eine Reihe von Schutzgebieten eingerichtet haben, als auch von den Tauchern, die in Scharen hierher strömen. Durch den sorgsamen Umgang der Regierung mit der Meeresumwelt sind 90 Prozent der Korallendecke lebendig und gesund – eine bemerkenswerte Statistik angesichts des Drucks, unter dem der Rest der indonesischen Inselgruppe dank zerstörerischer Fischereitechniken steht.

NATURSCHÄTZE

Die Straße von Lembeh ist der Kanal zwischen der Insel Lembeh und der Nordspitze Sulawesis. Das Wasser ist hier relativ flach – zwischen 5 m und maximal 30 m – sodass Taucher auch auf die großen Schiffe aufpassen müssen, die die Straße regelmäßig durchfahren.

Die Straße von Lembeh mag auf den ersten Blick wie ein gewöhnlicher Schifffahrtskanal aussehen, birgt aber bei näherer Betrachtung eine ganze Welt von Kleinoden. Hier finden sich kleine

KURZINFO

WASSERTEMPERATUR 23–28 °C

ÖKOSYSTEM tropisch

REISEZEIT ganzjährig, optimal zwischen Mai und November

HIGHLIGHTS Panguilingan; Lekuan II; Mandolin; Geisterpfeifenfische, Zwergseepferdchen, Mimikoktopusse

Kamera in wasserdichtem Tauchgehäuse

MAKROLEBEN VOR SULAWESI

Der Zauber, der Taucher in diese Region lockt, liegt in der großen Vielfalt winziger, aber wunderschöner Riffbewohner in den flachen Küstengewässern vor Nord-Sulawesi. Die pure Vielfalt des »Makrolebens« (kleine Meerestiere) und die manchmal bizarren Formen, die es zeigt, haben der Regionen den Namen »Gottes Papierkorb« eingetragen. Bizarre Arten wie der Gestreifte Anglerfisch sind faszinierende Fotomotive.

Gestreifter Anglerfisch

Dinge in großer Zahl – die Wasserstraße ist als Heimat der feinsten, zartesten und ungewöhnlichsten Bewohner der tropischen Meere ohne Gleichen. Das Tauchen in der Straße von Lembeh wird gerne als »Muck Diving« bezeichnet, was sich auf den dunklen Sand bezieht, der den Meeresboden bedeckt und den man beim Tauchen nach den gesuchten Tierarten durchkämmen muss. Aber der Aufwand lohnt sich auch: Mimikoktopusse, Zwergseepferdchen, Geisterpfeifenfische, Schaukelfische, Fühlerfische und Blauringkraken geben sich hier ein munteres Stelldichein.

SCHUTZGEBIET

Der Bunaken Marine Park ist eine der treibenden Kräfte im Naturschutz Nord-Sulawesis. Das Schutzgebiet umfasst fünf Inseln mit einigen kleinen Fischerdörfern und ist mehr als 750 km² groß. Der Park bietet fantastische Muck Dives und einige hinreißende Hänge, allen voran die weithin bekannten Lekuan II und Mandolin auf Bunaken und Panguilingan auf Mahado Tua.

ENTDECKUNGSREISE
Ein eingeborener Fischer läuft in einem traditionellen Kanu aus. Viele Taucher ziehen »Muck Dives« den klaren Küstengewässern vor.

Papua-Neuguinea

WESTPAZIFIK

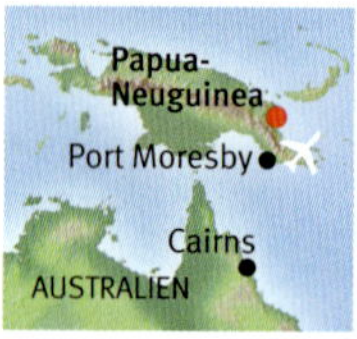

Papua-Neuguinea steht immer noch für Abenteuer und Entdeckungen und bietet dem unerschrockenen Touristen aufregende Taucherlebnisse. Die riesige Region mit ihren vielen unberührten Inseln und Riffs ist ein Paradies.

AM RAND DER WELT

Viele Jahre lang kamen nur die mutigsten Taucher und Extremtouristen nach Papua-Neuguinea. Der Ruf der aus 600 Inseln bestehenden Region als wilder und ungezähmter Winkel der Welt ist wohlbegründet. Papua-Neuguinea hat Schätzungen zufolge 4 Millionen Einwohner, die sich in 1000 Stämme mit 700 unterschiedlichen Sprachen aufteilen. Viele dieser über die 460 000 km² große Inselgruppe verteilten Stämme sind erst vor relativ kurzer Zeit mit der modernen Welt in Berührung gekommen. Zweifellos existieren im unzugänglichen Hinterland noch weitere, bisher unbekannte Stämme, ist die bergige Hauptinsel Neuguinea mit ihrer höchsten Erhebung von 4500 m doch größtenteils von dichtem Regenwald bedeckt, der bislang nicht vollständig durchdrungen wurde. Die meisten Reisen in der Region verlaufen zwar problemlos, aber es wird davon abgeraten, nach Sonnenuntergang unterwegs zu sein, und in der Hauptstadt Port Moresby und anderen größeren Städten muss man Warnungen vor Raubüberfällen und Gewaltverbrechen durchaus ernst nehmen. Am besten überlässt man die Planung der Reise einem etablierten Tauchanbieter, der Führer und Transporte zu den Tauchplätzen an der Küste organisiert, wo die Gefahr deutlich geringer ist als in den verarmten Städten.

UNBERÜHRTE NATUR

In den flacheren Bereichen vor der Küste Papua-Neuguineas liegen fantastische komplexe Riffformationen, deren wohl berühmteste Kimbe Bay an der Westküste New Britains ist. Ein anderer Tauchplatz mit besonders dramatischen Riffs und einer riesigen Artenvielfalt ist Eastern Fields am Nordrand des Korallenmeers. Der abgelegene Platz ist nur per Schiff zu erreichen und daher weitgehend unerforscht.

Buntes Korallenriff vor Papua-Neuguinea

REICHE SEE

Doch zum Glück überwiegen die positiven Aspekte. Das zerklüftete Terrain der Inseln erstreckt sich häufig bis weit ins Meer hinein und Papua-Neuguinea ist bekannt dafür, dass der Meeresboden oftmals bereits kurz hinter der Küste in bodenlose Tiefen abstürzt. Dadurch entstehen atemberaubende Abrisse und steile Hänge, die von einer verblüffenden Vielzahl von Arten bewohnt werden. In der Region um Papua-Neuguinea leben doppelt so viele Fischarten wie im Roten Meer und zehn Mal so viele Korallenarten wie in der Karibik.

KURZINFO

WASSERTEMPERATUR 24–28 °C

ÖKOSYSTEM tropisch

REISEZEIT ganzjährig

HIGHLIGHTS versunkenes Atoll bei Eastern Fields, Meeresbewohner in Kimbe Bay, Flugzeugwracks aus dem Zweiten Weltkrieg in der Milne Bay

VERSUNKENE GESCHICHTE

Neben den Naturschönheiten findet man hier aber auch eine ganze Reihe schöner Wracks aus der Zeit des Zweiten Weltkriegs. Rabaul, Kavieng, Loboata und Madang bieten in Gebieten wie der Milne Bay, die mit Flugzeugwracks übersät sind, ein paar erstklassige Wracktauchgänge.

Dank einer Reihe lokaler Anbieter wird die Inselkette für Taucher immer zugänglicher und immer mehr Betreiber von Tauchkreuzfahrtschiffen dringen auch in die entlegeneren Regionen vor. Trotzdem gibt es in dieser außergewöhnlichen Umgebung noch zahlreiche vollständig unerforschte Unterwassergebiete. In einer Welt, die von Tag zu Tag scheinbar immer kleiner wird, ist es aufregend, dass es noch Plätze gibt, die der Entdeckung harren. Indem sie sich verantwortungsbewusst verhalten, können Taucher zum Erhalt dieser Wildnis auch in Zukunft beitragen.

ZEITZEUGEN
Rund um Papua-Neuguinea finden sich Wracks von im Zweiten Weltkrieg abgeschossenen Flugzeugen. Alliierte und Japaner lieferten sich hier 1942 eine große Schlacht.

Philippinen

SÜDOSTASIEN

Die Philippinen bieten an Tauchmöglichkeiten nahezu alles. Rücksichtslose Fischerei hat zwar viele Riffs beschädigt, aber neue Gesetze und die Erkenntnis, dass der Tauchtourismus Geld bringt, könnten zu einem Wandel führen.

RETTUNG FÜR ZERSTÖRTE RIFFS

Die Philippinen bestehen aus 7107 Inseln auf einer Fläche von 300 000 km² und sind eine der artenreichsten Regionen der Erde mit mindestens 2000 Fischarten, die sich über die gesamte Inselgruppe verteilen. In vielen Bereichen wurden die komplexen und empfindlichen Riffsysteme durch Dynamit- und Zyanidfischerei fast vollständig zerstört. Eine aktuelle Untersuchung zeigt, dass »exzellente« Riffs – solche mit mehr als 75 Prozent gesunder Korallendecke – nur noch 4,3 Prozent der gesamten untersuchten Rifffläche ausmachen. Die philippinischen Behörden sind bemüht, dieses Problem in den Griff zu bekommen, und in einigen Regionen gibt es bereits energische Schutzmaßnahmen.

KURZINFO

WASSERTEMPERATUR 24–27 °C

ÖKOSYSTEM tropisch

REISEZEIT optimale Bedingungen zwischen April und November

HIGHLIGHTS Tubbataha Reef, Jessie Beazley Reef, Apo Island, Puerto Galera, Coron Bay

FERIENZENTRUM
Palmengesäumte idyllische Strände: Die Philippinen ziehen Taucher und andere Touristen gleichermaßen an.

KREUZFAHRTEN

Die abgelegenen Riffs Tubbataha und Jessie Beazley in der Sulusee sind relativ unbeschädigt und ermöglichen erstklassige Tauchgänge. Getaucht wird bei Tubbataha von Liveaboards aus, wobei viele der flachen Riffkämme auch zum Schnorcheln einladen. Die steilen Hänge Tubbatahas werden von starken Strömungen umspült. Das Wasser ist kristallklar. Besonders schön ist North End, wo sich faszinierende Riffformationen und Korallenwände abwechseln. Das Jessie Beazley Reef ist eine massive Felssäule, die sich aus der Tiefe erhebt und Zackenbarsche, Mantas, Barrakudas und Adlerrochen anlockt.

Hervorragende Tauchplätze findet man auch bei den Visayas, einer kleinen Inselgruppe, die man über Cebu City erreicht. Malapuscua hat sich einen beson-

deren Namen gemacht, weil hier die sehr seltenen Fuchshaie zusammenkommen, um sich von Putzerfischen *(siehe S. 225)* pflegen zu lassen. Apo Island ist ein Beispiel für ein modernes Schutzprojekt, bei dem Einheimische an der Überwachung der Riffs um die Insel herum beteiligt sind.

HISTORISCHE FUNDSTÜCKE
Ein Taucher inspiziert ein Wrack. Von Palawan Island aus erreicht man Coron Bay mit zahlreichen Wracks aus dem Zweiten Weltkrieg.

SCHLAMM UND WRACKS

Weiter nördlich bei Puerto Galera sind einige der schönsten Tauchplätze für sogenanntes Muck Diving, Tauchen im Schlamm auf der Suche nach kleinen skurrilen Meeresbewohnern, wie es sie nur in diesem Teil der Erde gibt. Auch Palawan bietet einige wilde Tauchgänge, wobei in Coron Bay ein paar besonders schöne Wracks von japanischen Schiffen liegen, die 1944 von amerikanischen Fliegern versenkt wurden.

Barrakuda Lake bietet ein völlig anderes Taucherlebnis. Nach einer kurzen Wanderung durch den Dschungel gelangt man an einen See, bei dem über dem Salzwasser eine Frischwasserschicht liegt.

MEERESBEWOHNER

Die Artenvielfalt dieser Inselgruppe ist bemerkenswert: 1499 Krustentierarten, 462 Arten von Weichtieren und 22 verschiedene Strandpflanzen. Von den 500 weltweit bekannten Korallenarten finden sich 488 hier. In Anerkennung des biologischen Reichtums wurde der Tubbataha Reef Marine Park 1993 zum Weltnaturerbe erklärt.

Der Mandarinfisch ist eine der über 2000 Fischarten der Philippinen.

Australasien

An den langen Küsten Australasiens sieht man wunderschöne Korallenriffs und begegnet riesigen Meeresjägern. Neuseeland im Südosten entwickelt sich zu einem hervorragenden Revier mit einigen der schönsten Tauchplätze der Welt in gemäßigten Breiten.

BARRIER REEF UND MEHR

Für die meisten erschöpft sich das Thema Tauchen in Australasien in der Erkundung des Great Barrier Reef vor der Nordostküste Australiens. Der Ruf des Riffs ist gerechtfertigt, es ist eines der beeindruckendsten Naturwunder des Planeten mit einer bemerkenswerten Artenvielfalt. Aber daneben gibt es in Australien und Neuseeland noch viele weitere lohnende Tauchplätze. Östlich der Touristenzentren des Great Barrier Reef liegt das Korallenmeer, ebenso schön und voller Leben. Im Süden des Kontinents bieten die kalten Gewässer des Dangerous Reef und die Neptune Islands aufregende Begegnungen mit Weißen Haien. Noch weiter südlich liegt Tasmanien mit seinen üppigen Kelpwäldern. Vor der dünn besiedelten Westküste Australiens liegt das Ningaloo Reef, einer der besten Plätze, um mit den gewaltigen Walhaien zu tauchen.

LAVARIFF
Die Riffs der neuseeländischen Poor Knights Islands wimmeln nur so vor Leben.

NEUSEELAND

Das Juwel unter den Tauchplätzen Neuseelands sind die Poor Knights Islands, die für viele (einschließlich Jacques Cousteaus) schlicht das schönste Tauchrevier in gemäßigten Breiten darstellen. Ihre einzigartige Topografie macht sie zu einer atemberaubenden Unterwasserlandschaft mit riesigen Fischschwärmen über zerklüfteten Riffs und weitverzweigten Höhlensystemen. Die sowohl durch uraltes Maori-Recht als auch durch moderne Gesetze geschützten Inseln ziehen Taucher aus aller Welt an.

Neuseeland besitzt auch einige beeindruckende Wracks wie das der weltberühmten *Rainbow Warrior* und der rätselhaften *Michail Lermontow*. Hinzu kommt, dass man mit Begegnungen mit Walen und Haien wie Mako- und Bronzehai rechnen darf. Zudem hat Neuseeland eine hinreißende Landschaft, kristallklare Flüsse und Quellen und traumhafte Fjorde zu bieten.

FJORDE DES SÜDENS
Die neuseeländischen Fjorde bewohnen Rote und Schwarze Korallen, Pinguine, Robben und Tümmler.

LEBEN AM RIFF
Das Great Barrier Reef bietet Lebensraum für eine Vielzahl von Tieren und Pflanzen, darunter mehr als 1500 Fisch- und 4000 Weichtierarten.

Great Barrier Reef

QUEENSLAND, AUSTRALIEN

Das Great Barrier Reef ist das längste Riff seiner Art auf der Erde und ein echtes Naturwunder. Es ist der Lebensraum einer großen Vielfalt an Tieren und Pflanzen und wird seit einiger Zeit noch umfangreicher geschützt als bisher.

KURZINFO

WASSERTEMPERATUR 24–29 °C

ÖKOSYSTEM tropisch

REISEZEIT ganzjährig

HIGHLIGHTS Ribbon Reefs (vor allem Ribbon Reef Number 10), Cod Hole, Pixie's Pinnacle

GESCHLOSSENES ÖKOSYSTEM

Das Great Barrier Reef hat solche Dimensionen, dass seine exakte Größe nie festgestellt wurde, aber Schätzungen zufolge erstreckt es sich über 2250 km und bedeckt eine Gesamtfläche von 350 000 km² – etwa so viel wie Irland. Es besteht aus 2000 einzelnen Riffs und über seine gesamte Länge verteilen sich rund 71 Koralleninseln.

Man kann das Great Barrier Reef grob in zwei große Bereiche unterteilen: das innere Riff, auch als Great Shallow bekannt, und das äußere Riff, das aus tieferen Riffsystemen und Hängen besteht, die zum offenen Meer hin abfallen. Das gesamte Riff besteht aus über 400 verschiedenen Korallenarten und beherbergt rund 1500 Fischarten. Schätzungsweise 4000 Spezies von Weichtieren bevölkern die Flächen, Risse und Spalten der Riffs, während man innerhalb dieses riesigen Ökosystems insgesamt auf 23 verschiedene Meeressäugetiere treffen kann.

SCHUTZMASSNAHMEN

Einzelne Bereiche des Great Barrier Reef sind bereits seit 1973 geschützt, als es zum Marine Park erklärt wurde. Der Schutz wurde 1981 mit der Erklärung zum Weltnaturerbe erweitert. Neuere Gesetze sprechen 71 Prozent des Riffs die eine oder andere Form von Schutz zu – ein gutes Zeichen für die Zukunft

BUNTE WELT
Die Vielfalt des Lebens am Great Barrier Reef ist atemberaubend in seiner Farbenpracht und Gestalt, aber man darf die empfindlichen Korallen niemals berühren.

TIEFER INS RIFF

Bestimmte Bereiche des Great Barrier Reef sind durch die intensive Betauchung bereits deutlich geschädigt. Das überrascht angesichts der Empfindlichkeit des Ökosystems und der mangelnden Erfahrung der meisten Taucher kaum. Diese häufig überlaufenen Reviere haben zwar vor allem für Neulinge noch den einen oder anderen schönen Platz zu bieten, aber viele Anbieter ziehen weiter hinaus ins Riff und bieten Touren mit Liveaboards an, von denen aus erfahrenere Taucher abgelegene und unberührte Plätze erkunden können.

Weißdorn-Doktorfisch

eines Riffs, das größer als jedes andere Korallengebilde auf der Welt, aber dafür auch umso verwundbarer ist.

TAUCHEN IM RIFF

Tauchen am Great Barrier Reef ist heute eine Massenveranstaltung, die in Tagesausflügen mit ganzen Bootsflotten von Cairns und Townsville aus bedient wird. Es gab einige öffentlich gewordene Zwischenfälle, bei denen Taucher und Schnorchler auf der Rückfahrt vergessen wurden. Dies wird mittlerweile besser kontrolliert, aber es lohnt sich, zumindest bei den größeren Schiffen vor dem Tauchgang auf die Einhaltung der Sicherheitsvorschriften zu achten. Eine weitere Attraktion sind die Tauchkreuzfahrtschiffe oder Liveaboards, die weiter hinaus zu den entlegeneren Tauchplätzen im Riff fahren.

Taucher können überall im Riff Steinkorallenformationen und farbenfrohe Fische finden, aber es gibt einige wirklich herausragende Plätze. So ist das Ribbon Reef No. 10 selbst nach den hohen Standards des Great Barrier Reef besonders artenreich und hat außergewöhnliche Tauchplätze wie Cod Hole mit seinen Riesenzackenbarschen und Pixie's Pinnacle zu bieten, das für Begegnungen mit großen Tieren berühmt ist.

KÜNSTLICHE INSEL
An einigen Stellen des Great Barrier Reef findet man fest verankerte Beobachtungsplattformen, die von Ausflugsbooten angelaufen werden.

Korallenmeer

WESTPAZIFIK

Anfang der 1970er-Jahre begannen die ersten Kreuzfahrtanbieter, die Gewässer im Osten des Great Barrier Reef zu erkunden. Sie fanden das Korallenmeer mit seinen wunderschönen Steinkorallenformationen und steilen Hängen.

ABGELEGENES REVIER

Das Korallenmeer beginnt etwa 160 km östlich von Townsville im australischen Bundesstaat Queensland. Es erstreckt sich über 160 km und bedeckt eine Fläche von 98 500 km². Das Tauchrevier besteht aus einer Reihe von unterseeischen Berggipfeln, die sich aus großer Tiefe erheben und Atolle, Sättel und Riffs bilden. Die Sichtweite in dieser Region ist atemberaubend.

KURZINFO

WASSERTEMPERATUR 24–27 °C

ÖKOSYSTEM tropisch

REISEZEIT ganzjährig, aber die Anfahrt per Schiff ist langwierig

HIGHLIGHTS Cod Wall, Watnabe Bommie, Marion Reef, Mantarochen, Seeschlangen

REICHHALTIGES LEBEN

Die Überfahrt zum Korallenmeer durch die rauen Gewässer des Inneren Riffs kann anstrengend sein, aber wer Zeit und Geld in die Reise investiert, wird kaum enttäuscht. Das Revier ist bekannt für Begegnungen mit großen Tieren wie Tiger- und Hammerhaien, die zwischen den häufiger vorkommenden Grauen Riff- und Weißspitzenhaien schwimmen. Mantas und Adlerrochen frequentieren die steileren Hänge, während man am Marion Reef Seeschlangen begegnet.

RIFFBEWOHNER Napoleonfische kreuzen über dem sandigen Meeresboden. Die großen Fische streifen in »Herden« über das Riff.

Wrack der *Yongala*

QUEENSLAND, AUSTRALIEN

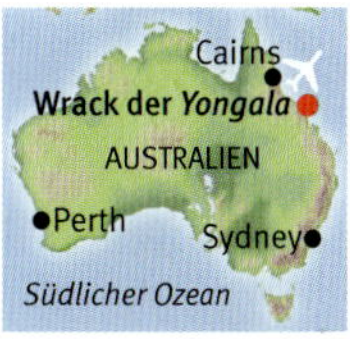

Die *Yongala* ist eines der am dichtesten besiedelten Schiffswracks der Erde – ein biologisches Wunder. Sie liegt mitten in der öden sandigen Ebene um das Great Barrier Reef und hat sich zu einem lebendigen Korallenriff entwickelt.

TÖDLICHER STURM

Die am 24. März 1911 in einem Taifun gesunkene *Yongala* war ein 109 m langer Dampfer, der mit 121 Passagieren an Bord vor der Küste von Queensland nach Norden lief. Niemand überlebte den Untergang. Heute liegt sie in 30 m Tiefe leicht nach Steuerbord gekippt, aber immer noch auf ihrem ursprünglichen Kurs. Ihre isolierte Lage und der Umstand, dass sie erst nach 40 Jahren entdeckt wurde, sorgten dafür, dass sie vollständig von Meeresbewohnern besiedelt wurde.

NEUER LEBENSRAUM

Am kurzen Rumpf der *Yongala* kann man die komplette Nahrungskette eines Korallenriffs studieren. Stachelmakrelen jagen an der Backbordseite nach Beutefischen, während in den Aufbauten Schildkröten, Muränen, Leopardenbarsche und unzählige Seeschlangen lauern. Zackenbarsche verstecken sich unter dem Bug und große Adlerrochen liegen neben dem Wrack im Sand und halten wachsam nach Tiger- und Bullenhaien Ausschau, die knapp außer Sicht kreisen.

KURZINFO

WASSERTEMPERATUR 24–28 °C

ÖKOSYSTEM tropisch

REISEZEIT ganzjährig, aber von Mai bis August raue See möglich

HIGHLIGHTS Seeschlangen, Zackenbarsche am Bug, Adlerrochen im Sand, Bullenhaie

BLAUE WILDNIS
Am Bug der *Yongala* können Taucher Zackenbarschen begegnen. Das Wrack zieht zahlreiche Meeresbewohner von Haien bis zu Schildkröten an.

NATURSCHUTZ

Ungeachtet der großen Beliebtheit der *Yongala* bei den Tauchern ist die Erkundung des Schiffsinneren durch den australischen Historic Shipwrecks Act streng verboten. Allerdings könnte man annehmen, dass die Population von Zackenbarschen alleine Schutz genug ist. 2002 wurde über einen 2 m großen Riesenzackenbarsch berichtet, der einen Taucher am Kopf packte und erst nach einiger Zeit geschockt, aber unverletzt wieder losließ.

Tasmanien

TASMANSEE, AUSTRALIEN

Tasmanien bietet Taucherlebnisse ganz anderer Art als die Korallenriffs und warmen Gewässer Australiens. Für diejenigen, die eine etwas weitere Anreise in Kauf nehmen wollen, hält die kleine Insel im Süden eine Fülle von Möglichkeiten bereit.

UNBESUNGENES EILAND

Tasmanien ist eine kleine Insel im Schatten des riesigen australischen Kontinents. Sie misst von Nord nach Süd nur 300 km und wird von den Tauchern in Australien gerne übersehen, die nur Augen für das Great Barrier Reef und die großen Tiere am Ningaloo Reef haben.

Taucher auf Tasmanien freuen sich über diese relative Anonymität, bietet die Insel doch mit die schönsten Kelpwälder der Welt sowie einige fantastisch bunte und vielseitige Kaltwasser-Tauchplätze. Die sauerstoff- und nährstoffreichen kalten Strömungen aus den eisigen Meeren im Süden hauchen wunderbar dichten Kelpwäldern und stark besiedelten Felswänden Leben ein.

KURZINFO

WASSERTEMPERATUR 12–18 °C

ÖKOSYSTEM gemäßigt

REISEZEIT ideale Tauchbedingungen zwischen Juni und September

HIGHLIGHTS Roter Handfisch, Kelpwälder, Eaglehawk Neck

KLEINE WUNDER

Besonders auffällig ist der Reichtum an kleinen Tieren wie dem Roten Handfisch, wobei die Insel auch zahlreichen Pinguinen, Pelzrobben, verschiedenen Haiarten und einer Reihe durchziehender Wal- und Delfinarten eine Heimat bietet. Dank dieser reichen Vielfalt können Tauchtouristen auf Tasmanien die ganze Bandbreite australischer Naturschätze genießen.

PERFEKTE TARNUNG
Fetzenfische leben in den dichten Kelpwäldern Tasmaniens und Südaustraliens. Ihre Form imitiert die der Seetangwedel.

Ningaloo Reef

WESTAUSTRALIEN

Das wunderschöne, 280 km lange Korallenriff Ningaloo Reef vor der Küste Westaustraliens hat Tauchern viel zu bieten. Sein Ruhm beruht allerdings auf dem massenhaften Auftreten einer einzigen Tierart – Ningaloo Reef ist das Walhai-Zentrum der Welt.

MAGNET FÜR TAUCHER

Das Ningaloo Reef liegt rund 1200 km nördlich von Perth entlang einem wunderschönen und abgelegenen Küstenabschnitt Australiens.

Zentrum der Tauchaktivitäten am Riff ist die Stadt Exmouth samt Umgebung, deren Bevölkerung sich in der Walhai-Saison verdoppelt, wenn Taucher aus aller Welt hier einfallen. Mit insgesamt 500 Fisch- und 200 Korallenarten ist das Ningaloo Riff abgesehen von den wandernden Arten reich gesegnet. Das Ökosystem des Riffs ist so vielgestaltig und intakt, dass die Region 1987 zum Nationalpark erklärt wurde. Heute stehen mehr als 3885 km² unter Naturschutz.

KURZINFO

WASSERTEMPERATUR 24–29 °C

ÖKOSYSTEM tropisch

REISEZEIT ganzjährig, Walhai-Saison zwischen März und Juni

HIGHLIGHTS Walhaie, Mantarochen, migrierende Wale, Landtauchgang am Point Murat Navy Pier

REICHE TIERWELT

Die Walhaie treten zwischen Juli und Februar zwar nicht ganz so häufig auf, aber dafür gibt es andere Attraktionen zu bestaunen: Zwischen Mai und Oktober kann man große Mengen von Mantarochen beobachten und von Juli bis November ziehen migrierende Wale an der Küste entlang. Darüber hinaus zählte eine Studie 1994 mehr als 1000 Dugongs an der Küste – eine der bedeutendsten Populationen der Welt.

AUS NÄCHSTER NÄHE
Berührungen können Walhaie unter Stress setzen, deshalb sollte es Tauchern mit spezieller Ausbildung vorbehalten bleiben.

Poor Knights Islands

NORDINSEL, NEUSEELAND

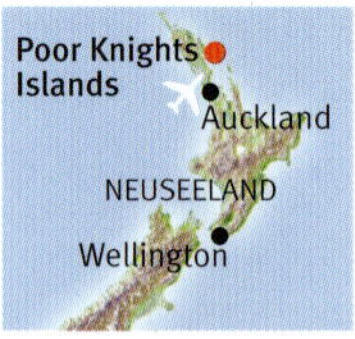

Die tief in der Mythen- und Legendenwelt der Maoris verankerten Poor Knights liegen 23 km vor der neuseeländischen Nordinsel. Die von Höhlen und Kavernen durchzogenen Inseln beherbergen eine Fülle bemerkenswerter Bewohner.

VERBOTENE INSELN

Die Poor Knights Islands bestehen aus nackten Vulkanfelsen voller Überhänge, Sättel, Höhlen und Bögen. Die dramatische Topografie gemahnt an ihre blutige Geschichte, denn die Inseln waren Schauplatz eines furchtbaren Massakers an den Maoris im Jahr 1820 und wurden anschließend nach Maori-Recht für *tapu* (verboten) erklärt. Niemand hat sie seitdem betreten. Das und der Status eines Marine Parks seit 1977 haben über und unter Wasser für einen wunderbar unberührten Lebensraum gesorgt. Boote laufen die Inseln vom nahe gelegenen Whangerai aus an.

ABGELEGENES REVIER

Die Inseln sind nur per Boot erreichbar, sodass man zum Tauchen vom Festland aus eines der vielen Charterboote nehmen muss.

KURZINFO

WASSERTEMPERATUR 15–24 °C

ÖKOSYSTEM gemäßigt

REISEZEIT ganzjährig, von Juli bis Oktober Regenzeit

HIGHLIGHTS Versammlungen von Stachelrochen, Blue Mao Maos im Southern Arch, Bronzehaie in tiefen Spalten

REICHES UNTERWASSERLEBEN

Um die Poor Knights herum findet man etwa 120 Fischarten, aber es ist vor allem die Menge an Tieren, die fasziniert. Riesige Schwärme von Fischen wie dem Blue Mao Mao bewohnen die Überhänge und Höhlen um die Inseln, während steile Riffs mit einer außerordentlichen Vielfalt an krustenbildenden

Organismen überzogen sind, zwischen denen leuchtend gefärbte Schwämme mit Manteltieren und Moostierchen um einen Platz und Nahrung ringen. Dichte Kelpteppiche bieten perfekte Jagdgründe für bunte Lippfische, Drachenköpfe und diverse Muränenarten. Im März beherbergen die dunklen Gewässer unter dem Southern Arch große Paarungsversammlungen von Stachelrochen. Daneben gibt es auch noch eine einheimische Population von Bronzehaien und regelmäßige Besucher wie Orcas, Delphine und verschiedene Walarten.

Jacques Cousteau war von seinem Besuch der Poor Knights Islands in den 1960er-Jahren so beeindruckt, dass er die Inseln als das schönste Tauchziel der Welt in gemäßigten Gewässern empfahl und sie zu den zehn besten Tauchrevieren überhaupt zählte. Die Vielfalt der Tauchplätze und die unglaubliche Fülle des Lebens sind ein überzeugendes Argument dafür, dass dies auch heute noch seine Gültigkeit hat.

AUSSENSEITER
Ein einsamer Lippfisch schwimmt inmitten eines Schwarms von Blue Mao Maos. Die Poor Knights sind berühmt für ihren Fischreichtum.

HÖHLENERKUNDUNG

Das Meeresleben um die Poor Knights Islands spielt sich in spektakulären Höhlen und Bögen ab, darunter die größte Seehöhle der Welt: Rikoriko Cave. Taucher sollten Scheinwerfer samt Ersatz mitführen und zu jeder Zeit die Sicherheitsregeln befolgen *(siehe S. 186/187)*.

Ein Taucher in einer Seehöhle

Wrack der *Rainbow Warrior*

CAVALLI ISLANDS, NEUSEELAND

Die *Rainbow Warrior* hat eine tragische Geschichte. Im Rahmen einer Geheimdienstaktion versenkt, die die Welt schockierte, liegt das einstige Flaggschiff der Greenpeace-Flotte heute vor den Cavalli Islands in einer der schönsten Regionen Neuseelands.

DRAMATISCHES ENDE

Das Greenpeace-Schiff *Rainbow Warrior* lag in der Nacht des 10. Juli 1985 im Hafen von Auckland vor Anker. Es war unterwegs zum Mururoa-Atoll, um gegen die dort stattfindenden französischen Atomtests zu protestieren. Kurz vor Mitternacht erschütterten zwei Explosionen das Schiff. Der sinnlose Angriff, bei dem der Fotograf Fernando Pereira getötet wurde, wurde vom französischen Geheimdienst verübt und führte zur Verurteilung der beiden Agenten, die die Bomben angebracht hatten.

NEUE NUTZUNG

Die *Rainbow Warrior* wurde gehoben und nach Norden vor die Cavalli Islands geschleppt, ein Meeresschutzgebiet, das nach Maori-Recht heiligen Status genießt. Hier wurde sie als künstliches Riff versenkt und entwickelte sich zu einem beliebten Tauchplatz.

Die *Rainbow Warrior* ist ein kleines Schiff und lässt sich leicht in einem Gang ertauchen. Sie liegt in 26 m Tiefe fast aufrecht und ihre Aufbauten erheben sich bis auf 15 m unter der Wasseroberfläche. Der Bug ist weitgehend intakt, sodass das Schiff über den weißen Sand zu segeln scheint.

LETZTE RUHESTÄTTE
Ein Taucher erkundet das Wrack des Greenpeace-Schiffs *Rainbow Warrior*, das durch brutale Sabotage versenkt wurde.

HEIMAT FÜR MEERESBEWOHNER

Der Rumpf der *Rainbow Warrior* ist in einen bunten Teppich aus Seeanemonen gehüllt, die mit ihren Farben begeistern. Die Aufbauten sind heute Heimat für Drachenköpfe, Sandbarsche und Schwärme von Schnappern sowie Adlerfische und die unverwechselbaren Peterfische. Es ergibt Sinn, dass das Schiff, das einst für den Umweltschutz im Einsatz war, heute so viele faszinierende Fischarten beherbergt.

KURZINFO

WASSERTEMPERATUR 14–24 °C

ÖKOSYSTEM gemäßigt

REISEZEIT ganzjährig, optimal zwischen September und April

HIGHLIGHTS Drachenköpfe, Vorschiff, Rainbow Warrior Memorial, Schiffspropeller und Heck

Wrack der *Michail Lermontow*

MARLBOROUGH SOUNDS, NEUSEELAND

Die düsteren Gänge und schlammigen Räume der *Michail Lermontow* sind stumme Zeugen eines der größten Geheimnisse der modernen Seefahrt. Das unter seltsamen Umständen gesunkene Schiff liegt heute im kalten Wasser der Marlborough Sounds.

RÄTSELHAFTES WRACK

Das russische 20 000-t-Kreuzfahrtschiff *Michail Lermontow* lief am 16. Februar 1986 unter dem Kommando eines erfahrenen Lotsen auf Felsen auf. Es war ein klarer, ruhiger Tag, und es ranken sich zahlreiche Gerüchte um das Unglück – Bestechung, Alkohol und Spionage wurden als Ursachen genannt. Das Geheimnis ist bis heute ungelöst, aber das Wrack bietet ein großartiges und aufregendes Taucherlebnis.

KURZINFO

WASSERTEMPERATUR 14–22 °C

ÖKOSYSTEM gemäßigt

REISEZEIT ganzjährig, optimal zwischen September und April

HIGHLIGHTS Brücke, Swimmingpool, Heck, Ballsaal (mit der richtigen Ausrüstung und der nötigen Erfahrung)

TAUCHEN IN DER *LERMONTOW*

Das Schiff liegt in 37 m Tiefe auf der Steuerbordseite, wobei die Backbordseite dank der Größe des Rumpfs schon nach 20 m erreicht ist. Das Tauchen zwischen den Aufbauten ist empfehlenswert, Highlights sind hier der mächtige Bug, die Brücke und das Heck. Auf Abenteuerlustige wartet im Inneren der berühmte Ballsaal, der allerdings nur mit der entsprechenden Ausbildung und Ausrüstung *(siehe S. 166–171)* betaucht werden sollte. Bewohner des Wracks sind unter anderem Drachenköpfe, Meeraale und Sandbarsche. Gelegentlich jagen Schulen von Orcas im Sound selbst.

ECHTES ABENTEUER
Ein Taucher in trübem Wasser, wie man es an der *Michail Lermontow* häufig findet. Das Wrack liegt in tiefem Küstengewässer.

Ozeanien

Die Schönheit der schätzungsweise 20 000 Inseln Ozeaniens sucht ihresgleichen. Die Region birgt ungeahnte Schätze, vor allem für diejenigen, die abseits der ausgetretenen Pfade die abgelegeneren Inseln und Riffs besuchen.

WRACKTAUCHEN IM PARADIES

Ozeanien ist der Sammelbegriff für die Inseln des Pazifiks, im engeren Sinne die Südseeinseln Melanesiens, Mikronesiens und Polynesiens. Typisch für die Region sind lange Strände mit zuckerweißem Sand und sich wiegenden Palmen und intensive Taucherlebnisse. Einige der interessantesten Riffs der Welt finden sich in Mikronesien. Zudem haben die erbitterten Schlachten des Zweiten Weltkriegs zu einer Fülle beeindruckender Wrackfelder geführt.

Das Truk-Atoll in Mikronesien mit seinen japanischen Schiffswracks galt als einer der schönsten Wracktauchplätze der Welt, bis 1996 das Bikini-Atoll auf den Marshallinseln zugänglich wurde. Von Bikini aus können Taucher die Überreste der Flotte erkunden, die 1946 während der amerikanischen Wasserstoffbombentests versenkt wurde.

Palau besitzt viele großartige Tauchplätze wie Blue Corner, ein Korallenrücken, der ins Meer ragt und mehr als

VULKANISCHER URSPRUNG
Im Pazifik liegen viele Atolle. Sie entstanden, als sich Korallenriffs um absinkende Vulkaninseln herum bildeten.

WUNDERWELT
Die Korallengärten Mikronesiens zählen zu den gesündesten der Welt und beherbergen Falterfische, Lippfische, Kaiserfische und Kugelfische.

300 m tief abfällt, und Ngemelis Wall, einer der schönsten Hänge der Welt. Dazu kommt der Jellyfish Lake, ein Salzwassersee voller Quallen, die ihre Nesselzellen verloren haben. Die nahe gelegene Insel Yap besitzt einen der schönsten Plätze für Begegnungen mit Mantarochen. Yap ist eines der beliebteren Ziele in Mikronesien, trotzdem sind 80 Prozent der Riffs noch nicht betaucht worden. Für Besucher mit Zeit haben die abgelegenen Inseln Ozeaniens einzigartige Taucherlebnisse zu bieten.

TRADITIONELLES INSELLEBEN
Viele Inseln bieten neben schönen Tauchgängen die Gelegenheit, faszinierende Kulturen kennenzulernen.

Palau

MIKRONESIEN, SÜDPAZIFIK

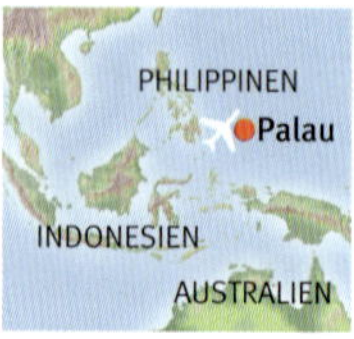

Taucher werden sich nie auf ein ultimatives Revier einigen können, aber Palau liegt regelmäßig weit vorne. Die Inselgruppe besteht aus 307 verstreuten Inseln mit Komplettangebot – Wracks, Höhlen und einigen der buntesten Korallenriffs der Erde.

REICHLICH ABWECHSLUNG

Einer der großen Vorteile Palaus ist das abwechslungsreiche Angebot. Wie auf anderen mikronesischen Inselgruppen auch gibt es hier farbenfrohe Riffs mit großen Jägern und beeindruckenden Meeresbewohnern. Doch die geologischen Verhältnisse und Ereignisse der jüngeren Geschichte haben ein absolutes Tauchparadies entstehen lassen. Höhlen durchziehen Wände und Riffs der gesamten Inselkette und die Kämpfe zwischen Amerikanern und Japanern im Zweiten Weltkrieg ließen eine Fülle von Schiffs- und Flugzeugwracks zurück.

Zudem existieren in Palau eine Reihe seltener Naturphänomene wie der berühmte Jellyfish Lake. Dieser große, mit Brackwasser gefüllte Vulkankrater beherbergt über 20 Millionen Mastigia-Quallen, zwischen denen zu schnorcheln ein geradezu surreales Erlebnis ist.

TAUCHEN AUF PALAU

Der vielleicht berühmteste Tauchplatz Palaus ist Blue Corner. Dieser Platz im Westen der Inselkette hat einfach alles: Schwärme von Barrakudas, patrouillierende Haie, elegante Adlerrochen und eifrige Napoleonfische. In der Nähe findet sich ein weiteres Highlight der unterseeischen Höhlenwelt Palaus – die Blue Holes. Hier dringen Taucher durch eine riesige Kammer ein, die nur durch Löcher in der Wand erhellt wird. Der Temple of Doom auf der Rückseite der Blue Holes ist ein schwieriger Tauchgang, der beträchtliche Erfahrung und Können voraussetzt. Der Boden ist hier mit den Panzern von Schildkröten übersät, die nicht mehr aus der Kammer herausgefunden haben und verhungert sind. Chandelier Cave in Malakal Harbour ist eine weniger aufregende Alternative für einen entspannten Höhlentauchgang.

KRIEGSRELIKTE

Neben den zahlreichen Naturschätzen Palaus gibt es auch noch viele faszinierende Relikte aus dem Zweiten Weltkrieg.

Eines der schönsten Schiffswracks aus dieser Zeit ist der japanische Flottentanker *Iro*. Mit 145 m Länge ist das Schiff relativ groß und bemerkenswert gut erhalten. Es liegt in mittlerer Tiefe in einer Lagune nahe der Stadt Koror. Taucher sollten auch das Wrack des Wasserflugzeugs vom Typ Aichi E13-A1 (Codename »Jake«) besuchen. Dieses wunderbar erhaltene Flugzeug liegt im flachen Wasser und ist interessant und leicht zu betauchen.

Wrack des Jake Seaplane

KURZINFO

WASSERTEMPERATUR 25–28 °C

ÖKOSYSTEM tropisch

REISEZEIT ganzjährig, zwischen Juli und Oktober Regenzeit

HIGHLIGHTS Blue Corner, Blue Holes, Jellyfish Lake, Wrack der *Iro*, Flugzeugwrack des Jake Seaplane

INSELGRUPPE Ein Blick von oben auf eine Gruppe von Inselchen bei Palau, umschlossen von weißem Korallensand und azurblauem Wasser.

Yap

KAROLINEN, NORDPAZIFIK

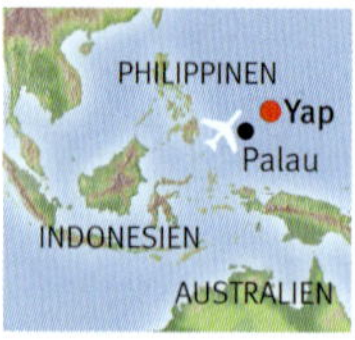

Das abgelegene Inselparadies Yap ist zu einem Anziehungspunkt für Taucher geworden, die mit Mantas schwimmen wollen. Die winzige mikronesische Insel hat aber noch viel mehr zu bieten – wie Graue, Weiß- und Schwarzspitzen-Riffhaie.

PAZIFIK-IDYLL

Yap mit seinen üppigen Mangroven und sanften grünen Hügeln liegt in klaren Gewässern voller Thunfische und Delfine. Es verfügt über eine der lebendigsten Kulturen Mikronesiens und bietet ein entspanntes Umfeld für verschiedene Tauchgänge.

BEGEGNUNGEN MIT MANTAS

Die wirkliche Attraktion findet sich aber unter Wasser. Yap ist einer der wenigen Tauchplätze auf der Erde, an dem Begegnungen mit Mantas garantiert sind. Zwei flache Tidenkanäle durchschneiden die Inseln und sind Sammelpunkte für die Rochen, die hier an Putzstationen auf dem sandigen Meeresboden zusammenkommen. An diesen Stellen kann man die kleinen Schiffshalterfische beobachten, die sich an den Mantas festsaugen und sie von lästigen Parasiten befreien. Taucher versammeln sich an den Putzstationen – meist vereinzelt stehende Korallenköpfe – und warten darauf, dass es losgeht. Mantas können mehr als 1000 kg schwer werden und eine Spannweite von über 6 m erreichen.

KURZINFO

WASSERTEMPERATUR ganzjährig um 28 °C

ÖKOSYSTEM tropisch

REISEZEIT ganzjährig, optimal von Dezember bis April

HIGHLIGHTS Mantarochen an den Putzstationen, Haitauchen, Yap Caverns

GESCHÜTZTER LEBENSRAUM

Auch andere Tauchplätze auf Yap lohnen den Besuch. Es gibt große Haipopulationen und die Riffs sind dank traditioneller Fischereitechniken in hervorragendem Zustand. Die umweltbewusste Gesetzgebung nutzt sowohl der Natur als auch den Tauchern und ist ein gutes Beispiel für verantwortlichen Umgang mit dem Meer. Nahezu 80 Prozent der umliegenden Riffs von Yap bleiben dank des Umweltschutzes unbetaucht, aber auch die verbleibenden 20 Prozent lassen keine Wünsche offen.

SCHWERELOS
Trotz ihrer beeindruckenden Größe sind Mantarochen friedfertige Tiere, die sich von Plankton ernähren.

Bikini-Atoll

MARSHALLINSELN, ZENTRALPAZIFIK

Das Bikini-Atoll konkurriert mit dem Truk-Atoll um den Ruf als bestes Wracktauchgebiet. Auf dem Meeresboden um die winzige Gruppe aus Koralleninseln und Lagunen liegen einige beeindruckende Wracks mit einer außergewöhnlichen Geschichte.

ATOMTESTGELÄNDE

Mit Ende des Zweiten Weltkriegs und Beginn des Kalten Kriegs wählten die USA ein winziges Atoll am Nordende der Marshallinseln als Testgelände für ein gigantisches Atomwaffenprogramm aus. 84 Schiffe unterschiedlicher Größe, Nationalitäten und Baujahre bilden eine Geisterflotte, die zum größten Teil bei den Tests zwischen 1946 und 1958 versenkt wurde. Dazu gehört auch der Flugzeugträger *Saratoga* – heute mit 33 000 t das größte betauchbare Schiffswrack der Welt. Ebenfalls vor Bikini liegt die *Nagato*, das erste Kriegsschiff der Welt mit 16-Zoll-Geschützen. Als letztes japanisches Schlachtschiff war die *Nagato* noch im Juli 1945 im Einsatz, als sie von amerikanischen Torpedobombern angegriffen wurde.

Kein Tauchplatz bietet einen dramatischeren Blick in die Geschichte. Die Schiffe liegen in Tiefen von durchschnittlich 50–55 m, aber allein die rund 1500 Fischarten, die sich über ihnen tummeln, sind ein Erlebnis für Taucher aller Erfahrungsstufen.

KURZINFO

WASSERTEMPERATUR ganzjährig um 29 °C

ÖKOSYSTEM tropisch

REISEZEIT optimal zwischen April und September

HIGHLIGHTS US-Flugzeugträger *Saratoga*; japanisches Schlachtschiff *Nagato*

GEISTER DER VERGANGENHEIT
Das Wrack eines während der amerikanischen Atombombentests *(kleines Bild)* versenkten Marineflugzeugs am Bikini-Atoll. Die Reststrahlung ist heute unbedenklich.

Bora Bora

GESELLSCHAFTSINSELN, SÜDPAZIFIK

Das als eine der schönsten Inseln des Pazifik gerühmte Bora Bora ist ein riesiges Atoll mit einer Insel in der Mitte. Lagune und umlaufendes Riff bieten fantastische Tauchplätze vor der Kulisse majestätischer Vulkankegel.

INSELPARADIES

Bora Bora gehört zu den Gesellschaftsinseln und liegt 274 km nordwestlich von Tahiti. Das hinreißend schöne Atoll inspiriert schon seit langem Dichter und Maler. Die Hauptinsel ist nur 10 km lang und liegt im Herzen einer drei Mal so großen Lagune. Das die Lagune umschließende Riff weist nur einen schiffbaren Kanal auf, der von kleineren Kanälen und Rinnen durchzogen ist und großartige Tauchplätze bietet.

FÜLLE DES LEBENS

Lagune und Riffs von Bora Bora sind die Heimat einer Vielzahl an Fischarten – eine neuere Studie zählte 500 verschiedene Arten, wobei die tatsächliche Zahl mit Sicherheit deutlich höher liegt. Zu den größeren Bewohnern des äußeren Riffs und der Spalten in den Atollwänden zählen Graue, Weißspitzen- und Schwarzspitzen-Riffhaie sowie Zitronen- und Silberspitzenhaie. In der zentralen Lagune trifft man auf verschiedene Rochenarten, zum Beispiel Gruppen von Mantas, für die das Atoll berühmt geworden ist.

KURZINFO

WASSERTEMPERATUR 26–29 °C

ÖKOSYSTEM tropisch

REISEZEIT ganzjährig dank des milden Klimas

HIGHLIGHTS Begegnungen mit Mantarochen bei Anua, Haitauchen bei Tupitipiti

ANATOMIE EINER INSEL
Bora Bora wird von den zerklüfteten Überresten eines Vulkankegels beherrscht und von einer großen Lagune umschlossen. Das abgelegene Atoll gilt als einer der schönsten Orte der Erde.

Wrack der *President Coolidge*

VANUATU, SÜDPAZIFIK

Die *President Coolidge* ist ein Relikt aus der Zeit der eleganten Seereisen und ein Kandidat für das aufregendste Wrack, das für Sporttaucher zugänglich ist. Auf einem Riff vor Vanuatu liegend, birgt sie eine Ikone der Tauchwelt in ihrem dunklen Bauch.

GESTRANDETER GIGANT

Die *President Coolidge* sank im Zweiten Weltkrieg am 26. Oktober 1942, während sie 4800 amerikanische Soldaten in den Pazifik beförderte. Sie lief auf eine Treibmine einer »befreundeten« Einheit, die in der Region operierte, und als dem Kapitän klar wurde, dass sie es nicht in den nahen Hafen von Luganville schaffen würde, setzte er das riesige Schiff auf ein Riff. Hier liegt sie bis heute – das Heck in 72 m, der Bug in nur 15 m Tiefe.

TAUCHEN IN DER *COOLIDGE*

Das Wrack der *President Coolidge* wird direkt von der Küste aus betaucht. Ihr Rumpf ist ein Labyrinth aus Gängen und riesigen Frachträumen mit den üblichen Ausrüstungsgegenständen einer Armee im Krieg. Trotz der Nutzung als Truppentransporter zeigt sie noch immer Spuren ihrer großen Zeit als einer der luxuriösesten Ozeandampfer der Welt.

Ein absolutes Muss für jeden Taucher in diesem großartigen Wrack ist der Besuch der »Lady«, einem Keramikbild in einem der Speisesäle der Ersten Klasse. Es stand einst auf dem Kaminsims des Rauchsalons, nachdem es aber bei einem kleinen Erdbeben von der Wand gefallen war, wurde es weiter nach oben gebracht. Weitere Highlights sind das Promenadendeck und ein schöner Mosaikbrunnen, der einst eine elegante Lobby schmückte.

KURZINFO

WASSERTEMPERATUR 24–28 °C

ÖKOSYSTEM tropisch

REISEZEIT ganzjährig

HIGHLIGHTS Die Lady, Swimmingpool, Lobby-Mosaik, Promenadendeck, Tauchen mit Spaltenbarschen

KRIEGSOPFER
Die *President Coolidge* lief im Zweiten Weltkrieg vor Vanuatu auf Grund. Das Wrack birgt nach wie vor Gegenstände aus dieser Zeit.

Truk-Atoll

KAROLINEN, NORDPAZIFIK

Das Truk-Atoll ist der letzte Ruheplatz einer erlesenen Sammlung japanischer Schiffe, die während eines amerikanischen Luftangriffs 1944 versenkt wurden. Viele der wirklich beeindruckenden Wracks sind nach wie vor intakt.

ZEITZEUGEN

Das Truk-Atoll hat einen Durchmesser von fast 64 km und ist von einem 225 km langen Ring aus Riffs und kleinen Koralleninseln umringt, die einen der größten Naturhäfen dieser Art der Welt bilden. Durch die 15 größeren Inseln im Zentrum der Lagune war das Atoll eine ideale Basis für Militäroperationen, was auch der kaiserlichen japanischen Flotte nicht entging, die hier gegen Ende des Zweiten Weltkriegs eine große Flottille von Kriegs- und Versorgungsschiffen zusammenzog.

TAUCHEN IM TRUK-ATOLL

Die Wracks im Truk-Atoll liegen zum größten Teil auf 30 m und tiefer. Die lokalen Anbieter sind aber auf Tieftauchgänge vorbereitet und haben effiziente Techniken und Routinen für wiederholte Tauchgänge entwickelt. Trotzdem sollten Taucher über eine gewisse Qualifikation und Erfahrung verfügen, bevor sie die faszinierenden Wracks des Truk-Atolls betauchen. Die örtlichen Anbieter informieren gerne.

Meeresbewohner von Truk

KURZINFO

WASSERTEMPERATUR 29 °C

ÖKOSYSTEM tropisch

REISEZEIT ganzjährig, aber Regenzeit von Juli bis Oktober

HIGHLIGHTS Wracks der *Fujikawa Maru, Shinkoku Maru, San Francisco Maru* und »Betty«-Bomber

Die amerikanischen Truppen fanden eine solche Ansammlung von Feindschiffen unwiderstehlich und starteten am 17. und 18. August 1944 einen Großangriff mit 450 Flugzeugen von neun Flugzeugträgern, die hinter dem Horizont lagen. Binnen 48 Stunden wurden über 60 japanische Schiffe versenkt.

VERBORGENE PLÄTZE

Die japanische »Geisterflotte« liegt auf dem Meeresboden des Truk-Atolls, wobei nur 38 Schiffe kartografiert sind. Die übrigen blieben aus Angst vor Plünderungen und illegaler Betauchung unbezeichnet (zum Wracktauchen ist hier aus rechtlichen und praktischen Gründen ein Führer vorgeschrieben). Highlights sind die *Fujikawa Maru* mit Zero-Flugzeugen in den Frachträumen und die *San Francisco Maru*, ein riesiger Frachter, der zwei Panzer auf dem Deck trägt und als »Million Dollar Wreck« bekannt ist.

RELIKTE DER GESCHICHTE
Ein Taucher vor den Überbleibseln eines bei Truk versenkten japanischen Schiffs. Auch Flugzeuge und U-Boote gingen hier auf Grund.

Fidschi

SÜDPAZIFIK

Schon der Name Fidschi beschwört Bilder eines tropischen Paradieses herauf. Mit 800 Inseln, die sich über 207 000 km² Ozean verteilen, übertrifft die Realität jede Erwartung. Fidschi hat Tauchern eine Menge zu bieten.

IDYLLISCHE EILANDE

Es ist interessant zu erfahren, dass nur zwölf Prozent des gesamten Staatsgebiets bewohnt sind. 75 Prozent der Bevölkerung leben auf einer einzigen Insel, auf Viti Levu. Fidschi hat mit seinen Riffs, Kanälen und Inseln eine riesige Auswahl an Tauchmöglichkeiten zu bieten. Die Korallenriffs bedecken eine Fläche von 15 540 km². Sie bestehen aus mindestens 398 Korallenarten und beherbergen mehr als 1200 Fischarten.

RIFFBEWOHNER
Viele verschiedene Haiarten wie der Graue Riffhai durchstreifen die Weichkorallenriffs der weit verstreuten Inseln Fidschis.

UNTERSEEISCHE GÄRTEN

Fidschi ist vor allem für seine wunderschönen Weichkorallengärten berühmt, deren bekanntester die White Wall in der Somosomo-Straße ist. Das nährstoffreiche Wasser in der Region sorgt dafür, dass in den Korallenatollen planktonfressende Weichtiere prächtig gedeihen. Seefächer, Peitschengorgonien und eine Unzahl weiterer Arten ringen an den leuchtend bunten Riffwänden um die besten Plätze.

Die Gewässer rund um Fidschi sind auch Heimat einer Vielzahl von Fischarten. Hier trifft man auf sehr große Tiere. Der bekannteste Hai-Tauchplatz heißt nach dem Betreiber Aqua Trek 3D und hat bis zu sieben verschiedene Haiarten auf nur einem Tauchgang zu bieten, darunter Bullen-, Schwarz- und Weißspitzen-Riffhaie und Zitronenhaie. Und dies ist nur einer der 100 bekannten Tauchplätze im Beqa-Atoll – ein Beleg für das breite Angebot auf dieser tropischen Inselgruppe. Glücklicherweise wurde die Region zum Marine Park erklärt und vor Überfischung geschützt.

Die geringen Tauchgebühren dienen zur Finanzierung des Naturschutzes. Hinsichtlich solcher Maßnahmen hat Fidschi unbestreitbar eine Vorreiterrolle inne.

KURZINFO

WASSERTEMPERATUR 26–31 °C

ÖKOSYSTEM tropisch

REISEZEIT ganzjährig, optimal zwischen April und November

HIGHLIGHTS Somosomo-Straße und White Wall, Beqa-Atoll, Naingora-Pass

Anemonenfisch

Tonga

FREUNDSCHAFTSINSELN, SÜDPAZIFIK

Tonga besteht aus einer pittoresken Kette von Vulkaninseln im Osten von Fidschi. Vor der großartigen Szenerie begegnet man einem Meeressäuger, der lange von der Ausrottung bedroht war, dem Buckelwal.

PAZIFISCHER AUSSENPOSTEN

Die Tauchzentren Tongas sind die Inselgruppen Ha'apai im Zentrum und Vava'u im Norden. Port of Refuge auf Vava'u, das für viele Taucher die erste Anlaufstelle ist, bietet mit der *Clan McWilliam*, einem großen Handelsschiff, das in den 1920er-Jahren sank, ein besonders schönes Wrack.

ERSTKLASSIGE PLÄTZE

Andere schöne Tauchplätze sind Tuangasika Island mit der aufregenden Höhle Mariners Cave und die steilen Wände von Hunga Magic – eine unterseeische Halbinsel, die sich vor Hunga Island ins Meer erstreckt. Tongas Ruf in der Tauchwelt beruht jedoch vor allem auf Begegnungen mit Buckelwalen. Von Juli bis in den Oktober ziehen rund 700 Buckelwale in die warmen Gewässer um die Inselgruppe. Die lokalen Umweltschutzgruppen erlauben zwar kein Gerätetauchen mit den Walen (um die Tiere möglichst wenig zu irritieren), aber gegen das Schnorcheln in direkter Nähe hat niemand etwas einzuwenden.

KURZINFO

WASSERTEMPERATUR 22–30 °C

ÖKOSYSTEM tropisch

REISEZEIT für Buckelwale von Juli bis Oktober; von November bis April Taifunsaison

HIGHLIGHTS Buckelwale, Hunga Magic, Mariners Cave, *Clan McWilliam*

ALLJÄHRLICHE REISE
Ein Buckelwal hebt seine mächtige Schwanzflosse aus dem Wasser. Jedes Jahr ziehen diese großartigen Tiere an Tonga vorbei.

Nord- und Südamerika

Wie man es von einer Landmasse erwartet, die sich über nahezu alle Breitengrade erstreckt, bieten die beiden amerikanischen Kontinente eine große Vielfalt an Tauchplätzen. Große Ozeanströmungen schaffen Reviere für Taucher aller Erfahrungsstufen.

GEGENSÄTZE

Die beiden Küsten Nordamerikas bieten sehr unterschiedliche, aber ähnlich faszinierende Tauchreviere. An der Westküste kann man in der herrlichen Wildnis der Fjorde Alaskas und British Columbias tauchen, die großen Kelpwälder vor der kalifornischen Küste erkunden oder im Golf von Kalifornien Buckelwalen und Walhaien begegnen.

An der Ostküste finden sich Wracks und Sandtigerhaie an den Outer Banks vor North Carolina – die Tauchregion, in der das technische Tauchen die größten Fortschritte machte. Die Florida Keys bieten Rifftauchen in höchster Qualität und sind ein viel besuchtes Übungsrevier.

LEICHT ZUGÄNGLICH
Die klare Sicht und das ruhige, warme Wasser der Karibik ermöglichen hervorragende Rifftauchgänge.

In der Karibik gibt es besondere Korallenriffs, und die ausgezeichnete Infrastruktur macht sie zu einem beliebten Tauchziel. Weiter südlich, in Zentralamerika, liegt das Belize Barrier Reef – das längste der nördlichen Hemisphäre. Vor der Küste Venezuelas liegt die zu den Niederländischen Antillen gehörende Insel Bonaire, ein leuchtendes Beispiel für Meeresschutz. Noch weiter im Süden liegt vor der Küste Brasiliens mit der Insel Fernando de Noronha vielleicht der schönste Tauchplatz ganz Südamerikas.

MEERESSAFARI
Beim Schnorcheln über den Sandbänken der Caymans in der westlichen Karibik kann man faszinierenden Meeresbewohnern begegnen.

VERZAUBERTER WALD
Die hohen Kelpwälder in den flachen Küstengewässern Kaliforniens zählen zu den schönsten und artenreichsten Lebensräumen der Meere.

Florida Keys

FLORIDA, VEREINIGTE STAATEN

Die Florida Keys sind eine Kette von Korallen- und Kalksteininseln, die sich 193 km in den Golf von Mexiko erstrecken. Viele Anfänger machen in dieser Ferienregion ihre ersten Tauchgänge. Hier gibt es erstklassige und sehr unterschiedliche Plätze.

GESCHÜTZTES ÖKOSYSTEM

Die Florida Keys bestehen aus 200 kleinen Inseln, die durch die 42 Brücken des Highway 1 verbunden werden. Dass das außergewöhnliche und lebhafte Ökosystem der Keys schützenswert ist, erkannte man bereits 1960, als hier mit dem John Pennecamp Coral Reef State Park der erste Marine Park der USA gegründet wurde. Weitere sollten folgen, sodass die

KURZINFO

WASSERTEMPERATUR 21–29 °C

ÖKOSYSTEM tropisch

REISEZEIT ganzjährig, Hurrikan-Saison von Oktober bis November

HIGHLIGHTS Molasses Reef, Wrack der *Adolphus Busch Sr*, Christ-of-the-Deep-Statue in Key Largo

VERSUNKENE SCHÄTZE
Das Wrack eines Schleppers liegt im klaren, blauen Wasser. Die Keys garantieren gute Sicht und sind ein ideales Gebiet für die Tauchausbildung.

Region heute über 18 geschützte Gebiete verfügt, die 5 km über die Riffgrenzen hinaus ins Meer reichen.

UNTERWASSER-ATTRAKTIONEN

Das Riff verläuft etwa 8 km entfernt parallel zur Inselkette. Deshalb wird hier meist vom Boot aus getaucht. Es gibt einige ausgezeichnete Wracks, aber auch klassische Riffformationen wie Saum- und Konturriffs, an deren Außenseite sich eine Vielzahl karibischer Spezies tummeln, während die seichten Gewässer der Innenseite Manatis beheimaten und die Kinderstube für unzählige kleinere Arten sind – und ein Ausbildungslager für Scharen neuer Taucher.

Crystal River

FLORIDA, VEREINIGTE STAATEN

Vom Crystal River in Florida aus erstreckt sich ein Netzwerk von Kanälen und Nebenarmen durch die Sümpfe. Taucher lockt die Gelegenheit, hier mit großen und sanften Manatis zu schwimmen – ein einzigartiges Erlebnis.

NETZ AUS WASSERWEGEN

Der Crystal River wird von Quellen gespeist, deren Wasser landeinwärts durch poröses Gestein nach oben gedrückt wird. Dank dieses natürlichen Filtersystems handelt es sich um eines der reinsten Gewässer der Erde. Durch das Zusammenspiel von Wasser und Gestein ist ein wabenartiges Geflecht aus Höhlen, Kavernen und Tunneln entstanden, die häufig von großen Welsen bewohnt werden. Was Taucher aber eigentlich hierherlockt, sind die Manatis.

SANFTE RIESEN

Diese bis zu 3 m langen und anderthalb Tonnen schweren Tiere kommen schon seit Tausenden von Jahren in die seichten und warmen Arme des Crystal River, um zu fressen und sich zu vermehren. Aber Motorboote und Umweltzerstörung haben den Manatis schwer zugesetzt, sodass sie heute zu den bedrohten Tierarten zählen. Tauchen mit ihnen ist nicht erlaubt, aber alleine neben einem dieser Riesen im kristallklaren Wasser zu schnorcheln ist ein Erlebnis.

KURZINFO

WASSERTEMPERATUR 20–27 °C

ÖKOSYSTEM Süßwasser

REISEZEIT ganzjährig, beste Bedingungen zum Schnorcheln mit Manatis zwischen Dezember und April

HIGHLIGHTS Devil's Den, King's Cavern, Schnorcheln mit Manatis

Manati

KLARER VORTEIL

Die Klarheit des Wassers ist durch die Geologie der Region bedingt. Die Sichtverhältnisse sind ideal, um die Manatis zu beobachten.

Little Bahama Bank

Delfin tauchen vorschlag für sommer!

BAHAMAS, WESTATLANTIK

Auf den ersten Blick erscheint die Little Bahama Bank, eine flache Sandbank, völlig uninteressant. Ein Tier macht die Region jedoch unwiderstehlich, denn hier kann man einzigartige Begegnungen mit Delfinen erleben.

BEGEGNUNG UNTER WASSER
Atlantische Fleckendelfine besuchen die Little Bahama Bank schon seit vielen Jahren. Die neugierigen Tiere knüpfen im seichten Gewässer schnell Kontakt mit Schnorchlern.

SEICHTE SEE

Die Little Bahama Bank liegt zwischen den Inseln Grand Bahama und Great Abaco, zwei der größeren der insgesamt 700 Inseln des Bahamas-Archipels. Das Nordende der Bank liegt 113 km vor der Küste Floridas und ist sowohl vom Festland als auch von den Bahamas aus zugänglich. Die Bank besteht neben einigen flachen Riffs und ein paar Wracks hauptsächlich aus weißem Sand und ist relativ unspektakulär. Auch das Leben unter Wasser ist verglichen mit anderen Gegenden der Bahamas wenig abwechslungsreich, selbst wenn man hier auf einige riesige Barrakudas, einige Arten von Meeresschildkröten und verschiedene Haiarten treffen kann.

KURZINFO

WASSERTEMPERATUR 24–28 °C

ÖKOSYSTEM tropisch

REISEZEIT ganzjährig, später im Jahr allerdings Hurrikan-Saison

HIGHLIGHTS Schnorcheln mit dem Atlantischen Fleckendelfin, The Bull Pit (Haibegegnungen), The Sugar Wreck

DIE STARS DES MEERES

Sowohl Große Tümmler als auch Atlantische Fleckendelfine besuchen die Bank regelmäßig, letztere haben den Platz berühmt gemacht. Seit über 20 Jahren haben die Delfinschulen bereits Kontakt zum Menschen und inzwischen ist um die intelligenten Tiere eine ganze Tourismusindustrie entstanden. Auch wenn es nur erlaubt ist, mit den Delfinen zu schnorcheln, nehmen die Taucher, die ihnen begegnen, wundervolle Eindrücke mit nach Hause.

Bonaire

NIEDERLÄNDISCHE ANTILLEN

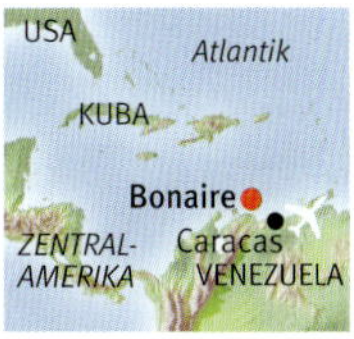

Bonaire ist ein sehr gutes Beispiel für Meeresschutz in der Karibik. Bereits vor über 40 Jahren erkannte man, dass der Schutz der Unterwasserwelt den Tourismus und damit die Wirtschaft fördert. Heute ist die Insel für schöne Küstentauchgänge bekannt.

ZUKUNFTSORIENTIERT

Bonaire ist die östlichste Insel der Niederländischen Antillen und vertritt bereits seit langem eine weitsichtige Umweltschutzpolitik. Bereits 1961 wurden erste Gesetze (zum Schutz der Schildkröten) eingeführt. In den Jahren darauf folgten immer mehr Schutzmaßnahmen und schließlich gründete man rund um die Insel einen Marine Park, der bis in eine Wassertiefe von 60 m reicht.

KURZINFO

WASSERTEMPERATUR 25–29 °C

ÖKOSYSTEM tropisch

REISEZEIT ganzjährig, später im Jahr allerdings Hurrikan-Saison

HIGHLIGHTS Town Pier in Kralendijk, Wrack der *Hilma Hooker*

SANDIGE KÜSTEN

Bonaire bietet eine reiche Auswahl an Küstentauchgängen. Viele Taucher mieten sich ein Auto und gehen auf Erkundungstour. Die Spontaneität solcher Tauchgänge hat ihren ganz eigenen Charme. Neben unberührten Riffs bietet Bonaire mit dem in 30 m Tiefe liegenden Frachter *Hilma Hooker* und der *Red Slave* zwei wunderschöne Wracks. Interessant sind auch die Tauchgänge unter dem Town Pier in Kralendijk und unter dem Salt Pier auf der anderen Seite der Insel.

IN ALLER RUHE
Taucher begleiten eine Schildkröte auf ihrem Weg über die reichen Riffs vor Bonaire.

Cayman Islands

SÜDKARIBIK

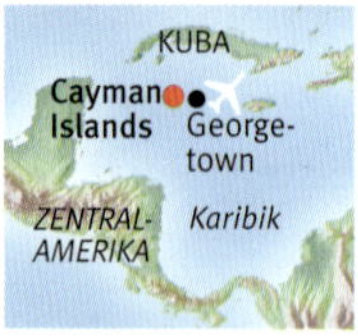

Die Caymans sind flache Inseln 240 km südlich von Kuba. Das Bild über Wasser lässt nicht auf die Reichtümer schließen, die darunter warten: steile Wände, herrliche Riffs und ein seichter Tauchplatz, der in der Tauchwelt berühmt ist.

KLARES WASSER

Die Caymans bestehen aus porösem Kalkstein: Sie haben keine Berge und es gibt keine Flüsse oder Bäche, da der Kalkstein Wasser absorbiert. Daher gibt es bei Regen nur wenig Sedimentabfluss und dadurch – für Taucher optimal – eine exzellente Sicht im Wasser. Steile Wände, sandige Lagunen und 18 Schutzgebiete für prächtige Fische und andere Meeresbewohner machen ein erstklassiges Tauchrevier aus.

KURZINFO

WASSERTEMPERATUR 27–29 °C

ÖKOSYSTEM tropisch

REISEZEIT ganzjährig, später im Jahr allerdings Hurrikan-Saison

HIGHLIGHTS Stechrochen im North Sound, Mantarochen bei Bloody Bay Wall

RIFFS UND ROCHEN

Unter Wasser warten Saumriffe, die ein Stück vor der Küste liegen und belebte Riffspitzen sowie steile Kanten bieten. Manta- und Adlerrochen und einige Haiarten gleiten an Riffwänden vorbei, die von einer gesunden Fischpopulation und reichem Korallen- und Schwammbewuchs geprägt sind. Die Caymans sind berühmt für eine Fütterungsstelle für Stechrochen im North Sound von Grand Cayman, wo sich rund 200 Rochen um die Taucher versammeln.

KONTAKTAUFNAHME
Stechrochen versammeln sich zur Fütterung. Ein Kontakt sollte aber immer von den Tieren ausgehen.

Turks- und Caicosinseln

BAHAMAS, NORDKARIBIK

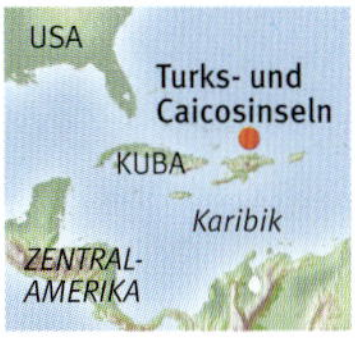

Diese beiden winzigen Inselgruppen am Südostende der Bahamas bieten viel Abwechslung auf kleinem Raum. Das Angebot reicht von geschützten Lagunen bis zu steilen Wänden und starken Strömungen – und Begegnungen mit großen Tieren.

TAUCHPARADIES

Turks und Caicos sind zwei kleine Inselketten, die durch die tiefe Turks Island Passage getrennt sind. Die Caicosinseln im Westen sind von flachen Lagunen und sanft abfallendem Untergrund geprägt. Die Turksinseln im Osten warten hingegen mit atemberaubend steil abfallenden Wänden dicht vor der Küste auf. Beide Inselgruppen bieten allerdings verschiedene Tauchmöglichkeiten zwischen diesen beiden Extremen und somit etwas für Taucher aller Erfahrungsstufen.

GESUNDE RIFFS
Ein Taucher inspiziert farbenfrohe Röhrenschwämme, die an den Riffs der Turks- und Caicosinseln in großer Zahl vorkommen.

NATURSCHUTZ

Um die Turks- und Caicosinseln gibt es 33 Schutzgebiete, und sie waren die erste Region der Karibik, in der das Speerfischen verboten wurde. Daher bietet die Unterwasserwelt hier einen besonderen Reichtum an gesunden Riffs, die übersät sind mit riesigen Schwämmen und imposanten Arten wie Delfinen, Riff-, Bullen- und Tigerhaien sowie drei hier heimischen Arten von Meeresschildkröten. Hinzu kommen noch einige große migrierende Tiere. Von Dezember bis April zieht die gesamte Buckelwalpopulation des Atlantiks durch den Graben zwischen den Inseln.

Für Wrackfans bieten die Überreste des 1790 hier auf Grund gelaufenen britischen Kriegsschiffs *Endymion* faszinierende Einblicke in die Marinegeschichte. Auf dem Meeresgrund können bis heute Kanonenkugeln und andere Überreste bestaunt werden. Das Wrack liegt etwa 30 km südlich von Salt Cay in seichtem Wasser.

KURZINFO

WASSERTEMPERATUR 27–30 °C

ÖKOSYSTEM tropisch

REISZEIT beste Bedingungen zwischen November und August

HIGHLIGHTS Zug der Buckelwale, Delfinbegegnungen, Tauchgänge bei Northwest Point, der Tunnel, Wrack der *Endymion*

Riesenhusar

Kuba

WESTATLANTIK

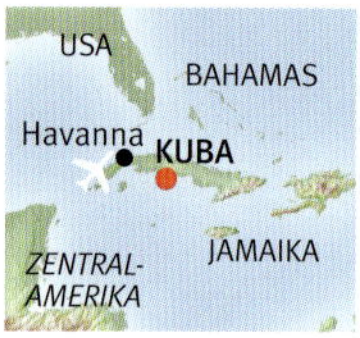

Kubas aufstrebende Tauchindustrie brauchte nicht lange, um die Aufmerksamkeit der internationalen Tauchgemeinde zu erregen. Einige der Klassiker sind seit Jahren bekannt, aber Kubas lange Küste hat dem reiselustigen Taucher noch mehr zu bieten.

ENDLOSE KÜSTE

Kuba ist eine riesige Insel 154 km südlich von Florida, deren 5632 km lange Küstenlinie im Westen an den Golf von Mexiko grenzt, im Norden an den Atlantik und im Süden an die Karibik. Die Ausmaße der Insel sind so enorm, dass jedes der drei Riffs entlang der Küste länger ist als die gesamten Florida Keys.

VIELFÄLTIGE UNTERWASSERWELT

Eine neue Untersuchung zählte rund um Kuba über 1000 Fischarten – eine in diesem Teil der Welt einzigartige Vielfalt. Zudem kann man vor Kuba Haien und Tarpunen begegnen.

KURZINFO

WASSERTEMPERATUR 24–27 °C

ÖKOSYSTEM tropisch

REISEZEIT ganzjährig, später im Jahr allerdings Hurrikan-Saison

HIGHLIGHTS Isla de la Juventud, Bullenhaie bei Santa Lucia, Wrack der *Christóbal Colón*

KUBAS KLASSIKER

Kuba bietet sehr unterschiedliche Tauchplätze, und manche bezeichnen die Insel und ihre Umgebung als das beste Tauchrevier der Welt. Die Isla de la Juventud ist ein besonders beliebtes Ziel, aber auch Santa Lucia, Guardalavaca und Santiago de Cuba bieten hervorragende Tauchgelegenheiten. Besonders vor Santiago gibt es einige schöne Plätze, wie etwa das Wrack der *Christóbal Colón*. Das ehemalige spanische Kriegsschiff wurde 1898 von der amerikanischen Marine angegriffen. Dies geschah während einer kurzen Auseinandersetzung zwischen beiden Ländern, die durch das Sinken eines US-Schiffs im Hafen von Havanna ausgelöst wurde. Der Kommandant der *Christóbal Colón* setzte das Schiff auf Grund und so ist sie heute ein herrlicher historischer Tauchplatz.

WEICHER WUCHS
Weichkorallen und Schwämme wachsen zuhauf in den anerkannt artenreichen Gewässern rund um Kuba.

Cenoten

HALBINSEL YUCATÁN, MEXIKO

Die Cenoten sind ein Netzwerk aus mit kristallklarem Wasser gefüllten Höhlen, in denen auch Anfänger relativ sicher tauchen können. Für geübte Taucher bieten die verbindenden Gänge und Tunnel weitere Erkundungsmöglichkeiten.

UNTER DER ERDE
Ein Taucher erkundet eine Cenote. Neben technischen Tauchgängen für Profis gibt es hier aber auch einfache Tauchgänge für Anfänger.

GEOLOGISCHE WUNDERWERKE

Auf Mexikos Halbinsel Yucatán liegen die besten Tauchplätze nicht an der Küste, sondern im Landesinneren. Das Wort Cenote (abgeleitet vom Mayawort *tzonot*) bezeichnete ursprünglich die Einstiegslöcher in ein Netzwerk aus gefluteten Tunneln und Höhlen, das diese Region durchzieht.

Vor über 60 Millionen Jahren lag die gesamte Region unter dem Meer. Dabei entstanden Gesteinsschichten aus Kalkstein und zusammengepressten Korallen und Meereslebewesen. Mit der Zeit wurde dieses weiche Gestein durch Regen und Flüsse ausgewaschen und so entstand eines der faszinierendsten betauchbaren Höhlensysteme der Welt.

KURZINFO

WASSERTEMPERATUR 19–25 °C

ÖKOSYSTEM Süßwasserhöhle

REISEZEIT beste Bedingungen zwischen November und März

HIGHLIGHTS Gran Cenote, Cenote Car Wash, Küstentauchgebiete in der Nähe

TAUCHEN IN CENOTEN

Obwohl die Cenoten noch immer erkundet werden, sind viele Bereiche selbst für Anfänger zugänglich. Erfahrene Tauchführer zeigen Gruppen große Höhlen, in denen ein Ausstieg im Notfall immer möglich ist. Tauchgänge im Meer sind in Cancún und Cozumel möglich.

SICHERHEITSLEINE
Für sicheres und entspanntes Tauchen in Höhlen ist besondere Ausrüstung erforderlich *(siehe S. 186/187)*.

Belize Barrier Reef

BELIZE, ZENTRALAMERIKA

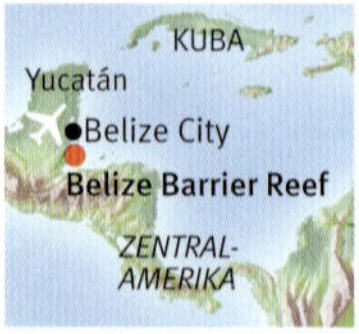

Belize ist ein kleines zentralamerikanisches Land, das vor seinen Küsten über ein echtes Naturwunder verfügt. Das Belize Barrier Reef ist das längste Barriereriff der nördlichen Hemisphäre und bietet eine Vielzahl von Tauchmöglichkeiten für alle Stufen.

ABGESCHIEDENES LAND

Belize hat eine Fläche von 23 000 km² und nur 220 000 Einwohner. Das Land ist für seine reiche Unterwasserwelt bekannt und aufgrund der gemeinsamen Anstrengungen diverser Umweltorganisationen und der Regierung stehen inzwischen über 40 Prozent von Belize unter Naturschutz.

KURZINFO

WASSERTEMPERATUR 25–28 °C

ÖKOSYSTEM tropisch

REISEZEIT ganzjährig, allerdings etwa ab Oktober Beginn der Hurrikan-Saison

HIGHLIGHTS Walhaie bei Gladden Spit, Blue Hole, Shark Ray Alley

DAS BARRIER REEF

Das Belize Barrier Reef ist eine Weltnaturerbestätte der UNESCO. Es erstreckt sich über 280 km Länge, liegt in einer Entfernung von 14–30 km vor der Küste und bietet eine Vielzahl an Tauchplätzen zur Erkundung. Drei der vier Atolle der Karibik liegen an diesem Riff. Ein Atoll ist eine kreisförmige Insel, die um eine Lagune herum angeordnet ist und sich bildet, wenn ein Korallenriff auf dem Rand eines eingestürzten Vulkankegels wächst. Darüber hinaus verlaufen lang-

gestreckte Sand- und Koralleninseln entlang des Riffs, die als Cayes bezeichnet werden und viele Taucher anziehen. Das beliebteste Tauchziel ist Ambergris Caye.

TAUCH-HIGHLIGHTS

Über 500 Fischarten tummeln sich am Riff, darunter alleine fünf verschiedene Falterfische. Zu den größeren Arten, denen man hier begegnen kann, zählen riesige Sägebarsche und Mantarochen am äußeren Riff und Stechrochen und Ammenhaie in Shark Ray Alley. Es gibt aber auch eine gesunde Population von Riffhaien und sogar Manatis *(siehe S. 219)* in den seichten Küstengewässern und Flussmündungen des Landes.

Obwohl das berühmteste Tauchziel in Belize sicherlich das Blue Hole ist, hat die Region weit mehr zu bieten. Hier gibt es klassische Rifftauchgänge entlang faszinierender Formationen und je nach Saison Ansammlungen großer Tierarten. So treffen sich im Frühjahr vor Gladden Spit große Mengen von Walhaien zum Fressen. Die riesigen Planktonfresser können bis zu 18 m lang werden.

DAS BLUE HOLE

Das Blue Hole ist wohl der bekannteste Tauchplatz von Belize. Die riesige Höhle, die 1972 von Jacques Cousteau erkundet wurde, öffnet sich inmitten des rund 80 km vor der Küste liegenden Lighthouse Reef. Ihr kreisrunder Eingang hat einen Durchmesser von etwa 300 m und die Höhle erreicht eine Tiefe von fast 125 m. Die hier lebenden Bullen- und Zitronenhaie sind für die Taucher, die die Stalaktitenformationen 40 m unter der Oberfläche erkunden, immer wieder ein aufregender Anblick.

Das Blue Hole von oben

KREISLAUF DES LEBENS
Die Walhaie kommen im Frühling zum Fressen nach Belize, da die Riffs hier ein beliebter Laichplatz für eine Vielzahl von Fischen wie Hunds- und Cubera-Schnapper sind.

Fernando de Noronha

WESTATLANTIK

Rund 400 km östlich der brasilianischen Küste erhebt sich Fernando de Noronha aus den tosenden Wellen des Atlantik. Diese kleine Gruppe von Vulkaninseln ist die Heimat einer der größten sesshaften Delfingruppen der Welt.

ATLANTISCHER SCHATZ

Die karge Inselgruppe Fernando de Noronha war lange Jahre ein gut gehütetes Geheimnis der brasilianischen Tauchergemeinde. Der Meeresboden rund um die Inseln fällt über 700 m steil ab, das erzeugt starke Aufwärtsströmungen und Wirbel.

BEGEGNUNG IM WASSER

Die Riffs sind hier zwar recht karg – nur 95 Fischarten wurden bisher registriert –, die Inseln sind allerdings für ihre reichen Bestände an großen Tieren berühmt. Sagenhaften Geschichten von Begegnungen mit der hier heimischen großen Gruppe von Ostpazifischen Delfinen locken Taucher aus aller Welt an. Die dunklen Riffkanten werden aber auch von 14 Haiarten, wie etwa Ammen- und Riffhaien, patrouilliert, und es gibt zwei Meeresschildkrötenarten, von denen die Karettschildkröte hier sogar ihre Eier ablegt. Seit 2001 zählen die Inseln zum Weltnaturerbe, was dieses faszinierende Stück Erde wahrhaft verdient hat.

KURZINFO

WASSERTEMPERATUR 21–26 °C

ÖKOSYSTEM subtropisch

REISEZEIT optimale Bedingungen zwischen September und März

HIGHLIGHTS Ostpazifische Delfine in der Baía dos Golfinhos, Graue Riffhaie bei Laje dos Dois Imãos

WILDE SCHÖNHEIT
Die grünen und nährstoffreichen Wasser des Atlantiks brechen sich an den felsigen Küsten der Inselgruppe Fernando de Noronha.

Cocos und Malpelo

OSTPAZIFIK

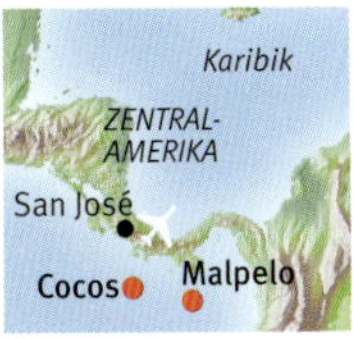

Die Vulkaninseln Cocos und Malpelo liegen mehrere hundert Kilometer vom Festland entfernt in den starken Strömungen des östlichen Pazifiks. Für viele sind sie einer der besten Plätze für Begegnungen mit großen Meeresbewohnern.

NAH UND FERN

Obwohl die Inseln Cocos und Malpelo von Tauchern meist in einem Atemzug genannt werden, liegen sie eigentlich 400 km voneinander entfernt. Cocos liegt vor der Küste Costa Ricas und Malpelo vor der Küste Kolumbiens.

MEERESSCHUTZGEBIET

Auf vulkanischem Untergrund erheben sich die Inseln aus den Tiefen des Pazifiks und bieten die Gelegenheit, große Tiere aus nächster Nähe zu beobachten. Hammerhaie, Weißspitzen-Riffhaie, Seidenhaie und Galapagoshaie trifft man hier praktisch immer an. Auch die Gefleckte Muräne kommt hier in großen Mengen vor. Zu den migrierenden Spezies, die an den Inseln vorbeiziehen, zählen Walhaie, Mantarochen und einige Fächer- und Speerfischarten. Beide Inseln stehen unter Schutz. Sowohl der Nationalpark Cocos (seit 1997) als auch das Naturreservat Malpelo (seit 2006) gehören zum Weltnaturerbe.

VERSAMMLUNGSORT
Große Haigruppen versammeln sich um Cocos. Wer nahe an die Tiere heran möchte, sollte einen Rebreather *(links)* verwenden.

HARTE BEDINGUNGEN

Tauchen auf Cocos und Malpelo ist nichts für Ungeübte, denn es gibt hohe Wellen, starke Strömungen, teils schlechte Sicht und schroffe Riffs zu meistern. Wer die Herausforderung annimmt, wird reich belohnt. Einige Spezies, besonders der Hammerhai, sind Tauchern gegenüber sehr misstrauisch. Behutsame Annäherung und besondere Ausrüstung können aber Wunder wirken. Mit einem Rebreather *(siehe S. 82/83)*, der keine Blasen produziert, kann der Taucher sich unauffällig fortbewegen und hat gute Chancen, nah an die Tiere heranzukommen.

KURZINFO

WASSERTEMPERATUR 17–24 °C

ÖKOSYSTEM subtropisch

REISEZEIT optimale Bedingungen von Dezember bis September

HIGHLIGHTS Hammerhai-Schulen, Gefleckte Muränen auf Malpelo, Weißspitzen-Riffhaie auf der Jagd

Roca Partida

COLIMA, MEXICO

Die bizarre Vulkannadel ragt rund 320 km vor der Südspitze Baja Californias steil aus dem Wasser des Pazifik. Als einer der einsamsten Tauchplätze der Welt bietet der Felsen Tauchabenteuer mit hohen Wellen, starken Strömungen und großen Tieren.

TAUCHEN PUR

Als am weitesten abgelegener Felsen der Revillagigedo-Inseln (einer Gruppe von vier Inseln) ragt Roca Partida steil aus den Wogen des Pazifiks auf. Seine schroffe Silhouette zeigt die charakteristischen Formen des darunterliegenden Riffs. Die Wände fallen steil hinab ins tiefe und dunkle Wasser, und nur wenig Leben klammert sich an die kargen Flächen.

KURZINFO

WASSERTEMPERATUR 19–25 °C

ÖKOSYSTEM subtropisch

REISEZEIT ganzjährig, optimale Bedingungen für Haibegegnungen im kälteren Winterwasser

HIGHLIGHTS Mantas, Weiß- und Silberspitzen-Riffhaie, Stachelmakrelen

REICHE GEWÄSSER

Aufwärtsströmungen aus den tiefen Gewässern rings um Roca Partida sorgen für reichlich Nährstoffe und Sauerstoff für die dichten Schwärme von Schwarzen Stachelmakrelen und Barrakudas, die die Felsen umrunden. Sie wiederum locken große Gruppen von Seidenhaien, Weißspitzen- und Silberspitzen-Riffhaien sowie Hammerhaien an. Berühmt ist dieser Tauchplatz aber vor allem dafür, dass man hier Mantarochen ganz nahe kommen kann. Die faszinierenden Tiere scheinen fast auf die Taucher zuzugehen, was zu atemberaubenden Begegnungen führt.

Roca Partida wird unter Tauchern immer populärer. Wer eine Reise in diese entlegene Region auf sich nimmt, wird verstehen können, warum.

HAIBEGEGNUNGEN
Bei Roca Partida können sich Taucher darauf verlassen, von Haien wie dem sonst so scheuen Bogenstirn-Hammerhai umschwärmt zu werden.

Hawaii

ZENTRALPAZIFIK

Die Unterwasserwelt Hawaiis mit ihren Lavaformationen und steilen Wänden spiegelt den vulkanischen Ursprung der Inseln wider. Die Inselgruppe ist zwar hauptsächlich als Surfregion berühmt, bietet aber auch einige hervorragende Tauchplätze.

INSELPARADIES

Hawaii ist mit mehr als 2400 km Länge die längste Inselkette der Welt und liegt über 4000 km vom Festland entfernt. Es besteht aus acht Hauptinseln, jede von ihnen die Spitze eines erloschenen Vulkans, sowie weiteren 124 kleineren, unbewohnten Inselchen mit einer Landfläche von insgesamt nicht mehr als 8 km². Die für die hawaiianische Landschaft über Wasser typischen schroffen Rücken und bizarren Felsformationen setzen sich unterhalb der Wasseroberfläche fort und bieten wunderbare Tauchplätze und einzigartige Tierbegegnungen. Aufgrund der isolierten Lage der Inseln ziehen viele migrierende Arten aus den Weiten des Pazifiks wie Buckelwale, Zwerggrindwale, Mantarochen und Hochseehaie an Hawaii vorbei. Da sie weltweit gejagt werden, sind Buckelwale fast ausgestorben und inzwischen selbst in den Gewässern um Hawaii selten. Die besten Tauchplätze finden sich auf der Insel Hawaii – bzw. Big Island – am östlichen Ende der Inselkette sowie auf Maui, Kawai und Oahu.

KURZINFO

WASSERTEMPERATUR 24–27 °C

ÖKOSYSTEM tropisch

REISEZEIT ganzjährig, jedoch weniger Tourismus in den Wintermonaten

HIGHLIGHTS Mantas am Kona Beach, Zwerggrindwale, Shark's Cove (Oahu), Molokai, Long Lava Tube (Big Island)

WELLENVERWÖHNTE KÜSTE
Hawaii liegt auf dem gleichen Längengrad wie Mexiko. Klares Wasser, sauberer Sand und tropisches Klima machen seinen Charme aus.

Catalina

KALIFORNIEN, VEREINIGTE STAATEN

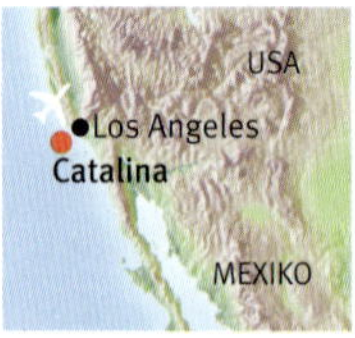

Nur 35 km vor der Küste Kaliforniens gelegen, bietet diese spektakuläre Insel einzigartige Landschaften und eine atemberaubende Unterwasserwelt. Seit 1974 steht Catalina unter Naturschutz, wovon Taucher heute profitieren.

GESCHÜTZTE INSEL

Catalina Island ist 32 km lang, 13 km breit und seit 1919 im Besitz der Familie Wrigley. Als engagierte Umweltschützer haben sie keinerlei Bauvorhaben auf der Insel erlaubt, und heute stehen 86 Prozent Catalinas unter Naturschutz. Die über wie unter Wasser zerklüftete Topografie der Insel ermöglicht einzigartige Taucherlebnisse an schroffen Riffs und steilen Felssäulen.

REICHES MEER

Die Insel wird vom kühlen Wasser des Kalifornischen Stroms umspült, der von British Columbia nach Süden fließt. Dadurch entsteht sauerstoffreiches Wasser, in dem Kelpwälder gedeihen – einige der riesigen Algen reichen vom Meeresboden in 30 m Tiefe bis zur Wasseroberfläche. In diesen Unterwasserwäldern leben zahlreiche Fischarten, deren berühmteste der Garibaldi-Fisch ist. Dieser äußerst revierbewusste Fisch wird auch Tauchern nicht weichen – ein Traum für jeden Fotografen. Die Kelpwälder sind auch Heimat für große Schwarze Sägebarsche, Adlerrochen, Kalifornische Moränen und Kalifornische Zweipunktkraken. Es ist besonders erfreulich, die Schwarzen Sägebarsche zu sehen, da sie einst stark überfischt waren. Zu den größeren Tierarten gehört auch der Kalifornische Seelöwe, der für seine Neugierde und geringe Scheu vor Tauchern bekannt ist. Manchmal taucht auch ein Blauhai vor Catalina auf und ergänzt die Liste interessanter Tiere, denen man in den Gewässern rund um die Insel begegnen kann.

WÄLDER UNTER DEN WELLEN
Die riesigen Wedel des Kelp um Catalina sind Heimat einer bunten Vielfalt von Meeresbewohnern, wie etwa den Garibaldi-Fischen.

KURZINFO

WASSERTEMPERATUR 12–20 °C

ÖKOSYSTEM gemäßigt

REISEZEIT ganzjährig, im Winter allerdings zum Teil sehr kalt

HIGHLIGHTS Casino Point Underwater Park, Farnsworth Banks

Kalifornische Seelöwen

Outer Banks

NORTH CAROLINA, VEREINIGTE STAATEN

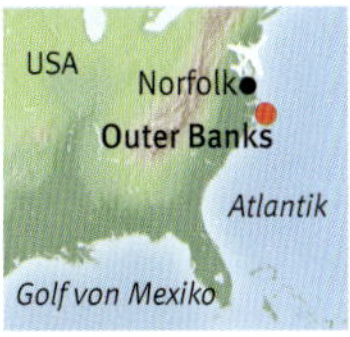

Angesichts geschätzter 5000 Wracks gelten die Outer Banks als berüchtigter Schiffsfriedhof. Starke Strömungen und große Tiere, denen man hier begegnen kann, machen die Region zu einem der spannendsten Tauchreviere der Erde.

GESCHICHTSTRÄCHTIGE GEWÄSSER

Die Outer Banks sind eine Kette aus Inseln und Sandbänken, die sich vor der Küste des US-Bundesstaates North Carolina über rund 209 km Länge erstrecken. Hinter dieser Barriere befindet sich ein riesiges Binnenmeer mit Flussmündungen und flachen Lagunen. Dieses ökologische Kleinod ist der Laichplatz vieler Fischarten und 70 Prozent der Region stehen heute unter Naturschutz. Auf der Atlantikseite sind die Outer Banks ein faszinierendes Tauchgebiet, da vor ihrer Küste gleich drei große Meeresströmungen zusammentreffen und die Schelfkante des Kontinentalsockels nur 64 km weiter östlich liegt. Zudem sind sie übersät mit Wracks von Schiffen, von denen viele während des Zweiten Weltkriegs von U-Booten versenkt wurden. In ihnen wohnen auch einige große Meeresbewohner wie der Sandtigerhai. Diese bedrohlich aussehenden Tiere sind im Grunde recht umgänglich, solange man sie nicht provoziert.

KURZINFO

WASSERTEMPERATUR 12–24 °C

ÖKOSYSTEM gemäßigt

REISEZEIT optimale Bedingungen zwischen Juli und September

HIGHLIGHTS Wracks der *Papoose* und der *Proteus*, Sandtigerhaie

BEÄNGSTIGENDER ANBLICK
Trotz ihres gefährlichen Aussehens sind Sandtigerhaie nicht aggressiv. Wie allen großen Jägern sollte man ihnen aber mit Respekt begegnen.

Great Lakes

KANADA/NÖRDLICHE USA

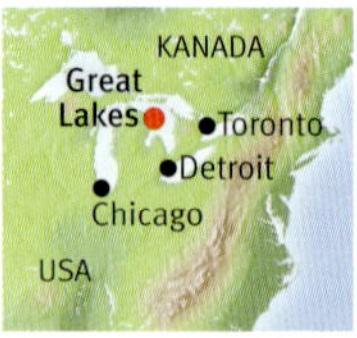

Die fünf Great Lakes an der Grenze zwischen den USA und Kanada bilden die größte Frischwasserfläche der Welt. Das Tauchen in den Seen ist anspruchsvoll, aber man kann hier einige der besterhaltenen Wracks in der Tauchwelt erforschen.

TRAUMHAFTE WRACKS

Die Great Lakes haben eine Gesamtfläche von 246 000 km² und bieten eine große Auswahl an Tauchmöglichkeiten und Bedingungen. Viele der dichter besiedelten Regionen an den Seen waren schon immer stark industrialisiert und leiden unter Verschmutzung und Raubbau. Das Wasser ist kalt und die Sicht oft eingeschränkt, wobei sich die Situation in den unteren Seen durch die versehentliche (und in fast jeder anderen Hinsicht unerwünschte) Ansiedlung der Zebramuschel verbessert hat, die die Seen von Algen befreit. Am Grund der Seen liegen zahlreiche Wracks. Dank der sehr niedrigen Temperaturen und des geringen Salzgehalts des Wasser haben die Metallrümpfe kaum Rost angesetzt und selbst Holzschiffe und sogar Tauwerk befinden sich meist in bemerkenswert gutem Zustand.

FRISCHWASSER-OASE
Die Ufer des Lake Michigan mit seinen neun Unterwasser-Schutzgebieten werden von Kiefernwäldern gesäumt.

KURZINFO

WASSERTEMPERATUR 0–18 °C

ÖKOSYSTEM gemäßigt

REISEZEIT ganzjährig, im Norden im Winter allerdings oft Eisbildung

HIGHLIGHTS Seehöhlen entlang der Küste von Lake Superior, *Arabia* und andere gut erhaltene Wracks

BEWAHRUNG DER VERGANGENHEIT

In der Anfangszeit des Tauchens in den Seen wurden viele der ansonsten gut erhaltenen Wracks geplündert. Dieser Missbrauch wurde aber sehr bald durch Gesetze unterbunden. Der Bundesstaat Michigan allein hat neun Schutzzonen mit einer Gesamtfläche von 4920 km² geschaffen. Zu den bemerkenswerten Wracks zählen unter anderen das 1884 gesunkene und perfekt erhaltene Segelschiff *Arabia*, die 1870 gesunkene *Bermuda* und die erst 1989 auf Grund gelaufene *Mesquite*.

Vancouver Island

BRITISH COLUMBIA, WESTKANADA

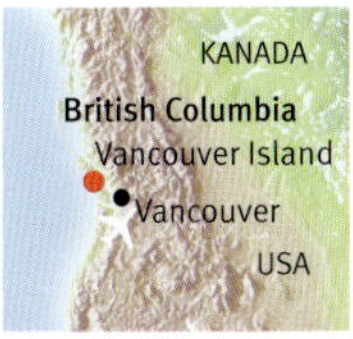

Kaltes Wasser und starke Gezeiten sorgen bei Vancouver Island für eine fantastisch vielfältige Natur. Dazu kommen Schiffe, die als künstliche Riffs versenkt wurden. Einige der beliebtesten Tauchplätze liegen zwischen Insel und Festland.

ÜBERFAHRT

Der übliche Weg nach Vancouver Island ist eine 90-minütige Überfahrt mit der Fähre direkt vom Norden der Stadt aus, die einen ersten Blick auf die Umgebung ermöglicht. Kaltes Wasser ist meist reich an Sauerstoff und Nährstoffen und der Kanal zwischen der Insel und dem Festland macht da keine Ausnahme. Zusammen mit der starken Gezeitenströmung entsteht so ein Paradies für Meerespflanzen und -tiere. Auch wenn das Tauchen – vor allem im schnell fließenden Dodds-Narrows-Kanal – recht anspruchsvoll ist, so lohnt das Erlebnis doch jede Anstrengung. Einer der berühmtesten Bewohner dieser Gewässer ist der neugierige Riesenkrake, aber man trifft auch auf Seewölfe, Seehunde, diverse Walarten (einschließlich Orcas) und, natürlich zur richtigen Jahreszeit, Lachse in großen Scharen.

KÜNSTLICHE RIFFS

Die *Saskatchewan* wurde 1997 als künstliches Riff versenkt und ist sowohl bei einheimischen Tauchern als auch bei Touristen sehr beliebt. Sie ist nur eines von mehreren ehemaligen Kriegsschiffen, die von der Artificial Reef Society of British Columbia vor der Küste versenkt wurden, einer 1990 von Unterwasser-Archäologen gegründeten Gesellschaft zur Umwandlung von Schlachtschiffen in Tauchplätze.

AUFREGENDE BEGEGNUNG
Ein Taucher nimmt Kontakt zu einem der faszinierenden Riesenkraken auf, die im nährstoffreichen Wasser leben.

KURZINFO

WASSERTEMPERATUR 9–18 °C

ÖKOSYSTEM gemäßigt

REISEZEIT ganzjährig, im Winter sehr kalt

HIGHLIGHTS Riesenkraken, Wrack der *Saskatchewan*, Dodds-Narrows-Kanal

Galápagosinseln

OSTPAZIFIK

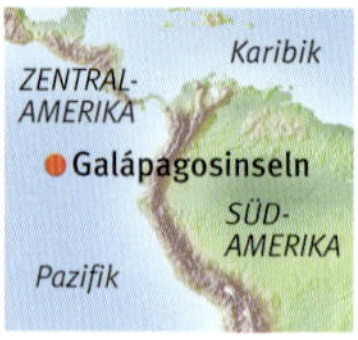

Die Galápagosinseln wurden wegen der verwirrenden Strömungen vor ihren Küsten von den Seeleuten einst »Verzauberte Inseln« genannt. Der Name hat sich geändert, aber das Erlebnis bleibt für Taucher unverändert magisch.

WILD UND ISOLIERT

Ihren Namen verdanken die Galápagosinseln dem spanischen Wort für Sattel – *galápago* – was sich auf die Form der Panzer der Riesenschildkröten bezieht, von denen sich die ersten Entdecker und Walfänger auf den Inseln ernährten. Die Gruppe mit 13 Hauptinseln liegt 970 km vor der Westküste Ecuadors. Die nur wenige Millionen Jahre alten, kargen Inseln zeigen mit ihren Felsformationen – wilden Riffs und von Kratern überzogene Rücken – deutlich ihre vulkanische Herkunft. Sie bilden den Lebensraum für zahlreiche Lebensgemeinschaften, die sich beständig aus den sieben Strömungen erneuern, die hier zusammentreffen.

KURZINFO

WASSERTEMPERATUR 16–27 °C

ÖKOSYSTEM gemäßigt

REISEZEIT ganzjährig

HIGHLIGHTS Bogenstirn-Hammerhaie und Weißspitzenhaie bei Wolf und Darwin, Walhaie, Seelöwen, Meeresechsen, Galápagospinguine

MEERESBEWOHNER

Auf Galápagos gibt es zwar nur 13 riffbildende Korallenarten, sodass die Riffs auf dem dunklen Vulkangestein etwas karg wirken, aber das über ihnen wimmelnde Leben ist schlicht spektakulär.

Der Ruf der Galápagosinseln als Tauchplatz beruht unter anderem auf den Versammlungen großer Meerestiere wie der Bogenstirn-Hammerhaie. Leider hat die Überfischung die Haipopulationen in den Gewässern um die Inseln stark in Mitleidenschaft gezogen. Wenn sich die Gegebenheiten nicht ändern, werden solche Sichtungen immer seltener werden. Gruppen von Kuhnasen- und Adlerrochen können ebenso regelmäßig vor den äußeren Riffs beobachtet werden wie Versammlungen von Mantas und hin und wieder Walhaie.

EINZIGARTIGE FAUNA

Die Inseln haben sich isoliert entwickelt und sind aus diesem Grund ein Traumziel für Zoologen. Auf Galápagos begegnet man Tieren, die es nirgendwo sonst auf der Welt gibt. Das berühmteste ist wohl die Meerechse, wobei die Inseln auch Kolonien der nördlichsten Pinguinart der Welt – des winzigen Galápagospinguins – bewohnen. In Begleitung eines kundigen einheimischen Führers kann man bei ruhiger See mit beiden Arten schnorcheln.

WILDES GALÁPAGOS

Ein Seelöwe auf Besuch

Es kann niemanden überraschen, dass die Galápagosinseln mit ihrem Artenreichtum die Formulierung von Darwins Evolutionstheorie vorangetrieben haben. In der Region gibt es weit über 300 Fischarten, darunter 30 verschiedene Haiarten. Zu den größeren Bewohnern zählen fast 80 000 Robben und Seelöwen. Außerdem gibt es 600 Weichtier- und 100 Krabbenarten. Besucher sind unter anderen Pottwale, Buckelwale und Brydewale sowie diverse Delfinarten.

KARGE ERSCHEINUNG
Die vegetationslosen Hügel der Galápagosinseln scheinen unbewohnt, aber dieser Eindruck täuscht. Das Leben gedeiht hier sowohl ober- als auch unterhalb der grünen Gewässer des Pazifik.

Allgemeine Hinweise

Project AWARE Foundation

Zehn Tipps zum Schutz der Unterwasserwelt

Taucher und Schnorchler sind Botschafter der Unterwasserwelt. Zehn Tipps, wie auch Sie helfen können:

1. Tauchen Sie vorsichtig in den empfindlichen Unterwasserwelten
Auch wenn sie auf den ersten Blick wie Felsen und Pflanzen aussehen: Viele Unterwasserlebewesen sind zerbrechliche Kreaturen, die schon durch den Stoß einer Luftflasche, eines Knies oder einer Kamera, durch die Berührung mit einer Flosse oder einer Hand beschädigt oder verletzt werden können. Bedenken Sie auch, dass einige Unterwasserlebewesen, zum Beispiel Korallen, nur sehr langsam wachsen. Wenn Sie nur ein kleines Stück abbrechen, zerstören Sie möglicherweise das Ergebnis jahrzehntelangen Wachstums. Durch umsichtiges Tauchen können Sie die Beschädigung oder gar Verwüstung großartiger Tauchplätze vermeiden, die viele Jahre benötigen würden, um sich wieder zu regenerieren.

2. Tarieren Sie umsichtig
Viel Schaden wird der Umwelt unwissentlich zugefügt. Sichern Sie Ihre Tauchinstrumente und die alternative Luftzufuhr immer so, dass diese nicht über das Riff oder den Meeresboden schleifen. Wenn Sie immer kontrolliert tarieren und darauf achten, Korallen und andere zerbrechliche Organismen nicht mit dem Körper, den Tauchinstrumenten oder der Kamera zu berühren, haben Sie bereits Ihren Teil zum Schutz des Unterwasserlebens geleistet.

3. Bilden Sie sich fort
Wenn Sie schon seit längerer Zeit nicht mehr getaucht haben, sollten Sie vielleicht Ihre Tauchkenntnisse – vor allem das Tarieren – ein wenig auffrischen. Bevor Sie sich also auf den Weg zu den Riffen machen, nehmen Sie sich erst einmal Zeit, um mit einem qualifizierten Tauchlehrer in einem Schwimmbecken oder an einem anderen Ort, der von ein paar Stößen und Kratzern nicht gleich beschädigt wird, ein wenig zu üben. Noch besser wäre es, wenn Sie vorher an einem Fortbildungskurs für Taucher, wie sie zum Beispiel von PADI angeboten werden, teilnehmen. Solche Kurse können Ihnen dabei helfen, praktische Fähigkeiten zu entwickeln, deren Anwendung im Einklang mit den zerbrechlichen Unterwasserwelten steht.

4. Bedenken Sie Ihren Einfluss auf die Unterwasserwelt
Nur sehr wenige Meereslebewesen stellen eine Gefahr für uns dar. In der Tat scheinen einige Geschöpfe auf unsere Gegenwart eher freundlich und neugierig zu reagieren. Je wagemutiger und neugieriger wir selbst werden, um so mehr möchten wir bestimmte Meereslebewesen auch anfassen, mit ihnen spielen, sie füttern oder sogar auf ihnen reiten. Das bedeutet jedoch großen Stress für die Tiere: Ihr Fress- und Paarungsverhalten wird gestört, das Futter kann schädlich sein. Durch falsches menschliches Verhalten kann eine ansonsten friedliche Art plötzlich aggressiv werden. Gehen Sie also verantwortungsbewusst mit der Unterwasserwelt um.

5. Verstehen und respektieren Sie das Leben unter Wasser
Durch die Anpassung an ein Leben unter Wasser unterscheiden sich Meereslebewesen im Aussehen grundlegend von den uns bekannten auf dem Festland. Viele Geschöpfe sehen deshalb nur wie Pflanzen oder unbelebte Objekte aus. Wenn wir sie als Spielzeuge oder als Futter für andere Tiere missbrauchen, kann das ein örtlich begrenztes Ökosystem zerstören und andere Taucher um die Freude bringen, diese Lebewesen beobachten oder fotografieren zu können. Denken Sie doch einmal darüber nach, eine Kampagne der Project AWARE Foundation zu unterstützen oder an einem PADI Specialty Course des AWARE-Programms teilzunehmen, um mehr Verständnis für die Bedeutung und Abhängigkeitsbeziehungen der Ökosysteme der Weltmeere zu bekommen. Die Reichtümer sehr stark betauchter Plätze können innerhalb kürzester Zeit erschöpft sein. Das Sammeln von Korallen, Muscheln und anderen Arten kann diese Plätze um ihre Faszination und Schönheit bringen. Wenn Sie von Ihren Tauchgängen Andenken mitbringen wollen, die Sie Ihren Freunden und Ihrer Familie zeigen können, dann sollten Sie stattdessen Unterwasserfotografie in Erwägung ziehen.

6. Reisen Sie als Ökotourist
Gebiete wie Parks, Reservate und Schutzgebiete sind mit am besten geeignet, die Unterwasserwelt zu schützen. Unterstützen Sie die Schaffung solcher Gebiete, halten Sie sich an die örtlichen Gesetze und lernen Sie, jedwede Art von Meereslebensräumen wertzuschätzen – zum Beispiel Seegraswiesen, Mangroven und Schutzzonen. Auch das sind wichtige und interessante Lebensräume. Tauchen Sie nicht nur an Plätzen, die in Broschüren und Artikeln empfohlen werden. Wenn Sie Ihren Tauchurlaub planen, entscheiden Sie sich für einen Öko-Tauchanbieter, der mit Öko-Resorts und Öko-Reiseleitern zusammenarbeitet. Unterstützen Sie die Umweltkampagne der PADI Dive Centers und Resorts »Official Partner of Project AWARE«.

7. Respektieren Sie das Unterwasser-Kulturerbe
Taucher und Schnorchler haben das Privileg, zu Tauchplätzen zu gelangen, die Teil unseres Kulturerbes oder der Seefahrtgeschichte sind. Sie sollten dabei helfen, diese Plätze für künftige Generationen zu bewahren, indem Sie sich an die örtlichen Gesetze halten, verantwortungsvoll tauchen und die Wracks mit Respekt behandeln. Wracks sind ein wichtiger Lebensraum für Fische und andere Meereslebewesen.

8. Melden Sie die Störung und Zerstörung der Umwelt
Taucher und Schnorchler haben die einzigartige Möglichkeit, den Zustand örtlicher Wasserwege, Seen und Küstengebiete zu überwachen. Falls Sie einen ungewöhnlichen Rückgang von Meeresbewohnern oder übermäßig viele verletzte Lebewesen bemerken, wenn Sie merkwürdige Substanzen oder Gegenstände im Wasser sehen: Melden Sie das bitte umgehend den örtlichen Behörden oder anderen engagierten Organisationen vor Ort.

9. Seien Sie Vorbild
Als Taucher oder Schnorchler sehen Sie, dass eine über Bord geworfene Plastikverpackung oder anderer Müll nicht einfach verschwunden ist. Sie sehen hautnah die Folgen eines solchen Verhaltens. Verhalten Sie sich im Umgang mit der Natur vorbildlich: Andere Taucher und Nichttaucher werden Ihrem Beispiel folgen.

10. Engagieren Sie sich
Es gibt eine Vielzahl von Möglichkeiten, um sich selbst für eine sauberere Unterwasserwelt einzusetzen. Man kann dabei helfen Strände, aufzuräumen oder an Umfragen und öffentlichen Anhörungen teilnehmen, die sich mit Themen befassen, die örtliche Küstengebiete und Wasservorkommen betreffen. Besonders die Kenntnisse von Tauchern werden immer wieder von vielen Umweltorganisationen benötigt und hoch geschätzt.

Weitere Informationen unter:
www.projectaware.org

PADI
Checkliste für Tauchsicherheit

- Die Tauchtiefe sollte immer dem Trainingsstand, dem Ausbildungsniveau und der Erfahrung der Taucher angepasst sein.
- Unabhängig vom Ausbildungsniveau sollte eine Erhöhung der Tauchtiefe immer stufenweise geschehen.
- Zusätzliches Training und/oder Unterweisung sind immer notwendig, wenn man in einer neuen Tauchumgebung taucht.
- Vermeiden Sie zu viel Gewicht. Führen Sie mit neuer Ausrüstung immer einen Tariertest durch. Denken Sie daran, das Gewicht zu verringern, wenn Sie von Salz- nach Süßwasser wechseln.
- Stellen Sie sicher, dass alle Gewichte über einen Schnellabwurf-Mechanismus verfügen und dass alle Tauchpartner mit dessen Bedienung vertraut sind.
- Vor jedem Tauchgang sollten die Notfallprozeduren nochmals durchgegangen werden.
- Lassen Sie sich regelmäßig medizinisch untersuchen und halten Sie sich fürs Tauchen fit.
- Wenn sich die Wetterbedingungen an der Wasseroberfläche, die Strömungs- oder Sichtverhältnisse verschlechtern, sollte ein Tauchgang gegebenenfalls abgebrochen werden.
- Beachten Sie, wo vorhanden, die Angaben des Tidenkalenders und informieren Sie sich vor Ort über besondere Tauchbedingungen.
- Informieren Sie immer mindestens einen Nichttaucher darüber, wo und wie lange Sie tauchen wollen.

Weitere Informationen unter:
www.padi.com

Adressen

Internationale Organisationen und Verbände und deren europäische bzw. deutsche Vertretungen sowie europäische und deutsche Organisationen und Verbände

Allgemein

Professional Association of Dive Instructors (PADI)
www.padi.com

PADI Nord- und Südamerika: 30151 Tomas Street, Rancho Santa Margarita, CA 92688-2125, USA

PADI Europa: Oberwilerstr. 3, CH-8442 Hettlingen, Schweiz

National Association of Underwater Instructors (NAUI)
www.naui.org

Zentrale: P.O. Box 89789, Tampa, FL 22689-0413, USA

Europa: NAUI Services Europe, Bedrijvenweg 3a, NL-7442 CX Nijverdal, Niederlande

World Organisation of Scuba Diving (WOSD)
Postbus 171, NL-7940 AD Meppel, Niederlande
www.wosd.com

The National Association of Scuba Diving Schools (NASDS Germany)
Flachsmarkt 4, Postfach 10 10 05, D-45010 Essen, Deutschland
www.nasds.de

International Diving Educators Association (IDEA-Europe)
Via Semproniano 50, I-00148 Rom, Italien
www.idea-europa.com

Scuba School International (SSI)

Zentrale USA: SSI, 2619 Canton Court, Fort Collins, CO, 80525-4498, USA
www.ssiusa-com

Europa: SSI GmbH, European Service Center, Johann-Höllfritsch-Str. 47, D-90530 Wendelstein, Deutschland
www.ssieu.com, www.ssi-germany.de

Diving Instructor World Association (DIWA)

DIWA Hauptquartier International: P.O. Box 3500 - 5000 Liberia Gte., Costa Rica C.A.
www.diwa.org

DIWA Europe Büro: Rotenburgerstr. 26, D-34212 Melsungen, Deutschland
www.diwa-europa.de

The Professional Scuba Association International (PSAI)
PSAI Central Europe, Holger Stock, Platz der Vereinten Nationen 31, D-10249 Berlin, Deutschland
www.psai.de

Verband Europäischer Sporttaucher (VEST)
Hörner Esch 68, D-26215 Wiefelstede, Deutschland
www.vest-dive.de

Verband Internationaler Tauchschulen e.V. (VIT)
Obertattenbach 19, D-84364 Bad Birnbach, Deutschland
www.vit-2000.de

Verband Deutscher Sporttaucher e.V. (VDST e.V.)
Bundesgeschäftsstelle: Berliner Str. 312, D-63067 Offenbach, Deutschland
www.vdst.de (mit Liste der einzelnen Landestauchverbände Deutschlands)

Fachverband staatlich geprüfter Tauchsportlehrer e.V. (FST)
Geschäftsstelle: Manfred Perschbacher, Fahrstr. 3, D-64832 Babenhausen, Deutschland
www.fst-ev.com

Tauchsportverband Österreichs (TSVÖ)
Hüttergasse 25c, A-1140 Wien, Österreich
www.tsvoe.or.at

Confédération Mondiale des Activités Subaquatiques Schweiz (CMAS)
Casella postale 649, CH-6600 Muralto, Schweiz
www.cmas.ch

Tauchen für Behinderte

Internationale Association for Handicapped Divers (ADH)

International: IAHD, Hazelaarlaan 47, NL-1775 EE Middenmeer, Niederlande
www.iahd.org

Deutschland: IAHD Deutschland, Dirk Wondrak, Küstermannsweg 4, D-46535 Dinslaken, Deutschland
www.iadh.de

Handicapped Scuba Association (HSA)

HSA International: 1104 El Prado, San Clemente, CA 92672-4637, USA
www.hsascuba.com

HSA Deutschland c/o Tanja Bayer, Karl-Hermann-Flach-Str. 15b, D-61440 Oberursel, Deutschland
www.hsa-germany.de

Tauchaktivitäten

Technical Diving International (TDI)
18 Elm Street, Topsham, ME, 04086, USA
www.tdisdi.com

International Association of Nitrox and Technical Divers
5609 Power Road, Ottawa, Ontario,
K1G 3N4, Kanada
www.iantd.com

National Association For Cave Diving (NACD)
P.O. Box 14492, Gainesville, FL 32604, USA
www.safecavediving.com

International Association for the Development of Freediving (AIDA)
Rue du Petit-Beaulieu 4, CH-1004 Lausanne, Schweiz
www.aida-international.org

The Nautical Archaeology Society (NAS)
Fort Cumberland, Fort Cumberland Road,
GB-Portsmouth, PO4 9LD, Großbritannien
www.nasportsmouth.org.uk

Deutsche Gesellschaft zur Förderung der Unterwasserarchäologie e.V. (DEGUWA)
Hetzelsdorf 33, D-91362 Pretzfeld, Deutschland
www.deguwa.org

Naturschutz

Coral Cay Conservation
40–42 Osnaburgh Street, GB-London, NW1 3ND, Großbritannien
www.coralcay.org

Sea Shepherd Conservation Society
Sea Shepherd Europa: P.O. Box 92, NL-2170 AB Sassenheim, Niederlande
www.seashepherd.org

World Wildlife Fund

International: 1250 Twenty-Fourth Street, N.W. P.O. Box 97180, Washington, DC 20090-7180, USA
www.worldwildlife.org

WWF Deutschland: Rebstöcker Str. 55, D-60326 Frankfurt, Deutschland
www.wwf.de

Greenpeace e.V.
Große Elbstr. 39, D-22767 Hamburg, Deutschland
www.greenpeace.de

Naturschutzbund Deutschland (NABU)

Bundesgeschäftsstelle Bonn: Herbert-Rabius-Str. 26, D-53223 Bonn, Deutschland

Bundesgeschäftsstelle Berlin: Invalidenstr. 112, D-10115 Berlin, Deutschland
www.nabu.de

Gesellschaft zum Schutz der Meeressäugetiere e.V. (GSM)
Kieler Str. 2, D-25451 Quickborn, Deutschland
www.gsm-ev.de

Whale and Dolphin Conservation Society (WDCS)

International: Brooksfield House, 38 St Paul Street, GB-Chippenham, Wiltshire, SN15 1LJ, Großbritannien
www.wdcs.org

WDCS Deutschland: Altostr. 43, D-81245 München, Deutschland
www.wdcs-de.org

Gesellschaft zur Rettung der Delphine e.V. (GRD)
Kornwegerstr. 37, D-81375 München, Deutschland
www.delphinschutz.org

The Shark Trust
Shark Trust, 4 Creykes Court, 5 Craigie Drive, The Millfields, GB-Plymouth, Devon, PL1 3JB, Großbritannien

Sharkproject e.V. – Internationale Initiative zum Schutz und zur Erforschung der Haie e.V.
Frankfurter Str. 111 b, D-63067 Offenbach, Deutschland
www.sharkproject.com

Rettungsdienste

Divers Alert Network (DAN)

International: The Peter B. Bennett Center 6, West Colony Place, Durham, NC 27705, USA
www.diversalertnetwork.org

Europa Zentralverwaltung: Divers Alert Network (DAN) Europe Foundation, P.O. Box DAN, I-64064 Roseto (TE), Italien
www.daneurope.org

Deutschland: DAN Europe, Eichkoppelweg 70, D-24119 Kronshagen, Deutschland
www.daneurope.de

Deutsche Lebens-Rettungs-Gesellschaft e.V. (DLRG)
Bundesgeschäftsstelle, Im Niedernfeld 2, D-31542 Bad Nenndorf, Deutschland
www.dlrg.de

Gesellschaft für Tauch- und Überdruckmedizin (GTÜM e. V.)
Geschäftsstelle: BG-Unfallklinik Murnau, Professor-Küntscher-Str. 8, D-82418 Murnau am Staffelsee
www.gtuem.org (Notrufnummern und Kontaktadressen für Tauchunfälle)

Glossar

ABLASSVENTIL Einwegventil, um die Luftfüllung eines aufblasbaren Ausrüstungsteils herabzusetzen.

ABSORPTION Das Aufsaugen von Feuchtigkeit durch Kapillarkräfte.

ABSTIEG Bewegung von der Wasseroberfläche in die Tiefe.

ALTERNATIVE LUFTVERSORGUNG Eine zweite, unabhängige Luftquelle wie ein *Oktopus* oder eine separate *Flasche* mit *Atemregler*.

ANKERLEINE Ein Seil oder eine Kette zur Befestigung des Ankers am Schiff.

APNOETAUCHEN Eine Form des Tauchens, bei der der Taucher kein Atemgerät benutzt, sondern mit der Luft in seinen Lungen auskommen muss.

ARBEITSDRUCK Der normale *Druck*, für den die Ausrüstung konzipiert ist.

ARCHIPEL Eine Inselgruppe oder -kette.

ATEMREGLER Das Gerät, das den Taucher über eine zweistufige Reduktion des *Drucks* mit Luft aus der *Flasche* versorgt. Der Atemregler besteht aus der *ersten* und der *zweiten Stufe*.

ATMOSPHÄRISCHER DRUCK Der von den Gasen der Atmosphäre ausgeübte *Druck*. Auf Meereshöhe beträgt er etwa 1 bar.

ATOLL Kreisförmiges *Korallenriff*, das oft eine Lagune umschließt und auf einem Vulkankegel entstanden ist.

AUFSTIEG Rückkehr aus der Tiefe an die Wasseroberfläche. Dabei muss man vorsichtig sein, um eine *Dekoerkrankung* zu vermeiden.

AUFTRIEB Die auf ein untergetauchtes Objekt einwirkende aufwärtsgerichtete Kraft, die dem Gewicht des verdrängten Wassers entspricht.

BESCHLAGEN DER MASKE Fette auf den Maskengläsern begünstigen die Kondensation von Wasser und damit das Beschlagen.

BEZUGSLINIE Eine festgelegte Linie, die bei der Kartierung eines Gebiets hilft.

BLASENTEST Unter Wasser durchgeführte Sichtinspektion der Ausrüstung des Tauchpartners auf Undichtigkeiten.

BLEIGEWICHTE Das Blei wirkt dem *Auftrieb* des *Tauchanzugs* entgegen.

BLEISYSTEME Dienen der Befestigung der *Bleigewichte*.

BLINKLICHT Eine Lampe, die in kurzen Abständen aufblitzt.

BLOCKADESCHIFF Ein absichtlich in einer Hafeneinfahrt versenktes Schiff, das feindlichen Schiffen den Zugang versperren soll.

BOJENLEINE Eine von der Boje zu einem Wrack oder zum Grund verlaufende Leine, die Tauchern Ab- und Aufstieg sowie die Orientierung erleichtert.

BOYLE-MARIOTTE-GESETZ Das physikalische Gesetz besagt, dass bei konstanter Temperatur die Ausdehnung eines Gases umgekehrt proportional zum einwirkenden *Druck* ist.

BRACKWASSER Wasser, das einen geringeren Salzgehalt als Meerwasser und einen höheren als Süßwasser hat.

BRECHUNG Die Veränderung der Geschwindigkeit des Lichts (oder anderer Wellen) beim Übergang von einem Medium zum anderen (etwa vom Wasser in die Luft).

BREVET Zertifikat einer anerkannten Organisation, das den Ausbildungsgrad eines Tauchers bestätigt.

BUDDY Der Tauchpartner innerhalb eines Zweierteams.

BUDDYLEINE Eine Sicherungsleine, die die *Buddys* beieinanderhält.

DEHYDRATION Austrocknung des Körpers durch starken Wasserverlust.

DEKOERKRANKUNG Durch das Austreten von Stickstoffbläschen im Blut und in den Geweben des Tauchers ausgelöster Zustand.

DEKOKAMMER Eine Druckkammer zur Behandlung der *Dekoerkrankung*.

DEKOMPRESSION Kontrollierte Wiederanpassung an den *atmosphärischen Druck*.

DEKOMPRESSIONSPLAN Übersicht über die Zahl, die Tiefe und die Dauer der *Dekostopps* bei einem Tauchgang.

DEKOSTOPP Eine planmäßige Pause beim *Aufstieg* eines Tauchers, die die sichere Abgabe von Stickstoff ermöglicht.

DIN-ANSCHLUSS Ein Schraubanschluss, mit dem die *erste Stufe* eines Atemreglers an das *Flaschenventil* angeschlossen wird. Er erlaubt einen höheren Druck als der *INT-Anschluss*.

DIVEGUIDE Ein Angestellter einer *Tauchbasis*, der brevetierte Taucher an den besuchten *Tauchplätzen* führt.

DIVEMASTER Qualifikation eines Tauchers, der als *Diveguide* arbeiten kann.

DRIFTTAUCHGANG Ein Tauchgang, bei dem sich der Taucher von den vorherrschenden Strömungen treiben lässt.

D-RING Ein D-förmiger Ring aus Metall oder Kunststoff, mit dem Ausrüstungsteile am *Jacket* befestigt werden.

DRITTELREGEL Regel zur Lufteinteilung bei einem Tauchgang, besonders bei schwierigeren Unternehmungen unbedingt einzuhalten.

DROP-OFF Steil abfallender Untergrund wie etwa eine *Riffwand* oder Steilwand.

DRUCK Eine auf eine Oberfläche ausgeübte Kraft.

DRUCKAUSGLEICH Die Anpassung des Drucks in den Ohren und den Nebenhöhlen an den *Umgebungsdruck*.

DRUCKAUSGLEICHSMETHODEN Methoden, mit denen man den *Druck* im Ohr ausgleicht, etwa durch Zuhalten der Nase und Pressen von Luft durch die Eustachi-Röhren ins Innenohr.

DRUCKPRÜFUNG Methode, eine *Flasche* zu testen, bei der Wasser unter hohem Druck in die Flasche gepresst wird.

DÜNUNG Die Wellenbewegung des Wassers auf dem Meer.

EL NIÑO (spanisch Christkind) Eine Erwärmung des tropischen Ostpazifik, die im Abstand von einigen Jahren auftritt und das Klima in näherem und weiterem Umkreis beeinflusst. Das Phänomen wurde wiederholt zur Weihnachtszeit beobachtet, daher der Name, den peruanische Fischer prägten.

ERG Isolierter Korallenblock auf dem Meeresgrund.

ERSTE STUFE Wichtiger Teil des *Atemreglers*, der den *Druck* der Luft in der *Flasche* auf 8–10 bar über den *Umgebungsdruck* erhöht und die Luft an die *zweite Stufe* weitergibt. Die erste Stufe liefert auch dem *Jacket* und dem *Finimeter* Luft, das den Restinhalt der *Flasche* anzeigt.

FARBMARKIERUNG Fluoreszierende Farbe, mit der ein Taucher im Notfall ein Flugzeug auf sich aufmerksam machen kann.

FILTRIERER Ein Tier, das zu seiner Ernährung winzige Lebewesen und Teilchen aus dem Wasser filtert.

FINIMETER Ein Instrument, an dem man die Restluftmenge in seiner *Flasche* ablesen kann.

FLASCHE Ein aus Stahl oder Aluminium bestehender Druckluftbehälter.

FLASCHENVENTIL Das Ventil der *Flasche*, an dem die *erste Stufe* sitzt.

FLOSSENSCHWIMMEN Einen regelmäßigen Beinschlag mit Flossen ausüben, um vorwärts zu kommen.

FREIER ABSTIEG Ein *Abstieg*, der ohne Leine oder einen anderen Bezugspunkt vorgenommen wird.

FUSSTEIL Den Fuß umgebender Teil der Flosse.

GASENTSÄTTIGUNG Die langsame Abgabe von Gasen (besonders Stickstoff), die sich während eines Tauchgangs im Körper des Tauchers konzentriert haben, während der Abnahme des *Umgebungsdrucks* beim *Aufstieg* und an der Wasseroberfläche.

GEMÄSSIGTE GEWÄSSER Meere mittlerer Temperatur zwischen *tropischen* und *Polarmeeren*, meistens 10–20 °C warm.

GESAMTDRUCK Der gesamte auf einen Körper einwirkende *Druck*, der der Summe des *atmosphärischen* und des *Wasserdrucks* entspricht.

GESAMTTAUCHZEIT Die Dauer eines Tauchgangs vom Verlassen der Wasseroberfläche bis zur Rückkehr.

GESCHLOSSENE UMGEBUNG Tauchumgebung, bei der der direkte Zugang zur Wasseroberfläche begrenzt ist, etwa beim Höhlen- oder Eistauchen.

GESCHÜTZTES GEWÄSSER Ein flacher Wasserkörper, der vor Strömungs- und Wettereinfluss geschützt und daher zum Training ideal geeignet ist.

GEZEITEN Das zyklische Ansteigen und Sinken des Wasserstands, ausgelöst durch die Gravitation von Mond und Sonne.

GEZEITENSTRÖMUNG Eine von den Auswirkungen der Gezeiten hervorgerufene Strömung.

GPS (GLOBAL POSITIONING SYSTEM) Ein Navigationssystem, das Satellitensignale benutzt, um den exakten Längen- und Breitengrad einer Position anzugeben.

HALBTROCKENER TAUCHANZUG Ein dicker *Tauchanzug*, ähnlich einem *Nasstauchanzug*, für den Einsatz in kälteren Gewässern.

HELIOX Eine Mischung aus Helium und Sauerstoff, die beim Technischen Tauchen eingesetzt wird.

HYPERVENTILATION Beschleunigung oder Vertiefung der Atmung, die eine Verminderung des Kohlendioxidgehalts im Blut zur Folge hat.

HYPOXIE Zustand, der durch Sauerstoffmangel im menschlichen Körper hervorgerufen wird.

INFLATORVENTIL Ein manuell zu betätigendes Ventil, mit dem Luft in das *Jacket* oder den *Trockentauchanzug* gelassen wird.

INT-ANSCHLUSS Die *erste Stufe* wird mit einer jochähnlichen Halterung am *Flaschenventil* befestigt.

JACKET Das Jacket dient der *Tarierung*, indem Luft hineingegeben oder abgelassen wird.

KELPWALD Ein marines *Ökosystem*, das durch dichte Braunalgenbestände (Kelp) gebildet wird.

KONSOLE Ein Gehäuse, das ein *Finimeter*, einen *Tiefenmesser* und manchmal auch einen Kompass oder einen *Tauchcomputer* enthält.

KORALLENBLOCK Vorsprünge in einem *Korallenriff*, die von lebenden Korallen gebildet werden.

KORALLENINSEL Teil eines *Korallenriffs*, der sich ständig über dem Wasserspiegel befindet. Seine erodierte Oberfläche besteht aus weißem Kalkgestein und Sand. Koralleninseln können sich in Ketten an einem Riff entlangziehen.

KORALLENRIFF Massive, felsenähnliche Formation, die durch das Wachstum unzähliger Generationen von Korallenpolypen entstanden ist.

KREISLAUFGERÄT Siehe *Rebreather*.

KÜNSTLICHES RIFF *Wrack* oder von Menschen absichtlich im Meer versenktes Objekt, das zum Ansiedlungsort für Korallen und Tauchplatz geworden ist.

LIVEABOARD Kreuzschiff, das zur Durchführung eines mehrtägigen Tauchtrips geeignet ist, ohne zwischendurch in den Hafen zurückkehren zu müssen.

LOGBUCH Die detaillierten Aufzeichnungen der Tauchgänge, die ein Taucher unternommen hat.

LÜNETTE Ein drehbarer, mit Marken versehener äußerer Ring um das Zifferblatt einer Uhr oder eines Kompasses, mit dem man bestimmte Werte markieren kann.

LUFTVERBRAUCH Die Luftmenge, die von einem Taucher während eines Tauchgangs veratmet wird.

MANGROVE Gruppe von Bäumen mit Luftwurzeln, die an den Küsten tropischer Brackgewässer und Meere dichte Bestände bilden.

MASKENUNTERDRUCK Durch den steigenden *Druck* des Wassers hervorgerufener Effekt, durch den bei mangelndem Druckausgleich in der Maske Unterdruck entsteht, der zu geplatzten Äderchen im Augenbereich führen kann.

NAHRUNGSKETTE Reihenfolge von Organismen, die jeweils dem nächsten Organismus in der Kette als Nahrung dienen.

NASSTAUCHANZUG Ein aus *Neopren* bestehender *Tauchanzug*, der zur Isolation eine dünne Wasserschicht über der Haut einschließt.

NAVIGATIONSLEINE Unter Wasser befestigte Leine an einem *Reel*, die besonders bei schlechter Sicht als Navigationshilfe dient.

NEOPREN Synthetisches, gummiähnliches Material mit guter Isolationswirkung, aus dem *Tauchanzüge* hergestellt werden.

NIPPTIDE Der Abschnitt im monatlichen Gezeitenzyklus, in dem Sonne und Mond ihre Gravitation gegenseitig schwächen, sodass die Fluten mit dem niedrigsten und die Ebben mit dem höchsten Wasserstand auftreten.

NITROX Jedes als Atemgas geeignete Gemisch aus Sauerstoff und Stickstoff, normalerweise jedoch mit erhöhtem Sauerstoffanteil.

NOTRUFSENDER Ein Sender, der auf einer internationalen Notruffrequenz funkt, sodass ein in Not geratener Taucher gefunden werden kann.

OFFENES WASSER Ein Wasserkörper, der nicht vor Strömungs- und Wettereinflüssen geschützt ist.

ÖKOSYSTEM Interaktion eines Lebensraums und der in ihm lebenden Organismen.

OKTOPUS Eine unabhängige *zweite Stufe*, die als Ersatz für die hauptsächlich genutzte und zur Versorgung eines anderen Tauchers dienen kann.

O-RING Ringförmige Dichtung zwischen zwei unter Druck stehenden Ausrüstungsteilen, beispielsweise an der Verbindung zwischen *erster Stufe* und *Flaschenventil*.

PARALLELSTRÖMUNG Parallel zur Küste verlaufende Strömung.

PARTIALDRUCK Der *Druck* eines einzelnen Gases in einer Gasmischung, wenn man ihn unabhängig von den anderen Gasen betrachtet (der Gesamtdruck der Gasmischung entspricht der Summe der *Partialdrücke* ihrer Bestandteile).

PELAGISCHE TIERE Tiere, die im offenen Meer und nicht im Küstenbereich leben.

PERMANENTSTRÖMUNG Eine ständig gleich ausgerichtete Strömung, die vom Wetter, dem Meer und den Klimabedingungen abhängt.

PLANKTON Kleine, von der Strömung abhängige Organismen, die in vielen Gewässern die Basis der *Nahrungskette* bilden.

POLARMEERE Die kalten Meere an den Polen der Erde mit Temperaturen von –1,8 bis –10 °C.

PONYFLASCHE Eine kleine *Flasche* mit eigenem *Atemregler* für den Notfall, falls der Hauptatemregler ausfällt.

PRÜFDATUM Das Datum, an dem eine *Flasche* zum letzten Mal einer *Druckprüfung* unterzogen worden ist.

QUERSTRÖMUNG Eine schnelle, rechtwinklig zur Küste verlaufende Strömung, die von den Wellen erzeugt wird.

REBREATHER Ein Atemgerät, das der ausgeatmeteten Luft Kohlendioxid entnimmt und Sauerstoff zusetzt, sodass sie wieder veratmet werden kann.

REEL Eine Spule, auf die eine Leine aufgewickelt werden kann.

RIFFWAND Eine senkrechte Korallenformation, die oft bis in große Tiefen abfällt.

SALZKONZENTRATION Der Salzgehalt pro Wassermenge.

SAUERSTOFFMANGEL Der Zustand der Unterversorgung des Körpers mit Sauerstoff.

SAUERSTOFFVERGIFTUNG Akute Fehlfunktion des Nervensystems durch Einatmen von Sauerstoff bei erhöhtem Druck, die zu Krämpfen und Bewusstlosigkeit führen kann.

SCHLAUCHBOOT Boot, dessen oberer Rand von einem aufblasbaren Ring gebildet wird.

SCHNORCHELANZUG Ein dünner, meist aus Lycra bestehender Anzug zum Schnorcheln und Tauchen in tropischen Gewässern.

SCHNORCHELN Schwimmen mit untergetauchtem Gesicht, wobei durch ein gekrümmtes Rohr (Schnorchel) geatmet wird.

SCHREIBTAFEL Kunststofftafel, auf der man unter Wasser Notizen machen kann.

SCHUTZGEBIET Gebiet auf dem Meer oder an der Küste, das staatlich geschützt ist.

SCOOTER Ein Fortbewegungsmittel, auf dem der Taucher sitzen oder von dem er sich ziehen lassen kann, um weitläufige *Tauchplätze* zu erkunden.

SCUBA Englisches Akronym für Self-Contained Underwater Breathing Apparatus (deutsch, In sich geschlossenes Unterwasser-Atemgerät) und ein Synonym für Drucklufttauchgeräte.

SEDIMENTTRÜBUNG Schnelle Verschlechterung der Sicht unter Wasser durch das Aufwirbeln von feinem Sediment.

SICHERHEITSSTOPP Eine zur Vermeidung einer *Dekoerkrankung* vorsichtshalber durchgeführte Pause beim *Aufstieg*.

SIGNALBOJE Boje, die kurz vor dem Auftauchen aufgeblasen wird, um anzuzeigen, wo der Taucher an die Wasseroberfläche kommen wird.

SPORTTAUCHEN Das Sporttauchen ist auf bestimmte Tiefen und Umgebungen beschränkt, wie sie von den verschiedenen Organisationen definiert werden.

SPRINGTIDE Der Abschnitt im monatlichen Gezeitenzyklus, bei der die Gravitation von Sonne und Mond zusammenwirken, sodass die höchsten Fluten und niedrigsten Ebben enstehen.

SPRUNGSCHICHT Schicht in einer *Wassersäule*, in der die Wassertemperatur pro Meter Wassertiefe stärker absinkt als gewöhnlich. Meistens befindet sie sich zwischen dem warmen Oberflächen- und dem kalten Tiefenwasser.

STICKSTOFFNARKOSE Die durch das Atmen von Stickstoff eines erhöhten *Partialdrucks* auftretende Vergiftung (etwa bei sehr tiefen Tauchgängen). Typische Erscheinungen sind Beeinträchtigungen der motorischen Fähigkeiten und der Sinneswahrnehmung, vermindertes Urteilsvermögen, Euphorie oder Panik.

STILLWASSER Die Periode geringer Wasserbewegung zwischen Ebbe und Flut.

SUBTROPISCHE GEWÄSSER Warme Meere in dem nicht genau definierten Bereich zwischen *gemäßigten* und *tropischen* Klimabedingungen.

TANK siehe *Flasche.*

TARIERUNG Veränderung des *Auftriebs* durch Ausrüstungsteile wie das *Jacket* und durch kontrollierte Atmung.

TAUCHANZUG Von einem Taucher getragener Anzug, der den Verlust von Körperwärme begrenzen soll. Siehe *Nass-*, *Halbtrocken-* und *Trockentauchanzüge.*

TAUCHBASIS Kommerzielle Tauchschule mit Ausrüstungsverleih und dem Angebot, organisierte Tauchgänge durchzuführen.

TAUCHCOMPUTER Ein Gerät, das dem Taucher Informationen zur Tauchzeit und -tiefe, Nullzeit und Aufstiegsgeschwindigkeit liefert.

TAUCHERBOJE Eine von einem Taucher ständig hinterhergezogene aufblasbare Boje, an der seine Position zu erkennen ist.

TAUCHERLUNGE Das erste Gerät zum Atmen von Druckluft unter Wasser, das einen zweistufigen *Atemregler* enthielt, wie es von Emile Gagnan und Jacques Cousteau entworfen wurde.

TAUCHGLOCKE Druckluftgefüllte, wasserdichte Glocke zur Durchführung von Arbeiten unter Wasser.

TAUCHPLAN Der Plan eines bestimmten Tauchgangs, einschließlich Tiefe, Dauer, vereinbarter Ziele, Einstiegs- und Ausstiegspunkte, Signale und Vereinbarungen für unvorhergesehene Fälle.

TAUCHPLATZ Der Ort, an dem ein Tauchgang durchgeführt wird.

TAUCHSCHULE Ort, an dem Taucher ausgebildet werden (meistens auf kommerzieller Basis).

TAUCHVEREIN Eine Organisation, die Unterricht, Training und Veranstaltungen (meist auf nichtkommerzieller Basis) anbietet.

TECHNISCHES TAUCHEN Tauchen unter Einsatz spezieller Gasgemische wie *Trimix* und *Heliox*, mit denen Tauchgänge jenseits der Grenzen des *Sporttauchens* durchgeführt werden können.

TIEFENMESSER Ein analoges oder digitales Gerät, das den *Umgebungsdruck* misst und an dem man die jeweilige Tiefe ablesen kann.

TOPOGRAFIE Die Gestalt einer Landschaft oder des Meeresgrunds.

TRIMIX Eine Mischung aus Sauerstoff, Helium und Stickstoff, die beim *Technischen Tauchen* eingesetzt wird.

TROCKENTAUCHANZUG Ein für den Einsatz in sehr kaltem Wasser konzipierter *Tauchanzug*, in dem eine eingeschlossene Luftschicht als isolierendes Medium dient.

TROPISCHE GEWÄSSER Die zwischen den 20-°C-Isothermen befindlichen Gewässer, die einen Gürtel warmen äquatorialen Wassers bilden.

ÜBERHANG Ein Vorsprung an der Wand einer Klippe oder eines Riffs.

UMGEBUNGSDRUCK Der gesamte Druck, der in einer bestimmten Tiefe auf einen Körper ausgeübt wird. Siehe auch *Gesamtdruck*.

VENTIL Siehe *zweite Stufe*.

WASSERDRUCK Der Druck des umgebenden Wassers ohne Berücksichtigung des *atmosphärischen Drucks*.

WASSERSÄULE Das Wasser zwischen der Oberfläche und dem Grund eines Gewässers.

WASSERVERDRÄNGUNG Die Verdrängung des Wassers durch ein Objekt, das ins Wasser eingetaucht wird.

WASSERWIDERSTAND Der Reibungswiderstand eines sich durch das Wasser bewegenden Objekts.

WELTKULTURERBE Kultur- und Naturdenkmäler, deren Schutz von den Vereinten Nationen bzw. der UNESCO fachlich und materiell unterstützt wird.

WRACK Reste von Schiffen, Flugzeugen oder anderen Fahrzeugen, die man auf dem Meeresboden findet.

ZWEITE STUFE Der Teil des *Atemreglers*, der den *Druck* des Atemgases auf den aktuellen *Umgebungsdruck* herabsetzt.

REGISTER

A

B

C

D

T

U

V

W

XYZ

DANK

Dank der Autoren

Monty Halls (www.montyhalls.co.uk) dankt: Oceanic, Gates Housings, Fourth Element, Ed Poore von Poseidon Diving, dem Hilton Hotel in Dahab, Dave Moore – dem besten Taucher der Welt – und ganz besonders Dr. Antje Steinfurth.

Miranda Krestovnikoff dankt: Bristol University Sub Aqua Club für die Einführung in die Welt des Tauchens und Damian Wozniak und Tim Walsh für die hervorragende Ausbildung und Inspiration; dem DIVER Magazin für die Möglichkeit, exotische Tauchziele zu besuchen und darüber schreiben zu können; Dave Shaw, Dive Services UK, Phil Bullen und Richard Bull für ihre aufmerksame und unfehlbare Unterstützung beim Tauchen. Monty und ich danken Dan Burton für seine spektakulären Fotos für dieses Buch und für den ersten Kontakt zu DK, der all dies erst ermöglicht hat. Wir danken auch den Redakteuren für die Zusammenarbeit und die Umwandlung unserer abstrakten Notizen in diesen Tauchführer. Vor allem aber möchte ich Nicholas danken, meinem Mann, der mich mit unendlicher Geduld bei der Arbeit an diesem Buch unterstützt hat, und auch für meine kleine Tochter Amélie, die mit ihrem Auftritt gewartet hat, bis alle Termine gehalten waren!

Dank des Verlags

Dorling Kindersley und cobalt id danken den folgenden Personen für ihre unschätzbare Unterstützung: Dr. Kim Bryan, Christine Heilman und Letitia Luff für die redaktionelle Hilfe; Hilary Bird für das Register und Stephen Dye für den technischen Rat. Besonderer Dank gilt Poseidon Divers (www.poseidondivers.com) für die großzügige Bereitstellung von Equipment und die Beratung während der Fotoaufnahmen in Dahab, sowie für die Hilfe von Mark Rogers, Katie Rogers und Sophia Crook, die sich als Models zur Verfügung stellten; Dan Burton für die technische Beratung während der Produktion dieses Buches. Vielen Dank auch an John Womack von Otter Watersports (www.drysuits.co.uk) für die Bereitstellung seiner Produkte und seines Grundstücks für die Aufnahmen; Vicky Boateng und Catwalk Model Management; Coral Cay für die Bilder von ihren Umweltschutzprojekten; und Fraser Bathgate für die Beratung und Abbildungen zu Ausbildungstechniken.

Darüber hinaus möchten wir den folgenden Herstellern danken, die freundlicherweise ihre Bilder und Produkte zur Verfügung gestellt haben: Mares, Tabata USA (TUSA), Aqua Lung, Apeks Marine Equipment, AP Valves, Delta P Technology, Seemann, Diving Unlimited International Inc., Bob Evans Designs Inc., Mazin Submersible Technology Inc., SpecialFins Ltd, Northern Diver, Inon Inc., Sea & Sea, Canon Inc., Pentax, DZ Active Systems, HydroOptix LLC, Ocean Reef, Nikon Corporation, McMahon Precision Engineering Ltd, Ambient Pressure Diving Ltd, Bright Weights, Fujifilm, Ikelite, and Underwater Kinetics. Jetboots™ sind ein Produkt von Mazin Submersible Technology, Inc. (www.jetboots.com). Force Fins sind ein Produkt von Bob Evans Designs Inc. (www.forcefin.com).

Bildnachweis

Der Verlag dankt folgenden Personen für die Bereitstellung und Genehmigung zur Verwendung ihrer Bilder:

Schlüssel: o = oben; u = unten; l = links; r = rechts; m = Mitte; k = Kopfzeile; a = außen

4 Dan Burton; **6–7** Kevin Davidson; **8–9o** Kevin Davidson; **8mr** Dorling Kindersley/Dave King mit freundl. Genehmigung durch das North Wind Undersea Institute, New York; **9ml** iStockphoto/Andy Lim; **9mr** iStockphoto/Ian Scott; **10–19k** Dan Burton; **10ul** Linda Pitkin; **10m** Alamy/POPPERFOTO; **11u** Ross Armstrong; **11or** Dan Burton; **12–13u** Tony White; **13ur** Ross Armstrong; **13ol** Dan Burton; **14** Dan Burton; **15ol** Linda Pitkin; **15or** Dan Burton; **16u** Dan Burton; **16ol** Dan Burton; **16or** Kevin Davidson; **18** Linda Pitkin; **19u** Kevin Davidson; **19ol** Kevin Davidson; **19or** Linda Pitkin; **20–21** Getty/Hulton Archive/Fox Photos; **22–29k** Dorling Kindersley/Dave King mit freundl. Genehmigung durch das North Wind Undersea Institute, New York; **22ml** Mary Evans Picture Library; **23m** Alamy/POPPERFOTO; **23or** Mary Evans Picture Library; **24m** Mary Evans Picture Library; **24or** Mary Evans Picture Library; **25m** Corbis/Bettmann; **26m** Dorling Kindersley/Alex Wilson mit freundl. Genehmigung durch das Charlestown Shipwreck and Heritage Centre, Cornwall; **26ol** Mary Evans Picture Library/Dr David Lewis Hodgson; **27o** Corbis/Bettmann; **28m** Kevin Davidson; **29or** Dan Burton; **30–31** Dan Burton; **33or** Dorling Kindersley/John Davis; **34–35u** Dan Burton; **34m** Kevin Davidson; **35or** Kevin Davidson; **38–39u** Dan Burton; **38om** Fraser Bathgate; **39ur** Alamy/David Fleetham; **40–41** Dan Burton; **45o** Dan Burton; **46–47u** Kevin Davidson; **47u** Mares; **47m1** Mares; **47m2** Northern Diver; **47m3** Ocean Reef; **47m4** Ocean Reef; **47u1** Mares; **47u2** Mares; **48mr1** Tabata USA (TUSA); **48mr2** Aqua Lung; **49m1** Mares; **49m2** Tabata USA (TUSA); **49m3** Tabata USA (TUSA); **49o1** Aqua Lung; **49o2** Bob Evans Designs Inc. (Force Fin); **51ul1** Tabata USA (TUSA); **51ul2** Tabata USA (TUSA); **52um1** Mares; **52um2** Mares; **52o** Dan Burton; **54ur** Diving Unlimited International Ltd; **54or** Nataliya Chervyakova; **55mr2** Mares; **56u** Dan Burton; **58m** Kevin Davidson; **58u** Kevin Davidson; **59l1** AP Valves; **59l2** Mares; **59l3** Mares; **59l4** Tabata USA (TUSA); **59l5** Aqua Lung; **59r1** AP Valves; **59r2** Mares; **59r3** Apeks Marine Equipment; **59r4** Tabata USA (TUSA); **59r5** Aqua Lung; **60u** Kevin Davidson; **61ur** Aqua Lung; **63ur** Kevin Davidson; **63or1** Tabata USA (TUSA); **63or2** Aqua Lung; **63or3** Mares; **63or4** Apeks Marine Equipment; **63or5** Aqua Lung; **64um** Mares; **64ul** Mares; **65u** Corbis/Todd Gipstein; **65or1** Apeks Marine Equipment; **65or2** Mares; **65or3** Apeks Marine Equipment; **65or4** Mares; **66u2** Mares; **66u3** Tabata USA (TUSA); **67ml** Mares; **68m** Dan Burton; **69u** Kevin Davidson; **70ur1** Seemann; **70ur2** Mares; **70mr1** Mares; **71ul** Bright Weights; **72or3** Kevin Davidson; **74u** Alamy/GUILLEN PHOTOGRAPHY; **75ul1** AP Valves; **75ul2** AP Valves; **75ul3** AP Valves; **75o** Dorling Kindersley/Demetrio Carrasco/Rough Guides; **76m** Dan Burton; **77u** Dan Burton; **77ml1** Aqua Lung; **77ml2** AP Valves; **79ur1** Mares; **79ur2** Mares; **79ur5** Apeks Marine Equipment; **79mr** Alamy/Jack Sullivan; **80u** Dan Burton; **81ur** Mares; **81m** Alamy/GUILLEN PHOTOGRAPHY; **82ul** Alamy/Stephen Frink Collection; **82m** Hydro-Optix LLC; **82or** Ocean Reef; **83ul** Dan Burton; **90-91** Dan Burton; **92–103k** iStockphoto/Dennis Sabo; **92um** Alamy/Chris A Crumley; **95um** Kevin Davidson; **97mr** Kevin Davidson; **98mr** iStockphoto/Daniel Gustavsson; **99m** Kevin Davidson; **100om** iStockphoto/Dennis Sabo; **101om** Kevin Davidson; **102om** iStockphoto/Kevin Bergen; **103um** Kevin Davidson; **109ur** iStockphoto/Joe Gough; **109or** Alamy/Nick Hanna; **113ul** Dorling Kindersley/Brian Pitkin; **117ur** Mares; **122ul** Kevin Davidson; **125om** Linda Pitkin; **129ol** Dan Burton; **132or** Dan Burton; **135om** Paul Reid; **136um** Kevin

Davidson; **137om** Kevin Davidson; **141or** Dan Burton; **152-153m** Kevin Davidson; **152or** Dorling Kindersley/John Davis; **153ol** Dorling Kindersley/John Davis; **153or** Dorling Kindersley/John Davis; **154mr** Dorling Kindersley/Sian Irvine; **154om** Dorling Kindersley/Andrew Whittuck; **156-157** Dan Burton; **159ml** Nataliya Chervyakova; **160u** Ross Armstrong; **160om** Marek Walisiewicz; **161ur** Nataliya Chervyakova; **161ol** Poseidon Divers; **162m** Marek Walisiewicz; **163o** Dan Burton; **164ul** Dan Burton; **165ol** Dan Burton; **166ul** Kevin Davidson; **166om** Kevin Davidson; **167** Linda Pitkin; **168o** Kevin Davidson; **169u** Dan Burton; **169or** Dan Burton; **170u** Alamy/Stephen Frink Collection; **171ur** iStockphoto/Lara Seregni; **171ol** Alamy/POPPERFOTO; **172om** Coral Cay Conservation; **173u** Kevin Davidson; **173or** Coral Cay Conservation; **174u** Coral Cay Conservation; **175ur** Alamy/Sarkis Images; **175o** Dan Burton; **176ul** Ross Armstrong; **176or** Tony White; **177u** Dan Burton; **177or** Kevin Davidson; **178um** Pentax; **178ul** Nikon Corporation; **178ur** Fujifilm; **178or** iStockphoto/Dennis Sabo; **179m** Inon Inc.; **179ml** Pentax; **179mr** Inon Inc.; **179o** Sea & Sea; **180ul** Canon Inc.; **180ur** Canon Inc.; **180om** Alamy/Roger Munns; **181u** Dan Burton; **181om** Sea & Sea; **181ol** Sea & Sea; **181or** Sea & Sea; **182u** Kevin Davidson; **182om** Kevin Davidson; **184ul** Sea & Sea/Underwater Kinetics; **184or** iStockphoto/Rob New; **185o** Dan Burton; **186ul** Dan Burton; **186mr** Tabata USA (TUSA); **187o** Ross Armstrong; **188ul** Dan Burton; **188m** Mares; **189m** Dan Burton; **189o** Dan Burton; **190ul** Dan Burton; **190m** Mares; **190mr** SpecialFins Ltd; **191ur2** Dorling Kindersley/Michael Moran; **191** Dan Burton; **192-193u** Dan Burton; **192ul** Alamy/Hugh Sitton Photography; **193ol** Dan Burton; **194ul** Dan Burton; **195ur** Dan Burton; **195o** Dan Burton; **196-197u** Dan Burton; **196ul** Alamy/Henry Owen; **197ol** Dan Burton; **197or** Corbis/The Cover Story; **198-199** Dan Burton; **200–233k** iStockphoto/Johnny Lye; **200om** Tony White; **201u** Kevin Davidson; **201or** Kevin Davidson; **202ul** iStockphoto/Dan Schmitt; **202or** iStockphoto/Steven Tulissi; **203u** Linda Pitkin; **203or** Kevin Davidson; **204mr** Alamy/STOCK IMAGE/PIXLAND; **205** Linda Pitkin; **206u** Dorling Kindersley/Demetrio Carrasco; **206or** Alamy/GUILLEN PHOTOGRAPHY; **207um** Alamy/Reinhard Dirscherl; **208-209u** Dan Burton; **209ur** Dorling Kindersley/Kim Taylor und Jane Burton; **209or** iStockphoto/Sue Loader; **210u** Ross Armstrong; **210or** Alamy/Robert E. Barber; **211** Linda Pitkin; **212-213u** iStockphoto/Vera Bogaerts; **212ul** Dorling Kindersley/Harry Taylor; **212or** iStockphoto/Sandra Minarik; **213or** Nataliya Chervyakova; **214-215u** Linda Pitkin; **214ml** Alamy/Michael Patrick O'Neill; **215or** Tony White; **216ul** iStockphoto/George Hoeylaerts; **216m** Dorling Kindersley/Jerry Young; **216or** iStockphoto/Vera Bogaerts; **217** Alamy/Visual & Written SL; **218u** Dorling Kindersley/Ken Findlay; **219ur** Dorling Kindersley/Frank Greenaway; **219o** Alamy/George McCallum Photography; **220-221om** Tony White; **220ul** Kevin Davidson; **221ur2** Dorling Kindersley/Frank Greenaway; **222-223u** Kevin Davidson; **223or** Kevin Davidson; **224u** Kevin Davidson; **224m** iStockphoto/Steffen Foerster; **225o** Kevin Davidson; **226ul** Alamy/Reinhard Dirscherl; **226or** Tony White; **227** Kevin Davidson; **228ul** Linda Pitkin; **228mr** Tony White; **229um** Kevin Davidson; **230ul** Tony White; **230or** iStockphoto/Simon Edwin; **231** Kevin Davidson; **232-233u** Ross Armstrong; **232om** Tony White; **233ur** Linda Pitkin; **234-235** Linda Pitkin; **236–327k** Dan Burton; **236-237u** Dan Burton; **236mr** Nataliya Chervyakova; **237or** Dan Burton; **238ul** Mares; **238o** Dan Burton; **239u** iStockphoto/Lisa Kyle Young; **239or** Dan Burton; **240u** Dorling Kindersley/Frits Solvang; **240or** Dorling Kindersley/Francesca Yorke; **241** Dan Burton; **242u** Dan Burton; **243um** Alamy/Wolfgang Pölzer; **243mr** Dorling Kindersley/Ian Aitken/Rough Guides; **244mr** Alamy/Reinhard Dirscherl; **245u** iStockphoto/Dan Schmitt; **246um** Alamy/Worldwide Picture Library; **247or** Dan Burton; **248ul** Alamy/Worldwide Picture Library; **249um** Dan Burton; **249or** Corbis/Bettmann; **250ul** Dorling Kindersley/Frank Greenaway; **250m** Alamy/Trevor Smithers ARPS; **251u** Alamy/David Lyons; **252mr** Dan Burton; **253u** Dorling Kindersley/Linda Whitwam; **254u** iStockphoto/Nancy Barr-Raper; **255mr** Nataliya Chervyakova; **256ul** Dan Burton; **256m** Linda Pitkin; **257** Linda Pitkin; **258m** Tony White; **259u** Dan Burton; **260u** Dan Burton; **260m** Alamy/Peter Pinnock; **261m** Tony White; **262–263u** Dan Burton; **263or** Dan Burton; **264u** Linda Pitkin; **265m** Alamy/Jon Arnold Images; **266m** Dan Burton; **267u** Dan Burton; **268or** Dan Burton; **269um** Dan Burton; **270ul** Dan Burton; **271um** iStockphoto/Chartchai Meesangnin; **271or** Ross Armstrong; **272-273m** Dan Burton; **273or** Dan Burton; **274or** Alamy/Reinhard Dirscherl; **275um** Dan Burton; **276ur** Linda Pitkin; **276m** Ikelite; **277um** Tony White; **278ul** Linda Pitkin; **279um** Ross Armstrong; **280ul** iStockphoto/Erik de Graaf; **281ur** Kevin Davidson; **281om** Alamy/F. Jack Jackson; **282ul** Dan Burton; **282om** Glen Edney; **284ul** Dan Burton; **285um** Alamy/Iconsinternational.Com; **285ol** Dorling Kindersley/Alan Williams; **286um** Dan Burton; **287or** Dan Burton; **288um** Tony White; **289um** Andy Salmon; **290um** Dan Burton; **291ur** Glen Edney; **291om** Glen Edney; **292or** Corbis/Greenpeace/Sygma; **293ur** Dan Burton; **294-295m** Dan Burton; **294ul** Dan Burton; **295or** Kevin Davidson; **296ur** Dan Burton; **297** Kevin Davidson; **298ul** Dan Burton; **299um** Corbis/Claude Rives/Mer Images; **299ur** Alamy/POPPERFOTO; **300u** Alamy/Chad Ehlers; **301ur** Dan Burton; **302ul** Dan Burton; **303** Dan Burton; **304um** Alamy/Stephen Frink Collection; **304mr** Alamy/David Fleetham; **305u** Tony White; **306u** Alamy/Chris A. Crumley; **306m** Linda Pitkin; **307** Linda Pitkin; **308m** Dan Burton; **309u** Dan Burton; **309mr** iStockphoto/Wayne Johnson; **310m** Alamy/Stephen Frink Collection; **311u** Linda Pitkin; **312u** Dan Burton; **313um** Alamy/ImageState; **313mr** Alamy/OceanPix.com; **314ul** Linda Pitkin; **315m** Alamy/Gavin Newman; **316–317u** Alamy/Brandon Cole Marine Photography; **317mr** Alamy/Brandon Cole Marine Photography; **318u** Alamy/Andre Seale; **319m** Ambient Pressure Diving Ltd; **319mr** Alamy/Jeff Rotman; **320u** Alamy/Wolfgang Pölzer; **321u** Dorling Kindersley/Rob Reichenfeld; **322um** iStockphoto/William Smith; **322mr** Linda Pitkin; **323u** Tony White; **324u** Alamy/Visions of America, LLC; **325ur** Alamy/Wolfgang Pölzer; **326–327u** iStockphoto/Dan Cooper; **327or** Linda Pitkin.

Die Karten auf S. 200, 204 und 242–326 Mountain High Maps® Copyright © 1993 Digital Wisdom, Inc.

Umschlagabbildungen:
Vorderseite: Aqua Lung: (aul); Corbis: Macduff Everton (o); Getty Images: Jeff Hunter (M), Linda Pitkin (ur); Dan Burton (ul).
Rücken: Corbis: Ralph A. Clevenger.
Rückseite: Nature Picture Library: Jürgen Freund (ul); Getty Images: Gary Bell (ur, o), Philip Lee Harvey (Mro), Zena Holloway (Ml).

Der Verlag hat sich bemüht, alle Inhaber von Bildrechten ausfindig zu machen, und entschuldigt sich vorab für eventuelle unbeabsichtigte Auslassungen. Sollten Quellenangaben fehlen, wird der Verlag diese gern in späteren Auflagen dieses Buches berücksichtigen, wenn sie ihm zur Kenntnis gebracht werden.

Weitere Informationen unter **www.dkimages.com**